ALEXANDER KLUY

Alfred Adler

ALEXANDER KLUY

Alfred Adler

DIE VERMESSUNG DER MENSCHLICHEN PSYCHE

Biographie

Deutsche Verlags-Anstalt

Sollte diese Publikation Links auf Webseiten Dritter enthalten, so übernehmen wir für deren Inhalte keine Haftung, da wir uns diese nicht zu eigen machen, sondern lediglich auf deren Stand zum Zeitpunkt der Erstveröffentlichung verweisen.

Verlagsgruppe Random House FSC® N001967

1. Auflage

Umschlag: Büro Jorge Schmidt, München
Umschlagmotiv: ullstein bild – Imagno/Votava
Satz: GGP Media GmbH, Pößneck
Gesetzt aus der Aldus Nova
Druck und Bindung: GGP Media GmbH, Pößneck
Printed in Germany
ISBN 978-3-421-04796-0

www.dva.de

Dieses Buch ist auch als E-Book erhältlich.

Inhaltsverzeichnis

ENTRÉE

ALFRED ADLER UND SEINE ZEIT

ADLERS ZEITALTER

»Bees are not as busy as we think they are.
They just can't buzz any slower.«
Kin Hubbard

»der Sound der Seele hallt durch die Zeit«
Lawrence Ferlinghetti

»wie käme Leuchtkraft
in die Dinge wenn wir nicht
von ihnen sprächen?«
Franz Dodel

ENTRÉE

»Wir waren Pioniere in einem neu entdeckten Land, und Freud war der Führer.«

Wilhelm Stekel[1]

Der Nebel war dicht, der graue Rauch wie ein Vorhang. Er waberte zwischen den Türen, über dem Tisch und zwischen den Stühlen wie träumender Weihrauch. Es war ein undurchdringlicher Nebel, in dem formlose Geister auftauchten, sich verwandelten und wieder versanken. Es brodelte von prallem, geheimnisvollem Leben und von Lebensansichten und Seelenbohrungen.

Der Nebel kam nicht auf Katzenpfoten daher. Der Qualm im Raum rührte von Zigarren und Zigaretten, die rastlos angesteckt, geschmaucht, gepafft und ausgedrückt wurden. Es wurde ohne Unterlass geraucht zwischen den vielen Worten, die vorgebracht, den vielen Kommentaren, die hingeworfen, den vielen Gedanken, die gedreht und gewendet wurden. Einmal, spätabends, wagte der älteste Sohn des Hausstandes, nachdem die Disputationsgesellschaft aufgebrochen war, einen Blick in den Raum. Es erschien ihm wie ein Wunder, dass sich darin Menschen mehrere Stunden lang aufgehalten und gesprochen hatten, ohne dass einer von ihnen um Luft ringend zu Boden gesunken war.[2] Es war bei Freuds. In der Berggasse, Wien IX.

Sigmund Freuds Studierzimmer war zu eng und zu klein, um sich darin zu treffen. Es quoll über von Büchern, Antiquitäten und Kunstgegenständen. Eine durchweg eklektizistische, historistische Kollektion war dies, von einem humanistisch-antikischen Grundzug durchwoben. So nutzte man das Wartezimmer der Praxis im hinteren Teil der Wohnung.[3] Die Tür zum Studierzimmer blieb offen. Man konnte auf den Schreibtisch sehen mit den vielen Figurinen aus Ägypten, auf das Sofa, das später weltberühmt wurde, auf den Armstuhl, der hinter dem Kopfteil hochragte, und auf die Büchersammlung.

Es war ein Mittwochabend. Es war ein Treffen der Mittwochs-Gesellschaft, zu der Freud Vertraute, Jünger und Adlaten, darunter einen gewissen Alfred Adler, stämmig, beschnauzbart und natürlich ebenfalls Raucher, zu sich geladen hatte. Hier verdichtete sich die Geschichte, auch die große, am kleinen Ort.[4]

Nach dem Abendessen, in der Regel gegen halb neun Uhr abends, kamen ihre Mitglieder in Freuds Warteraum zusammen und setzten sich an einen langen Tisch. Waren alle anwesend, wurde Rauchwerk offeriert. Erst dann betrat Freud mit federnden Schritten den Raum. Um neun Uhr stand einer der Männer auf und hielt ein maximal halbstündiges Referat. Ein Überziehen wurde gelitten, aber ungern in Kauf genommen. Dann wurde Kaffee gereicht und ein notorisch trockener Kuchen.[5] Für den lukullisch etwas zweifelhaften Genuss war eine Viertelstunde vorgesehen. Danach wurde die Debatte eröffnet über die Thesen und Meinungen des üblicherweise durch Los bestimmten Redners. Usus, nein: zur Pflicht erhoben, war, dass sich keiner eines Kommentars enthalten durfte.

Freud rauchte geschätzt pro Tag an die zwanzig Zigarren. Zusammen mit den anderen Männern, die sich eingefunden hatten und von denen jeder ebenfalls rauchte, viel und heftig, in den sich anschließenden Stunden intensiven Gesprächs – nicht selten löste sich die Runde erst um Mitternacht auf –, harten Austauschs und kritischer Kommentare ergab dies nicht nur eine Abendsozietät der Rauch- und Nebelschwaden, sondern auch des Aufbruchs und der Überzeugung, als Erste im unbekannten Land der Seele eine Standarte aufzupflanzen. Dabei war die Reihenfolge klar. An der Tête: Freud, der Direktheit einforderte und vorexerzierte, auch Enthusiasmus und Scharfsinn, die hierarchische Ordnung jedoch nicht aus den Augen verlor. Er hatte stets das letzte Wort. Und er war es, der am Ende mit Entschiedenheit alles zusammenfasste.[6]

Es durchzitterte den Raum etwas, das einer Religionsneugründung nahekam. Eine Tafelrunde, ein Gespräch zwischen Lehrer und Schülern, Ahnvater und Ziehsöhnen, eine Atmosphäre von Prophet und Jüngern einer Tafelrunde. »Freuds Schüler waren seine Apostel.«[7] Auch andere dachten ekklesiastisch. Wilhelm Stekel zum Beispiel: »Ich war der Apostel Freuds, der mein Christus war!«[8] Dieser Christus hatte Charisma. Er hatte die Strenge und das Sendungsbewusstsein eines Patriarchen. Der Psychoanalyse zu attestieren, sie sei eine »(Volks-)Erlösungsreligion«, mag angesichts Freuds lebenslanger antireligiöser Impulse paradox klingen und überspitzt, traf aber zu.[9] Die alten Götter und Götzen der Seelenkunde wurden gestürzt, jene heiteren, deutlichen und liebenswerten Baale, die man gern verehrt hatte, weil man wusste, auch in ihren Seelen wohnten der Regungen einige, die den Menschen zu einem Gott und den Gott zum Menschen machten.[10] Freuds revolutionäre Ideen kreisten um seelisches Leid. Sie boten noch nie da gewesene Techniken, diesem ein Ende zu bereiten oder es zumindest zu lindern.[11]

Freud drang darauf – und duldete keine Ausnahme von dieser Regel –, dass jeder Vortragende frei spreche, ohne Manuskript, ohne Notizen. Später charakterisierte Fritz Wittels, ein Mann der zweieinhalbten Stunde der Mittwochs-Gesellschaft, Freuds Rhetorik in diesem semi- bis ganz privaten Kreis als Feuerwerk.[12] Eine pyromanische Ader war in Freuds Charakter ohne Zweifel vorhanden. Diese war nicht selten für den Vortragenden mehr als spürbar. Denn das Gebot »Keine Vorbehalte!« beherzigte Freud in Person recht dezidiert. Er konnte schroff sein, »hart und unerbittlich«,[13] undiplomatisch, unduldsam, wenn etwas nicht das erwünschte Niveau erreicht hatte oder Thesen ihm als schütter erschienen. Kraft seiner dominanten Persönlichkeit bügelte er Einwände, alternative Ideen, andere Auffassungen nieder. Dies fiel umso leichter, als der überwiegende Teil der Anwesenden ihm in jeder argumentativen Windung, Wendung und Interpretation getreulich folgte. Ihm Widerworte zu geben war schwer. Auch weil er auf bedingungsloser Loyalität bestand. Er konnte spotten, sarkastisch sein, hämisch und nachtragend. Letzteres auch über Jahrzehnte hinweg. Gern zitierte er einen Aphorismus aus Heinrich Heines *Gedanken und Einfälle* – aus der Sektion »Persönliches«: »Ja, man muss seinen Feinden verzeihen, aber nicht früher, als bis sie gehenkt worden.«[14]

1 Einleitung

»Das einzig wahre Ausland ist die Vergangenheit.«
Hans Magnus Enzensberger[1]

Das 20. Jahrhundert war das Jahrhundert der Psychologie.

Es war ein überlanges Jahrhundert, strafte es doch die Regeln der Arithmetik Lügen. Es setzte bereits 1899 ein, als der Wiener Seelenarzt Sigmund Freud ein Buch über eine uralte Kulturtechnik, die Oneirologie, veröffentlichte und sein Buch, dem er den Titel *Die Traumdeutung* gab – wohlgemerkt: *Die*, nicht *eine* –, auf das Jahr 1900 vordatieren ließ. Hingegen endete es erst im Jahr 2011, mit der Überführung der kremierten sterblichen Überreste Alfred Adlers nach Wien.

Eine übermannshohe, kantige Stele markiert heute seine Grabstelle auf dem Wiener Zentralfriedhof, der von Touristengruppen fast ebenso überlaufen ist wie das Stadtzentrum mit seinen Sehenswürdigkeiten. Auf Kopfhöhe ein umlaufendes Stahlband mit einer Inschrift – in englischer Sprache. Ein Stein, der Moderne signalisiert. Dabei buchstäblich leicht greifbar ist und zugänglich. Und der errichtet wurde für einen Wiener Psychologen, der am Ende seines Lebens, Mitte der 1930er Jahre, in einem Atemzug mit Albert Einstein genannt wurde. Während das Genie Einstein das Universum vermessen habe, sei dem Genie Adler etwas noch Wichtigeres gelungen, die Kartierung der menschlichen Seele.[2]

Wie kam es zu dieser Einschätzung und Gleichsetzung? Verdankte sie sich journalistischer Schlagzeilensucht und Zeitgebundenheit? Oder steckte hinter dieser Akklamation mehr? Etwa Fragen nach einem neuen, anderen, modernen, zeitgemäßen, dabei überzeitlichen Selbstverständnis des Menschen? Fragen nach einem Wertesystem von Individuum und Gruppe, Erkundigungen nach Weisen eines Denkens, Handelns und Empfindens, das ohne Selbstreflexion der Wissenschaft und des Schreibenden nicht mehr traktiert werden kann?[3] Psychologiegeschichte hat mehr zu sein als reine Gegenstandsgeschichte.[4] Denkt man über die drei größten und einflussreichsten Psychologen des 20. Jahrhunderts nach, über die Pioniere der Tiefenpsychologie Sigmund Freud, Carl Gustav Jung und Alfred Adler, Letzterer verglichen mit den beiden anderen heute zu Unrecht weniger bekannt, dann ist historisches Bewusstsein für Problemkonstellationen vonnöten, die sich über das späte 19. und das 20. Jahrhundert legten und die Psychologie prägten und noch immer prägen, im Zeitalter von Hightech-Methoden und avancierten Technologien der Humanmedizin mehr denn je. Ein historisches Bewusstsein dafür, wie Seelenkunde und Menschenkenntnis Grundsatzentscheidungen der Anthropologie und bedrängende Letztbegründungsfragen bedingt haben.[5]

Wohl keine der Lehren der tiefenpsychologischen Schulen dürfte ähnlich eng mit den Anstrengungen, Krankheiten und Leiden ihres Schöpfers zu überwinden, verknüpft sein wie das therapeutische System Adlers, die Individualpsychologie.[6] Der Wiener Psychologe Viktor Frankl, ein früher Renegat der Individualpsychologie und Begründer der Logotherapie, im Jahr 1993 in oberflächlicher Frivolität: »Jeder Begründer einer Psychotherapierichtung hat in seinen Büchern eigentlich nur seine eigene Krankengeschichte geschrieben und dabei die Probleme zu lösen versucht, die er selbst durchgemacht hat.«[7]

Geschichte ohne Psychologie verstehen zu wollen erscheint müßig. So müßig wie sinnlos. Psychologie ohne Geschichte zu verstehen ist haltlos. Zudem ist es intellektuell anmaßend. Denn es greift zu kurz. Man versteht den aktuellen Stand der Tiefenpsychologie nicht ohne die historischen Entwicklungsstufen und Durchsetzungsphasen. Erst recht nicht ohne die Sackgassen, in denen sich ihre Begründer verlaufen haben, nicht ohne die mühseligen Stufen, die sie genommen, nicht ohne die Jakobsleitern der Erkenntnis, die sie erklommen haben. Fortschritte der psychologischen Forschung waren nicht nur Mainstream-Siegergeschichten.[8] Professor Oskar Frischenschlager, Psychotherapeut am Zentrum für Public Health der Medizinischen Universität Wien: »Was macht es nun interessant, die Geschichte der Psychoanalyse bzw. der Psychotherapie über Biographien kennenzulernen? Die Antwort ist leicht: Es liegt am Gegenstand der Forschung selbst. Psychologie beschäftigt sich mit dem Erleben, mit dem Verhalten, die Psychoanalyse darüber hinaus mit dem noch schwerer zugänglichen Unbewussten und der komplexen Geschichte des einzelnen, in eine Kultur hineingeborenen Menschen. Aber alles, was über psychische Funktionen mit wissenschaftlichem Anspruch gesagt wird, (be)trifft gleichzeitig jeden von uns unmittelbar.«[9]

Ein Psychologiehistoriker meinte in den 1970er Jahren, Adler klinge ganz zeitgenössisch in seinen Implikationen für das Wir.[10] Das gilt fünfzig Jahre später mehr denn je. Die Individualpsychologie hat Wirkung bis heute. Und Ausstrahlung bis heute. Adlers heilende Theorien der Psyche sind virulent für zersplitternde Gesellschaften, in denen sich Separationsdebatten, Rückzugsmanöver, Einigelungsaktionen und Auflösungsprozesse vollziehen, in denen sich Neo-Puritanismus, Neo-Rassismus und alter Hass hochschaukeln. Adler hat mit als Erster verstanden und benannt, dass der Mensch infolge faktischer oder empfundener Unzulänglichkeit und eines Mangels an Selbstachtung die Tendenz entwickelt, durch Abwertung anderer sich selbst aufzuwerten. Bei einer Gruppe oder einer ganzen Klasse, die über längere Zeit hinweg als nicht gleichwertig oder explizit als minderwertig behandelt worden ist, würden sich diese Gefühle intensivieren und zu Kompensation führen, in Ausweichmanöver münden, um Selbstzweifel und Infragestellungen zu neutralisieren.

Die Erkenntnisse Adlers bilden die Nomenklatura eines Paradigmensprungs: als psychosomatische Medizin. Die Wertung von Krankheitssymptomen als Rebellion des Organismus im Sinne des, wie er es nannte, männlichen Protestes. Schwäche und Krankheit als Machtinstrumente. Kompensation von Organminderwertigkeit. Minderwertigkeitsgefühle. Die soziale Bezogenheit des Organismus. Die Einheit von Organismus und psychischem Überbau und Persönlichkeitszielen. Symptome als Organjargon. Die gesellschaftliche Struktur des menschlichen Lebens. Das Bewusstsein eines Zieles bei der Meisterung von Aufgaben. Falsche Kompensation durch Mangel an sozialer Orientierung. Neurose als Macht- und als Geltungsproblem. Sein eigener Arzt werden als Therapieziel, also die Demokratisierung des Arzt-Patient-Verhältnisses und die Aufwertung der Mitverantwortung des Patienten für die Genesung.[11] Diese Punkte sind Leit- und Schlagworte der Individualpsychologie. Sie markieren deren Behandlungsmodi. Deren sichtbarster im therapeutischen Gespräch ist unsichtbar, die fehlende Couch. Sie ist abgeschafft. Patient und Behandler sitzen sich gegenüber, Auge in Auge. Es gibt kein Oben und kein Unten. Patient und Therapeut interagieren. Bewegungen wahrzunehmen ist wichtig.

Das Adlersche Credo lautet: die Menschen so anzunehmen, wie sie sind, und sie dort »abzuholen«, wo sie stehen. Oder während einer therapeutischen Stunde sitzen. »Der Individualpsychologe begreift die Selbstentfaltung des Individuums, oder deren Scheitern, als untrennbar verbunden mit dem sozialen Umfeld, von dem es her geprägt wird und auf das es aktiv antwortend zurückwirkt. Die Individualpsychologie ist geeignet, sowohl dem Heroenkult vorzubeugen als auch der hoffnungslosen Auffassung entgegenzuwirken, derzufolge das Individuum nichts anderes sei als das Ensemble der gesellschaftlich-historischen Wirklichkeit.«[12]

Nun ist nicht viel Originalmaterial von ihm erhalten geblieben, mehrere laufende Meter in Archivboxen in der Library of Congress in Washington, D.C., Unterlagen einer sehr guten Bekannten in London, Dokumente in Einrichtungen in Mitteleuropa. Er pflegte Korrespondenz nach deren Beantwortung wegzuwerfen.[13] Da er aber unablässig neue Kontakte knüpfte und neue Freundschaften schloss, kommt eine Fülle an durch Erinnerungssphären schwirrenden Anekdoten dazu.[14] Doch: »Wo die Anekdote um sich greift, ist die Wahrheit schwerlich noch zu finden.«[15] Alfred Adlers Leben ist überzogen von Zuschreibungen, beeinflusst von subjektiven Augenzeugenberichten und teils falschen Berichten, verfärbt durch Erinnerungen von Kontrahenten und Widersachern. Eine nicht geringe Rolle dabei spielte die Presse, die Fehlerhaftes kolportierte. So schrieb die *New York Times*, als der Schweizer Psychologe C. G. Jung

1961 starb, dieser habe den Begriff »Minderwertigkeitskomplex« geprägt. Was falsch war. Schon die Londoner Tageszeitung *The Times* hatte 1939 Sigmund Freud in einem langen Nachruf als Vater des Minderwertigkeitskomplexes gewürdigt.[16] Was ebenso falsch war. Denn es war Adler, der diesen Begriff aufbrachte.

Die Richtungen der Historiographie sind gewunden. Fast niemals bewegt sie sich unabgelenkt geradeaus, selten ohne Unwucht. Nicht wenige Zwischen-Ergebnisse steuern wenig bis gar nichts zu einer in sich organisch und sinnvoll abgeschlossenen Lebenseinheit bei.[17] Robert Musil fand dafür ein Bild. »Der Weg der Geschichte«, schrieb er in *Der Mann ohne Eigenschaften,* »ist also nicht der eines Billardballs, sondern er ähnelt dem Weg der Wolken, ähnelt dem Weg eines durch die Gassen Streifenden, der hier von einem Schatten, dort von einer Menschengruppe oder einer seltsamen Verschneidung von Häuserfronten abgelenkt wird und schließlich an eine Stelle gerät, die er weder gekannt hat, noch erreichen wollte. Es liegt im Verlauf der Weltgeschichte ein gewisses Sich-Verlaufen. Die Gegenwart ist immer wie das letzte Haus einer Stadt, das irgendwie nicht mehr ganz zu den Stadthäusern gehört.«[18]

In genau solch einem Hause wuchs Alfred Adler auf.

ALFRED ADLER UND SEINE ZEIT

2 Wien 1850 1870 1900

»Kakanien war das erste Land im gegenwärtigen Entwicklungsabschnitt, dem Gott den Kredit, die Lebenslust, den Glauben an sich selbst und die Fähigkeit aller Kulturstaaten entzog, die nützliche Einbildung zu verbreiten, dass sie eine Aufgabe hätten.«

Robert Musil[1]

Das Haus, in dem Alfred Adler am 7. Februar 1870 zur Welt kam, stand in Rudolfsheim, einer Vorstadt von Wien. Väterlicherseits entstammte die jüdische Familie dem Burgenland. Sein Vater Leb Nathan (Leopold) war 1835 geboren worden. Dessen Vater Simon war Kürschnermeister in der Marktgemeinde Kittsee im Burgenland vierzehn Kilometer südlich von Preßburg, heute Bratislava. Diese Marktgemeinde gehörte zu den sogenannten Siebengemeinden, hebräisch Schewa Kehilot, die von den Fürsten Esterházy seit dem Jahr 1670 auf ihrem Herrschaftsgebiet protegiert wurden. Seit 1712 waren Juden aus Mähren nach Kittsee gezogen. 1821 zählte die jüdische Gemeinde in Kittsee 789 Personen. Das Burgenland war multiethnisch. In erster Linie wurde Deutsch gesprochen, aber es lebten dort auch Ungarn, Kroaten, Sinti und Roma und an die 3000 Juden.

Über Simon Adler ist kaum mehr bekannt, als dass er Katherine Lampl ehelichte. Irgendwann in den 1850er Jahren mussten Leopold und sein vier Jahre älterer Bruder David nach Wien übersiedelt sein. Als David, der sich als Schneider in der Leopoldstadt niedergelassen hatte, 1862 heiratete, war der Vater schon nicht mehr am Leben.

1866 ging Leopold Adler die Ehe mit der um vierzehn Jahre jüngeren Pauline Beer ein. Sie kam aus Penzing, einer anderen Vorstadt von Wien. Das Haus in der Poststraße 22, heute Linzerstraße 20, in dem sie lebte, hatte ihre Familie 1861 gekauft. Paulines Eltern Hermann und Elizabeth, geborene Pinsker, die aus Mähren stammten und seit 1858 oder 1859 in Penzing ansässig waren, hatten sieben

Kinder. Pauline war das dritte und die einzige Tochter. Hermann Beer handelte mit Hafer, Weizen und Kleie und hatte die angesichts der Zahl von sechs Söhnen naheliegend benannte Firma »Hermann Beer und Söhne« aufgebaut. Er starb im Februar 1881, ein knappes Jahr später Paulines Mutter. Da stand Salomon, der Viertgeborene, der Firma vor.[2] Es war eine große, weitverzweigte Familie. Arbeit im Handel war traditionell jüdisch.[3]

Leopold und Pauline Adler bekamen sieben Kinder. Sigmund (11. August 1868–25. Februar 1957) war der Erstgeborene, wohl der erste Lebendgeborene.[4] Er reüssierte als Immobilienhändler. Alfred war der Zweitgeborene. Mit Hermine bekam Pauline Adler 1872 ihre erste Tochter. Das vierte Kind, Rudolf, Jahrgang 1873, starb früh. Im November 1874 folgte eine zweite Tochter, Irma. Sie heiratete später einen Drucker. Den vierten Sohn Max brachte Pauline Adler 1877 zur Welt. Er sollte der Einzige werden, in dessen Leben Religion eine Rolle spielte. Er konvertierte zum Katholizismus, studierte, wurde 1904 promoviert und war viele Jahrzehnte im Vatikanstaat Redakteur einer italienischsprachigen Kirchenzeitung. Schließlich kam 1884 Richard zur Welt. Er trat wie sein Bruder Max später zum Katholizismus über und wurde Klavierlehrer. Zu Anfang lebten Pauline und Leopold Adler in Penzing und in Rudolfsheim, Vorstädten, einst vor den Bastionen der Stadt gelegen.

Es klang unspektakulär. Und war doch ein großer Schritt gewesen, eine Entscheidung mit Folgen. Um das Jahr 1782 hatte Kaiser Joseph II. die Bastionen der Stadt Wien für die Bevölkerung freigegeben. Auch die kaiserlichen Gärten – Augarten, Prater und Schönbrunn – waren den Gemeinen bald zugänglich. Dienten die Parks Rekreation, Muße und einem gesitteten Miteinander, so war die De-Bastionierung hoch an der Zeit. Wiens »Innere Stadt«, der Erste Bezirk, platzte aus den Nähten. Es herrschte bittere Wohnungsnot zuzüglich damit einhergehender Malaisen: Krankheiten, Verwahrlosung, Unzufriedenheit und Hoffnungslosigkeit. Die alten Glacis wurden beseitigt und verbaut. Man legte Alleen an, Gärten und eine schöne Meile zum Zwecke des Lustwandelns, zu gesundheitlicher Prophylaxe und sozialer Kalmierung.[5]

Fünfundsiebzig Jahre später, vier Tage vor Heiligabend 1857, unterzeichnete Kaiser Franz Joseph I. ein Handbillet. Seine Paraphe gab den Anstoß, das Gesicht Wiens grundlegend zu verändern. Es wurde dekretiert, die letzten noch bestehenden Basteien zu schleifen und den Festungsgraben aufzufüllen – die Uridee der Wiener Ringstraße.

Im März 1858 setzte der Abriss ein. Am 1. September des Folgejahres segnete der Kaiser den Stadterweiterungsplan ab. Es verschwanden bis zum September 1863 Rotenturm-, Stuben-, Karolinen- und Kärntnertor, die Gonzagabastei und das Fischertor, die Elend-, die Schotten-, die Mölker- und die Stubenbastei sowie Schotten- und Franzenstor.[6] Währenddessen wurde 1861, nach elf Jahren, wieder der Wiener Gemeinderat gewählt. Gewählt wurde weiterhin nach dem Kuriensystem, in drei Wahlkörpern. Über das Stimmrecht im ersten und im dritten Wahlkörper entschied die Steuerleistung. Wer mehr als 300 Gulden Grundsteuer oder 100 Gulden Erwerbsteuer jährlich abführte, kam in die erste Kurie. Mit weniger als 100, mindestens aber 10 Gulden Erwerbsteuer war man ein drittklassiger Wähler. Im zweiten Wahlkörper versammelt waren Beamte, Ärzte, Lehrer, Offiziere und Pfarrer. 1861 waren infolge des Kuriensystems von einer halben Million Einwohner lediglich 18 322 wahlberechtigt. Der Advokat Dr. Julius Ritter von Newald stellte sich im Bezirk Alsergrund zur Wahl. Dort lebten 60 000 Menschen. Von diesen waren 44 wahlberechtigt. Newald errang einen überwältigenden Sieg – er vereinte 34 Stimmen auf sich. 1861 wurden auch drei jüdische Kandidaten ins Rathaus gewählt.[7]

Was jüdische Österreicher anging, war das Regime ambivalent. Das jüdische Großkapital, Bankiers und Fabrikanten, war die Stütze des Wirtschaftsliberalismus. Um diese Großbürger von antiquierten wirtschaftlichen Einschränkungen zu befreien, hatte der Handelsminister eine neue Gewerbeordnung in Arbeit. Politisch aber waren sie, die als künftige private Ringstraßenbauherren in Frage kamen, als Liberale in Verruf.[8] Zwischen 1859 und 1861 fielen im Zuge überfälliger volkswirtschaftlicher Kurskorrekturen einige Beschränkungen. Mit dem Staatsgrundgesetz wurde 1867 allen Staatsbürgern volle und umfassende Glaubens- und Gewissensfreiheit im Rahmen der bürgerlichen Rechte garantiert. Dies brachte einen deutlichen Zuwanderungsschub von Juden. 1810 waren in Wien 113 tolerierte Judenfamilien gezählt worden. Als das Revolutionsjahr 1848 auch dem Toleranzpatent ein Ende gemacht hatte, hielt die Zahl bei 197. Bei der Volkszählung 1857 wurden in der Reichshaupt- und Residenzstadt 6217 Juden registriert, 1,3 Prozent der Stadtbevölkerung. Trotz der wissenschaftlichen Erhebungsmethode täuschte diese Zahl. Erfasst wurden nur die »Zuständigen«. Erst die Volkszählung 1869 registrierte neben den Zuständigen auch anderswo Heimatberechtigte. Da ergab sich dann unter 607514 Wienern die Zahl von 40230 Juden, von denen nur 7867 das Heimatrecht in der Stadt besaßen. 20 Prozent der in Wien ansässigen Juden waren aus Mähren gekommen, 14 Prozent aus Böhmen, 11,5 Prozent aus Galizien und der Bukowina.[9] Und eben Alfred Adlers Vater Leopold aus dem Burgenland, das zu Ungarn gehörte. »›Fremd‹ sein in Wien war keine jüdische Besonderheit. Von den mehr als 600000 Bewohnern der Metropole stammten 165000 aus anderen Kronländern; mehr als ein Viertel der damaligen ›Wiener‹ waren es also gar nicht.«[10]

Im Verlauf der Baumaßnahme »Ringstraße« verschwanden 125 Basteihäuser. Währenddessen wurde der Festungsgraben aufgefüllt, das Areal planiert, die Trassierung vorangetrieben. Es entstanden neue, großbürgerliche Stadthäuser. Der Reichsgedanke sollte hier architektonisch manifest, die alles überragende Bedeutung der Hauptstadt durch Prunk und Ornamentik unübersehbar werden.[11] Am 1. Mai 1865 wurde die Ringstraße mit einer großen Feier vom Kaiser eröffnet – wenn auch etwas missvergnüglich ins Auge stach, dass entlang des Boulevards erst 64 Häuser fertiggestellt waren, die Hälfte der avisierten Zahl. Die Ringstraße war aber bereits Promenier- und Renommiermeile. Von 1863 bis 1865 hatten sich Philipp Herzog von Württemberg und seine Frau, die Erzherzogin Maria Theresia, an dieser Straße ein prachtvolles Palais erbauen lassen. Anlässlich der in Wien 1873 ausgerichteten Weltausstellung wurde dieser imperiale Stadtpalazzo veräußert, zu einem Hotel der obersten Kategorie umgebaut und als Hotel Imperial eröffnet.[12] Da befand sich Österreich schon in einem längeren Krisenmodus.

1851 hatte Kaiser Franz Joseph I. die Verfassung von 1849 außer Kraft gesetzt. Ein Programm der Reformen und der Zentralisierung wurde eingeleitet, gestützt auf Bürokratie und Militär. Sonderrechte der Zünfte am kommunalen Gewerbetreiben wurden beseitigt, freie Berufswahl und Freizügigkeit ausdrücklich bestätigt und Gleichheit in einem vereinheitlichten Rechtssystem garantiert. Man baute die Bildungspolitik aus, man förderte den Handel durch das Vorantreiben eines Eisenbahnnetzes. Durch ein neues Konkordat mit dem Vatikan wurde die Bedeutung der katholischen Kirche gestärkt. Zugleich bedeuteten die militärischen Engagements, die teure Mobilisierung für den Krim-Krieg und der Krieg gegen Sardinien-Piemont und Frankreich, in dessen Verlauf die Lombardei verloren ging, eine Überstrapazierung der öffentlichen Finanzen bis an den Rand des Kollapses und einen herben Reputationsverlust für den Regenten. Franz Joseph war als Oberbefehlshaber rechtzeitig an die Tête seiner Armee getreten, um für die Niederlage bei Solferino persönlich verantwortlich gemacht zu werden.

Während der Stadtumbau vonstattenging, war das Habsburgerreich infrastrukturell ambitioniert, außenpolitisch aber gescheitert. Kreditgeber weigerten sich, Darlehen ohne budgetäre Kontrolle und ohne Systemmodifikationen zu geben. Der Gründer des Credit-Bankvereins Anselm Salomon Rothschild lakonisch angeblich dem Kaiser gegenüber: »Keine Verfassung, kein Geld.«[13]

1867 leiteten der Krieg gegen Preußen – nach der Schlacht von Königgrätz 1866 musste Venetien an Frankreich abgetreten werden, das es an die junge Republik Italien zurückgab – und Finanzkrisen eine konstitutionelle Änderung ein und Maßnahmen, die auf reichsinternen Ausgleich abzielten. Ungarn wurde eine gewisse Unabhängigkeit zugestanden, ein eigenes Kabinett, ein eigener Landtag. Aus Österreich wurde die Doppelmonarchie Österreich-Ungarn.[14] Nationalpolitische Programme dieser Zeit bezogen sich teils auf Konzepte, die von 1848 stammten und in denen Föderalismus propagiert wurde einschließlich spezifischer Untereinheiten, womit die historischen Kronländer Ungarn, Böhmen und Galizien gemeint waren, in denen Konservative mit Nationalisten konkurrierten.[15]

Veränderungen in den Sektoren Transport und Kommunikation, Regionalentwicklung und Selbstbestimmung waren das eine, aus Furcht vor sozialen Unruhen in einem wirtschaftlich rezessiven Jahrzehnt antiliberale soziale Maßnahmen und stärkere polizeiliche Überwachung das andere. Seit 1870 waren in Wien 53 neue Banken gegründet worden, 1872 gab es 530 neue Aktiengesellschaften. Deren gesamtes Gründungskapital: eine Milliarde Gulden. Ihr Papierwert: drei Milliarden Gulden. Die Baukonjunktur heizte die Hausse an. Gab es 1871 in Wien und Niederösterreich drei große Baugesellschaften, so waren es 1873 44. »Alle Leute spielen auf der Börse, vom Erzherzog bis zum Stiefelputzer«, notierte General Graf Crenneville, vormals Chef der kaiserlichen Militärkanzlei. 1867 hatten 867 Börsenbesucher Dauerkarten besessen, sechs Jahre später waren es 2352. Täglich wurden bis zu 50 000 Abschlüsse getätigt.[16] Am 9. Mai 1873 brach die Wiener Börse ein. Der Durchschnittskurs der Papiere sackte von 339 Punkten auf 196 Punkte ab. Der Kurstiefststand wurde 1876 erreicht, 105 Punkte. Der Gesamtverlust an Aktienwerten belief sich auf 1,5 Milliarden Gulden. 48 Banken, acht Versicherungsgesellschaften, sechzig Industriebetriebe gingen Konkurs. Der börsenspielsüchtige Erzherzog Ludwig Viktor verlor 200 000 Gulden. Die Selbstmordrate stieg sprunghaft an. Hunderte gingen in die Donau, prominentester Suizidant war Feldmarschall Freiherr von Gablenz, der Schwiegersohn des Bankiers Eskeles.[17]

Der Börsenkrach wurde antijüdisch verzeichnet. Der antisemitische Satiriker Franz Friedrich Masaidek warf das Traktat *Wien und die Wiener aus der Spottvogelperspektive* auf den Markt. Die Ringstraße tauchte darin als »Schwindelring mit seinen zahllosen Banken, Börsenkomptoirs und ähnlichen Geldschnapp-Geschäften« auf.[18] Maisadek gründete mit Georg Ritter von Schönerer den antijüdischen Deutsch-Nationalen Verband. Schönerer war einer der rabiatesten Verfechter völkisch-rassistischer Theoreme. Er forderte auch die Abschaffung des christlichen Kalenders und eine neue Zeitrechnung, deren Nullpunkt das Jahr 113 v. Chr. sein sollte, als in der

Schlacht von Noreia die Römer von den Kimbern und Teutonen geschlagen wurden.[19]

1924 sollte ein Gelehrter fünfzig Jahre zurückschauen, noch immer fühlte er stolze Vereinsamung und herbe Zurückweisung. »Die Universität, die ich 1873 bezog«, schrieb Sigmund Freud, »brachte mir zunächst einige fühlbare Enttäuschungen. Vor allem traf mich die Zumutung, dass ich mich als minderwertig und nicht volkszugehörig fühlen sollte, weil ich Jude war. Das erstere lehnte ich mit aller Entschiedenheit ab. Ich habe nie begriffen, warum ich mich meiner Abkunft, oder wie man zu sagen begann: Rasse, schämen sollte. Auf die mir verweigerte Volksgemeinschaft verzichtete ich ohne viel Bedauern.«[20]

1873 war auch das Jahr der Weltausstellung im Prater, die am 1. Mai eröffnete. Statt kalkulierter zwanzig Millionen Besucher zählte man lediglich sieben Millionen, ein Rekorddefizit. Das auch mit dem Ausbruch der Cholera in Wien rund acht Tage nach Eröffnung zusammenhing.[21] Diese Krankheit war damals immerwährendes Hygieneproblem in den Großstädten Europas.

In der politischen Arena vertieften sich in den Rezessionsjahren nach dem Börsenkrach die Antagonismen zwischen Liberalen und Adel, Zentristen und Nationalisten. »Was Österreich-Ungarn und vor allem den österreichischen Teil der Doppelmonarchie so einzigartig machte, waren nicht so sehr die ethnische Vielfalt und Heterogenität der Bevölkerung, sondern die Verwaltungsstrukturen, die man entwickelte, um Probleme zu lösen, die sich aus der sprachlichen und religiösen Unterschiedlichkeit der Bürger ergaben.«[22] Dazu kam die multikulturelle, die im »Staatsgrundgesetz über die allgemeinen Rechte der Staatsbürger« verankerte multilinguale und die religiöse Vielfalt des Reiches. Im Staatsgrundgesetz vom 21. Dezember 1867 garantierte Artikel 2 die Gleichheit aller Staatsbürger vor dem Gesetz, Artikel 4 die unbeschränkte Freizügigkeit der Person und des Vermögens innerhalb des Staatsgebiets. Das ergänzte Artikel 6 noch. Hier wurde nochmals die freie Wohnsitzwahl erwähnt und auch, dass »Liegenschaften jeder Art« erworben werden durften und jeder »Erwerbszweig« ausgeübt werden durfte.[23] Den Juden brachte dies Freiheit, Gleichstellung, Gleichberechtigung.[24] 1872 wurde der jüdische Nahrungsmittel- und Getränkeindustrielle Adolf Ignaz Mautner aus Smiritz in Böhmen, der in Wien das erste untergärige Bier herstellte, zum Ritter von Markhof geadelt; und der aus Malchin bei Schwerin in Norddeutschland zugewanderte jüdische Mechaniker Siegfried Marcus baute 1870 in der Mondscheingasse in Wien-Neubau den ersten, primitiven Kraftwagen mit Benzinmotor und meldete später 38 Patente an.[25]

1879 schmiedete Graf Taaffe, Jugendfreund des Kaisers, den »Eisernen Ring«, eine Koalition aus Katholisch-Konservativen, Tschechen, Polen und Slowenen. Das Bündnis hielt bis 1893. Diese reaktionäre Allianz zog starke Kritik auf sich. »Zum Grafen Taaffe gehen wir nicht!«, so der Sprecher der Israelitischen Kultusgemeinde Josef Ritter von Wertheimer.

Ab etwa 1880 verharrten viele Einwohner des Habsburgerreiches nicht mehr in der Beobachterposition, sie engagierten sich.[26] Sie ließen sich mental und politisch infizieren vom immer dynamischeren Wandel und dem Entwicklungssprung der Infrastruktur. Die Mobilität nahm zu, dank der Eisenbahn, und dadurch auch die Abwanderung in die Städte. 1881 brachen in Russland nach der Ermordung des Zaren Alexanders II. Pogrome aus. Eine Flüchtlingswelle wurde losgetreten, von Galizien in die Bukowina, von dort nach Wien. In der Leopoldstadt nahm der Anteil orthodoxer Juden zu. Aus Odessa stammte der Arzt Leon Pinsker. Doch die Orthodoxie lehnte der Mediziner zugunsten der Haskala, der jüdischen Aufklärung, ab. 1882 veröffentlichte Pinsker in Berlin *Autoemancipation! Ein Mahnruf an seine Stammesgenossen von einem russischen Juden*, ein erster proto-zionistischer Aufruf, Alija zu machen, nach Palästina auszuwandern. In Wien stießen er und die Auswanderungsbewegung »Chibbat Zion« auf Widerstand. Wiens Juden sahen nicht ein, das von ihnen Erreichte aufzulassen.

Zeitgleich begann sich der Antisemitismus politisch zu organisieren und schlagkräftig zu werden. Am 11. Februar 1882 gründete sich der Antisemitische Österreichische Reformverein. »Hinaus mit den Juden!«, lautete das Motto der Rotte aus Kleingewerbetreibenden,

Handwerkern und Akademikern. Die ihnen nahestehende Zeitung *Volksfreund* gab das Kommando »Kauft nur bei Christen!« aus.[27]

Wien erlebte einen Bevölkerungszuwachs von rund 60 Prozent zwischen 1890 und 1910, so wie auch Budapest, Prag, Czernowitz und Lemberg, Innsbruck und Klausenburg, das spätere Cluj, oder Agram alias Zagreb. Nachdem in Ungarn 1889 die Eisenbahngesellschaften nationalisiert worden waren, schoss die Zahl der Reisenden innerhalb weniger Jahre in die Höhe, von fast null – bis dahin war die Eisenbahn nur für den Gütertransport genutzt worden – auf sieben Millionen Passagiere pro Jahr.[28] Die Mobilität hob auch Grenzen auf. An die vier Millionen Österreicher wurden zwischen 1876 und 1910 zu Arbeitsmigranten, manche nur für ein halbes oder ein Dreivierteljahr, andere kehrten erst nach Jahren wieder zurück.[29]

Im Lauf der 1880-er und der 1890er Jahre begann sich simultan zur Bildung patriotischer Veteranenvereine in allen Lagern der Nationalismus zu regen.[30] Als im April 1897 Graf von Baden, der Ministerpräsident des österreichischen Teils des Habsburgerreiches, eine Sprachenverordnung für Böhmen verabschiedete, derzufolge Tschechisch dem Deutschen im Amtsgebrauch gleichgestellt werden solle und alle deutschen Beamten sich bis zum Jahr 1901 perfekte Kenntnisse in Wort und Schrift anzueignen hätten, liefen Nationalisten Sturm. Im Parlament kam es zu Handgreiflichkeiten. Die protestierenden Massen vor dem Parlament konnten Polizisten nur mit Hilfe von Husaren zerstreuen.[31] Fast ein Jahr lang wurde gegen die Verordnung demonstriert. Die Presse fachte die Konflikte an. Die Parteien verfielen in einen Kampfmodus. Diese Turbulenzen zeigten die Instabilität im Reich an. Bis 1914 wurde an regionalen Kompromisslösungen gearbeitet. Dem Nationalismus sollte so die Spitze genommen werden.[32]

Bis 1914 war Wien eine Stadt, die tatkräftig umgebaut, in der umfassend neu projektiert wurde – kein Wunder, wuchs doch die Einwohnerzahl binnen 45 Jahren, zwischen 1869 und 1914, um das Zweieinhalbfache auf etwas mehr als zwei Millionen.[33] Dies verschlang gewaltige Summen, von 1858 bis 1914 100 Millionen Gulden. Es entstanden die bis heute das Weichbild beherrschenden

Hochbauten, Museen, Theater, öffentliche Einrichtungen und Institutionen der Kunst und der höheren Bildung: die Hofoper, das Burgtheater, das Naturhistorische und das Kunsthistorische Museum, das Neue Rathaus, die Akademie der Schönen Künste, der Justizpalast, der Parlamentsbau, die Votivkirche und die Universität. Dazu kamen Markthallen, Brücken, Parks, Fontänen und Denkmäler.[34]

Früh schon wurden Einwände vorgebracht. So hatte die *Wiener Vorstadtzeitung* bereits 1858 auf eine Schieflage aufmerksam gemacht. »Die projektierte Stadterweiterung wird uns eine große Menge palastartiger Häuser schaffen, die eben nur für den wohlhabenden Geschäftsmann, hohen Beamten und Rentier bewohnbar sind. Was aber geschieht für das mittlere Wien, für die große Zahl von kleinen Leuten, als da sind: die Unzahl von Privatbeamten und Arbeitern aller Kategorien, den kleinen Gewerbsmann und Beamten nicht zu vergessen? Wahrscheinlich nicht viel.«[35] Wien zählte damals, Ende der 1850er Jahre, knapp eine halbe Million Einwohner, Paris rund 1,3 Millionen und London drei Millionen. Statistisch lebten in der Hauptstadt Britanniens zehn Personen in einem Haus, in Wien dagegen drängten sich 55 in einem Gebäude.[36] Tatsächlich war es zehn Jahre später so, dass eine Wiener Arbeiterfamilie eine Wohnung mit einer Größe von durchschnittlich 35 Quadratmetern bewohnte. Bürgerliche Familien lebten in der Regel auf 120 Quadratmetern. Das Großbürgertum residierte. Ein Stadtpalast an der Ringstraße konnte durchaus auf 600 Quadratmeter kommen. Unter den für Repräsentations-, Veranstaltungs- und Empfangszwecke genutzten Räumlichkeiten waren mitunter ein Musikzimmer und ein Wintergarten, hie und da sogar ein eigener Saal für Bälle und Redouten.[37]

Mit der Bebauung der Ringstraße aufs Engste verbunden war der Gedanke der Repräsentation und der Nobilitierung.[38] Rasch verbreitete sich die Kunde von diesem Boulevard des Glanzes bis in die französische Hauptstadt, deren Bewohner gerade erlebten, wie große, gerade Boulevards durch die alte Stadt geschlagen wurden und Altes, Krummes verschwand. 1878 schwärmte Victor Tissot: »Le Ring est le Quartier élégant de la capitale. Hier findet man die

Juweliere, die renommierten Kunstgewerbetreibenden. Die schönste Zeit für den Ring ist zwischen drei und fünf Uhr, besonders an Sonntagen zu Ende des Herbstes und zu Beginn des Frühjahrs. Man führt die neuen Toiletten vor, man trifft sich hier wie in einem ungeheuren Salon.« Er unterließ nicht, dies durch eine Mokanterie zu ergänzen: »In Paris gibt es nichts Vergleichbares, denn die Ringstraße ist ein Ort, an dem die ganze Welt zusammenkommt – die große Welt, die Halbwelt, die Viertelwelt, ja sogar die Welt der Diplomaten und des Hofes.«[39] Der Kunstkritiker Ludwig Hevesi fasste, was man auf der Ringstraße sehen konnte, zoologisch: »Ganze Prozessionen von zweibeinigen Bibern und Zobeln drücken sich aneinander vorbei.« Und Adolf Loos, ein Wegbereiter der modernen Architektur, spöttelte: »Wenn ich den Ring entlangschlendere, so ist es mir immer, als hätte ein moderner Potemkin die Aufgabe erfüllen wollen, jemandem den Glauben beizubringen, als würde er in eine Stadt von lauter Nobili versetzt.«[40]

Am 27. April 1879, einem Sonntag, erreichte der Potemkinismus seinen historistischen Höhepunkt. Der Festzug zur fünfundzwanzigjährigen Vermählungsfeier des Allerhöchsten Kaiserpaares, veranstaltet von der Haupt- und Residenzstadt Wien, so der offizielle Titel, zog sich, vom Prater kommend, lang über die Ringstraße. Der Maler Hans von Makart inszenierte diese Dankeskarawane zur Silbernen Hochzeit von Franz Joseph und Elisabeth. Der Salzburger war damals Wiens gefragtester und berühmtester Künstler und erschuf ein opulentes Neo-Barock mit elektrischen Leitungen. Ab neun Uhr morgens setzten sich 14 000 Personen, im historischen Teil 3000 Teilnehmer, und dreißig Festwagen in Bewegung. Hundertzwanzig Tribünen mit 50 000 nummerierten Sitzplätzen am Ring und entlang der Praterstraße waren aufgebaut worden. Rund 300 000 Zuschauer bestaunten das Spektakel, an dem der Malerfürst mit großem Federhut selbst teilnahm, hoch zu Ross, wobei er ob seiner unterdurchschnittlichen Körpergröße einen wenig imposanten Eindruck machte.

Fünf Jahre später war Makart tot. Die junge Generation entsorgte »das verlogene Makartbukett, das mit viel Anmaßung und wenig

Erfolg Blumenstrauß spielt«, im Orkus des Vergessens.[41] Der Schriftsteller und Kritiker Hermann Bahr bespöttelte diese Festivität wenige Jahre später als »Kostümball in der Luft« und »Atelierscherz von unsterblicher Improvisation«.[42] Bahr diagnostizierte einen Übergang der Gesellschaft: »Mit der Ringstraße war der Spielplatz einer neuen Gesellschaft improvisiert. Es galt nun über Nacht auch diese selbst herzustellen; der Ringstraße war rasch noch erst das dazu passende Wien zu liefern.«[43]

Inzwischen war Österreich-Ungarn eine mittelsüdosteuropäische Kolonialmacht geworden, wenn auch unter dem Deckmäntelchen eines Mandats. Nach dem russisch-türkischen Krieg von 1877/78 und dem Berliner Kongress wurde das geschwächte Osmanische Reich vor dem Zusammenbruch bewahrt. Die bis dahin osmanischen Provinzen Bosnien und Herzegowina und der Sandschak Novi Pazar wurden okkupiert. Serbien war nun Österreichs unmittelbarer Grenznachbar.[44] Auf dem »unzivilisierten« Balkan »zivilisatorisch« zu wirken, so erklärte 1895 Benjámin von Kállay, zuvor Gouverneur von Bosnien-Herzegowina, nun Finanzminister, einem britischen Journalisten die dem Habsburgerreich auferlegte Mission. Sie bestünde in einer Balance, dem Bewahren alter Traditionen mit deren Aufladung durch moderne Ideen.[45]

In diesem Jahr wurde Karl Lueger zum Bürgermeister von Wien gewählt. Da hatte der Anwalt mit Doktorgrad, der kleinbürgerlichsten Verhältnissen entstammte, zwei Jahrzehnte in der Kommunalpolitik hinter sich und einen gewundenen Weg zwischen Überzeugung und Opportunität. Lueger, Leitfigur der christsozialen Partei, war ein Demagoge reinsten Wassers, der Konflikte anzufachen liebte. Dies machte ihn bei den kleinen Leuten populär. Zudem fühlten sie sich von ihm verstanden, sprach er doch eine im damaligen öffentlichen Leben ganz ungewöhnliche Sprache: »wienerisch, bürgerlich, gutmütig und derb, sogar hausbesorgerisch«.[46]

Die Zunahme jüdischer Zuwanderung nach Wien korrespondierte mit dem Verfall des politischen Liberalismus. Zu einem Teil mag dies als Erklärungsmuster herbeigezogen werden, weshalb der Antijudaismus immer lauter wurde und teils tollwütig. Die christlichsoziale Partei besaß einen antisemitischen Flügel, der als wahlopportun geduldet wurde. Für die Mehrzahl der Christsozialen lag die Ausprägung von Antijudaismus im eigenen Ermessen.[47] Lueger, der »schöne Karl«, Sohn eines Trafikanten und promovierter Jurist, »der Heros der Vorstadtwirtshäuser«,[48] hatte seit 1887 Judenhass als politische Strategie eingesetzt, um Wähler aus dem konservativen und klerikalen Segment für sich zu gewinnen. Aufsehenerregend war 1890 seine Rede zum Israelitengesetz, eine Aneinanderreihung von Bosheiten, Beschuldigungen und Lügen.[49] Lueger wusste antisemitische Töne nach Gusto einzusetzen.[50] Einschlägig wurde sein Ausspruch: »Wer ein Jud' ist, bestimme ich.« Dieser geschmeidige Fall-für-Fall-Opportunismus war bei hartleibigsten Judengegnern zu finden, bei einem Wiener Pfarrer etwa, der flammend wider die »Christusmörder« predigte und sich vor Gericht mehrfach vom konvertierten Anwalt Dr. Max Löw vertreten ließ.[51] »Wien war nicht nur deutsch, sondern auch antijüdisch.«[52] Dies in den ersten Häusern wie in den letzten.

3 Kindheit, Jugend, Studium

»In seinem Kern war Adler Wiener.«
William M. Johnston[1]

Das Haus in der Schönbrunner Straße, heute Mariahilfer Straße 208, war, so Alfred Adler später kokett, das letzte Haus der Stadt.[2] Es war ein Mietshaus mit fünfzehn kleineren Wohnungen, davor ein freier Marktplatz. Von dort erstreckten sich bis Penzing und Schloss Schönbrunn Wiesen, Felder, unbebaute Grundstücke. Ein Abenteuertummelplatz für Kinder. Hier verbrachte Alfred seine ersten sieben Lebensjahre. Er war ein »Gassenjunge«. Oft war er in Gruppen draußen unterwegs und ein beliebter Spielgefährte.[3] Das Gefühl von Gemeinschaft und Zusammenhang, Freundschaftsgefüge und Solidarität identifizierte Adler selbst im Rückblick als Keimzelle seiner psychologischen Lehre. Er wurde auch deshalb an die frische Luft geschickt, weil er an Rachitis litt.

Ab 1877 wurde die immer größer werdende Familie ruhelos. Die Adlers zogen in die Leopoldstadt, wo sie in den folgenden vier Jahren fast jährlich die Adresse wechselten. Ab 1879 besuchte Alfred Adler das Leopoldstädter Communal-Real- und Obergymnasium in der Sperlgasse. Da das Eintrittsalter zehn Jahre betrug, wurde sein Geburtsdatum unter der Hand auf 1869 vordatiert. Doch das erste Schuljahr musste er wiederholen. 1881 folgte der Umzug nach Hernals, damals vor den Toren Wiens gelegen. Dort mietete die Familie in der Hauptstraße das Haus Nummer 25. Die Geschäftsräume nebenan, in der Nummer 23, gehörten dazu. Beide Gebäude waren Eigentum des Grafen Pálffy. Dass Leopold Adler als Zwischenhändler oder Mittelsmann für Moriz Pálffy von Erdöd fungierte, Oberhaupt eines reichen ungarischen Adelsgeschlechts, ist nicht abwegig. Alfred wurde auf das Hernalser Gymnasium in der Hernalser Straße geschickt, wo er die restliche Schulzeit über blieb, selbst als die Familie 1883 unweit nach Währing umzog. Die Adlers erwarben dort ein Haus, in dessen Hof und Untergeschoss sie Hühner, Ziegen und Kaninchen hielten.[4]

Leopold Adler erwies sich als Kaufmann mit wenig Fortüne. Paulines Mitgift investierte er schlecht, unter anderem in den Textilhandel, den sein Bruder David aufmachte.[5] Die wirtschaftliche Situation kippte, das Haus wurde mit einer Hypothek belastet, bald mit einer zweiten und einer dritten, bis es 1891 unter Wert verkauft werden musste. Die Familie zog zurück in die Leopoldstadt, wo sie bis 1896 lebte, erst in der Oberen Donaustraße, dann im hinteren Trakt des großen Rembrandthofs in der Zwerggasse 5. Schließlich griffen Paulines finanziell gut gestellte Verwandte ein, weil sie nicht mit ansehen wollten, dass die Familie ins Elend stürzte. Sigmund stieg in die väterlichen Geschäfte ein.[6]

Durch Adlers Kindheitserinnerungen zieht sich ein Motiv, das auch eine retrospektive Projektion gewesen sein könnte: schuldlos schuldig werden. Durch die fristlose Entlassung des Kindermädchens, das er durch die Darbietung eines Liedes »verraten« hatte. Durch Unfälle auf den Straßen, bei denen er um Haaresbreite überfahren worden sein soll. Durch eine schwere Lungenentzündung.[7] Durch Rachitis und bei Angstanfällen eine Stimmritzenverengung.[8] Hinzu kam die Bevorzugung Sigmunds durch die Mutter, zu der Alfred kein allzu leidliches Verhältnis gehabt haben will. Die Beziehung zum Vater war, so behaupteten es zumindest Bekannte und Freunde, besser. Der, wie ihn Verwandte erinnerten, stattliche Mann war eine gepflegte Erscheinung und ermutigte Alfred durch Worte und Taten. Leopold Adler soll seinen Sohn dazu angehalten haben, stets kritisch zu sein und Menschen nach ihrem Verhalten zu beurteilen, nicht nach ihren Worten.

Adler senior pflegte morgens um fünf Uhr aufzustehen. Er starb hochbetagt 1921 mit 85 Jahren. In den letzten Jahren suchte er mittags den Rathauskeller auf, um fünf Uhr nachmittags kredenzte er sich ein Schinkenbrot, um sechs Uhr ging er zu Bett. Da war er schon fünfzehn Jahre lang Witwer. Pauline war 1906 verstorben, im Alter von 61 Jahren, erschöpft und abgearbeitet. Alfred Adler 1897: »Mein Vater ist ein einfacher, schlichter Mensch, der von der Welt ebensowenig weiß wie, so sagen wenigstens meine Verwandten, von seinem Geschäft. Wie sich sein Gemüt entwickelt hat, ist mir nicht ganz genau bekannt. Ich hörte nur, dass er in seiner Jugend hingebungsvoll an seiner Familie hing, für die er zu allem bereit war, und als er dann heiratete, diese Liebe auf seine eigene Familie übertrug. Von Natur aus ungemein gutmütig, ist er ein Freund einer ruhigen, langsamen, schrittweisen Entwicklung.«[9]

Alfred Adler war ein durchschnittlicher Schüler. Das spiegelte sein Maturitäts-Zeugnis, das Abiturzeugnis, von 1888 wider. Darin schien einmal lobenswert, dreimal befriedigend und siebenmal genügend auf.[10] Die Familie Adler war areligiös. Das Judentum spielte keine Rolle, auch wenn Alfred mit dreizehn Jahren Bar Mitzwa machte. Doch das war eher eine Formalie.[11] Wichtiger war der Familie Musik. Alfred bekam Klavierstunden, hatte eine gute Singstimme und will sich in jungen Jahren à la Franz Schubert, seinem Lieblingskomponisten, versucht haben.[12]

Ein frühes Trauma dürfte der Tod seines kleinen Bruders Rudolf gewesen sein, den er am Morgen des 31. Januars 1874 leblos neben sich fand; die beiden teilten sich ein Bett. Alfred Adler: »Die Tatsache des Todes habe ich früh wahrgenommen – eine Tatsache, die ich verständlich und ganzheitlich, nicht kränkelnd und ohne den Tod als eine unüberwindbare Bedrohung für ein Kind anzusehen, akzeptiert habe. Das Todesbewusstsein verstärkte sich noch, als ich mit fünf Jahren an Lungenentzündung erkrankte und als der sofort herbeigeholte Doktor meinem Vater sagte, man brauche sich nicht mehr um mich zu bemühen; denn es gebe keine Hoffnung mehr. Plötzlich durchfuhr mich ein furchtbarer Schrecken, und wenige Tage später, nachdem es mir wieder gut ging, fasste ich den festen Entschluss, Arzt zu werden, um mich besser gegen die Todesgefahr zu wehren und mit besseren Waffen, als sie mein Doktor hatte, gegen den Tod zu kämpfen.«[13] Tatsächlich bekannte Adler, er habe sich mit dem Studium der Medizin, für das er sich später in Wien einschrieb, ein hybrides Ziel gesetzt: die Endgültigkeit des Todes zu durchkreuzen.[14]

Sozialstatistiken signalisieren wissenssoziologisch Eindeutiges und eindeutig anderes. Medizin war ein Massenstudium geworden.

Die Studentenzahl hatte sich zwischen 1859 und 1867 verdreifacht und war von 390 Inskribenten auf 1138 angestiegen. 1885 betrug sie 2248.[15] 78 Prozent stammten aus liberal-bürgerlichen Familien, und 93 Prozent waren jüdischer Konfession.[16] »Die jüdischen Ärzte waren die Oberschicht der Unterschicht. Das Medizinstudium war die erste Sparte, die sie zugelassen hatte.«[17] So war Medizin eine naheliegende Studienfachwahl für Adler. Es entsprach konventionellen Karriereverläufen. An der Wiener Fakultät für Medizin waren im Semester 1889/90 14 außerordentliche Professoren und 37 Privatdozenten Juden.[18]

Als Student scheint der 1,65 Meter messende Adler anfangs nicht allzu eifrig gewesen zu sein. Laut den Inskriptionslisten belegte er nur das zum Weiterrücken nötige Minimum an Vorlesungen und Übungen.[19] Das hatte nicht nur damit zu tun, dass jede Veranstaltung kostenpflichtig war, sondern auch damit, dass ihm, der als Gymnasiast sich in Philosophie und politische Schriften eingelesen hatte, anderes wohl als ebenso interessant erschien. Neue Freunde. Parteinahme für eine Partei. Und studentische Vereinigungen.

In seinem fünften Semester, Winter 1890/91, belegte Alfred Adler vermutlich das Kolleg »Die wichtigsten Erkrankungen des Nervensystems« des Psychiatrieprofessors Richard von Krafft-Ebing, Autor der *Psychopathia sexualis,* einmal pro Woche 90 Minuten. Psychiatrie war kein Prüfungsfach. Mit Ausnahme des Sommersemesters 1891 belegte er während der Sommersemester nur elf bis maximal dreizehn Stunden, gerade ausreichend, um die Mindestanrechnungskonditionen zu erfüllen. In anderen Semestern musste Adler überreich Material nachpauken. Für das Sommersemester 1893 ist seine Teilnahme am fünf Wochenstunden umfassenden Kolleg »Pathologie des Nervensystems« dokumentiert. Das Erste Rigorosum legte er im März 1892 ab, das zweite ziemlich genau zwei Jahre später, das dritte am 12. November 1895, die zwei letzten Examina mit der Note »genügend«. Zehn Tage später wurde er promoviert. Dazwischen hatte er seinen Militärdienst am Garnisonsspital in Preßburg, damals zu Ungarn gehörend, abgeleistet. Hier schlug sich seine Orts- und Abstammungszuweisung nieder, die

»Zuständigkeit nach«, in seinem Fall Kittsee, Burgenland, Ungarn. Er wurde als »Adler, Aladar« gelistet.[20]

Ende 1895 trat Adler als ärztlicher unbezahlter »Aspirant« für drei Monate in die Augenabteilung der Wiener Poliklinik in der Mariannengasse, Wien IX, ein. Die Poliklinik war eine private Wohltätigkeitseinrichtung und eine praktische Lehranstalt für Studenten und junge Ärzte. Um ausreichend Lehr-, Behandlungs- und Forschungsmaterial zu bekommen, wurden Arbeiter und Arme gratis behandelt. Die Poliklinik hatte sich rasch Ansehen in wissenschaftlichen Kreisen erarbeitet.[21] In seinem Zeugnis vom 20. März 1896 hieß es: »Herr Dr. Alfred Adler aus Wien hat auf der Abteilung für Augenkranke vom 26. November 1895 bis Ende Februar 1896 als Aspirant hilfsärztliche Dienste geleistet[,] nachdem er vorher durch sehr lange Zeit (vor seiner Promotion) sich als Hospitant auf der genannten Abteilung beschäftigt hat. Er hat sich stets durch sehr großen Eifer und durch eine Verwendbarkeit, sowie durch ein genaues Bedenken gegenüber den Kranken ausgezeichnet und die volle Zufriedenheit gefertigten Abteilungsvorstands erworben.«[22] Ophtalmologie war jenes Gebiet, auf das er sich ganz am Ende seines Studiums spezialisiert hatte.[23]

Was sollte nun werden? Sein »Heimatrecht« war für eine medizinische Karriere am großen Wiener Allgemeinen Krankenhaus fatal. Dort wurde darauf geachtet, dass niemand aus Cisleithanien, dass also kein ungarischer Staatsbürger, der Wien als Heimatgemeinde angab, Sekundararzt (Assistenzarzt) wurde. »Die einschlägigen Akten des Allg. Krankenhauses sind vollständig erhalten. In ihnen kommt der Name Alfred Adler nicht vor. Er könnte und dürfte am Wiener A.K. nur so tätig gewesen sein, dass er als Famulus bei der Chefvisite hinten in der Suite folgte und einem Assistenten Hilfsdienste leistete[,] bei denen er dem Primarius oder Professor nicht auffiel.«[24] Was blieb also außer einer eigenen Praxis, damals in der Regel ein Zimmer in der Wohnung, als niedergelassener Arzt, wie so viele andere jüdische Mediziner? Sehr bald sollte er auch nicht nur für sich allein zu sorgen haben. Denn inzwischen war eine Frau in sein Leben getreten.

4 Raissa Epstein und Adlers berufliche Anfänge

»Adler hatte sich keine einfache Gefährtin gesucht, sondern eine außergewöhnlich starke und unabhängige Frau, aus einem anderen Land mit anderen Traditionen und völlig anderer Lebensanschauung.«

Phyllis Bottome[1]

Raissa Epstein wurde am 9. November 1872 in Moskau geboren, als zweite Tochter von Anna und Timofej Epstein. Diese waren assimilierte, ziemlich wohlhabende russische Juden, die ihren zwei Kindern Bildung zukommen ließen – Raissas Schwester wurde später Bibliothekarin.[2] Über Raissas Kindheit und Jugend ist kaum etwas bekannt. Ihre Mutter starb früh, zur Stiefmutter entwickelte sich keine engere Beziehung. Väterlicherseits hatte sie reiche Verwandte in Smolensk, denen große Latifundien und Wälder gehörten und die ob Letzterem nachhaltig vom unstillbaren Hunger der russischen Eisenbahn nach Bauholz profitiert hatten, als von 1841 bis 1852 die 652 Kilometer lange und 184 Brücken zählende Streckenverbindung Moskau–St. Petersburg gebaut worden war. Auf dem Gut der Großeltern in Smolensk verbrachte Raissa wohl viel Zeit, die sie genoss.

Am 17. Mai 1895 inskribierte sich die blauäugige, hellblonde Raissa Epstein, mit knapp 1,50 Metern *petite*, was Klugheit, Energie und Willensstärke bis zur temperamentvollen Eruption aufwogen, an der Universität Zürich für Biologie. Im Zarenreich war Frauen die Möglichkeit, an einer Hochschule zu studieren, weitestgehend verwehrt. So gingen bevorzugt jüdische Russinnen, deren Familien es sich leisten konnten, zum Studium ins Ausland, mit Vorliebe in die Schweiz.[3] Im Wintersemester 1904/05 waren von 594 Immatrikulierten der Medizinischen Fakultät in Bern 407 weiblichen Geschlechts. Unter diesen 407 Frauen waren 399 Russinnen und zwei Schweizerinnen.[4]

Raissa hörte drei Semester lang Vorlesungen in Mikroskopie und Zoologie. Da muss sie bereits Sozialistin gewesen sein. Was nicht untypisch für russische Studierende im Ausland war. So entdeckte auch die Medizinstudentin Wera Figner, Tochter eines russischen Adligen und ab 1872 in Zürich lebend, an der Limmat revolutionäre Lektüre und die Revolution für sich: »Ich lernte Lasalles Lehre und Wirken kennen, auch die Theorien der französischen Sozialisten, die Arbeiterbewegung, die Internationale und die Geschichte der Revolutionen der westeuropäischen Länder. Dieses alles, wovon ich bislang nichts gewusst hatte, erweiterte meinen geistigen Horizont, nahm mich ganz gefangen, und so wurde ich Sozialistin und Revolutionärin.«[5] Später wurde Figner eine der bekanntesten politischen Gefangenen im Zarenreich.

Aus unbekannten Gründen wechselte Raissa Epstein Ende 1896 an die Universität Wien. Im März oder April 1897 begegnete sie dann Adler, dem Frischpromovierten und auf Fotos dieser Zeit eine leicht untersetzte Erscheinung, ob in einem sozialistischen Studentenclub oder, wie auch gemutmaßt wurde, in einem Salon von Exilrussen, ist nicht mehr rekonstruierbar.[6] Binnen kürzester Zeit entspann sich eine leidenschaftliche Beziehung, von der sich nur Alfred Adlers Briefe erhalten haben – Raissa vernichtete ihre Korrespondenz einige Zeit vor ihrem Tod. Dass sie für reich gehalten wurde, signalisierte neben dem Umstand ihres keineswegs unentgeltlichen Studiums ihre angemietete Wohnung in der Eisengasse, die mehr als nur ein Zimmer hatte. Adler selbst nahm darauf Bezug, als er einmal im Scherz schrieb, die Produktenbörse sei in Aufruhr, da er gerade einen großen Schatz an Land gezogen habe.[7]

Es war die mutmaßlich erste Liebesbeziehung Adlers. Sie war hochintensiv, geradezu überschwänglich und gab Anlass für heiße, wenn auch von konventionellen pathetischen Formeln nicht ganz freie Episteln. Am 28. Juli bekannte er, noch erhitzt von einem Tête-à-Tête, um »5 Uhr nachmittags« die »Wahrheit«: »Noch brennen deine Küsse auf meinen Lippen, du Herrliche, die mir mehr gab, als ich vom irdischen Glück hoffte. Ich sehe dich entschwinden in ungewisse Fernen, und dumpfe Trauer umschnürt meine Glieder. […]

›Ein bischen nach vorne gehen, damit du mich länger siehst‹ – [...] Dies Wort wird mein Leitstern, was auch immer geschehen mag.«[8]

Wenige Tage später fuhr Raissa Epstein nach Moskau. Adler nutzte die Gelegenheit einer internationalen Ärztekonferenz, ihr nachzureisen, obschon dies seine Finanzen überstrapazierte. Am 13. August schrieb er dem »geehrten Fräulein«: »Hurrah! Und noch einmal Hurrah! Ich stecke über Hals u Kopf in meinen Reisevorbereitungen und rufe dabei von Zeit zu Zeit ein lautes Hurrah! in die Luft. Ein Taumel, eine Freude sind über mich gekommen, und wenn ich am Spiegel vorübergehe, blicke ich unverhohlen hinein und grüble über meine geröteten Wangen. [...] Wenn ich nun wünschte, wann ich Sie in Moskau sehe. Reizt Ihr [sic] der Vortrag Lombroso's [sic] nicht? Denken Sie doch, wenn Lombroso stirbt, so haben Sie die Gelegenheit versäumt. Ich wollte, ich hielte Russland schon in meinen Armen!«[9] Vier Tage später war er in Moskau und schickte ihr sogleich eine Schilderung seiner Bahnfahrt, eine humoristische völkerkundliche Vignette, in die er träumerisch-amouröse Sehnsuchtsfäden einwob:

Geehrtes Fräulein,

Um mich her ein beängstigendes Getriebe. Schreien, Toben, Lärmen, rothe verschlafene Augen u gähnende Mäuler. Alte geriebene Ärzte, zorg [oft?] tastende Naturforscher, oft mit Kind u. Kegel. – In der Eisenbahn war nur III. Cl erträglich – I u II staunenswert überfüllt – und das wird jetzt in Moskau meine sein!

Im Coupé saßen mit mir Franzosen u Italiener – Die [sic] Franzosen, ernst, würdig, bestrebt, den Ruf der grand [sic] nation auch auf dem Ärztetag zu entsprechen. Die Katzelmacher (so nennen wir Wiener die Italiener) fortwährend in Unruhe, bald unter den Bänken, bald auf den Bänken, mit affenartiger Behendigkeit [sic] an der Decke in stetem Kampfe mit ihrem Gepäck – Ich [sic] traf es ausgezeichnet. Zugleich mit mir war in Wien ein Fräulein eingestiegen, die mir bis jetzt eine treue Reisebegleiterin geblieben ist. Wir weichen nicht voneinander, sind immer guter Laune. Wir machen uns das Leben so angenehm als möglich. […]

Ja jetzt sogar, wo ich schreibe, guckt mir das vorwitzige Fräulein über die Schulter, brummt etwas von dummem Zeug, u treibt mich zum Schlusse.

Ich muss Ihr [sic] leider gehorchen. Ich möchte Ihnen nur noch mittheilen, dass das Fräulein in Moskau wohnt. Kennen Sie sie vielleicht gar?[10]

Es ging dann in der Folge in ein engmaschiges Hin und Her über, nicht ohne Missverständnisse auf dieser und auf jener Seite. Adler, der seine Schreiben an sie mit »Alf« signierte, war im September zur kosenden Anrede »Mein liebes Kindl!« übergegangen oder schrieb klangassoziierend von seinem »lieben Tindi«: »Soeben habe ich deinen Brief erhalten. Aber, aber … Ich bin verwundert, verdutzt. Ich mir Vorwürfe? Ich hätte mir Vorwürfe gemacht? Unklare Vorwürfe! Was träumt mein kleines Vögelein? Und will sich selbst noch größere Vorwürfe machen? Si [sic], hole den Teufel das Briefeschreiben, ein Bussl spricht mehr u klarer, als hundert Briefe. Aber Briefe müssen auch sein und deshalb schreibe ich heute während 4 Stunden den dritten Brief an dich.«[11]

Manchmal wurde auch gewartet und gewartet und gehofft auf Antwort: »Ich lief rasch nach Hause[,] um deinen [sic] Brief womöglich sofort aus der Hand des Briefträgers zu bekommen.«[12] Und Antwort angemahnt. Vor allem als die Absichten immer ernster wurden, eine gemeinsame Zukunft immer konkreter sich abzeichnete, zumindest das Nachdenken darüber. »Mein liebes Tindi! Ei, du schlimmes Mädchen, wieder bin ich 9 Tage ohne Nachricht. Na warte, dem Briefträger werde ich es geben. […] Liebes Kindl! wann kommt das Wort der Erlösung? Und Küsse heiße Küsse? Ruhig, Kindl, sehr ruhig!!!«[13]

Ganz ruhig konnte Raissa Epstein nicht sein. Ging es doch um ein Leben fern der Familie, in einem anderen, anderssprachigen Land, in ganz anderen Verhältnissen. Der Galan war zwar Arzt, aber noch kein gutgestellter oder ausreichend verdienender. Wie würde seine

Familie sie, die Ausländerin, die Fremde aufnehmen? Adler versuchte ihr die Ängste zu nehmen, indem er seine Eltern und seine Geschwister für sie auf humorvolle Weise zu porträtieren versuchte: »Mein Vater ist ein einfacher, schlichter Mensch, der von der Welt ebenso wenig weiß wie, so sagen wenigstens seine Verwandten, von seinem Geschäfte. Wie sich sein Gemüth entwickelt hat, ist mir nicht ganz genau bekannt. Ich hörte nur, dass er in seiner Jugend hingebungsvoll an seiner Familie hing, für sie zu allem bereit war, und als er dann heirathete [sic], diese Liebe auf seine eigene Familie übertrug. Von Natur aus ungemein guthmütig [sic], ist er ein Freund einer ruhigen, langsamen schrittweisen Entwicklung. Neue Dinge hasst er, weil er sie fürchtet und bequemt sich ihnen nur an, wenn man ihm die alten lächerlich macht.«[14] Und: »Mein Bruder Siegmund, 29 Jahre alt, kräftig, gesund, 92 Kilo schwer – Herzens Temperament, ein bischen [sic] Münchhausen. Guthmüthig [sic], kein guter Lateiner, mehr Jaegerlateiner [sic]. Sieht auf Anstand, trinkt aber heimlich gerne Wein. (Tropus?) Wird meinen Vater in puncto Cravaten [sic] bald übertreffen, und schließlich mit meiner Mama die Welt regieren. […]«[15]

Ende Dezember 1897 heirateten Raissa Epstein und Alfred Adler in Smolensk. Ihr Studium schloss die junge Braut nicht ab. Am 5. August 1898 kam die erste Tochter zur Welt, Valentine Dina. Drängend war nun die Frage: Wovon die junge Familie ernähren? Seine und ihre Verwandten unterstützten die junge Familie. Bis dahin hatte Adler in einem eher provisorischen Zimmerchen der Wohnung seiner Eltern in der Zwerggasse ordiniert. Nun übersiedelten sie in ein eigenes Appartement in der Eisengasse Nr. 20 im 9. Bezirk, nur wenige Häuser entfernt von Raissas bisheriger Bleibe. Es war ein Viertel, das besonders bei Medizinern beliebt war wegen der Nähe zum AKH, dem Allgemeinen Krankenhaus der Stadt Wien. Die Konkurrenz war groß für den Berufsanfänger. Zu groß. Im folgenden Jahr mussten sie die Wohnung aufgeben und zogen in die sozial gebeutelte Leopoldstadt, in die Czerningasse 7.[16] Es war nicht nur bezüglich der Adresse im Briefkopf ein Abstieg, es lag »jenseits«, jenseits der Donau, jenseits der gutbürgerlichen Areale. Praktischerweise gab es in dem großen Mietsgebäude, ein typisches »Durchhaus«, zum Hoftrakt hin, in dem die Wohnung mit Behandlungszimmer lag, auch einen Zugang von der Praterstraße 42 her, dem distinguierteren und nobleren Boulevard. Die Nr. 42 lag genau gegenüber dem Carltheater. Adler führte auf seinem offiziellen Briefpapier beide Anschriften.[17] Das war selbst für einen sozialistisch eingestellten Arzt ein Renommeegewinn.

Seine ideologische Überzeugung schlug sich rasch publizistisch nieder. 1898 erschien Adlers erste Monographie, das *Gesundheitsbuch für das Schneidergewerbe*. Er war von einem Berliner Arzt beauftragt worden. Der Standeskollege in Preußen hatte ähnliche Schriften über Bäcker, Phosphor- und Tucharbeiter sowie über Bergleute ediert. Die ganze Reihe stand unter dem Motto: »Eine Gefahr erkennen ist der erste Schritt in Richtung Vorbeugung!«[18] Als Publikum waren wohl die betreffenden Lohnarbeiter angepeilt. Es war eine durch und durch sozialmedizinische Schrift, die ein gesellschaftliches Problem aufgriff.[19] Schneider gehörten zu den gesundheitsschädlichsten Professionen der Jahrhundertwende. Adlers, und damit verbunden Raissas, Anliegen war es, den »Zusammenhang von ökonomischer Lage und Krankheiten eines Gewerbes zu schildern sowie die Gefahren darzustellen, die der Volksgesundheit aus einer gesunkenen Lebenshaltung erwachsen«. Sein soziales – und sozialistisch-marxistisches – Engagement wurde an einer Stelle des dreißig Seiten schmalen Büchleins unüberlesbar: »Einer solchen Betrachtung, welche den Menschen nicht als Einzel-, sondern als Gesellschaftsprodukt untersucht, kann sich der Arzt nicht mehr verschließen.«[20]

Seit knapp einem halben Jahrhundert, seit den ersten Publikationen Rudolf Virchows, wurde Medizin auch als soziale Wissenschaft aufgefasst. Der 1821 geborene Pathologieprofessor an der Berliner Charité hatte 1848/49 aus dem Ergebnis einer Studie über eine Typhusepidemie die Forderung abgeleitet, ein Arzt müsse auch Politiker sein und sich für überfällige hygienische Reformen starkmachen.[21] Einen Satz Virchows wie »Eine vernünftige Staatsverfassung muss das Recht des Einzelnen auf eine gesundheitsmäßige Existenz unzweifelhaft feststellen« hätte Adler unterschreiben können, erst recht seine junge Ehefrau, die die viel schlechteren Verhältnisse im Zarenreich kannte.[22] Konnte Virchow 1879 in einem seiner Aufsätze schreiben: »Als Naturforscher kann ich nur Republikaner sein, denn die Verwirklichung der Forderung, welche die Naturgesetze bedingen, welche aus der Natur des Menschen hervorgehen, ist nur in der republikanischen Staatsform wirklich durchführbar«, so war es für den fünfzig Jahre Jüngeren unumgänglich, als Arzt in der Leopoldstadt Sozialist zu sein.[23] Und so listete Adler am Schluss seines *Gesundheitsbuches* auch sozialpolitische Postulate auf, die Ausdehnung der Unfallversicherung auch auf Kleinbetriebe, eine obligatorische allgemeine Pensions- und Arbeitslosigkeitsversicherung und eine Beschränkung der Wochenarbeitszeit.[24]

Raissa war politisch radikaler als ihr Mann. Die dreisprachige (Russisch, Französisch, Deutsch) junge Mutter war Sozialistin ihr Leben lang. 1899 veröffentlichte sie einen Artikel über ein Thema, das sie sehr genau kannte. »Das gemeinsame Studium und die Professoren« handelte vom (Medizin-)Studium für Frauen. Sie sprach sich dafür aus – 1900 wurden erstmals Frauen in Wien zum Studium der Medizin zugelassen.[25] Der Text erschien in einer führenden, gemäßigt progressiven Wiener Frauenzeitung, in den *Dokumenten der Frau*.

Wohl schon im Lauf des Jahres 1898 hatte Raissa Adler Anschluss an russische Zirkel in Wien gefunden und war in das reiche, vielgestaltige kulturelle Leben der Donaumetropole um 1900 eingetaucht.

5 Russen in Wien

»Zu den größten Emigrantengruppen in Wien zählte diejenige aus dem Russischen Reich. In einem Bericht der Wiener Polizeidirektion an den k. k. Statthalter in Wien vom 8. November 1911 heißt, daß sich zu diesem Zeitpunkt 523 russische Staatsangehörige in Wien aufhielten.«

Paul Kutos[1]

In der Vorkriegszeit war Wien ein Tummelplatz für auf Revolution eingestimmte Emigranten und politische Aktivisten aus vieler Herren Länder. Die Stadt war zum »Bahnhof der Geschichte« geworden. Man fuhr hin, sicher vor Auslieferung, pausierte, redete sich in umstürzlerischen Furor, reiste ab, machte Karriere.[2]

Vermutlich 1898 fanden Raissa und Alfred Adler Zugang zu exilrussischen Kreisen in Wien. Deren Zentrum war der Salon Semjon Kljatschkos in der Belvederegasse 3 unweit des Schlosses Belvedere. Dort lebte bereits seit 1892 der russische Sozialdemokrat mit seiner Familie. 1851 in Wilna geboren, war er in Russland wegen revolutionärer Aktivitäten verfolgt worden und 1874 ins Ausland geflohen. Nach Wien war er 1881 gekommen und fünf Jahre später österreichischer Staatsbürger geworden. Von 1901 bis zu seinem Tod im April 1914 war er Prokurist in einem Patentanwaltsbüro in der Bäckerstraße in der Inneren Stadt.[3]

Kljatschko hatte drei Kinder. Die jüngste Tochter Ella, 1890 geboren, zog nach ihrer Heirat nach Paris, Alexander, ein Jahr zuvor zur Welt gekommen, ging nach Manchester. Nur die Älteste, Aline, blieb in Wien, studierte an der Universität Französisch und Deutsch, engagierte sich nach 1918 erfolgreich in der Wiener Kommunalpolitik und wurde als Sozialdemokratin in den Gemeinderat gewählt.[4] Die Begegnung mit der 1883 geborenen Aline und deren Verlobtem Carl Furtmüller, der, um drei Jahre älter, ein sich sehr für neuere psychologische Strömungen interessierender Lehramts- und Pädagogikstudent war, sollte für die Adlers eine wichtige werden, die in eine Freundschaft und Gemeinschaftsarbeitsbeziehung mündete und bis zu Alines Tod Ende 1941 anhielt. Durch sie lernten die Adlers 1907 eine andere Exilantin kennen und deren Mann, Natalja und Leo Trotzki.

Semjon Kljatschko war Treibriemen und Verbindungsglied in einem, vor allem für Trotzki, mit dem er eng befreundet war. Kljatschko hatte gute Kontakte zu Vertretern der österreichischen Sozialdemokratie.[5] Über Trotzkis Jahre in Wien bis zu seiner überhasteten Abreise 1914 erschien im März 1925 ein längerer Beitrag in einer Wiener Zeitung. Beschrieben wurde darin die Einstellung der k.u.k. Bürokratie, von Karl Kraus als »Bürokretinismus« verhöhnt,[6] zu den vielen russischen Emigranten, die sich so wie Trotzki alias Bronstein in Wien niedergelassen hatten: »Es herrschte damals in Österreich die Gepflogenheit, politische ›Verbrecher‹ an Russland nicht auszuliefern. Da aber beinahe die gesamte russische Intelligenz, soweit sie im Auslande studiert hatte, zum politischen Verbrechertum zählte, wurde von dem stillschweigenden Asylrechte ausgiebiger Gebrauch gemacht.« Tatsächlich ließ die Administration russische Staatsbürger, die als Gegner des Zarenreiches in Erscheinung getreten und außer Landes geflohen waren, weitgehend unbehelligt, wenn auch nicht unbeobachtet. So gab Trotzki in Wien ab 1908 eine russischsprachige Zeitung heraus, die ins Reich der Romanows geschmuggelt wurde. Im Impressum der *Prawda*, Wahrheit, las man als Redaktionssitz »Wien IX, Mariannengasse 17«.[7] Der Wiener Polizeidirektion erschien die »Wahrheit« Trotzkis, der sich ab 1912 heftig mit dem in St. Petersburg erscheinenden, gleichnamigen Organ der Bolschewiki um Lenin – einer der Redakteure in St. Petersburg war ein Georgier namens Josef Stalin – stritt, als peripher und wurde auch nur peripher wahrgenommen. 1924 hieß es in einem resümierenden Bericht an den Wiener Bürgermeister: »Die periodische Druckschrift ›Prawda‹ erschien vom Jänner bis zum August 1909 in Lemberg, von da an bis zum Jahre 1912 in Wien und wurde von dem damals in Wien IX., Lazarethgasse 8 wohnhaften österreichischen Staatsangehörigen Nehome Strasser herausgegeben. Der eigentliche Redakteur des Blattes soll allerdings Leo Bronstein gewesen sein. Die ›Prawda‹, die zunächst zweimal, später einmal monatlich erschien, behandelte die zeitgeschichtlichen Ereignisse in Russland auf politischem, wirtschaftlichem, kulturellem und literarischem Gebiete. Im letzten Jahre seines Bestandes hatte das Blatt auch eine Beilage ›Morjah‹, welche die beruflichen Interessen der russischen Seeleute im schwarzen Meere vertrat. Die Auflage betrug ca. 5000 bis 8000 Exemplare und ist, soweit hierorts bekannt ist, zur Gänze nach Russland verschickt worden.«[8]

Trotzki selbst erinnerte sich 1929 aus seinem dritten Exil, der Türkei, des Kljatschkoschen Heims. »Das große Kapitel meines Wiener Lebens wäre nicht vollständig«, schrieb er in *Mein Leben*, »wenn ich nicht erwähnen würde, dass die Familie des alten Emigranten S.L. Kljatschko in Wien zu unseren nächsten Freunden zählte. Die Geschichte meiner zweiten Emigration ist aufs Engste verflochten mit dieser Familie, die ein wahrer Herd breitester politischer und überhaupt geistiger Interessen war, in diesem Hause wurde musiziert, waren vier europäische Sprachen heimisch und wurden europäische Verbindungen unterhalten.«[9]

Spätestens 1909 waren die Bande zwischen den Adlers und den Trotzkis eng. Natalja Iwanowna, Jahrgang 1882, hatte Trotzki 1902 in Paris kennen gelernt, wo sie an der Sorbonne Kunstgeschichte studiert hatte, und ein Jahr später geheiratet. Die beiden Söhne Leo und Sergei kamen 1906 und 1908 zur Welt, »Serjoscha« in Wien. Adolf Joffe, atheistischer Jude, überzeugter Marxist und ein Jahr jünger als Natalja, war einer von Trotzkis engsten und wichtigsten Helfern.[10] Joffe, »neurotisch« und »von schwächlicher Konstitution«, litt an einer »nervösen Krankheit«. Dahinter verbarg sich wohl ein Suchtproblem.[11] Durch ihn, der Freud las, wurde Trotzki auf die Psychoanalyse aufmerksam, stand ihr aber als Materialist skeptisch gegenüber.[12] Trotzki und Joffe gehörten, wurde später behauptet, »zu Adlers ständigen Besuchern«.[13] Zu Adler in Behandlung sollen nicht wenige Russen aus dem Dunstkreis der *Prawda* gegangen und angeblich auch der von 1912 bis 1914 in Wien lebende Nikolaj Bucharin geschickt worden sein.[14] Gesichert ist, dass die zwei Trotzki-Söhne

Adler ärztlich konsultierten, und das bis 1914. Die Frauen unternahmen gemeinsame Spaziergänge, denen sich hin und wieder auch Trotzki anschloss.[15] Das Verhältnis der zwei Männer scheint nicht ganz ungetrübt gewesen zu sein. Trotzki verfasste später ein Feuilleton, in dem er einen Silvesterabend im Wiener Café Central beschrieb und einen Psychotherapeuten, der mit Freunden – aber ohne Ehefrau – über russische Kunst diskutiert, wobei sich herausstellt, dass er davon keinerlei Ahnung hat.[16]

Die Trotzkis lebten in ärmlichen bis elenden Verhältnissen. Mehrfach zog die Familie um, von einer billigen Wohnung in die nächste.[17] Auch für den ruhelosen, eloquenten lesebesessenen Revolutionär und unablässig Sätze produzierenden Intellektuellen war das Kaffeehaus ein Wohnzimmerersatz. Er wurde Stammgast im Café Central in der Herrengasse, im Café de l'Europe am Stephansplatz und im Café Eisenbahnerheim am Margaretengürtel. Die Emigrantenfamilie hatte in den ersten Kriegstagen 1914 die antirussische Stimmung in der österreichischen Hauptstadt zu spüren bekommen. Allen in Wien lebenden Russen schlug Misstrauen entgegen. Viele seit langem Ansässige wurden arretiert, in Gefängnisse überstellt oder, im minderen Fall, »konfiniert«, was hieß, dass ihre Bewegungsfreiheit limitiert wurde.[18]

Drei Jahre später, 1917/18, machten die einst in Wien bewirteten Emigranten auf der Weltbühne revolutionäre Weltpolitik.[19] Nach der Februarrevolution 1917 schloss sich Joffe in Petrograd den Bolschewiki an. Acht Monate später, im Oktober, nachdem sich die Gruppe um Lenin erfolgreich an die Macht geputscht hatte, war er Mitglied des Revolutionären Militärkomitees. Bald dem Volkskommissariat für Äußeres zugeordnet, war er der erste Leiter der sowjetischen Delegation bei den Friedensverhandlungen in Brest-Litowsk. Ab April 1918 war er der erste diplomatische Vertreter des revolutionären Riesenlandes in Deutschland. Später repräsentierte er die Sowjetunion in Großbritannien, China und Japan. Seine letzte diplomatische Mission war der Posten als Botschafter in Österreich von Dezember 1924 bis Juni 1925. Joffe wurde mit Trotzki ins politische Abseits gedrängt. Nachdem dieser aus der Partei ausgeschlossen worden war, beging Joffe Ende 1927 Selbstmord. Seine Grablege mutierte zur antistalinistischen Kundgebung.[20] Mit Trotzki schrieb sich Raissa Adler weiterhin Briefe, und im September 1933 hielt sich ein Trotzki-Enkel bei Aline Furtmüller auf.[21]

Auch literarisch war Russland präsent in Raissa Adlers Leben. 1921 erschien im Verlag der Arbeiter-Buchhandlung zu Wien ihre Übersetzung von Maxim Gorkis *Kinder. Zwei Erzählungen* und zwei Jahre später drei Novellen Fjodor Dostojewskis, verlegt von der Berliner Vereinigung Internationaler Verlagsanstalten. Das Vorwort steuerte Anatoli Lunatscharski bei, seit 1917 Volkskommissar für das Bildungswesen in der Sowjetunion, der von 1894 bis 1896 in Zürich die Universität besucht hatte, zur selben Zeit also wie Raissa.

6 Fin-de-Siècle-Wien und die Leopoldstadt

»Nervös war man [im Wien um 1900] erst von einem bestimmten Stand oder von einer bestimmten Einkommenshöhe aufwärts.«
Manès Sperber[1]

Als Lunatscharski seit mehreren Wochen die hölzernen Bänke der Zürcher Universität drückte, saß im Juni 1894 ein Zwanzigjähriger im Wiener Volksgarten. Der junge Mann mit dem weichen Gesicht und der modischen Vorliebe für Bowlerhüte[2] schwärmte wortgewaltig: »Über den schwarzen Baumwipfeln aber silhouettieren sich auf dem glutroten Abendhimmel die wundervollen Linien phantastischer Steinfirste, bronzener Viergespanne, marmorner Götter und vergoldeter Bekrönungen, und weithin glühen in die ferne Dämmerung goldgrün und kupferrot Kuppeln und Knäufe von Türmen.«[3] Der Student der Rechtswissenschaften, geboren in der Salesianergasse, Wien III, sehr guter Absolvent des renommierten Akademischen Gymnasiums am Beethovenplatz, dieser Hugo von Hofmannsthal saß an diesem Sommerabend sechs Jahre vor der Jahrhundertwende in Sichtweite der Ringstraße.

Schon einige Jahre zuvor hatte er, der Moderne, Aufsehen erregt. »Modern« war damals eines *der* Worte. Es war das Homonym für unaufhaltsamen Fortschritt, für »Bewegungstendenz«, während alle anderen, die Nicht-Modernen, eine Beharrungstendenz aufwiesen.[4] Als »Loris« hatte der Siebzehnjährige debütiert und wurde im Handumdrehen in Wiens Autorenkreisen berühmt. Denn seine Gedichte waren staunenswert reif, staunenswert perfekt, zeugten von poetischer Höchstbegabung. Der Minderjährige hatte sich einer Gruppe von Schriftstellern, Journalisten und Theaterkritikern angeschlossen, die sich im Café Griensteidl am Michaelerplatz trafen und auch modisch ganz *à jour de Paris* waren.[5]

1893 hatte Hofmannsthal ein Essai über den italienischen Schriftsteller Gabriele d'Annunzio verfasst. Er empfand sich, neunzehn Jahre jung, darin als »Spätgeborener«, als Letzter einer brüchigen Kette: »Bei uns aber ist nichts zurückgeblieben als frierendes Leben, schale, öde Wirklichkeit, flügellahme Entsagung. Wir haben nichts als ein sentimentales Gedächtnis, einen gelähmten Willen und die unheimliche Gabe der Selbstverdoppelung. Wir schauen unserem Leben zu; wir leeren den Pokal vorzeitig und bleiben doch unendlich durstig: [...]; so empfinden wir im Besitz den Verlust, im Erleben das stete Versäumen. Wir haben gleichsam keine Wurzeln im Leben und streichen, hellsichtige und doch tagblinde Schatten, zwischen den Kindern des Lebens umher.«[6] Der Neunzehnjährige zog eine Bilanz seiner Zeit. Die Posten unter dem Strich lauteten: Enttäuschung, Erschöpfung, Neuropathie, *Décadence*.[7] Die Vergangenheit war groß, und Grabreden seien auf sie feierlich zu halten, war 1890 in einem Essai verkündet worden. Diesen Aufsatz Hermann Bahrs kannte Hofmannsthal sicherlich, war er doch mit ihm befreundet.[8]

Dreizehn Jahre später, im Mai 1906, kam ein Siebzehnjähriger am Westbahnhof in Wien an. In Linz hatte er den Zug bestiegen, der ihn nach sechs Stunden in die Hauptstadt brachte, zum ersten Mal. Seine Mutter, eine Beamtenwitwe, hatte dem schüchternen, schmächtigen, blassen und ernsten Sohn, der gerade die Opern Richard Wagners für sich entdeckt hatte, die Fahrkarte gekauft. Sie unterstützte seinen Berufswunsch, der eher ein Berufstraum war: Künstler werden! In Wien wollte er sich die große Gemäldegalerie ansehen, wurde aber von der großen Stadt überwältigt. Denn Wien war laut. Wien war hektisch. In Wien lauerten Gefahren, die der junge Mann nicht kannte – Automobile. Der Verkehr war dicht. 1907 kurvten 1458 Autos durch die Straßen der Hauptstadt, das war mehr als die Hälfte aller im Habsburgerreich zugelassenen Motorvehikel. Sie verursachten in einem Jahr 354 Unfälle. Dazu kamen knapp 1000 Fiaker, fast 1800 Einspänner und 1100 Lohnkutschen, die pro anno 982 Mal verunfallten, und Straßenbahnen.[9]

Wien war auch hell. Die ersten zehn Bezirke waren komplett elektrifiziert. Die elektrische Beleuchtung hatte der junge Mann registriert, als er am Westbahnhof am Perron stand. In Linz hingegen gab es 1905 sechs elektrische Bogenlampen am Hauptplatz und eine siebte auf der Brücke, die von Linz nach Urfahr führte, sonst nur Gas und Petroleum. Wien war viel weiter. 1908 wurden in nichtamtlichen Häusern 176 Bogenlampen gezählt und 657 625 Glühlampen.[10] Der Junge war überwältigt. Etwas mehr als fünfzehn Jahre später – da hatte er sich der Kunst entschlagen – erinnerte er sich: »Ich lief die Tage vom frühen Morgen bis in die späte Nacht von einer Sehenswürdigkeit zur anderen, allein es waren immer nur Bauten, die mich in erster Linie fesselten. Stundenlang konnte ich so vor der Oper stehen, stundenlang das Parlament bewundern; die ganze Ringstraße wirkte auf mich wie ein Zauber aus Tausendundeiner Nacht.«[11] Dass er gut ein Dutzend Jahre nach der Niederschrift und dreißig Jahre nach dem ozeanischen Überwältigungsgefühl die Ringstraße entlangfahren würde und ihm Zehntausende von Menschen, ekstatisch berauscht, zujubelten, das hätte Adolf Hitler damals nicht gedacht.

Zwischen 1890 und 1910 entstanden in Wien zeitgleich die Zwölftonmusik, die moderne Architektur, der Rechtspositivismus, die abstrakte Malerei. Schopenhauer und Kierkegaard wurden von hier aus wiederentdeckt. Und dazwischen, daneben, nur einige Straße, einen Bezirk oder auch zwei Grätzel, so die Wiener, entfernt kam die Psychoanalyse in die Welt.[12] Dabei waren besonders die 1890er Jahre eine Phase größerer Unruhe und Unsicherheit. Zumindest bis die Hochkonjunktur auch die unteren Bevölkerungsschichten erfasste.[13] Die Gleichzeitigkeit so vieles Ungleichen – alles im Schlagschatten eines greisen Regenten, der Prinzipien aus der Mitte des 19. Jahrhunderts verkörperte – lässt diese Epoche als dünnen Grat erscheinen, der wie ein schmaler Pfad auf einem Bergrücken nach oben führt und, hat man die Spitze erreicht, einen Ausblick in unbekanntes Terrain bietet.[14] Die Architekturhistorikerin Leslie Topp meinte, das Fin-de-Siècle-Wien zu analysieren sei, wie die Bibel zu studieren – schaue man lang genug hin, ließe sich für jede Einstellung und für jedes Argument Unterstützung finden.[15]

En vogue war auch Neurasthenie, Nervenschwäche. Jeder Berufsstand, der etwas auf sich hielt und Arbeit unter einem gewissen Zeitdruck erledigen musste, reklamierte diese für sich. Nicht nur Journalisten oder Lokführer, auch Professoren, Handelsreisende und Feuerwehrleute. Schon 1885 hatte ein Arzt in der *Wiener Medizinischen Wochenschrift* argumentiert, die moderne Zivilisation sei darauf angelegt, mit täglich zunehmenden Bedürfnissen und stetig steigenden Anstrengungen die Nerven zu überstrapazieren.[16] Der Berliner Soziologe Georg Simmel schrieb 1908 in der *Österreichischen Rundschau,* der Einzelne könne nicht mehr das Tempo der ihn umgebenden Welt mitgehen und so käme es zu psychischer Fragmentierung und Zerrissenheit.[17] Zur selben Zeit war in den Wissenschaften eine Spezialisierung und Ausdifferenzierung im Gange. Es kam zu einem »Wachwechsel zwischen Ästhetik und Therapeutik«.[18] Es vollzogen sich rasante Entwicklungen in Einzel- und bisherigen Subdisziplinen, besonders in den Naturwissenschaften. Naturwissenschaft und Philosophie setzten sich in ein gegenseitig anregendes Verhältnis. Es war »die Zeit der naturwissenschaftlichen Philosophen und der philosophischen Naturwissenschaftler«.[19]

Dabei war Krisis im Aufblühen der Moderne mit Händen zu greifen, aber auch deren Gegenteil, Optimismus. Es gab den Verfall des Alten und den Aufzug von etwas Neuem, von dem noch nicht klar war, ob es genug Kraft besäße, sich zu halten, sich zu behaupten, etwas zu werden. Hofmannsthal wollten nur wenige Jahre später in seinem *Chandos-Brief* die Worte sinnfrei zerbröseln. Arthur Schnitzler schrieb von Abhängigkeiten, Liebeleien und kanonischen Schein-Werten, deren selbstbetrügerischen Dilemmata nur durch stumpfe Verzweiflung oder Selbstmord zu entkommen war. In der Malerei waren vor allem an der Akademie für Bildende Künste am Ring konservativer Historismus und allegorische Historienmalerei noch im Schwange. Währenddessen porträtierte Gustav Klimt Frauen des Großbürgertums als Goldregenwesen, ließ seine Modelle lasziv posieren und provozierte mit Fresken einen Skandal. Egon Schiele bannte die Physis von Mann und Frau, »merkwürdig entstellte, verzerrte, in Kälte erstarrte Gesichter«,[20] auf Leinwände.

Richard Gerstl schuf vulkanisch lodernde Menschendarstellungen, Ähnliches auch der malende Komponist Arnold Schönberg. Und es gab einen sich rüpelhaft gebenden Maler, der alle Konventionen in den Wind schlug und 1908 auf der Wiener »Kunstschau« Aufsehen erregte – Oskar Kokoschka.[21] Musikalisch war Wien während der Direktionsjahre Gustav Mahlers Leuchtturm und Magnet geworden. 1907 endete nach zehn Jahren seine Ära. Zu stark waren die Intrigen und der ihm entgegenschlagende Antijudaismus. Mahler hatte das Opernhaus kompromisslos in einen Tempel des Musiktheaters verändert, »sehr zum Ärger jener, die nicht wegen der Musik, sondern wegen der Geselligkeit die Oper besuchten«.[22]

Viel nächtliche Unterhaltung nach dem Ende einer Opernaufführung bot die Stadt nicht. Nach 23 Uhr waren die Straßen der Innenstadt wie ausgestorben und verlassen. Stundenlang konnte man außer dem »Wachmann«, der seine Runde drehte, niemandem begegnen. Um 22 Uhr sperrten die Hausbesorger, die den einzigen Schlüssel zum Hauseingang besaßen, die Haustore zu. Wer danach eingelassen werden wollte, musste zehn bis zwanzig Kreuzer berappen, nicht gerade wenig. So verzichtete man am späten Abend auf aushäusige Vergnügungen.[23]

Die großstädtische Presse stützte die modernistischen Bewegungen in den Künsten. Die *Neue Freie Presse* galt als kosmopolitisch, weltoffen, intellektuell und liberal. Auch wenn Autoren literarische Krisenbefunde auf Papier bannten und ihnen alles morbide, brüchig, dekadent erschien, innerhalb der harschen politischen Konfliktverläufe erwiesen sich Philosophen, Ökonomen und Sozialtheoretiker, vor allem Journalisten als Erben des Liberalismus alter Prägung.[24] Hinzu kam ein utopischer Aufbruchsimpetus, hin zu Neuem, Anderem, einer Welt als reiner Kunst, enthoben mangelnder Hygiene, unübersehbarer Armut, Gedränge und Hässlichkeit, einer Welt wie aus dem Musterkatalog der noblen »Wiener Werkstätte«. Hermann Bahr 1901: »Eine Stadt müssen wir erbauen, eine ganze Stadt! […] Die Regierung soll uns, in Hietzing oder auf der Hohen Warte, ein Feld geben, und da wollen wir dann eine Welt schaffen. […] Alles von demselben Geiste beherrscht, die Straßen und die Gärten und die Paläste und die Hütten und die Tische und die Sessel und die Leuchter und die Löffel Ausdrücke derselben Empfindung, in der Mitte aber, wie ein Tempel in einem heiligen Haine, ein Haus der Arbeit.«[25]

Der Architekt Otto Wagner hatte seine Idealvorstellung fünf Jahre zuvor präsentiert. Progressiv war sein städtebaulicher Wurf für einen »künftigen XXII. Wiener Gemeindebezirk« bei Liesing. Eine Bebauung in großen Blöcken hätte man vielleicht noch erwarten können. Aber eine Gliederung, die sich wie ein Spinnennetz über den gesamten Südteil der Metropole legen sollte? Ein System großer Boulevards, konzentrisch angelegter Ring- und Radial- und Zonenstraßen, die auf ein gewaltiges Zentrum, auf ein »Luftzentrum« mit Fontänen, langen Baumreihen und Flanierwegen, zuliefen, an dem Kirchen, Theater und halböffentliche Bauten für eine gemeinschaftliche Nutzung sein sollten? Dazu noch Parks und große Plätze, Monumente und Aussichtspunkte und eingerückte Rasenflächen – kurz: das Gegenteil beengter Wohnverhältnisse.[26] Drei Jahre nach Bahrs Vision baute Josef Hoffmann im Auftrag des Industriellen Victor Zuckerkandl außerhalb der Wiener Stadtgrenze eine Ikone des Secessions-Stils, das Sanatorium Purkersdorf. Diese »Wasserheilanstalt mit Kurpark« war eine Ingenieur-Metapher für Therapie und durch den aktiven Einsatz visueller Metaphern und modernistischer Details eine einzige psychologische Manipulationsmaschine, eine Überführung von Ideen über unbewusste Triebe in moderne Architektur.[27] Scheinbar nüchternen, profanen Elementen verlieh Hoffmann Dynamik und Leichtigkeit. Dass Zuckerkandl Jude war, sollte nicht ausgeblendet werden. Zeitgleich zu den Aufbrüchen, Umstürzen, Revolten in den Künsten spielte sich jüdisches Leben ab, in Wien zumeist jenseits der Donau, auf der »Mazzesinsel«.

Das war die spöttische geläufige Bezeichnung für den Teil der Stadt zwischen Donaukanal und Donaustrom. Dort hatte um 1625 Leopolds Großvater, Kaiser Ferdinand II., den Juden die Erlaubnis zur Ansiedlung erteilt, nach entsprechender Einzahlung jüdischen Gelds in die allerhöchste Kriegskasse. Es war ein Bereich außerhalb der Stadtmauern. Die Gegend hieß damals »Unterer Werd«, aus der befestigten Stadt durch das Rotenturmtor über eine Mautbrücke zu erreichen.

Ferdinands Enkel Leopold I., verheiratet mit einer frommen Spanierin, hatte die Juden 1670 wieder austreiben lassen. Der Untere Werd wurde umbenannt in »Leopoldstadt«. Die Synagoge wurde abgerissen und an ihrer Statt die nach dem Regenten benannte Leopoldskirche errichtet.[28] Bald durften die Vertriebenen wieder zurückkehren. Auch für Leopolds Kriegskasse war ihr Beitrag unerlässlich.[29] Jüdische Stadtzuwanderer suchten zu Beginn des 19. Jahrhunderts hauptsächlich hier Unterschlupf. Das alte jüdische Siedlungsgebiet zwischen Praterstraße, damals Jägerzeile, und Taborstraße war ein Elendsviertel auch für solche, die einen gewissen Wohlstand errungen hatten, aber keine Toleranz. Bis Anfang der 1870er Jahre stammten die Zuwanderer zumeist aus Ungarn, Budapest oder dem Preßburger Getto.[30] Die neue Nordbahn brachte Tausende nach Wien. Gegründet hatte sie Salomon Mayer Freiherr von Rothschild, dessen Marmorstatue in der unweit des Pratersterns gelegenen Halle des damals größten Bahnhofs von Wien aufgestellt wurde.[31]

Auf der »Mazzesinsel« war 1864 die orthodoxe Synagoge in der Schiffgasse errichtet worden, die »Schiffschul« in der Großen Schiffgasse. Hier fanden die Ostjuden ihre rituelle Heimat, ungestört von den Assimilanten, die zum Stadttempel in der Seitenstettengasse wie zur Börse in Bratenrock und mit Zylinder gingen.[32] Zahllose Anekdoten reflektierten diese mentale Geographie. Ein Beispiel: Als ein Ostjude von einer Reise nach Wien nach Hause zurückkehrt, wird er mit Fragen bestürmt, was er denn alles gesehen habe. Er antwortet: »Ich hab' den Nordbahnhof gesehen und den Praterstern und die Schiffgasse und das Carltheater.« – »Und die Hofburg hast du nicht gesehen und das Burgtheater?« – »Nein, in die äußeren Bezirke bin ich nicht gekommen.«[33]

1880 beschrieb der Abgeordnete für die Leopoldstadt, der Kaufmann Sigmund Mayer, den Charakter des Textil-, Produkten- und Spiritushandels und der Zwischenhändler: »Dort – im Textilviertel – eine Reihe von Straßen und dichtgedrängt in denselben Laden an Laden; in jedem derselben schön gereihte Warenvorräte, von denen jedes Stück individuell durch die Kunden unter Mitwirkung der Kommis besichtigt und gehandelt wird. Dem Warenlokal sich anschließend, je nach Größe und Bedeutung des Geschäftes ein größeres oder kleineres Kontor mit mehr oder weniger fix angestellten Kontoristen. [...] In einem einfachen, unscheinbaren Kaffeehaus, bei Stierböck an der Donau, bewegten sich von morgens bis abends einige hundert Menschen, unaufhörlich miteinander Geschäfte bald abschließend, bald abwickelnd, ohne anderen Apparat und ohne anderen Behelf als ein Notizbuch; nur hie und da wurde ein kleines Mustersäckchen beschaut, geprüft; zum Abschluss genügte das Wort, die Notierung in das Büchlein der Verhandelnden. Neben und zwischen ihnen die regelmäßigen Begleiter des Verkehrs, die Sackverleiher – ein Zweig, welcher durch die damalige Ausdehnung des Geschäftes entstanden war –, Sensale, Kommissionäre, Spediteure.«[34] Die Ware? Die war nicht in Wien. Die war auf der Bahn zwischen Wien und Pest unterwegs oder in der Slowakei oder in Mähren oder in der Bácska. Um 1870 arbeiteten fast 100 000 Menschen, ein Drittel aller Wiener Beschäftigten, in der Textilindustrie und der Bekleidungsbranche. Mittelpunkt dieses »Wiener Platzes« war die Region zwischen Hohem Markt und Donaukanal.[35]

Das Carltheater, dessen Direktor bis 1860 Johann Nestroy gewesen war, an der Praterstraße bildete nicht den einzigen Anziehungspunkt, der die nichtjüdischen Wiener auf die »Mazzesinsel« lockte. Da gab es den Dianasaal, im Sommer überdachte Schwimmhalle, im Winter Balletablissement. Bei der Faschingsredoute des Wiener Männergesang-Vereins 1867 dirigierte hier Johann Strauß erstmals seinen Donauwalzer. In der Leopoldstadt hatte Ernst Renz einen Zirkus mit 3500 Sitzplätzen errichten lassen, den sogar Kaiser Franz Joseph beehrte.[36]

Die Praterstraße, erinnerte sich der in der Leopoldstadt aufgewachsene jüdische Wiener Peter Herz, besaß aber den Publikumsmagneten, »einen großen, weit strahlenden künstlerischen Mittelpunkt: das Leopoldstädter-, später Carltheater. Diese Bühne zieht Darsteller, Autoren, Komponisten magisch in den Bann des Viertels. [...] Die Erwähnten [Nestroy und andere] sind keine Juden, jedoch durch Offenbach wird auf der Praterstraße die Operette heimisch, sie bringt viele Juden hierher und erlebt nach der Jahrhundertwende ihre zweite Blüte, wodurch nun in den Kaffee- und Gasthäusern rings um das Carltheater – im ›Moser‹ (Mendel), im ›Tiphoxilos‹, beim ›Grünen Jäger‹, beim ›Tiger‹, im ›Berlin‹ und im späteren ›Fürstenhof‹ – die neuen jüdischen Operettenkönige Oscar Straus, Leo Fall, Edmund Eysler, Leo Ascher und viel Bühnenlieblinge, darunter Louis Treumann, Arthur Gutmann, Fritz Werner (Herzl) und andere der Carltheatergrößen anzutreffen sind. [...] Aber auf dieser ›wilden‹ Straße gab es noch viele andere Tingeltangel, Unterhaltungsstätten, Konzertcafés jeglicher Art – da klimperte es auf den Klavieren, fiedelten ungarische Zigeuner, gab es Tamburitzaklänge.«[37]

Zwei erhaltene Ordinationsbücher der Jahre 1904 und 1907, ein Spezialfabrikat für Ärzte der Buchdruckerei Gustav Gruber, Wien, ochsenblutrote Leinenbände mit verstärkten Ecken und marmoriertem Vor- und Nachsatz und mit praktischerweise vorgedruckten Kürzeln (O = Ordination, V = Visite, Ij = subkutane Injektion, ! = genesen oder Ra = Rechnung verlangt am), zeigen, wie sich Alfred Adlers Klientel zusammensetzte. 1904 waren 459 Patientenkonsultationen verzeichnet. Im Bilanzbuch für 1907 waren es 500. Die ersten Patienten des Jahres 1904 kamen aus dem I., II. und III. Bezirk. Als Berufe sind gelistet: Kutscher, Näherin, Cafetier, Privatier, Kaufmannswitwe, Milchhändlerstochter, Köchin, Dienstmädchen, Schneider. Auch ein elfjähriger Schüler war darunter (Anamnese: »schlimmes Kind«). Es kam zu Adler auch ein Standeskollege aus der Inneren Stadt wegen einer Herzmuskelerkrankung. Ansonsten sind angegeben: Diabetes, Schwindel, Rheumatismus, Influenza, Dickdarmkatarrh, Magenkoliken. Sowie »Geheilte Angstneurose«. Bei Musil Edler von Wollenbrück hielt Adler »Angstneurose« fest, bei der Gräfin Czaky aus der Beatrixgasse riet er zu einer »psychologischen Kur«. Zahlreiche jüdische Namen sind verzeichnet, von Pollak über Grün zu Hirsch, Kohn, Deutsch und Rosenberg. Sehr viele kamen aus der Nachbarschaft, der Praterstraße, der Czernin-, der Circus- und der Kleinen Sperlgasse. Aus dem vornehmen

Döbling fuhr Professor Emil Reich zu ihm. Adler impfte auch Dr. Braun von der *Arbeiter-Zeitung*, was zeigte, dass er dem sozialdemokratischen Leitmedium vertraut war, als »Alladin« hatte er in unregelmäßiger Folge Feuilletons und Texte dort platzieren können, die Ausflüge in die Redaktionsräume an der Linken Wienzeile (heute das Dokumentationsarchiv des Österreichischen Widerstandes) verband er gern mit Tarockieren im Café Dobner am Naschmarkt. Und er behandelte Bekannte wie den Musikkritiker David Bach.[38] Adler selbst ging weiterhin der Publizistik nach, auch im berufsständischen Rahmen. Das zeigte ein Artikel, den er prominent unterbringen konnte.

7 Der Arzt als Erzieher

»Die Geschichte der Kindheit ist ein Alptraum,
aus dem wir seit kurzem erst zu erwachen beginnen.«
Lloyd deMause[1]

Ein Paukenschlag in Prosa zum Auftakt, ein Urteil, das Aufmerksamkeit erregte. »Das Problem der Erziehung«, las man da, »wie es Eltern und Lehrer auf ihrem Wege vorfinden, ist eines der schwierigsten.« Man sollte meinen, fuhr Alfred Adler, im Jahr 1904 34 Jahre jung, fort, die Menschheit habe von Generation zu Generation, ja über »Jahrtausende menschlicher Kultur« hinweg sich Lösungen erarbeitet, die angemessen und stimmig sein müssten. Jeder, der »Objekt der Erziehung gewesen« sei, habe adäquate Aktionen und Reaktionen erlebt. Sollte man meinen. Diese Einschränkung scheint gleich zu Beginn des zweiten Satzes auf. Und ist mit das Wichtigste bei Adlers Hypothesenentwicklung. Denn dem Zwang, das Kind nach dem eigenen Bild und Vorbild zu erziehen, erlägen »alle, die sich des Zwangs nicht bewusst werden«.[2]

Das heißt im Umkehrschluss: Nicht jeder ist zum Erzieher geeignet. Da jedes Kind individuell sei, bedarf es eines »Späherauges«, um nicht nur den zu Erziehenden zu erkennen, dessen Anlagen, Begabungen und Defizite, das vielleicht »etwas geringe Wachstum«, sondern auch die eigenen Anlagen, Begabungen und Unzulänglichkeiten. Er muss befähigt sein, Empathie zu entwickeln, um Förderer zu sein. Gleiches gelte für den Arzt. Die Anamnese muss Schritt für Schritt fortgesponnen werden, vom »Symptom zum Krankheitsherd«. Voraussetzung und Grundlage sei wie beim Erzieher auto-psychologische Klarsicht, frei von »übermächtigen Selbsttäuschungen«, um die heilenden Kräfte im Patienten zu erschließen, zu wecken und zu fördern. Was zweierlei bedeutet: eine Korrektur des medizinischen Selbst- und Heilerbildes, fort von der angemaßten Allwissenheit hin zum Zugewandtsein, und zweitens eine Mitwirkung des Patienten. Das Eigene und das Andere, im Anderen, im Gegenüber die Anlagen zu detektieren wie die Entwicklungsmöglichkeiten wahrzunehmen, Einfühlung, Vertiefung, Persönlichkeitswachstum – alles Signalworte einer idealen Pädagogik.

Und was wäre ein besseres Medium gewesen, solche Ideen zu propagieren, als die *Ärztliche Standeszeitung*. 1902 war sie gegründet worden. Zweimal pro Monat erschien sie in einer Auflage von 10 000 Exemplaren und wurde kostenlos an jeden Arzt in Österreich versandt.[3] Alfred Adlers Text *Der Arzt als Erzieher* erschien in den Heften 13, 14 und 15 des Jahres 1904.

Dieser Aufsatz verdient Aufmerksamkeit, war es doch seine erste Veröffentlichung über einen pädagogisch-psychologischen Fragekomplex.[4] Das Thema lag in der Luft. Adler stand mitten in einem aktuellen Diskursfeld. Es herrschte ein Konjunkturklima der Therapeutik, die auf eine Krise der Ästhetik und Philosophie folgte. Der Poet als »transzendentaler Arzt« hatte in der sich zur Industriegesellschaft wandelnden westlichen Hemisphäre versagt. Nun ersetzte ihn der reale Arzt als Hüter der Gesundheit.[5]

Ein Jahr später, 1905, entstand eine medizinische Zeitschrift, die sich *Der Arzt als Erzieher* nannte und sich an Neurologen und Kinderärzte richtete. 1908 legte der österreichische, in Breslau lehrende Professor für Kinderheilkunde Adalbert Czerny im Wiener Franz Deuticke Verlag, jenem Haus, das neun Jahre zuvor Freuds *Traumdeutung* publiziert hatte, seine Monographie *Der Arzt als Erzieher der Kinder* vor. 1911 lag bereits die dritte Auflage vor, 1942 die neunte. Prophylaxe stand im Fokus der Aufmerksamkeit. Vorsorge galt als effektiv gegen Diagnosen der Jahrhundertwende wie »Nervosität« und »Neurasthenie«.

Adler dekliniert durch, welche Erfolge die Aktivitäten der Medizin seit einer Generation erzielt hätten bei Alkoholsucht, Infektionskrankheiten, Syphilis und anderen venerischen Krankheiten, bei Tuberkulose und Kindersterblichkeit.[6]

An konventionellen Pathosformeln sparte Adler nicht, um dem heroischen Wirken der Ärzte ein verbales Podest zu zimmern, wohl immer gern gesehen in der *Ärztlichen Standeszeitung*. Mit der

»Schulhygiene«, womit eine obligatorische Schulmedizin gemeint ist, die er noch als neues Gebiet anführt, knüpft Adler an seine vorherigen sozialmedizinischen Aufsätze an – ebenso wie an das sozialdemokratische Milieu, dem der Redakteur der *Standeszeitung* Heinrich Grün angehörte.

Weshalb der Fortschritt aber noch nicht so weit gediehen sei wie gewünscht, fragt Adler. Antwort: weil »Aufklärungsdienst und materielle Wohlfahrt des Volkes« nicht durch die Ärzteschaft obligatorisch dirigiert würden. Dann geht er weiter zur körperlichen Erziehung, die Ernährung, Einteilung der Arbeit und Erholung umfasse, aber, noch wichtiger, Spiel und Übung und Sport.[7] Auch den Arzt bei der geistigen Erziehung entscheidend mitwirken zu lassen, das sei, so seine Mahnung, mehr als angeraten. Er listet mehrere Erziehungsbände auf, einen von 1882, einen von 1904, somit gerade erst erschienen, Karl Groos' *Über das Seelenleben des Kindes*. Dieses überrage Freuds *Traumdeutung* an Einsichten (was zugleich hieß, er hatte dieses Buch gelesen).

Dann erörtert Adler konkrete Fragen der praktischen Kindererziehung. Hier bewegt er sich in Bahnen seiner Zeit. Er setzte mit Eheberatung an, in gesellschaftshierarchischer paternalistisch-patriarchalischer Ausprägung. Nur gesunde Menschen sollten Kinder zeugen. Kranke und, wie es damals hieß, »Degenerierte« müssten, und an dieser Stelle formuliert Adler zurückhaltender als der Eugenik zugewandte Zeitgenossen, »auf die schädlichen Folgen für die Nachkommenschaft« hingewiesen werden. Er beharrt darauf, dass physische und psychische Stabilität der schwangeren Frau essentiell für das Ungeborene sei. Bürgerliche Primärtugenden, Pünktlichkeit und Reinlichkeit, »einer der mächtigsten Hebel zur Kultur«, seien für den Säugling von »größter Wichtigkeit«. Später sei körperliche Ertüchtigung wesentlich. Gehe das Zusammenspiel von Körper und Geist verloren, dann werde etwas eingebüßt, was später für Adler zentral werden sollte: »das Vertrauen in die eigene Kraft«. Verzärtelte, überbehütete und von Angst ummantelte Kinder würden sich in »eine Krankheitssimulation« flüchten oder in Übertreibungssymptomatik. Sportliche Aktivität würden Kinder »Selbstvertrauen« verleihen, später auch ein Signalwort in Adlers Terminologie. »Das wichtigste Hilfsmittel der Erziehung ist die Liebe. Eine Erziehung kann nur unter Assistenz der Liebe und Zuneigung des Kindes geleistet werden.« Diese Affektrichtung sei zu gleichen Teilen auf Mutter und Vater ausgerichtet, eine von einem Elternteil bewirkte Präferenz sei schädlich.[8] Ebenfalls müsse umgekehrt, wenn zwei oder mehrere Kinder vorhanden seien, die Bevorzugung eines Lieblingskindes vermieden werden. Auch hier kristallisiert sich ein Punkt heraus, der Adler in den nächsten Jahren wichtiger werden sollte, die Geschwisterreihung und damit einhergehende Präferenzen und Ausweichverhalten. Erstaunlich ist das Plädoyer gegen die Einbindung familienexterner Betreuerinnen und Betreuer wie Amme, Hauslehrer, Gouvernante oder Institutionen wie Internaten. Dies führe zu Gefühlsverarmung, prägender Demütigung, zu Einschüchterung und Unterbindung von Charakterelementen. Körperliche Züchtigung sei gar nicht einzusetzen, Bestrafungen nur, wenn sie Lerneffekte zeitigten. Verglichen mit dem Rohrstockregiment sind die Strafen, die Adler aufzählt, recht harmlos, Entzug des Rechts, am Tisch der Eltern zu sitzen, Ermahnung, strafender Blick. Allerletztes Mittel sei es, den Kindern Lieblingsspeisen zu verweigern. Im Zimmer einzusperren sei »barbarisch«, das Kind zu schlagen ebenfalls. Beides sei kontraproduktiv. Tadel und Bloßstellung durch Ausschimpfen verschlechtere den Fortgang der charakterlichen Entwicklung. Auch Lob im Übermaß sei kurzsichtig, weil langfristig Kritikresistenz fördernd. Eltern sollten, so ein Zwischenfazit Adlers, »stets gerecht abwägende Beurteiler, aber zugleich auch immer liebevolle Beschützer« sein. Es muss die Kunst der Erziehung zur Erziehungskunst werden.[9]

Was auffällt, sind die Zurückgenommenheit, ja die Sanft- und Weichheit der Adlerschen Formulierungen. Er schreibt von »freundlicher Ermahnung«. Er verwendet die Wendung »ganz sachte«. Da sind die »Fantasielügen« kleiner Kinder »nicht tragisch zu nehmen«. Wohingegen »unser ganzes Leben« und die Welt der Erwachsenen »von Lügen durchseucht« seien. Ziehe sich die Lügenhaftigkeit bis in die späteren Jahre, so biete »eine sichere Gewähr« eines, »das gute Beispiel der Umgebung«, die keine Geheimnisse bewahre, keine Lügen, keine, so Adlers Formulierungsornament, Verstellungen vor anderen Personen.

Gelinge all dies, dann stelle sich die »Gehorsamkeit« des Kindes zu den Eltern ganz natürlich ein, als »selbständiger Effekt der Erziehung«. Gerade in dieser Reihung mutet das Adjektiv am wichtigsten an – »selbständig«. Ohne seelenlose Abrichtung zu sein. Ermächtigend und aktivierend und bewehrend für das weitere Seelenleben, Orientierung gebend. Einschüchterung sei verheerend, wirke sie doch anti-sozial. Das Kind vereinsame, hege Furcht vor allem und jedem, auch und erst recht vor Vertretern bestimmter Institutionen wie Lehrern und Ärzten, es werde feige, versinke in beschnittenem Leben. Was gegen Selbstanklagen, Ichzerfleischung und seelische Lähmung wirke, sei der Dialog, das Erklären von Zusammenhängen, das Aufzeigen von Ursache und Folgeerscheinung.[10]

Adlers Resümee setzt *ex negativo* ein: wider schwarze, bestrafende Pädagogik, die auf Abrichtung ausgerichtet war. So hatte H. F. Kahle in seinen *Grundzügen der evangelischen Volkserziehung* geraten, einem Manual für Seminaristen, Lehrer- und Lehrerinnen-Bildungsanstalten, das im Jahr 1890 in der achten Auflage vorlag, den Feldwebelduktus in die Erziehung hinüberzuheben (»Lerne vom Militär!«). Er hatte im Umgang mit Sechs- bis Zwölfjährigen eine Rangfolge von Kommando-Nuancen durchdekliniert, vom Ordnungskommando bis zum Kommando vor dem Hinausgehen, ein Drill für beide Seiten übrigens: »Die Ausführung des Kommandos muss eingeübt werden, damit dem Lehrer das Kommandieren, dem Schüler die pünktliche Befolgung zur zweiten Natur werde.«[11]

Adler eine halbe Generation später als Gegenstück: Schreckensstrafen zu beschwören erzeuge Flucht in die Schwäche. Nur Kinder mit Selbstvertrauen würden zu mutigen Kindern, die ihr Leben kraftvoll gestalten. Die Erkenntnis- und Wissensneugier zu befördern und nicht abzuschneiden zeige Schritte der Entwicklung auf. Die vielen Fragen seien keine »Sekkatur«, in der Fassung von 1922 in »Quälerei« geändert, vielmehr summierten sie sich zu der einen, das Kind umtreibenden Frage: »Wo bin ich hergekommen?«[12] Sexuelle Frühreife, in frühester Kindheit bereits vorhanden – und hier war Adler ein getreuer Jünger Freuds[13] –, aber unwissend oder gar bösartig angefacht durch fahrlässig indezentes Verhalten, sei neurosenauslösend. Bestehe man durch Sorgsam- wie Achtsamkeit die Pubertätsphase des Kindes, so sei man in dieser »Zeit des Zweifels« und des Sturzes von Autoritäten zum »Berater« geworden.

Es waren keine ganz originären Ideen, die Adler hier zusammenführte. Eine eigenständige psychologische Theorie war noch nicht vorhanden. Und doch war dieser frühe Aufsatz symbolhaft. Vor allem die positive, für diese Zeit recht ungewohnte Würdigung der Bedeutung des Eigensinns für die Kindesentwicklung und die pädagogischen Schwierigkeiten, diese souverän und fördernd zu meistern, war eine noch unentwickelte Theorie des Eigensinns und des Eigenwillens des Einzelnen, seines Trotzes, kurz: jenes Komplexes, für den Adler später den Terminus »männlicher Protest« prägte.[14] 1914 nahm Adler diesen Aufsatz in den von ihm mit Carl Furtmüller edierten Band *Heilen und Bilden* auf.[15] 1922 war der Text in der revidierten Nachauflage enthalten, mit Korrekturen bei der Terminologie.

»Das gute Beispiel der Umgebung« beherzigte Alfred Adler aber auch selbst, bei der Erziehung seiner Kinder. So schrieb er seiner ältesten Tochter Valentine zu ihrem elften Geburtstag am 5. August 1908 folgenden Brief:[16]

Meine süße, gute, kleine Vali (Walerl),

Du weißt schon, dass Du erwachsen bist, und du hast eine ziemlich gute Idee davon, wie das Leben ist. Da ist vielleicht eine Sache, die Du noch nicht weißt – oder, um mich klarer auszudrücken, über die Du nicht nachdenkst, wie viele andere auch nicht über das nachdenken, was sie schon wissen! Früher war ich genau so, und vielleicht kam ich etwas zu spät zu dieser Erkenntnis.

Es ist wirklich einfach zu verstehen: Das Leben ist voller Schwierigkeiten, die immer wieder auftauchen, so dass wir, aus nur einer Perspektive auf unsere Existenz blickend, meinen, dauernd gegen Schwierigkeiten und Hindernisse zu kämpfen. Aus anderer Perspektive sieht das Leben wieder anders aus – als sei eine Person immer glücklich und eine andere immer unglücklich. Dieses Glück hängt jedoch in der Hauptsache von dem Blickwinkel ab, den wir uns zu Eigen machen, und immer von dem Ziel, das wir uns setzen. Ist dieses Ziel zu hoch angesetzt oder gar unerreichbar, dann kommt es natürlich stets aufs Neue zu Rückschlägen und Enttäuschungen. Es macht das Unglück dieser Menschen aus, dass sie sehr oft nicht einmal um die Existenz eines zu hoch angesetzten Zieles wissen. Beobachtet man sie jedoch, kann man es leicht aus ihrer ewigen Unzufriedenheit und Humorlosigkeit erraten.

Allerdings können die Dinge für sie leichter erträglich werden, wenn sie den Zusammenhang verstehen und wenn sie anerkennen können, dass nur eine Sache fehlt, um glücklich und heiter zu sein: Sie müssen aufhören, ihr altes Ziel zu ernst zu nehmen. Die verbleibenden Lebensschwierigkeiten sind wertvoll und dienen dazu, unsere Standhaftigkeit im Überwinden von Schwierigkeiten zu beweisen, oder, falls sie unüberwindlich sind, zu lernen, sie zu ertragen. […]

Wir alle, Männer wie Frauen, geben die Schuld für unsere Fehler gerne den anderen oder den widrigen Umständen, also Fakten, die nicht zu ändern sind. Nur ungern erinnern wir uns daran, dass jedermann von Sorgen und Schwierigkeiten geplagt ist und dass sie nur eine Lösung zulassen: nämlich selbst stärker zu werden, indem wir die Probleme überwinden und sie nicht fürchten, auch wenn sie unabänderlich sind.

Ich habe gelernt, das Leben auf diese Weise zu betrachten. Vielleicht hast Du denselben Standpunkt erreicht! Wenn nicht, dann versuche nur einmal, von dieser vorteilhaften Warte aus auf Dein Leben zu schauen. Ich glaube, diese Einsicht ist das Beste, was ich besitze und daher das beste Geschenk, das ich Dir zum Geburtstag machen kann, meine kleine, liebe Vali.

Vor Jahren schrieb ich Dir einmal (leider bin ich so selten bei Deinen Geburtstagen dabei), dass Du mir nur Freude gebracht hast und im Geist immer bei mir warst. Wenn es Dich erfreut, dann lass mich sagen, dass ich die Worte heute wiederholen kann, wie immer in der Vergangenheit. Auch heute bin ich im Geiste mit Dir und lebe in Deinem Glück.

Dein Dich liebender alter Vater grüßt und küsst Dich.

8 Die Mittwochs-Gesellschaft

»Der Schlüssel zur Erkenntnis vom Wesen des bewussten Seelenlebens liegt in der Region des Unbewussten.«
Carl Gustav Carus[1]

Sechs Jahre zuvor, im Jahr 1902. »Zu meiner großen Überraschung entdeckte ich eines Tages, dass nicht die ärztliche, sondern die laienhafte, halb noch im Aberglauben befangene Auffassung des Traumes der Wahrheit nahekommt. […] Ich gelangte zu neuen Aufschlüssen über den Traum, indem ich eine neue Methode […] anwendete, die seither unter dem Namen ›Psychoanalyse‹ bei einer ganzen Schule von Forschern Aufnahme gefunden hat.«[2] Schule? Das war mehr Wunschtraum denn Realität. Sigmund Freud brauchte dringend Widerhall, einen Resonanzboden.[3] Anders ausgedrückt: Er brauchte Gefolgschaft. Im selben Jahr wurde er außerordentlicher Professor, ein Zugewinn an Renommee. Ein routinierter Dozent war er da schon.

1902 zum Zweiten. Im Oktober lud Freud den mit ihm bekannten Wilhelm Stekel zusammen mit den Ärzten Max Kahane, einem Jugendfreund Freuds, der am Institut für physikalische Heilmethoden lehrte und Elektrotherapien einsetzte, und Rudolf Reitler, der eine »Thermal-Curanstalt« leitete, zu einer wöchentlich stattfindenden Gesprächsrunde ein. Die Einladung galt für den Mittwochabend, weshalb sich rasch der Name »Mittwochs-Gesellschaft« einbürgerte. Freud hatte in den vergangenen Jahren Wichtiges veröffentlicht: *Über den psychischen Mechanismus hysterischer Phänomene. Vorläufige Mitteilung* 1893, 1895 *Studien über Hysterie*, 1898 *Die Sexualität in der Ätiologie der Neurosen*, 1899 *Die Traumdeutung* und 1901 *Zur Psychopathologie des Alltagslebens*. 1905 sollten die *Drei Abhandlungen zur Sexualtheorie* folgen. Stekel war mutmaßlich der erste Mediziner, der sich einer Analyse unterzog und diese Behandlungsmethode dann bei seinen Patienten anwandte, vermutlich erstmals im Jahr 1903. Freud überwies ihm einen Patienten und amtierte quasi als Supervisor.[4]

Der vierte neben Stekel, Kahane und Reitler war Alfred Adler. Der erste dokumentierte Kontakt von Adler zu Freud war eine postalische Kurznachricht gewesen, die am letzten Februartag des Jahres 1899 in die Czerningasse geschickt worden war. Es war die Bitte, einen Patienten zur Konsultation überweisen zu dürfen. 1902 las Adler die *Traumdeutung* und zeigte sich überaus angetan.[5]

12. Dezember 1904. Freud hielt vor dem Wiener medizinischen Doktorenkollegium einen Vortrag, *Über Psychotherapie*. Darin sagte er: »Die psychoanalytische Therapie ist an dauernd existenzunfähigen Kranken und für solche geschaffen worden, und ihr Triumph ist es, dass sie eine befriedigende Anzahl von solchen dauernd existenzfähig macht.«[6] Dabei war auch der Zirkel der Mittwochs-Gesellschaft wichtig, als Durchlauferhitzer von Hypothesen und Theorien und als Demonstrationsarena.

Im Jahr 1906 war Freud, 50, Autor von fünf Büchern und rund siebzig Artikeln,[7] weißbärtig, eine soignierte Erscheinung mit bereits leicht gebeugtem Rücken, in Wien in für neue Entwicklungen aufgeschlossenen Kreisen bekannt. Seine Popularität, so ein Zeitgenosse, bei den jungen Leuten sei groß gewesen, obwohl er sich nicht gern auf engeren persönlichen Kontakt mit ihnen eingelassen hätte.[8] Dass er, 1897 zum unbesoldeten Professor extraordinarius ernannt, aber erst mit einer Verzögerung von fünf Jahren als solcher bestätigt, den Zugang zu sich regulierte und zu seinen Vorlesungen Studenten, die nicht zur Psychiatrischen Klinik gehörten, nur mit schriftlicher Extra-Erlaubnis als Hörer zuließ, unterstrich sein Sendungsbewusstsein. Wie auch seinen Willen, sich ausschließlich an Interessierte und Fachgetreue zu wenden.

Der junge Mediziner Fritz Wittels, der 1906 einer Vorlesung in der psychiatrischen Klinik des Kreiskrankenhauses beiwohnte, beschrieb dieses Erlebnis später. Die Zuhörerschaft sei spärlich gewesen. Die ersten drei Sitzreihen des hallenden Raumes seien nicht einmal komplett besetzt gewesen. Freud sprach ohne Notizen rund eine Stunde lang und hielt den kleinen Kreis fest in seinem Bann.

Dann gab es eine kurze Pause, um sich die Beine zu vertreten. Anschließend sprach Freud eine weitere Stunde. Er hätte, so Wittels, jünger ausgesehen als fünfzig: »Sein Haupthaar war schlicht, schwarz, kaum angegraut; er trug es links gescheitelt und kurzen französischen Spitzbart.«[9] Seine dunkelbraunen, leuchtenden Augen hätten jeden Fragesteller durchdringend gemustert, bevor er zu einer Antwort anhub. Die Vorlesung handelte von den Mängeln der herkömmlichen Psychologie. Als Freud über Wilhelm Wundt sprach, den an der Leipziger Universität lehrenden einflussreichen Völkerpsychologen, zitierte er Ludovico Ariostos Epos *Der rasende Roland,* in dem einem Riesen im Kampfgetümmel das Haupt abgeschlagen werde, er jedoch zu beschäftigt sei, um dies wahrzunehmen, und weiterkämpfe. Wundt gleiche jenem Krieger, so Freud: »Es könnte sein, dass die bisherige Psychologie durch meine Traumlehre getötet ist; aber sie merkt es noch nicht und lehrt weiter.« Nach dem Ende der Vorlesung habe eine »Gruppe von Bewunderern« Freud »im Triumphe durch die Höfe bis auf die Alserstraße« geleitet: »Auf der kurzen Strecke vom Hörsaal bis zum Haupttor machten wir uns bemerkbar, so gut wir konnten. Freud war gewöhnlich sehr aufgeräumt.«[10]

1908 gehörten der Mittwochs-Gesellschaft weniger als dreißig Männer an. Von diesen tauchte in der Regel nur etwa die Hälfte auf.[11] Die Zuhörerschaft war eine Art Querschnitt durch die Schicht der Gebildeten. Es waren Mediziner darunter – Adler selbst war 1903 in die Gesellschaft der Ärzte aufgenommen worden, eine der traditionsreichsten Vereinigungen des Berufsstandes –, Erzieher und Schriftsteller. Anfangs einte sie neben Neugier und dem Willen, sich die Freudschen Theorien anzueignen und diese auszudifferenzieren, eines: die Unzufriedenheit mit den Zuständen in Psychiatrie, Pädagogik und benachbarten Feldern, die sich mit der menschlichen Psyche befassten. Adler: »Als Arzt ließ mich die allgemeine Praxis unbefriedigt, und ich schwenkte mehr und mehr zur Psychiatrie ab.«[12]

Anfangs war es eine fast harmonische Gruppe, trotz weltanschaulicher Heterogenität. Adlers Sozialismus war den anderen, bis auf einige Sozialdemokraten liberal oder bürgerlich eingestellt oder politisch desinteressiert, bekannt. Wem es sich bis dato nicht erschlossen haben sollte, dem zeigten es seine Beiträge in Medien wie der linken *Arbeiter-Zeitung*. Konzentriert folgte die Gesellschaft jeder Diskussion, ganz gleich ob sie sich um einen klinischen Casus, einen Dichter, einen Verbrecher, eine neue wissenschaftliche Monographie, Leben und Werk eines bildenden Künstlers drehte. Diverses kam als Thema in Betracht, Tierpsychologie und Soziologie, Religion und Biologie, Erziehung, Kriminologie und Mythologie. Sogar Assoziationsversuche sowie psychogalvanische Experimente wurden traktiert.[13]

»Jedes Mitglied des Freudschen Diskussionszirkels neigte dazu, im eigenen Tornister einen Marschallstab zu vermuten.«[14] Die einzelnen Köpfe wollten ihren Kopf behalten, ihren eigenen. Sie wollten sich behaupten. Erst recht angesichts der intellektuellen Herausforderung durch Freuds Rapidität und Gewandtheit.[15] Rank, ab 1906 eifriger Protokollant der Sitzungen, strebte nach flinker Freundlichkeit, wirkte aber nicht selten hochfahrend und etwas überheblich. Wittels kam aufrichtig und hartnäckig herüber, wenn auch nicht als das hellste Licht. Federn mutete nachgiebig an. Stekel legte einen streitsüchtigen Habitus an den Tag, er, dessen Artikel und Feuilletons nicht wenige Tageszeitungen druckten, war überaus von sich eingenommen. »Diese Verhaltenseigenschaften wurden natürlich zum Theoriestoff der Psychoanalyse.«[16] Und zu ihrem Treibstoff. Das Treibmittel sollte sich allerdings als hinderlich bis störend erweisen. Denn als Konflikte als manifeste Erscheinungen unbewusster Prozesse in den kanonischen Himmel der Psychoanalyse erhoben wurden, verursachte diese Normensetzung im Zusammenspiel mit persönlichen Eitelkeiten organisatorische Kopfschmerzen.[17]

Das Mit- und Aufschreiben tat ein Übriges. Schließlich wurde, wenn auch nicht ganz für die Ewigkeit, so doch für die Wissenschaft der nächsten Zeit protokolliert, was gesagt, wie theoretisiert, auf welche Weise reflektiert wurde. Das trug zusätzlich dazu bei, dass Einzelne sich in den Vordergrund zu schieben gedachten. Die immer noch überschaubare Runde fühlte sich als Speerspitze des Progresses. Sie waren die Avantgarde. Jetzt musste nur noch entschieden werden, wer hinter Freud das Feldzeichen hochhalten durfte, wer Fähnrich und wer Adjutant sein sollte, wer die waghalsigsten Flankenmanöver schlagen durfte. So tauchten überehrgeizige eigenwillige Formulierungen auf. Es wurden Begriffe aufs Tapet gebracht, die gänzlich originell sein und überraschen sollten. Manchmal ging die spekulative Debatte über in eine polemische Wort-Bataille. Da hieß es etwa über eine buchlange Studie des angesehenen Schweizer Psychiaters Eugen Bleuler – diesmal kam die erste Einschätzung von Adler –, dass durch diesen neuen Band kein Psychiater aufgeklärt werde. Womit er zugleich auch den Referenten, den vorzeitig kahl gewordenen, beschnauzbarten Internisten Eduard Hitschmann, schurigelte, der die ganze Mittwochs-Gesellschaft-Zeit über einen extrabissigen Stil pflegte und von Freud einige Male als Bluthund vorgeschickt wurde. Freud stimmte an jenem Abend Adler zu, es sei eine schwächliche Arbeit Bleulers. In einem Punkte müsse er aber seinem Vorredner widersprechen. Da gebe es etwas, das wirklich neu sei. Er nannte es, so schrieb es Rank auf, »die Zurückführung der Erkrankung auf einen Affektanlass, was man in der gesamten Literatur über Paranoia sonst nirgends finde«.[18]

Unter Freuds Augen, dem ödipalen Vater, gab es nicht wenig Rivalität zwischen den Söhnen. Der erste ausländische Gast der Mittwochs-Gesellschaft, Max Eitingon aus Zürich, kam im Januar 1907 zur Gruppen-Visite. Er stellte sachlich Fragen nach Ursachen von Neurosen, dem Wesen von Therapie und Übertragung sowie nach Hysterie und hoffte auf Antworten.[19]

Die Mittwochs-Gesellschaft konsolidierte und erweiterte den Kern der Freud-Anhänger. Ein Beleg für den engen Zusammenhalt der psychoanalytischen Gruppe war, dass 1908 mit der von Karl Abraham, der von Zürich nach Berlin umgezogen war und dort eifrig pro Freud zu wirken begonnen hatte,[20] gegründeten Berliner Psychoanalytischen Vereinigung der Grundstein für die offizielle Ausbildung von Psychoanalytikern gelegt wurde.[21]

1908 wandelte sich die Gruppe zu einer formellen Organisation. Sie richtete in Salzburg den 1. Internationalen psychoanalytischen Kongress aus. Zweiundvierzig aus Österreich und der Schweiz, aber auch aus den USA, England, Deutschland und Ungarn stammende Psychoanalytiker nahmen teil.[22] Die Mittwochs-Gesellschaft wurde, erster Schritt, in Wiener Psychoanalytische Vereinigung umbenannt, damit in einem zweiten Schritt eine Professionalisierung Einzug halten konnte, das Unterfangen, sich als Berufsorganisation in mehreren Ländern zu konsolidieren und sich in einem größeren Zusammenschluss der nicht wenigen Widersacher aus dem medizinischen Establishment zu erwehren. Die Kritiker legten sich keine Zügel auf. So lauteten Vorwürfe auf: Altweiberpsychiatrie, Hexenwahn und seelische Masturbation, paranoisches Geschwätz und talmudische Spitzfindigkeit. Psychoanalytiker seien als »bornierte Phanatiker« schlechterdings »reif für das Irrenhaus«.[23] Die Fach-Rezensenten von Freuds Büchern waren wenige – die meisten einschlägigen psychologischen Fachzeitschriften ignorierten ihn – und durch die Bank abwertend bis wegwerfend. Freuds Theorien seien falsch, unbewiesen und fern jeder Empirie, kurz: unannehmbar. Viele Psychologen, die Wundts Ansichten anhingen, gemahnte Freuds Psychoanalyse an die Traummystik der Antike.[24]

Mit der Gründung der Internationalen Psychoanalytischen Vereinigung 1910 vergrößerte sich der Kreis. Aufschlussreich dabei: Die Psychoanalyse war »der einzige Berufszweig, der über eine internationale Basis verfügte, noch bevor lokale Organisationen eingerichtet waren, und dadurch konnten die Freudianer es sich gestatten, lokale und nationale Gewohnheiten, Eigentümlichkeiten und Gesetze zu ignorieren«.[25] Die Mitglieder trafen sich auf zweimal im Jahr abgehaltenen Kongressen und pflegten untereinander einen Briefverkehr, dessen reger Umfang partiell jeder Übertreibung spottete.

9 Philosophie und das Als-ob

»Die Geschichtsphilosophen haben
die Welt nur verschieden verändert;
es kömmt darauf an, sie zu verschonen.«
Odo Marquard[1]

Gewisse Dinge muten fast wie Übertreibungen an, wie Erzählungen aus dem Pitaval [eine Sammlung historischer Strafrechtsfälle aus dem 18. Jahrhundert], wenn auch unblutige.« Erster Satz des Feuilletons *Der verschwundene Akt* in der unteren Hälfte von Seite 1 der *Arbeiter-Zeitung* vom 5. Mai 1914. Am selben Tag, einem Dienstag, räsonierte auf der Aufmacherseite der *Bukowinaer Post* aus Czernowitz ein Journalist über »Dinge, die einem auffallen sollten, weil man sie nicht sieht, weil sie nicht sind«.[2] Und die Wiener *Neue Freie Presse* annoncierte ein dreiseitiges Extra über den angedachten Neubau der Kaiser-Franz-Joseph-Regierungs-Jubiläums-Brücke zu Wien, heute die Heiligenstädter Brücke, die ein Jahr zuvor für den Verkehr teilgesperrt worden war. Erst auf Seite 8 der Zeitung tauchten erste Inserate auf, für eine Sonnenheilanstalt in Krain, flüssige Pinolseife gegen Hautunreinheiten, ein Jodbrombad in Bad Hall und ein Sanatorium in Bad Topolschitz, für Grison Chokoladen aus der Schweiz, und zur Beseitigung von Stuhlverstopfung infolge geistiger und körperlicher Anstrengungen wurde wärmstens zu einem Glas natürlichem »Franz Josef«-Bitterwasser – die Benennung zu Ehren des Regenten mutete leicht frivol an – geraten.[3] Redaktion, Administration und Druckerei dieser angesehensten Postille des Reichs befanden sich in der Fichtegasse 11, beim Wiener Stadtpark. Benannt wurde diese Straße nach dem deutschen Philosophen des Idealismus Johann Georg Fichte; heute residiert in dem mächtigen historistischen Gebäude die Wiener Arbeitsinspektion. Philosophie wie Arbeitsinspektion hatte sich Alfred Adler an ebendiesem 5. Mai 1914 vorgenommen. Er schrieb an einen nicht zur

Gänze ermittelten Adressaten, mutmaßlich den amerikanischen Psychologieprofessor Stanley Hall: »In der Tat glaube ich Ihnen zustimmen zu können: unsere Individualpsychologie ist eigentlich eine Philosophie und Psychologie der Aufmerksamkeit (und des Interesses)[,] indem uns die Haltung (Einstellung, Attitude) und die Bewegungen des Individuums zum ›Bevorstehenden‹ als Fundament eines Verständnisses für dasselbe dient.«[4] Psychotherapie und Psychologie waren, als Adler dies über den Atlantik korrespondierte, enger als allgemein angenommen wissenschaftshistorisch miteinander verbunden.

An der Universität zu Leipzig war 1811 der erste Lehrstuhl für »psychische Therapie« eingerichtet worden. Es war die Anerkennung dieser Disziplin als Wissenschaft seitens akademisch Bestallter. Der 1859 geborene Pierre Janet kann als Begründer einer frühen Form der Traumatherapie und der Psychotraumatologie eingestuft werden. Im Alter von dreißig Jahren veröffentlichte der Franzose *L'automatisme psychologique. Essai de la psychologie expérimentale sur les formes inférieures de l'activité humaine* und nahm Erkenntnisse aktueller Psychotraumatologie vorweg.[5] Infolge der biologisch-psychiatrischen und neurologischen Wende ab Mitte des 19. Jahrhunderts traten aber philosophische Fragestellungen nicht zugunsten strikt naturwissenschaftlich-physikalischer in den Hintergrund oder wurden als antiquiert verworfen. So ist etwa die Diskussion über Willensfreiheit, die Kausalität von Tun, Wollen, Dirigieren und Dirigat, bis heute in der Psychologie nicht abgerissen.

Der erste Philosoph, der diesen »faszinierenden, aber unzutreffenden Mythus«[6] der Kausalität psychischen Geschehens überwand, war Edmund Husserl. Unter Intentionalität des Bewusstseins verstand er, dass das Bewusstsein die es umgebende Wirklichkeit nicht aufnehme, sondern auf sie gerichtet sei. Das heißt: ohne Bezug auf die Welt keine Welt. Für Adler wichtiger waren aber Immanuel Kant und dessen Lehre von der Teleologie, Wilhelm Dilthey sowie Hans Vaihinger.[7]

Schon für Wilhelm Dilthey, eine halbe Generation älter als Husserl, war Psychologie ein Lebensthema gewesen. Dabei subsumierte der Berliner Ordinarius für Philosophie unter »Psychologie« auch Anthropologie, aufgefasst als pragmatische Menschenkunde, philosophische Anthropologie und vergleichende Psychologie. Als Wissenstheorie war es deren Konsequenz.[8] Mit Letzterem gemeint war die Erfahrung der Vielfältigkeit menschlichen Daseins unter Berücksichtigung biologischer Faktoren und Kategorialisierungen.[9] Dilthey betonte die Zukunftszugewandtheit, die Teleologie. Diese, der hochmittelalterlichen Scholastik eines Thomas von Aquin entstammend, war im 18. Jahrhundert von Kant, einhundert Jahre später in Wien von Franz Brentano wiederentdeckt worden. War es beim Aquinaten theologisch durchglüht und auf Gott hin orientiert, so fasste der Neffe der Romantiker Clemens und Bettine Brentano, der zwischen 1874 und 1895 in Wien Philosophieprofessor war, den Terminus der Intentionalität als psychische Immanenz.

Dilthey wird gern zusammen mit Friedrich Nietzsche der Lebensphilosophie des späten 19. Jahrhunderts zugeschlagen. Eher zu Unrecht. Denn er fasste Leben nicht als von einem mythischen oder mythisch veranschlagten Du umgeben auf, in dessen unerforschliches Antlitz der Mensch blickt, medusisch abgeschreckt oder nervös oder voller Elan.[10] Die »Totaltatsache des Lebens« war für Dilthey »der wahre Ausgangspunkt einer Erfahrungsphilosophie und der Psychologie auf diesem Standpunkte«.[11] Er repräsentierte ein Denken, das phänomenologisch immer vom Ganzen ausging, um die Teile zu verstehen und aus den Teilen wiederum das Ganze erstehen zu lassen. Das hermeneutische Prinzip des Zirkels galt nicht nur für das Verstehen von Texten.[12] »Hatte Kant Psychologie und Erkenntnistheorie voneinander getrennt, so führten Diltheys Arbeiten zur Ästhetik und Geschichte dazu, die Frage nach dem Ausmaß neu zu stellen, in welchem psychologische Beschreibungen im Zusammenhang mit Erkenntnistheorien stehen.«[13]

Viele Jahre lang hielt Dilthey Vorlesungen über Psychologie, doch erst im Jahr 1894 präsentierte er einen eigenständigen Entwurf einer »beschreibenden und zergliedernden Psychologie«. Er verstand Leben als unauflösbare Wechselwirkung von Selbst und Welt und sprach vom »Erleben der eigenen Zustände und vom Verstehen des in der Außenwelt objektivierten Geistigen«.[14] Ab den 1880er Jahren hatte bei ihm das Motiv der Totalität, die Einheit von Denken gleich Wirklichkeitsauffassung, Fühlen gleich Wertgebung und Wollen gleich Zwecksetzung, das Schema von Reiz und Reaktion abgelöst. Das Totalitätsprinzip wurde zum zentralen Konzept seines Denkens, zum Hauptbegriff seiner Psychologie.[15] Vom Ganzheitsbegriff stieß er zum Organismus vor: als »Urphänomen« und Denkmodell.[16] Diese Strukturtheorie und eine auf die Objektivationen des Lebens bezogene Verstehenstheorie verschmelzen im Begriff des Ausdrucks. Dieser wird vom Wirkungszusammenhang der psychischen Struktur quasi erwirkt. Dies mündete in eine Philosophie des Lebenszusammenhangs. Einzelne Erlebnisse bilden auch über lange Zeiträume hinweg einen Lebenszusammenhang.[17] Schon 1699 hatte der englische Earl of Shaftesbury von der »united structure and fabric of the mind« gesprochen.[18] In einem Fragment zur »Bedeutungslehre« betonte Dilthey, »dass in der Erinnerung das Erlebnis zu einer Einheit zusammengefasst wird und zu anderen Erlebnissen im Ganzen des Lebens Beziehung gewinnt = Bedeutung«.[19] In diesem Sinn ist Bedeutung »ein innerer Zusammenhang, der frei zwischen Gliedern aufgesucht wird, unabhängig vom realen Zusammenhang in Raum, Zeit und Kausalität«.[20] Funktionelle Lebensäußerungen stehen in einem Zusammenhang, »in welchem das Denken nicht den Zusammenhang herstellt, jedoch überall vermittelt, dass der Zusammenhang in Wirkung treten kann«.[21] Dilthey: »Im Lebensverlauf ist jedes einzelne Erlebnis auf ein Ganzes bezogen. Dieser Lebenszusammenhang ist nicht eine Summe oder ein Inbegriff aufeinander folgender Momente, sondern eine durch Beziehungen, die alle Teile verbinden, konstituierte Einheit.«[22] Ihm zufolge vermag eine beschreibende Psychologie den Geisteswissenschaften eine nichthypothetische Konzeption der grundlegenden Elemente der Welt zu liefern. Die Naturwissenschaft hingegen atomisiert die Welt. Ergebnis sind hypothetische Partikel: »Die Naturwissenschaft baut die Materie aus kleinen, keiner selbständigen Existenz mehr fähigen, nur noch als Bestandteile der Moleküle denkbaren Elementarteilchen auf; die Einheiten, welche in dem wunderbar verschlungenen

Ganzen der Geschichte und der Gesellschaft aufeinanderwirken, sind Individua, psycho-physische Ganze, deren jedes von jedem anderen unterschieden, deren jedes eine Welt ist.«[23]

1894 schrieb Dilthey die Abhandlung *Idee über eine beschreibende und zergliedernde Psychologie*.[24] Dies war die ausgereifte Konzeption seiner deskriptiven Psychologie. Ausdrücklich ging es hier um das »Strukturgesetz [...], durch welches die Intelligenz, das Trieb- und Gefühlsleben und die Willenshandlungen zu dem gegliederten Ganzen des Seelenlebens verknüpft sind«.[25] Kernstücke seiner Anthropologie waren »Entwicklung« und »erworbener Zusammenhang«, Fakten des Organischen, die in den Bereich des Psychischen hineinragten.[26]

In seinem letzten Manuskript, dem Fragment *Das Problem der Religion* von 1911, kam es bei Dilthey zu einer Rückkehr zur Anthropologie, die von der Psychologie die Attribute »beschreibend und zergliedernd« übernahm.[27] Der Philosoph zielte auf die Überwindung der traditionellen Psychologie, die Phänomene der Selbstbeobachtung isoliert untersuchte und der das Individuum als isoliertes psychophysisches Molekül galt. Stattdessen wollte er die Basiseinheit sozialen und historischen Lebens erhalten.[28] Auch bei Gesellschaft handele es sich nicht um einen Aggregatzustand. Vielmehr sei das Individuum das herausgehobenste Element einer Gesellschaft. Sein Bewusstsein sei deren Verkörperung. Gesellschaft war bei Dilthey ein sich selbst erhaltendes Ganzes, das auf ein größeres Ganzes verweist. Er führte den Begriff der Struktur des Seelenlebens ein. Mit dieser am Ende des 19. Jahrhunderts im Deutschen selten gebrauchten Vokabel prägte er ein wichtiges Stichwort des 20. Jahrhunderts.[29] Wilhelm Dilthey: »Die Natur ist uns fremd. Denn sie ist uns nur ein Außen, kein Inneres. Die Gesellschaft ist unsere Welt. Das Spiel der Wechselwirkungen in ihr erleben wir mit, in aller Kraft unseres ganzen Wesens, da wir in uns selber von innen, in lebendigster Unruhe, die Zustände und Kräfte gewahren, aus denen ihr System sich aufbaut.«[30]

War Adler Philosoph? Eine ketzerische, merkwürdige Frage. Sie ist aber legitim. Ohne Lebensphilosophie ist Adlers Neurosenlehre nicht vorstellbar.[31] Alfred Adler las Philosophisches, besaß einen humanistischen Hintergrund und zog ein breites Spektrum an Nachweisen hinzu, vor allem bei *Über den nervösen Charakter*, seinem ausgreifenden Buch, das er 1912 herausbrachte. In seinen frühen Schriften finden sich Bezüge und Zitate unter anderem von Demosthenes, Darwin, Hegel, Kant, Lavater, Schiller, Schopenhauer, Sokrates, Wilhelm Wundt, Pythagoras und Aristoteles sowie Franz von Baader.[32] Konzeptuelle Begriffe fand er bei diesen, die er sich eklektisch zu eigen machte. Während des Studiums hatte Adler als in marxistisch-sozialistischen Kreisen engagierter Student Friedrich Albert Langes *Geschichte des Materialismus* gelesen. Der frühe Austromarxismus war stark von Kant beeinflusst. An der Wiener Universität hätte Adler den bekannten Philosophen Ernst Mach hören können. Dessen Ausstrahlungskraft konnte er, der eifrige Zeitungsleser, sich unter Garantie nicht entziehen.[33] Dazu bewegte sich die Begeisterung für die Schriften Friedrich Nietzsches zu sehr auf seinen Wirkungshöhepunkt zu. Manche sozialdemokratische Publikation rief sogar einen »Nietzscheanischen Sozialismus« aus, so die *Neue Gesellschaft*, in der 1905 auch Adler publizierte.[34]

1902 hatte Adler in zwei Artikeln in der *Ärztlichen Standeszeitung* die Einrichtung eines Lehrstuhls für Sozialmedizin an der Universität Wien vorgeschlagen. (Ein solcher wurde 1909 geschaffen und ein vormaliger Gewerbearzt berufen.)[35] Fast zwanzig Jahre später sprach er sich für die Schaffung eines Lehrstuhls für Heilpädagogik, in der heutigen Terminologie: Sonderpädagogik, aus. Dieser Hochschulposten sollte eine Mischung aus Prävention und Therapie sein. Adler hatte dabei in erster Linie Kinder und Jugendliche im Blick, die vernachlässigt bis verwahrlost aufwachsen und straffällig würden. Dies entsprach seiner Überzeugung, dass Bildung das allmenschliche Minderwertigkeitsgefühl kompensiere. Wissen und Einsicht sind elementar, um Lebensangst und Selbstverachtung zu neutralisieren und Sicherheit aufzubauen. Das Remedium: soziales Training. Mit diesem fügt der Einzelne sich in die Kultur- und Lebensweltgemeinschaft ein. Individualpsychologisch wird Bildung so zu einem Charakter- und Persönlichkeitsproblem.[36] Auch diese

Texte waren sozialphilosophisch inspiriert, von Rudolf Virchows sozialmedizinischer und cellularpathologischer Monadologie, kombiniert mit Karl Marx' Idee des Individuums als Ensemble gesellschaftlicher Verhältnisse. Von beiden übernahm Adler die Theorien einer fundamentalen gesellschaftlichen und biologischen »Wirhaftigkeit« der Menschheit, einer Sozialität, ohne die kein Mensch sein kann und ohne die es weder Gemeinschaft noch Gesellschaft gibt. Freud hingegen postulierte eine ursprüngliche Asozialität des Menschseins. Das schied beide recht grundsätzlich voneinander.[37]

Virchow hatte eine vordarwinistische Vorstellung von der Gemeinschaft der organischen Teile. Sein Zeitgenosse, der Biologe und Anatom Wilhelm Roux, der ab 1895 in Halle lehrte, definierte Leben als »die Überkompensation des Verbrauches« und in einem einflussreichen Buch bereits im Titel als Kampf der Teile im Organismus.[38] Lebewesen würden, so Roux, mehr Energie assimilieren als nötig, wodurch Kompensationsenergien entstünden, »Reservekräfte für den Kampf ums Dasein«.[39] In der Überkompensation würden sich Evolutionstheorie und Thermodynamik ausgleichen. Dass das Leben die Fähigkeit zu Kompensation und zu Überkompensation aufweise, zeige Selbstregulation an.

Dies griff Adler auf und bezog es auf Psychisches. Roux' Idee der machtvollen Überkompensation, die als Evolutionsprozess die Thermodynamik dynamisch befeuern würde, berücksichtigte auch Nietzsche. Bei diesem wurde der Wille zur Macht psychologisch zum Konzept des Macht- und Überlegenheitsstrebens der Schwachen, zum »Übermenschen«. Eine solche Konstruktion hatte vor Nietzsche die Gehirnphysiologie erarbeitet, was auch in Adlers Ansichten über Organminderwertigkeit einfloss.[40]

Adler verstand seine Lehre als »Gebrauchspsychologie«. Es ist nicht die Summa von Eigenschaften, die ein Individuum in sich trägt, die es auszeichnen, sondern deren Verwendung, nicht der *Besitz*, sondern der *Gebrauch*. Charakterbildung ist der Turnus von Übung und Vernachlässigung bestimmter Fähigkeiten. Gebrauch und Nichtgebrauch werden vom Ich gesteuert und gezielt eingesetzt. Das evolutionäre Ergebnis wird an Nachkommen weitergegeben und weitervererbt, was wissenschaftshistorisch einem Neolamarckismus entsprach.[41]

Adler bewegte sich im zeitgenössischen wissenschaftlichen Diskurs, in dem sich eines vollzog: die Ablösung des kausal-naturwissenschaftlichen Denkens durch ein ganzheitliches. Im Zuge des Aufstiegs einer sinnverstehenden Soziologie nahm Adler die Differenzen und sich vertiefenden Dissenzen zwischen Natur- und Gesellschaftswissenschaften wahr.[42] Er separierte sich zusehends davon, »naturwissenschaftliche Erkenntnisse auf das Seelenleben des Menschen übertragen zu wollen«, schließlich »lehnte [er] jeglichen strengen Determinismus im Seelenleben ab.«[43]

Es war vor allem ein Werk, das tiefen Eindruck auf ihn machte, Hans Vaihingers *Die Philosophie des Als Ob. System der theoretischen, praktischen und religiösen Fiktionen auf Grund eines idealistischen Positivismus. Mit einem Anhang über Kant und Nietzsche*. Dieses 848 Seiten zählende Werk hatte der 1852 geborene, an der Universität Halle lehrende Philosophieprofessor und Neukantianer 1876 bis 1878 geschrieben, publizierte es aber erst 1911. Die Philosophie des »Als-ob« geht davon aus, dass »Freiheit« eine Vorstellung ist, die von der Wirklichkeit abweicht und eine für die Praxis notwendige »Fiktion« ist.[44] Vaihingers Konzept des Fiktionalismus ist eine bewusst gewählte Annahme, die von der Wirklichkeit abweicht. Man muss aber so tun, als gäbe es das Kantische Ding an sich. Nur unter dieser Prämisse ist die Wirklichkeit vorstellbar.[45] In Wahrheit ist die Wahrheit eine Fiktion.[46]

Vaihinger destruierte den Glauben an eine objektive Erkenntnis. Er hob Gedanken Kants auf eine zeitgemäße Ebene um. Der Mensch nimmt durch ein Raster von Zwecken wahr. Der Mensch geht von der Illusion einer zweckmäßig geordneten Natur aus. Nur mittels dieser Fiktion ist ihm die Vorstellung eines natürlichen Chaos möglich. Ob allerdings die Ordnung, die wir – als Fabrikation einer Fiktion – der Natur gegeben (oder übergestülpt) haben, entzieht sich menschlichen Einsichtspotenzialen.[47] Der Mensch produziert einen Weltentwurf, in dem Kategorien die Basis der Weltaneignung sind.[48] Vaihinger zufolge zeigt sich, dass gewisse Erscheinungen immer wiederkehrend sind. Auf dieser Beobachtung beruht die Entdeckung der Gesetze. Vaihinger zieht daraus den Schluss, dass das Bewusstsein nicht einem passiven Spiegel gleicht, der »nach rein physikalischen Gesetzen die Strahlen reflektiert, sondern das Bewußtsein nimmt keinen äußeren Reiz auf, ohne ihn nach eigenem Maße zu gestalten. Die Psyche ist also eine organische Gestaltungskraft, welche das Aufgenommene selbstständig zweckmäßig verändert und ebensosehr das Fremde sich anpaßt, wie sie sich selbst dem Neuen anzupassen vermag. Die Seele ist nicht bloß aufnehmend, sie ist auch aneignend und verarbeitend. Im Verlaufe ihres Wachstums schafft sie vermöge ihrer adaptiven Konstitution aus ihrer eigenen Natur, aber nur auf äußere Reize hin, sich selbst ihre Organe, sie den äußeren Bedingungen anpassend.«[49]

Alfred Adler zufolge ist der Mensch nicht nur für sein bewusstes Ich verantwortlich, sondern auch für sein unbewusstes. Lebensgesetze und vitalistische Antriebe durchziehen beides. Der Einzelne ist Handelnder und zu sozialem Handeln befähigt, nicht Opfer, dessen Aktionen kausal die Triebe dominieren. Erst in der Durchleuchtung des Charakters auf Selbsttäuschungen ergibt sich der gesamte Mensch.[50]

Von Vaihinger leitete Adler seine Theorien über die entscheidenden Lebensvorstellungen in den ersten Kindheitsjahren ab. Imitation, Identifikation und Identität gehen auf Fiktionen zurück.[51] Diese Vorstellungen spielen sich kaum bewusst bis unbewusst ab, als Eingebungen, Impulse, Aktionen des Lebensstils. Diesem muss ein »Als ob«-Handeln entsprechen. »Jeder muss so handeln, ›als ob‹ seine Beurteilung die einzig mögliche und absolut richtige sei. Würden wir davon nicht überzeugt sein, dann könnten wir nicht mehr ihnen gemäß handeln.«[52] Bei falschen gelebten Anschauungen, einer Privatlogik, ist das Ergebnis ein falsches Leben mit Krankheitsbildern von Neurosen über Psychosen bis zu Perversionen.[53]

Im Rückgriff auf Vaihingers Theorie deutete Adler die Neurose nicht als unbewusste Verdrängung, sondern als Kunstgriff, sich einer unbewältigbaren Aufgabe zu entziehen. Freud hatte zwischen einem Primärgewinn einer Krankheit unterschieden, einem Vorteil, der aus der Neurose gezogen werde, und dem Sekundärgewinn, den der Betroffene erzielt, indem er die akute Neurose ausnützt. Adler, der Freud als Höchstes versprechendes Mitglied der Mittwochs-Gesellschaft galt inklusive Neigung zur Dissidenz, zufolge war es wichtiger, sich auf den Sekundärgewinn zu konzentrieren. Das aktive Eingreifen des Therapeuten sei in Form von Ermutigung und Hilfestellung angeraten. Beim Neurotiker ist Art und Weise der Wahrnehmung dichotomisch, schwarz oder weiß und nie grau. Er lässt keine fließenden Übergänge zu. Er insistiert auf scharfer Abgrenzung. Eine primitive Weise, die Welt zu bewältigen. Der Alles-oder-nichts-Grundsatz reflektiert Unvernunft. Er ist »private Intelligenz« im Gegensatz zu »common sense«.[54]

Adler strich besonders die innere Schlüssigkeit der fiktiven Privatlogik heraus, blendete die darin lauernde Widersprüchlichkeit dabei weitgehend aus. Denn das »Als ob« war für ihn ein idealer Transmitter: von einer Ökonomie der Triebe hin zu einer des Denkens und einer rationalistischen und rationalisierenden Interpretationstendenz. Er stimmte mit Vaihinger in einem Punkt überein. Der antithetische Modus, der auf Abstraktionsvorgängen aufbaut, ist ausschließlich auf Vorgänge des Denkens anzuwenden, denn die reale Welt besteht eben nicht aus unveränderlichen und unverrückbaren Gegensätzen.[55]

Abstraktionen, Kategorien, Antithesen, sie alle sind enthalten in Vaihingers Fiktions-Begriff. Sie alle sind hilfreiche Instrumente, um die Welt bewältigen zu können. In Permanenz muss der Mensch Entscheidungen fällen und zu deren Folgen stehen, was voraussetzt: Er muss aus unterschiedlichen Möglichkeiten auswählen. Um dies zu erleichtern, sind – fiktive – Gegensatzbildungen nahezu unverzichtbar.[56] Die Aufgabe der Erkenntnistheorie kann daher nicht in der Abbildung der Realität liegen. Deren Nutzen bestimmt vielmehr die praktische Brauchbarkeit.[57] Sie ist also ein Instrument, um sich leichter in der Wirklichkeit zu orientieren. Ein Beispiel hierfür sind etwa die Längen- und Breitengrade, mit denen der Globus unterteilt ist – es gibt sie nicht, sie sind aber nützlich.[58] Adler übertrug Vaihingers Überlegungen auf die Psychologie, indem er das Minderwertigkeitsgefühl mit seinen »anhaftenden Gefühlen der Unlust und Unbefriedigung« als Ausgangspunkt und inneren Antrieb ansieht, »einem fiktiven Endziel näherzukommen«.[59]

Leidenschaften fußen auf Meinungen und Fiktionen. Diese werden als integral angesehen und nicht als vorläufig. Man hat sich an die Fiktionen gewöhnt, man lebt mit ihnen, man lebt sie. Man hat verabsäumt, sie zur rechten Zeit zu entsorgen. Das entscheidende Ausdrucksmuster wurde für Adler die Aktion. Nicht das, was der Patient *wie* äußert, sondern *was* er *wie mit welchem Ziel tut*. Aus Vaihingers Haltung eines skeptischen Pragmatismus leitete Adler für sich ein rationales Instrumentarium ab, das richtige Handeln zu analysieren, die private Logik und die tendenziöse Sichtweise zu durchleuchten. So wurde dies bei ihm zu einer Lebensplanforschung.[60]

Der Fiktionalismus als zentrales Moment der Individualpsychologie weist noch auf anderes hin. Ein auf die Defizite sich fokussierendes Bild vom Menschen findet sich auch in den Theorien Freuds und Jungs. Doch bei Adler rangieren Unzulänglichkeiten im Zentrum seiner Lehre, als drängendes Verlangen nach Heilung wie als Gefühl »der schmerzlichen Leere eines Mangels«.[61] Wissenschaftstheoretisch ist »die Individualpsychologie demnach zwischen moderatem Essentialismus – zum Beispiel unbewusste Minderwertigkeitsgefühle und damit verbundene Selbstwertprobleme als anthropologische Tatsachen – und Konstruktivismus angesiedelt. Ersteres zeigt ihre Heimat in psychodynamischen Theorien, Letzteres macht sie anschlussfähig an systemtheoretische und moderne konstruktivistische Überlegungen, wie sie derzeit in den Kultur- und Geisteswissenschaften en vogue sind.«[62] In dieser Hinsicht ist Adler »ein Avantgardist des heute so bezeichneten ›postmodernen Bewusstseins‹«.[63]

10 »Organminderwertigkeit«

»Der Mensch ist ein biologisches Wesen
mit komplexer Psyche.«
Onur Güntürkün[1]

Am 17. Oktober 1904 gelang Arthur Korn, außerordentlicher Professor für Mathematik an der Universität München, als Erstem die Übermittlung eines Bildes mittels Telegraphie über eine Distanz von 1800 Kilometern. Theoretisch hatte er das Prinzip schon zwei Jahre zuvor in seinem Buch *Elektrische Fernphotographie und Ähnliches* erläutert. Schon auf der ersten Seite schrieb Korn, dass die Fernphotographie »auch einmal – der Zeitpunkt liegt wohl aber noch nicht sehr nahe – zum Fernsehen führen« werde.[2]

Am Abend desselben Tages meldete, so das Sitzungsprotokoll der Mittwochs-Gesellschaft, Alfred Adler für einen nicht allzu fernen Tag einen Vortrag über »Grundzüge einer Neurosentheorie« an. Er erwähnte auch seinen Versuch einer Untersuchung über die Psychologie des Politikers. Er, Adler, wolle nachweisen, dass ideologische Weltwahrnehmung in persönlichen Motiven verankert sei, dass Sozialpolitiker, die sich gegen den Bestand der Familie wendeten, »eine dunkle Ahnung von den inzestuösen Zusammenhängen« hätten. (Von einer solchen Studie findet sich in seinem Werk nicht eine Zeile.) »Schließlich«, so die Mitschrift weiter, »bedauert Adler, seinem Lieblingsgedanken nicht folgen zu können und die organischen Wurzeln der Inzest-Regungen nachzuweisen; er wolle nur so viel sagen, dass sich aus medizinischen Untersuchungen bei den Dichtern jedes Mal eine abnorme Frühreife konstatieren lasse, deren Ursache aber nicht ohne Weiteres verständlich sei«. In der dazugehörigen Fußnote liest man: »In der obigen Passage finden wir das erste Anzeichen von Adlers Theorie der Organminderwertigkeit, die in seiner späteren Individualpsychologie eine so große Rolle spielen sollte.«[3]

Drei Jahre später präsentierte Adler eine Publikation über dieses Thema der Organminderwertigkeit. 92 Seiten. Grüner Pappumschlag. Erschienen bei Urban & Schwarzenberg, einem renommierten medizinischen Fachverlag mit Niederlassungen in Berlin und Wien. *Studie über Minderwertigkeit von Organen* steht auf dem Buchdeckel.

Adler unterschied zwischen morphologischer Minderwertigkeit, einer Missbildung zum Beispiel, und funktioneller. Damit trat er als Biologe auf den Plan. Im Zentrum stand organische Disposition. »Freud war auf der Suche nach der *einen* Ursache für *alle* Neurosen. Adler wollte es ihm gleichtun. Adler glaubte zu der Zeit, den Ursprung *aller* Neurosen in den aus Organminderwertigkeiten entstehenden, fehlkompensierten Gefühlen und Handlungen gefunden zu haben, was eine völlige Umorientierung von Adlers Denken darstellt.«[4] Adler lehnte sich bei seinen Ausfall- und Überwindungs-Hypothesen an Virchow an und stand in einer medizinischen Traditionslinie, die bis zum einflussreichen Medizinprofessor und Lehrbuchautor Wilhelm Wundt zurückreichte. Wundt in seinen erstmals 1873/74 publizierten, von Auflage zu Auflage ergänzten *Grundzügen der Physiologischen Psychologie*: »Die Scheidung physischer und psychischer Lebensvorgänge ist zwar für die Lösung wissenschaftlicher Aufgaben nützlich und sogar notwendig; an sich aber ist das Leben eines organischen Wesens ein einheitlicher Zusammenhang von Prozessen.«[5] Nach dieser Grundlegung der Psychologie durch Wundt begann sich die Meinung durchzusetzen, dass »für die Erklärung psychischer Phänomene ein Bezug auf die Biologie des Menschen nicht notwendig sei«.[6] Ja, sie wurden nicht nur in Konkurrenz zueinander gesetzt, sondern als Kontrahenten positioniert. Biopsychologie ist aber mit ihrer integrativen Sicht wesentlich bei neuronal-physiologischen Prozessen, seien es nun die Plastizität des Gehirns oder die Synchronisierung aktivierter Nervenzellen beim Lernen eines neuen Sachverhalts. Biologische und psychologische Faktoren voneinander zu scheiden fällt immer schwerer. Bei der kulturellen Gestalt menschlichen Denkens und der biologischen Gestalt handelt es sich um zwei Seiten ein und derselben Medaille.

Adler führte alle hochstehenden psychischen Tätigkeiten wie Sprache, Künste, Philosophie auf das Vorhandensein einer Organminderwertigkeit und psychische Mehrarbeit zurück. Bei gutem Ausgang und erfolgreicher Kompensation gesunde der Patient. Er würde infolge Überkompensation vielleicht alles erreichen, vielleicht mehr als das, ja sogar ein Genie werden können. Im entgegengesetzten Fall seien physische und psychische Krankheitssymptome weiterhin vorhanden.[7] Adler glaubte, die physiologische Grundlage psychischer Phänomene identifiziert zu haben, die Freud Verdrängung nannte. Freud schätzte Adlers Buch als wichtigen Beitrag zu den »biologischen Grundlagen der Triebvorgänge« ein.[8] Doch die Leitthesen, einen recht jähen Übergang von der Sozialmedizin markierend, waren im Gesamtwerk Adlers eher ein biologisches Divertimento.

Um das Jahr 1908 herum legte Adler den »Aggressionstrieb« dar. Neuerlich eine Abkehr von der Freudianischen Orthodoxie. Aggression sei nicht zu erklären als Ergebnis einer frustrierten Libido. Aggression sei eine eigenständige Kraft. Im Leben nehme dieser Trieb eine ebenso große Rolle ein wie die Libido. Vorbereitet durch Präsentationen im Freud-Kreis, setzte er dies in zwei Aufsätzen auseinander, in *Der Aggressionstrieb im Leben und in der Neurose* und in *Das Zärtlichkeitsbedürfnis des Kindes*. In einem Referat vor der Mittwochs-Gesellschaft sprach Adler von »Sadismus« als primärer Triebanlage, ersetzte den Begriff in der Druckfassung jedoch durch »Aggressionstrieb«. Sadismus und Masochismus seien unmittelbar zu einer nervösen Erkrankung führende Faktoren. Adler revidierte frühere Ansichten. Organminderwertigkeit wurde nun herabgestuft zu einem Vorstadium.[9]

Wichtiger war ihm anderes, eine Idee, die er die nächsten dreißig Jahre ausbauen und propagieren sollte. Für ein erfolgreiches beziehungsweise für ein minder oder gar nicht erfolgreiches Leben ausschlaggebend sei, wie ein Kind oder ein Erwachsener Aufgaben angehen und bewältigen würde. Adler war der erste Psychologe überhaupt, der anthropologisch vom Vorhandensein eines Aggressionstriebs ausging.[10] Im Mittwochs-Zirkel stieß er, obwohl er dachte, damit Freuds Gedanken weiterzuentwickeln, auf Widerspruch und Kritik. Die Neutralisierung des Sexuellen als Movens fassten die anderen Teilnehmer der Runde als Affront auf. Adler war auch klar, dass Triebe sich nicht »einfach so« ausbreiteten. Andere Triebe und die »Kultur« würden einschränkend und als Regulativ wirken, so seine These. Aber schon früher schienen Differenzen aufgestiegen zu sein. Anfang 1908 schließlich hatte Adler Freud schriftlich in Kenntnis gesetzt, dass er aus dessen Kreis ausscheiden wolle. Doch Freud hatte ihn überreden können, zu bleiben.[11]

In *Das Zärtlichkeitsbedürfnis des Kindes*, 1908 in den *Monatsheften für Pädagogik und Schulpolitik* publiziert, benutzte Adler mehrfach – und zum ersten Mal – eine Terminologie, die essenziell werden sollte. Er schrieb von sozialen Gefühlen beziehungsweise von Sozialgefühlen und von »Gemeinschaftsgefühlen«. Den Aufsatz hat er später vier Mal überarbeitet und den letzten Begriff in den Singular gesetzt. Hier postulierte Adler einen weiteren Trieb, der neben dem Aggressionstrieb aktiv und eine Abwandlung der Libido sei, das Bedürfnis von Kindern nach Zuwendung und Liebe. Dieses Zärtlichkeitsbedürfnis sei elementar für die Erziehung. »In gleicher Weise wie von den Eltern ersehnt das Kind Befriedigung vom Lehrer, später von der Gesellschaft.«[12] Es ist das Mittel, um Selbstständigkeit, Eigeninitiative und Selbstzucht herauszubilden, zu fördern und »mit kulturellem Nutzeffekt« zu befriedigen.[13] Adler beabsichtigte in einer eigenständigen Art und Weise – und sich absetzend von Freuds Sublimierungsansichten – aufzuzeigen, wie junge Menschen positiv in »die Kultur«, in Gesellschaft und Arbeitsleben, hineingeführt werden können. Im Fall des Misslingens und Scheiterns sei das Ergebnis die Neurose. Bleibt die Sehnsucht nach Liebe unerfüllt oder wird abgebrochen, dann sind Narzissmus und aggressives Verhalten eine mögliche Folge. Aggression war bei Adler nichts Destruktives, Dunkles, Dämonisches. Er wusste wohl um die Wortwurzel, die herangehen, an-greifen, als Handeln, nicht als Militärmanöver, meinte. Bei ihm flossen Aktivität, Selbstanleitung sowie Selbstbeherrschung mit ein.[14] Der Aggressionstrieb war ihm ein Meta-Trieb, dem die Funktion der Zusammenfassung und

Ausrichtung aller Teiltriebe auf Durchsetzung, Überwindung und Befriedigung zukommen sollte. Sie wurde bald immer »psychologischer«, bis sie in das Streben nach persönlicher Überlegenheit *gemorpht* wurde.[15] Damit setzte sich Adler von Freuds physikalisch-mechanistischer Vorstellung der Libido als quasipsychischer Apparatur ab.[16]

In seinem zwei Jahre nach der *Studie über Minderwertigkeit von Organen* im Jahr 1909 publizierten Aufsatz *Über neurotische Disposition* erweiterte Adler sein Vorgehen. Ihm war klar geworden, dass Organminderwertigkeit als Komponente sich aufs Seelenleben niederschlage und dieses beeinflusse. Ausführlicher konzipierte er seinen neuen Zugang in *Über den nervösen Charakter*, einem Buch, das 1912 erscheinen sollte. Es war der Weg zu einer Ich-Psychologie. Dabei war das Ich nicht ein zwischen Skylla, Gewissen, und Charybdis, Kultur, hin- und hergeworfenes Element, ein den Trieben ausgesetztes Wesen. Bei Adler war das Ich zur Handlung fähig und zum Handeln willig, ein Akteur also. In Adlers Psychologie sollte es ab dann um Sicherheit und Anerkennung gehen, um sozialen Status, Männlichkeit und Selbstbehauptung. Kurz: um das Verhalten *in* einer Welt und um das Verhalten *zur* Welt. Es ist interaktiv, nicht wie bei Freud gehemmt bis abgekapselt regressiv. Es geht nicht um sexuelle Erfüllung. Es geht um Angst, zu wenig zu sein. Entscheidend in Adlers System waren das innere Erleben des Menschen und seine Fähigkeit zur Kompensation, zur Eigengestaltung dessen, was er sein wollte, und nicht das Verharren in frühkindlichen Traumata.

Die finalistische Perspektive ist bei Adler zentral: welches Ziel wird angepeilt und gewünscht und wie organisiert sich dementsprechend das Leben im Hier und Heute. Das Individuum ist eine Ganzheit und zerfällt nicht in unterschiedliche Kontrollebenen mit Instanzcharakter. Es strebt nach Überlegenheit, was Adler für eine Weile als Macht oder Machtstreben titulierte. Im nächsten Schritt wird die Neurosenpsychologie zur Moralpsychologie. Macht über andere zu gewinnen ist Adler zufolge unmoralisch. Neurose wird zum moralischen Versagen. Den Weg von einer strikt ätiologischen

Auffassung hin zu einer tiefenpsychologischen Ausleuchtung der Haltung respektive der Einstellung des Einzelnen zu sich, zum Leben, zur Welt unterstrich Adlers theoretische Fortentwicklung, die er bis 1910 ausgebaut hatte.[17] Das zeigte sich in *Psychischer Hermaphroditismus*, einem Vortrag vor der Mittwochs-Gesellschaft, in dem er über die Vorstellung von Gegensatzgruppen sprach. Oben und Unten, Macht und Ohnmacht, Stärke und Schwäche, männlich und weiblich, das würde sich der »Nervöse« fabrizieren. Zu einer neurotischen Lebensgestaltung gehört das Denken in unverrückbaren Gegensätzen. Das führt zu fatalen Verzerrungen. Eine Weltanschauung im Als-ob-Modus ist für Gesunde ein Spiel, für Neurotiker ist es keines. Erstere können dieses Spiel beenden, wenn es sich als inadäquat erweist. Für Letztere ist es eine Notwendigkeit. Denken und Handeln, das die Mitmenschen berücksichtigt, dient der »Verschleierung«[18] der egoistisch-neurotischen Ziele. Auch das Gemeinschaftsgefühl ist eine Fiktion. Je geringer es ausgebildet ist, desto größer der Grad der Neurose. Damit einhergehen würden Projektionen, männlich = gut und weiblich = fast alles Schlechte, Minderwertige, Krankhafte, das automatisch abgewehrt wird.[19]

Misogynie, Frauenfeindlichkeit, war ein Symptom der Zeit. Der Philosoph Otto Weininger hatte 1903 *Geschlecht und Charakter* veröffentlicht, für viele Jahre ein Bestseller. Schon Schopenhauer und Nietzsche hatten die Verachtung der Frau ausformuliert. Beider Werke gehörten um 1900 zum philosophisch-künstlerischen Diskurs. Die Antifeminisierung bestand in einer Herabwürdigung aufs Triebhafte und in der Psychologisierung einer klinischen Einstufung weiblicher Affekte, Stichwort Hysterie. Beides lief auf eine Abwehr der »Feminisierung der Kultur« heraus. Ein extra-maskulines Gehabe nannte Adler den »männlichen Protest«. Er definierte diesen als Geltungsdrang auf der Basis der kultur- und sozialtheoretisch falschen Annahme, dass das Weibliche weniger Wert besäße. Später sollte Adler die wenig subtile Begriffsprägung ersetzen durch »Überlegenheit« oder durch den »Wunsch, überlegen sein zu wollen«. Er akzentuierte den Zusammenhang von Bewertung, Selbstbewertung und Kategorialisierung und der Arbeit daran, was der einzelne

Mensch daraus macht, der Zukunftsausformung also, der Ausrichtung. Finalität, Zielgerichtetheit, sollte immer stärker ins Zentrum seiner Theorien rücken. Die Dynamik des *Tuns* löste die Illumination des *Seins* ab.

1910 ersetzte Adler »Aggressionstrieb« durch »männlicher Protest«. Die Begründung für diese Änderung lautete, er wolle sich nicht länger in biologischen Prägungen ausdrücken, sondern ausschließlich »in psychologischen Termini oder in solchen der Kulturpsychologie«.[20] Das leuchtete ein, denn »Trieb« ist mechanistisch, eine angewandte Kraft.[21] Ein »Protest« dagegen stammt von einem sozial eingebetteten Ich, das zu seiner Umgebung Stellung nimmt, pro oder kontra, zu- oder abgeneigt, bewahrend oder revoltierend. Protest ist eine Meinung, die Vielfalt und tolerierte Abweichungen zulässt, die dialektisch ist. Zugleich verweist sie auf ein Drittes, auf eine dynamische Synthese, psychologisch ausgedrückt: auf Werden.[22]

Wenig später ließ Adler auch den eher unglücklichen Begriff »männlicher Protest« fallen. Die dialektische Grundstruktur hielt er aufrecht.[23] »Männlicher Protest« heißt: sich aus einer als weiblich, schwach, defizitär empfundenen Konstellation herauszuringen.[24] Sicherung bedeutet Stabilisierung und Verankerung. Sicherung tritt als Tendenz in Form von Denken in Klischees und unkritisch eingesetzten Traditionen zutage. Folge: mangelnde Integration in Gesellschaft, Arbeit und Liebe. Diese Minderung entzieht der Gesellschaft einen positiven Beitrag. Nicht mehr nötig ist, ob ein Mensch minderwertig *ist*, sondern dass er sich selbst als minderwertig *einstuft* und so reduziert.[25]

Adler bewegte sich auf eine Ich-Psychologie zu, die sich von seelischen Tiefenkonflikten und deren Erforschung abwandte.[26] Für Freud war der Mensch irrational, sein Denken und Tun selten von nüchterner Logik geprägt. Für Adler war alles Denken und Fühlen, Streben und Agieren eingebettet in den großen Strom des Überlegenheitsstrebens. Das Psychische erscheint rationalisiert und, weil rational, analytisch leicht aufzufächern und zu durchdringen. Für Freud war der Mensch ein determiniertes Subjekt, unterworfen dem

Unterbewussten. Für Adler war der Mensch ein von Machtstreben durchpulster Handelnder.

Kompensation war nicht länger eine Intervention seitens externer Autoritäten. Sie war nun individuelle Verarbeitung von Organminderwertigkeit oder Unterlegenheits- wie Minderwertigkeitsgefühlen, die erfolgreich sein kann oder psychische Erkrankungen bewirkt. Es ist ein dialektisches Verhältnis von Aktion und Reaktion, von Verharren und Tun in Form von Veränderung und Verbesserung. Dabei galt ihm das Triebleben als Ergebnis und nicht als aktivierende Großkraft. Ein direktes Infrage-Stellen Freuds und Dekonstruktion von dessen Theoriegebäude.

Eine der wichtigsten Kompensationsmaßnahmen bei psychogenen Dysfunktionalitäten ist die Sicherung. Damit meinte Adler die Absicherung wider den Gefühlskomplex der Minderwertigkeit. Der Neurotiker agiere immer aus einer subjektiv empfundenen oder einer objektiv gegebenen Position der Unsicherheit und der Minderwertigkeit. Sein Ziel: ein »ganzer Mann« werden.[27] Aber jeder Mensch trage ein Minderwertigkeitsgefühl in sich.[28]

Adlers ingeniöser Streich war es, die Existenz des Einzelnen in seinem In-der-Welt-Sein zwei Jahre vor dem Ersten Weltkrieg als »Wille zur Macht« zu deuten. Bei dem Ruch, in dem dieser Terminus Friedrich Nietzsches steht, übersieht man, dass der Philosoph mit dem Hammer und Adler nicht in erster Linie von der Macht sprechen, sondern von der *Eigenart des Willens, mächtig sein zu wollen.*[29] Der »Wille zur Macht« ist ein »unbedingtes Könnenwollen«.[30] Er tritt auf den Plan, wenn »die Macht« bedroht ist, wenn es angeraten ist, Könnenwollen einzusetzen. Im Gelingen wird der Wille zur Macht nicht thematisiert.[31]

1929 erklärte Adler diese dialektische Dynamik. »Die Zukunft ist mit unserem Streben und unserem Ziel verknüpft, während die Vergangenheit die Minderwertigkeit oder Unzulänglichkeit darstellt, die wir zu überwinden versuchen. Deswegen [...] sollten wir uns nicht wundern, wenn wir in Fällen, in denen wir einen Minderwertigkeitskomplex sehen, einen mehr oder weniger versteckten Überlegenheitskomplex finden. Andererseits können wir, wenn wir einen

Überlegenheitskomplex untersuchen, […] immer einen mehr oder weniger versteckten Minderwertigkeitskomplex finden. […] Das Streben nach Überlegenheit endet nie. Es stellt in der Tat den Geist, die Psyche des Individuums dar.«[32]

11 Sigmund Freud und C. G. Jung

»Diese Komplexe haben wir ja alle und
müssen uns hüten, nicht alle Neurotiker zu heißen.«
Sigmund Freud[1]

War Hérnan Cortés de Monroy i Pizarro Altamirano wiedererstanden? Waren seine Gebeine, seit 1823 verschollen, 75 Jahre später aufgetaucht, zusammengesetzt und wie der Prager Golem reanimiert worden? Das glaubt man fast, wenn man die Bemerkung des 44-jährigen Sigmund Freud im Februar 1900 wörtlich nimmt. Da schrieb er an einen seiner damals engsten Vertrauten, den Berliner Arzt Wilhelm Fließ: »Ich bin nämlich gar kein Mann der Wissenschaft, kein Beobachter, kein Experimentator, kein Denker. Ich bin nichts als ein Conquistadoren-Temperament, ein Abenteurer, wenn Du es übersetzen willst, mit der Neugierde, der Kühnheit und der Zähigkeit eines solchen. Solche Leute pflegt man nur zu schätzen, wenn sie Erfolg gehabt, wirklich etwas entdeckt haben.«[2]

Freuds Leistung bestand darin, die biologische Triebtheorie in das Konzept des menschlichen Triebes zu überführen, seinen viel verzweigten Ausdrucksformen nachzugehen und diese an den ihnen gebührenden Platz in der Geschichte der menschlichen Subjektivität zu verweisen.[3] Dabei ging er reflexiv vor, in zahlreichen Schleifen und einkreisenden Umrundungen, für ihn der einzige Weg, sich aus der unbewussten Befangenheit des Anfangs, aus dem komplizierten bis verworrenen Geflecht der Übertragungen und Gegenübertragungen herauszuwinden.[4] Anders und schärfer formuliert: »Die Psychoanalyse war ein anderes Mittel, um das Prinzip der intellektuellen Aufrichtigkeit vor der institutionalisierten Unaufrichtigkeit des Wiener Ambientes zu bewahren. In der Erkenntnis, dass die liberale Ideologie hinsichtlich der menschlichen Beweggründe eine Illusion war, versuchte Freud den Einzelnen wieder zur Selbstkontrolle zu befähigen.«[5]

Im April 1906 meldete sich ein 1875 geborener Pastorensohn namens Carl Gustav Jung aus der Schweiz bei ihm, der sich vom väterlichen Calvinismus recht weit entfernt hatte. Er schrieb Freud, der in akademischen Kreisen in Wien seit Jahren auf Ablehnung prallte, aus einem der prestigereichsten Ausbildungs- und Heilzentren Europas, dem Burghölzli in Zürich, einer »Irrenheilanstalt«, die 1870 eröffnet worden war. Dort arbeitete Jung, der 1902 über okkulte Phänomene promoviert worden war, seit dem Jahr 1900. Rege nahm er wahr, was an den Rändern der medizinischen Orthodoxie gedacht und veröffentlicht wurde, und war so auf Freud gestoßen. Schon kurz nach seiner Anstellung hatte er vor der Kollegenschaft über ein recht neues Buch referiert, *Die Traumdeutung*. Des Weiteren hatte Jung sich Respektabilität durch mehrere Publikationen verschafft. 1905 habilitierte er sich bei seinem Chef, dem psychologieaffinen Eugen Bleuler, einem Experten auf dem Gebiet der Schizophrenie-Erforschung, über diagnostische Assoziationsstudien. Ende 1906 schrieb er einen Aufsatz über Freuds Hysterie-Konzeption.

Die Anerkennung, die Freud durch Jung erfuhr, der 1903 äußerst wohlhabend geheiratet hatte, inzwischen Oberarzt am Burghölzli war und außerordentlicher Professor für Psychiatrie an der Universität Zürich, tat diesem mehr als gut. Schon in der ersten Epistel, die in der Berggasse eintraf, las er bewundernde Worte, die er in Wien aus dem Universitätsmilieu niemals vernommen hatte. Anfang März 1907 kam der Schweizer mit seiner Gattin, die später selbst Therapeutin werden sollte, und Ludwig Binswanger, seinem Assistenten und Dissertationskandidaten,[6] nach Wien. Er besuchte am 3., einem Sonntag, Freud zu Hause. Das Gespräch zog sich über dreizehn Stunden. Die ersten drei davon redete Jung ohne Punkt und Komma. Drei Tage später nahm Jung am Treffen der Mittwochs-Gesellschaft teil und sollte dabei Adler persönlich kennen lernen, mit dem er bereits sporadisch korrespondiert hatte. An diesem Abend hielt Adler den Vortrag und legte die Fallgeschichte eines Stotterers dar, eines russischen jüdischen Studenten mit zwangsneurotischen Symptomen.[7]

Am 27. April 1908 fand in Salzburg ein psychoanalytischer Kongress statt. Er dauerte einen Tag und hatte eher informellen Charakter. Jung hatte das Treffen von Zürich aus organisiert. Mit ihm reisten aus der Schweiz Bleuler, Eitingon und zwei weitere Ärzte an. Aus Wien kamen Freud, Adler, der über Aggressionstrieb im Leben und in der Neurose sprach, und dreizehn andere.[8] Die Wiener bespöttelten den eleganten, selbstbewussten, breitschultrigen Jung, der sich mit seinen 1,88 Metern Körpergröße neben Freud wie ein Recke ausnahm, als Siegfried.[9] Die Rivalität speiste sich auch aus seiner finanziellen Selbstständigkeit, während nicht wenige der Wiener hinterher waren, von Freud Patienten abgetreten zu bekommen, was eine gewisse Abhängigkeit erzeugte.[10] Jung hingegen konnte sich 1909 den Abschied vom Burghölzli finanziell bedenkenlos leisten. Die Wiener sahen in ihm mehr als einen Konkurrenten. Er war ein Rivale, da Freuds erklärter Favorit. Dieser, nie um eine Boshaftigkeit verlegen, mokierte sich, ironisch eingepuppt, über die Mediokrität der Wiener. Jung bot ihm die Möglichkeit zur Internationalisierung, akademisches Renommee und im Zuge des bei ihm vorhandenen jüdischen Selbsthasses das Sprengen der »jüdischen« Sekte. Dazu metapsychologisch eine Art Jungbrunnen für den Anfangfünfziger.[11]

Die Eifersucht der Wiener war mit Händen zu greifen. Und auch für Freud spürbar. Wie so häufig in seiner ausgreifenden Korrespondenz, versuchte er Kontra-Gefühle kämpferisch zu neutralisieren. »Seien Sie tolerant«, schrieb er an Karl Abraham, »und vergessen Sie nicht, dass Sie es eigentlich leichter als Jung haben, meinen Gedanken zu folgen, denn erstens sind Sie völlig unabhängig, und dann stehen Sie meiner intellektuellen Konstitution durch Rassenverwandtschaft näher, während er als Christ und Pastorssohn nur gegen große innere Widerstände den Weg zu mir findet. Umso wertvoller ist dann sein Anschluss. Ich hätte beinahe gesagt, dass erst sein Auftreten die Psychoanalyse der Gefahr entzogen hat, eine jüdische nationale Angelegenheit zu werden.« Freud attestierte Abraham und den anderen einen »Verfolgungskomplex«.[12] Freud in einer Bildungsprojektion sah sich selbst als Moses, der das Gelobte Land der

Psychiatrie nur von ferne erblicken werde. Jung hingegen sei Josua, bestimmt, das neue Territorium, die *terra australis* des Seelenlebens, zu kartieren.[13] Umgekehrt zeigte sich Jung geschmeidig. Beide schmeichelten einander. Jung, knapp zwanzig Jahre jünger an Freud: »Der hohe Grad von Sicherheit und Gelassenheit, der Sie auszeichnet, eignet mir eben im allgemeinen noch nicht.«

Doch bald kam es zu einem Rebellieren auf Seiten Jungs. Sein Interesse an Mythen, Archetypen und Symbolen trat deutlicher zutage. Beider Eitelkeiten fingen an sich zu reiben, dann zu Dissonanzen zu führen, schließlich zu kollidieren. Immer wieder kam es zu spitzironischen Bemerkungen, zu Neid und nur mühsam verschleierten Feindseligkeiten. Nicht wenige Formulierungen in ihrer Korrespondenz waren eindeutig zweideutig. Jung 1909 an Freud: »Sie sind aber wie weiland Herakles menschlicher Heros und höherer Gott, weshalb Ihre Dikta unangenehmerweise Ewigkeitswert mit sich führen.« Unangenehmerweise! Sofort offenbarte er seine eigentlichen Gefühle: »Alle die Schwächern, die hinter Ihnen gehen, müssen sich notgedrungen Ihrer ursprünglich kasuistisch gemeinten Nomenklatur anschließen.«[14]

1912 geschah es dann: Bei einem Zusammentreffen der beiden in München konnte Sigmund Freud seine Emotionen nicht mehr beherrschen und fiel in Ohnmacht. Er selbst ordnete dies als Angstanfall ein auf Grund von Überarbeitung, Migräne und psychosomatischen Erinnerungen daran, dass er im selben Lokal der Isarstadt vier beziehungsweise sechs Jahre zuvor bereits kollabiert war.[15] Freud insistierte auf Orthodoxie, *seiner* Orthodoxie. So 1913: »Die Zeit ist nicht ferne, in welcher die Einsicht allgemein wird, dass man keinerlei nervöse Störung verstehen und behandeln kann, wenn man nicht die Gesichtspunkte, oft auch die Technik der Psychoanalyse zu Hilfe nimmt.«[16] 1914 kam es endgültig zum Bruch. In seiner parteiischen *Geschichte der psychoanalytischen Bewegung*, die im Sommer 1914 im Druck erschien, hob Freud zu einer Polemik wider Adler und Jung an. Arbeiten beider seien wissenschaftliche Luftnummern, böten nichts Erhellendes, ja seien Rückschritte und würden gar nicht mehr zur Psychoanalyse gehören. Jungs neueste Theorien zu illuminieren sei schwer, sie seien »so unklar, undurchsichtig und verworren, dass es nicht leicht ist, Stellung« zu nehmen.[17] Die unwirsche Aburteilung hatte reinigenden Charakter und zielte darauf ab, die von ihm rigide kontrollierte Integrität der reinen Lehre wiederherzustellen und den helvetischen Mystagogen loszuwerden. Jung lancierte im Folgenden seine »Analytische Psychologie«.

Später wurde für C. G. Jung der Adlerianische Begriff der Kompensation besonders wichtig, der schon in der *Studie über Minderwertigkeit von Organen,* dann auch in der Lehre vom Streben nach Überlegenheit von zentraler Bedeutung war. Jung griff den Terminus auf und erweiterte ihn. Er wies nun auch dem Unbewussten eine kompensatorische Aufgabe zu. Jung zufolge würde sich das Unbewusste selbst regulieren, indem es extreme Haltungen kompensatorisch ausgleichen würde – eine recht eigenwillige Variation von Adlers Kompensationslehre.[18]

1930 steuerte Jung eine Einleitung zum Band *Therapeutische Psychologie. Ihr Weg durch die Psychoanalyse* des mit ihm befreundeten Psychologen Wolfgang M. Kranefeldt bei. Darin ging er auch auf die Individualpsychologie ein. Seine Sätze gemahnen in ihrem unverbindlichen Duktus an die diplomatisch desinteressierten Lobesworte, die der deutsche Romancier Thomas Mann in jenen Fällen, in denen er nicht dezidiert kritisieren wollte, zu drechseln pflegte. Jung lobte die »Adlersche Schule« als soziales Erziehungssystem, das mit der Psychoanalyse kaum noch Berührungen aufweise: »Sie ist ein psychologisches System unabhängigen Charakters, das Bekenntnis eines andern Temperaments und einer andern Weltanschauung. – Keiner, der sich für ›Psychoanalyse‹ interessiert und der danach trachtet, einen einigermaßen genügenden Überblick über das Gesamtgebiet der modernen ärztlichen Seelenkunde zu erhalten, sollte es versäumen, die Adlerschen Schriften zu studieren. Er wird daraus die wertvollsten Anregungen schöpfen.«[19]

Umgekehrt hatte Adler relativ wenig Achtung vor dem Schweizer vom Zürichsee, der in seinem Werk den Menschen keinerlei Trost bot. Er zitierte ihn nur überschaubar und, wenn, dann kritisch bis ablehnend.[20] Nur auf eine Handvoll Aspekte in Jungs personaltranszendierender Lehre ging er überhaupt ein. Er lag dabei auch falsch. Die Tendenz war eindeutig: Es ging ihm darum, die Beiträge Jungs abzuwerten. So seien Assoziationsexperimente überflüssig, und die Beschäftigung mit Magie, Telepathie und Spiritismus, diesen »mystischen Feldern der Psyche«, kontraproduktiv, würden sie doch im Patienten den Glauben verankern, sich so mit Sicherungen vor den Anforderungen des Lebens zu wappnen.[21]

12 Bruch und Neubeginn

»Der Mensch ist ein zu Meinungsverschiedenheiten neigendes Lebewesen.«
Odo Marquard[1]

Die Geschichte, die hier erzählt werden soll, hat zum Gegenstand eine Art von Duell.[2]

1907 erschien die *Studie über Minderwertigkeit von Organen*. Im folgenden Jahr traten die brodelnden, im Umgang leidlich domestizierten Unterschiede ins Licht. Adlers Idee der Aggression als Wechselspiel unterschiedlicher Triebe jenseits von Sexualität und Libido kollidierte mit Freuds Ansichten. Die Antwort des Patriarchen war eine ausdruckstechnische: »was Adler den Aggressionstrieb heißt, das sei unsere Libido.«[3] Was Adler präsentiere, sei lediglich ein Hantieren mit Begriffen, die er neu benenne. Die Unterschiede betrafen die sexuelle Ätiologie der Neurose und den Triebdeterminismus. Für Adler waren Sicherheit, Selbstwert- und Gemeinschaftsgefühl des Einzelnen das dynamische Element der psychischen Entwicklung.[4]

Auch die Politik spielte mit hinein. Freud achtete darauf, Wissenschaft aus der politischen Tagesarena zu halten. Nicht wenige der ersten Generation von Gefolgsleuten hatte die Psychoanalyse ob ihres »Demokratisierungspotentials« angezogen.[5] Stekel und Adler waren durchaus bedacht, Einsichten und Erkenntnisgewinne umzulegen auf sozialpolitische Verhältnisse. Sie waren nicht die Einzigen der Mittwochs-Gesellschaft, die gesellschaftlich eher radikal dachten. Da waren Hugo Heller, Buchhändler und Freuds Verleger, der Gymnasiallehrer David Ernst Oppenheim und die Ärztin Margarete Hilferding.

Einmal gerieten Wittels und Adler recht heftig aneinander. Ersterer hatte weitschweifig und teils abstrus über die unbewusste Bedeutung der Menstruation geredet. Seinen Vortrag beendete er damit, dass Sufragetten, die für die rechtliche und soziale Gleichstellung einträten, die Feministinnen, wie sie sich nannten, sich im Grunde nichts mehr wünschen würden, denn als Mann geboren zu sein. Dem trat Adler mit (austro)marxistischer Terminologie entgegen. Das Schicksal der Frauen seien die paternalistisch-patriarchalischen Verhältnisse, die der Kapitalismus ihnen aufgezwungen habe, schuld seien die Eigentumsverhältnisse, die es zu korrigieren gälte, damit sich ihr Leben ändere. Wittels schoss zurück: Gleichzeitig Freudianer und Sozialist zu sein schließe sich aus![6]

Am 10. März 1909 referierte Adler in der Mittwochs-Gesellschaft über die *Psychologie des Marxismus*. Freud reagierte als Erster. Er könne »sich gegen solche Vorträge, mit ihrer Erweiterung unseres Gesichtskreises, nur rezeptiv verhalten«.[7] Das Wörtchen »gegen« sprach Bände. Er, der thematisch von Buchvorstellung bis zu Sage und Fallbericht vieles zugelassen hatte, bekrittelte eine »Erweiterung unseres Gesichtskreises«. Dann abstrahierte er von der marxistischen Terminologie, wobei in Ranks knapper Zusammenfassung Adlers Marx als direkter Vorläufer Freuds aufschien (Adler hatte viel Trotzki gelesen und wohl noch mehr von Max Adler, einem führenden Theoretiker des Austromarxismus), habe doch der Trierer bereits das Primat des Trieblebens erkannt. Und er abstrahierte von ökonomischen Zusammenhängen auf die Erweiterung des Bewusstseins und Fortschritts. Freud konnte sich die Mokanterie nicht verkneifen, Adler habe »den psychologischen Unterbau für die Marxischen Aufstellungen zu geben versucht«. Für den Überbau war immer noch er, Freud, zuständig. Dass es »wünschenswert« wäre, würde Adler seine Gedanken zu einem druckfähigen Text zusammenführen, war eine Floskel. Dies hatte Adler schon im Vorfeld angekündigt. Dann versuchte er noch an dessen Formulierungen herumzufeilen. Er schlug vor, das Wort Affektlagen, die bei Marx die Ideen seien, auszutauschen gegen Reaktionsbildungen. Aus diesen gingen recht eigentlich die Affektlagen hervor. Ach, und noch eines. »Die Empfindlichkeit möchte er nicht als Macht einführen. Alles, was sich unter diesem mehr philosophischen Terminus zusammenfassen lasse, seien auch Affektlagen, die von den Reaktionsbildungen ausgehen.«[8] Verabsäumt hatte Adler also eine korrekte

Zuordnung der Analogien. Nicht »auf einem so entfernten und unverstandenen Gebiet wie dem der Idiosynkrasien« hätte er fündig werden müssen, vielmehr bei der Sexualität. Bei Scham, Ekel, Inzestschranke! Wer hier die Erotik ignoriere, der ignoriere alles. Schärfer hätte das Verdikt nicht ausfallen können.[9]

Die anderen folgten mit der Auftaktbemerkung, die Materie sei ihnen zu fremd und sie sei zu schwierig, um etwas Kompetentes vorzubringen. Freud wollte alles zusammenfassen und unternahm unvermittelt einen Exkurs. Er bog in gastronomische Überkompensation und Koprophilie, das Essen von Exkrementen, ab. Das parierte Adler in seinem Schlusswort. Er wies Freuds Korrekturen ab und auch den Hang zur Koprophilie. Er betonte, Sozialismus sei keineswegs eine Neurose. Das stehen zu lassen wäre ehrenrührig für ihn gewesen. Der Klassenbegriff verdanke sich der Wirkung des Sadismus oder, »wie er [Adler] sagte«, des Aggressionstriebes. Durch das Klassenbewusstsein vollziehe sich beim Neurotiker Emanzipation und Befreiung. Marx benenne das ganze Bündel an Unterdrückung und Ausbeutung. »Zum Schlusse sei noch hervorgehoben, dass die ganze Arbeit von Marx in der Forderung gipfelt, *bewusst* Geschichte zu machen.«[10] Eine schwungvolle Volte! Denn wer, wenn nicht die Versammelten, wollte *bewusst* Geschichte machen? Dabei dürfte eine feinsinnige Unterscheidung untergegangen sein, die vor »bewusst« und vor »Geschichte machen« aufschien – dass nämlich darin die ganze Arbeit von Marx gipfele. Singular. *Eines* Mannes. Wohl gehört: nicht *der* Marxisten. Hatte Adler sich selbst gemeint?[11]

Am 2. Juni 1909 referierte Adler über die Einheit der Neurosen, ein länger von ihm avisiertes Thema. Für ihn gab es fünf Merkmale, die typisch für Neurosen seien: die Organminderwertigkeit, der Aggressionstrieb, aus diesem sich ergebend eine Überempfindlichkeit des Patienten, ein »Analcharakter«, der den drei ersten Punkten gemein sei und sich in Ausprägungen von Trotz bis Geiz äußere, sowie die Beziehung zu den Eltern. Unter Neurosenwahl verstand er die Verschränkungsart und -weise und die Triebkollision. Freud lobte die Klarheit der Argumentation, lehnte das Theoriengebäude ab und registrierte die Grundunterschiede.[12] Jung bekannte er, dass

Adler ein »Theoretiker« sei, »scharfsinnig und originell, aber fürs Psychologische nicht eingestellt, und er zielt an diesem vorbei ins Biologische«.[13]

Im Herbst des Jahres stießen neue Mitglieder zur Mittwochs-Gesellschaft, darunter der mit Adler befreundete Carl Furtmüller. Im März 1910 fand in Nürnberg der 2. Psychoanalytische Kongress statt. Er war aus zwei Gründen wichtig. Die »Internationale Psychoanalytische Vereinigung« wurde gegründet. Und es kam zum Eklat.

Sandor Ferenczi aus Budapest, ein Favorit Freuds, stellte den Antrag, eine internationale Analytikergesellschaft zu gründen. In mehreren Ländern sollten Zweigvereinigungen eingerichtet werden. Als Präsidenten schlug Ferenczi Jung vor. Es war keine eigenständige Initiative des Ungarn. Freud hatte das ersonnen, mit engsten Zuarbeitern abgesprochen und gezielt lanciert. Jung, das hieße: Die Schweiz und Jungs Wohnort Zürich würden das Epizentrum der Psychoanalyse werden. Ferenczi toppte Freuds Dünkel über die intellektuellen Defizite des Wiener Flügels noch, als er verkündete, fürderhin müssten sämtliche Aufsätze und Ansprachen über den Schreibtisch des zukünftigen Vorsitzenden gehen und bedürften zur Publikation dessen Plazet. Die Debatte verlief wilder als sonst. Adler warf, angeblich »in leidenschaftlicher Erregung«, den keineswegs abwegigen Gedanken ein, würden Ferenczis Vorschläge angenommen, würde Zensur einziehen.[14]

Es war ein Aufstand im Palast der Psychoanalyse. Die Wiener waren im Begriff, Barrikaden zu errichten. Zu diesem Behufe versammelten sie sich in Stekels Hotelzimmer. Dann gab es einen unerwarteten, einzigartigen Auftritt Freuds. Dieser bestürmte die Protestierenden, sich dem Vorschlag Ferenczis nicht zu verweigern. Er wies mit flammenden Worten auf die vielen Feinde hin, die sie alle umgäben. Ernest Jones, sein englischer Eckermann, gab dem Ganzen ein theatralisches Flair. Freud, wohl Shakespeares Shylock im Hinterkopf, habe, »dramatisch seinen Rock zurückwerfend«, ausgerufen: »Meine Feinde wären froh, mich verhungern zu sehen; sie würden mir am liebsten den Rock vom Leib reißen.«[15]

Die folgenden Sitzungen der Mittwochs-Gesellschaft bestanden im Aufarbeiten der Vorgänge des Kongresses. Freud verkündete, die »Führerschaft« der Wiener Gruppe an Adler abzutreten, der in seiner Stellungnahme andeutete, die Gruppierung öffnen zu wollen. Freud akklamierte die Runde zum wissenschaftlichen Vorsitzenden und Adler zum Leiter der Wiener Ortsgruppe.[16] Befriedung und Schadensbegrenzung bestanden nun in Beförderung und Aufgabenerweiterung. Einer von mehreren Schritten einer Institutionalisierung war, eine neue Zeitschrift zu kreieren, das *Zentralblatt für Psychoanalyse*. Der Name signalisierte den herausgehobenen Rang. Zu Redakteuren wurden Stekel und Adler bestellt. Freud sollte als Herausgeber fungieren. Dieser resignierte als Präsident der Wiener Vereinigung, blieb aber »wissenschaftlicher Leiter«. Der Vereinigung sollte eine größere Autonomie eignen. Adler wurde zum neuen Präsidenten gewählt, Stekel zu seinem Stellvertreter. Das änderte wenig daran, dass der Disput weiter mehr als nur köchelte, befeuert von unterschiedlichen Auffassungen über Ich, Unbewusstes, Libido, Neurose.

Der Riss war nicht mehr zu kitten. Zu unterschiedlich waren die Charaktere. Hier Freud, liberal-konservativer Bürger, eher introvertiert, mit zunehmendem Alter immer pessimistischer und anthropologische Güte radikal kleinredend, ein verbissener, ausdrucksbewusster, dem 19. Jahrhundert verbundener Schreiber. Dort der Kaffeehausgänger Adler, der seine Intelligenz und seinen großen Ehrgeiz hinter jovialer Bonhomie und extrovertierter Umgänglichkeit verbarg, ganz Kind des 20. Jahrhunderts, Sozialdemokrat, unverdrossener Optimist, später einer der ersten Wiener Ärzte, der ein Automobil kaufen und es selbst chauffieren sollte, Kinogänger.[17] Hier der schlanke, nicht uneitle Systematiker, der makellose Kleidung ästimierte. Dort der untersetzte Adler, der auf Kleidung, erst recht auf gut sitzende, kaum Wert legte. Hier Freud, der sorgfältig, überlegt, manchmal absichtlich langsam sprach. Dort Adler, der ein Wienerisches Deutsch sprach. Hier Freud, der Literaturliebhaber, der kein Ohr für Musik hatte. Dort Adler mit seiner angenehmen Singstimme, der Musik liebte, vor allem die Lieder Franz Schuberts. Psychohistorisch betrachtet war es ein Duell: zwischen dem Erstgeborenen (Freud), dem der Zweitgeborene (Adler) zum Rivalen, Gegner, Feind wurde. Gemeuchelt werden sollte das eigenhändig errichtete pochende Theoriegebäude. Das detektierte Freud deutlich. An Binswanger schrieb er: »Mit Adler's Arbeiten heißt es vorsichtig sein. Die Gefahr mit ihm ist umso größer, je intelligenter er ist.«[18]

Es war nicht nur ein Narzissmus der Differenzen. Freud und Adler waren sich näher, als es nach außen hin schien. Unbeugsam, von sich überzeugt, ehrgeizige Konquistadoren. Das Zerwürfnis lässt sich durch beidseitigen Dogmatismus begründen. Die Objektivität der Psychoanalyse, das neutrale Explizieren des Seelenlebens, war nun einmal subjektiv. Und ein Dilemma.[19] Es war ein Kontrast zweier sinnlicher Empfindungen. »Freud fand am Menschen das sprechende, sich aussprechende Tier, Adler das sich eigentümlich bewegende, sich in der Bewegung pantomimisch zum Ausdruck bringende. Die Psychoanalyse ist daher eher hermeneutisch, die Individualpsychologie eher ästhetisch-gestaltpsychologisch eingestellt.«[20]

Am 23. Februar hielt Adler in der Mittwochs-Gesellschaft einen Vortrag über *Der psychische Hermaphroditismus im Leben und in der Neurose*. Im April erschien der Text im Druck. Neurotiker wiesen laut Adler häufig »hermaphroditische Züge« auf, die zu einem durch Kursivierung besonders betonten *»subjektiven Gefühl der Minderwertigkeit«* führen können.[21] Das Minderwertigkeitsgefühl würde die Wünsche ins Unermessliche steigern, dies sei der Keim des Misserfolges. Was sei die Aufgabe einer Therapie? Diesen dynamischen Vorgang aufdecken und bewusst machen. Noch deutlicher wurde der Dissens im Aufsatz *Beitrag zur Lehre vom Widerstand* (1910/11), der Fallgeschichte einer Frau, deren Widerstand einsetzte, nachdem Adler ihr seine Einsichten erläutert hatte. So habe sie realisiert, dass er ihr an Wissen überlegen sei. Bei von ihr geschilderten sexuellen Träumen, einer »Liebesübertragung« auf den Arzt, handele es sich um neurotische Übertreibung, um sich davor zu sichern. Diese Übertragung sei unecht und gestatte keinen Rückschluss auf die Libido. Adler brach nach damaligem Stand der Psychoanalyse krass aus.

Es sollte wenige Monate dauern, bis Freud Adler *coram publico* stellte. Mitte Oktober 1910 hielt Adler in der Psychoanalytischen Vereinigung einen Vortrag, den er *Ein kleiner Beitrag zur hysterischen Lüge* überschrieb. Hinter jeder Lüge während einer therapeutischen Behandlung, so die Leitthese, verberge sich die Absicht, den Arzt zu demütigen.[22] Patientin oder Patient würde an Minderwertigkeitsgefühl leiden. Was sie oder ihn zur Lüge treibe, sei der »männliche Protest«. Dieses Manöver ermögliche eine Erhebung über den Arzt. Da schritt Freud ein. Er sah in Adlers Ausführung eine Bestätigung seiner Hypothese des »Vaterkomplexes«, des Widerstands gegen Autoritätspersonen. Bei Männern sei es der Vater, bei Frauen die Mutter. Damit rückte er Adlers Vortrag zurück auf Linie und legte nahe, unter der Hand sei nichts Neues präsentiert worden. Vier Wochen später insistierte Adler, der Patient verlange recht zu behalten. Dieses Verlangen dominiere »den Endspurt jeder Psychoanalyse«. Freud argumentierte dagegen: Es sei »lediglich eine Sache der Technik, ob man die Widerstände am Ende (Adlers Endspurt) oder am Anfang oder in der Mitte der Kur bekomme«.[23] Das klang leicht dahingesagt, zeigte aber an, dass Adlers Technik eine andere sei.

Jung gab Freud im November 1910 ein deutliches Signal. Freud echauffierte sich brieflich über die »Taktlosigkeit und Unliebenswürdigkeit von Adler und Stekel«. Jede Verständigung sei schwer. Seine Frustration nehme kein Ende. Mit ihnen sei einfach »nichts zu machen«, die Lage aber so beschaffen, dass er »mit ihnen weiter rackern« müsse.[24] Mit solchen Depeschen organisierte er den Widerstand und erzeugte unter seinen Gefolgsleuten das Gefühl, bedroht zu sein durch jene, die der Psychoanalyse übelwollten. Schon das ganze Jahr über hatte er lamentiert, dass die Wiener Gruppe ihm nicht mehr konveniere. Er imaginierte einen Mord am Vater, an ihm, der Gründerfigur. Das lag schon an der Grundkonstruktion der Mittwochs-Gesellschaft, spiegelte doch die Runde körperlich wider, was Freud auf Papier analysiert hatte, die ödipale Situation.[25]

Die Spannungen und die Abneigung gegen den Wiener Kreis bauten sich nicht auf, sie eskalierten. Adler und Stekel à la Wilhelm Busch als »Max und Moritz« zu titulieren mag noch neckisch gewesen sein. Adler als kleinen Fließ *redivivus* hinzustellen war schon ein anderes Kaliber, hatte sich doch Freud mit dem langjährigen Freund Fließ Jahre zuvor bitter überworfen.[26]

Dann lud Freud Alfred Adler ein, am 4. Januar und am 1. Februar 1911 in zwei Vorträgen zu erläutern, worin er Unterschiede sähe. Augenscheinlich wollte er eine Klärung herbeiführen, welches Ausmaß die Devianz vom Herzstück der freudianischen Theorie, der Übertragung, mittlerweile angenommen hatte.

Einsicht der Patienten in den »psychischen Hermaphroditismus«. Dadurch Affektbeherrschung seitens des Patienten. Bezeichnenderweise erst an dritter Stelle das Prinzip der Übertragung, die aber – eine in Freuds Ohren skandalöse Einschränkung – keine Echtheit besäße. Gegen den Arzt sei der Patient permanent in kämpferischer Auflehnung.[27] Doch ein Kampf war bereits entschieden – jener mit Freud. Dessen Erwiderungen erfolgten im Anschluss an Adlers Teil II sowie drei Wochen später am 22. Februar. Er ging mehr als einen Schritt zurück und betonte überdeutlich das Gegensatzpaar von verifizierbaren Tatsachen, für die er, Freud, stehe, und auf der anderen Seite, so Freud wörtlich, der Betonung der persönlichen Willkür, die »arg« sei. In der Protokollmitschrift heißt es: »Prof. Freud hält die Adlerschen Lehren für falsch und für die Entwicklung der Psychoanalyse gefährlich. Aber das sind wissenschaftliche Irrtümer, die durch die falsche Methodik (durch das Hereinziehen von sozialen und biologischen Gesichtspunkten) hervorgerufen sind.«[28]

Es war ein Tribunal. Als solches erschien es einigen Anwesenden.[29] Es ging sogar ins Ehrabschneidende über. Freud beugte sich über Adlers Terminologie und kam zum Ergebnis, was davon nicht banal sei, sei plagiiert (»Umdeutungen und Entstellungen der unbequemen analytischen Tatsachen«),[30] ohne auf die Urquelle hinzuweisen, auf ihn. Max Graf erlebte als Augen- und Ohrenzeuge Kirchenrechtliches: Exkommunikation. »Freud – als das Oberhaupt der Kirche – tat Adler in den Bann; er warf ihn aus der offiziellen Kirche hinaus.«[31]

Adler reagierte noch während der Sitzung und trat vom Vorsitz der Vereinigung zurück, Stekel, trotzdem er für sich reklamiert hatte, keinen Gegensatz zwischen den Vorstellungen Freuds und jenen

Adlers erkennen zu können, einen Atemzug später. Endgültig zum Eklat mit Stekel kam es, als Freud ihm einen Ko-*Zentralblatt*-Redakteur aufoktroyieren wollte, den er erst energisch ablehnte, um dann jede Kommunikation zu verweigern. Freud zwang seinen Verleger, allen, die am Periodikum mitwirkten, zu kündigen, somit auch Stekel. Das *Zentralblatt* wurde eingestellt und die *Internationale Zeitschrift* gegründet. Am 6. November 1912 verließ Stekel die Vereinigung. Doch er schwankte weiterhin zwischen dem Phantomschmerz der Trennung und Zweifeln über Adlers Ansichten. Freud tat seinem befreundeten Kontaktmann, dem Neurologen Karl Abraham – bei C.G. Jung ausgebildet und in gutbürgerlichen Verhältnissen in Berlin-Grunewald lebend –, seine Erleichterung kund: »Ich bin so froh darüber [dass Stekel nun eigene Wege geht]; Sie können nicht wissen, was ich unter der Aufgabe, ihn gegen die ganze Welt zu verteidigen, gelitten habe. Er ist ein unerträglicher Mensch.«[32] Gegenüber dem Schweizer Pastor Otto Pfister formulierte er es bissiger. Was er an Adler vollziehe, sei die Rache der beleidigten Göttin Libido.[33] Seinem Adlatus Ernest Jones wie auch Binswanger offenbarte er, bei Adler handle es sich um einen Neurotiker, dessen Gedanken einen paranoischen Zug hätten.[34] Er wollte Adler als pathologisch diskreditieren. Das Brandmarken war unter seinen Gefolgsleuten gang und gäbe. So schrieb Sandor Ferenczi Ende 1910 aus Budapest: »Jetzt verstehe ich auch Adlers Hasstheorien; er will nicht lieben, darum muss er hassen und glaubt gehasst zu werden; dabei projiziert er alles das in die Theorien hinein.«[35]

Adlers Bekannte, Freunde und Sympathisanten sandten Ende Juni einen geharnischten Brief an Freud. »Die Unterzeichneten haben sich, als sie von der bevorstehenden Aenderung in der Leitung des Zentralblattes erfuhren, an Herrn Dr. Adler um nähere Auskunft gewendet«, setzt das Schreiben ein, das Carl Furtmüller, Paul Klemperer, Franz und Gustav Grüner, David Ernst Oppenheim, Margarete Hilferding und Friedjung unterzeichneten. »Während nach unserer Meinung Verein und Zentralblatt Machtfaktoren gegenüber den Gegner der Psychoanalyse, für die Psychoanalytiker aber ein freier Diskussionsboden sein sollten, zeigten diese Handlungen immer deutlicher das Bestreben, auch innerhalb der Psychoanalyse Machtpositionen zu schaffen und sie mit all der bei Machtkämpfen üblichen Rücksichtslosigkeit zu behaupten. Gegen ein solches Vorgehen lehnt sich unser Empfinden auf. Wir sind überzeugt, dass darunter sowohl die innere Entwicklung als das äussere Ansehen der Psychoanalyse Schaden leidet.«[36]

Adlers Austausch mit Freud reduzierte sich und changierte zwischen frostiger Formalität und schneidender Sachlichkeit. Mitte Juli geruhte er Freud mitzuteilen: »Sie haben bei Herrn Bergmann meinen Austritt verlangt. Herr Bergmann hat mir das selbstverständliche Ergebnis Ihres Alternativvorschlags übermittelt, durch Herrn Dr. Stekel. Meine selbstverständliche Entschließung habe ich durch meinen Freund, Herrn Dr. jur. E. Franzos, an Herrn Bergmann gelangen lassen. / Unter einem erkläre ich hiermit meinen Austritt aus der Wiener psychoanalytischen Gesellschaft. / Der Verein hatte offenbar Ihnen gegenüber nicht das moralische Gewicht, Sie in der Verfolgung Ihres langjährigen persönlichen Kampfes gegen mich aufzuhalten. Da ich keine Neigung habe, mit meinem gewesenen Lehrer persönlichen Kampf zu führen, bin ich zu diesem Schritt gezwungen und zeige Ihnen in Ihrer Eigenschaft als Obmann des Vereines meinen Austritt an.«[37]

Der Stand der Dinge erreichte Jung in Zürich. Er gab sich gegenüber Adler bass erstaunt, was er nicht gewesen sein dürfte, seine Informationskanäle nach Wien waren schlicht zu gut. Er, Jung, habe gemeint, die »Controverse mit Freud« sei anfangs nur ein wissenschaftlicher Disput gewesen, die Eskalation ins Persönliche habe ihn überrascht. Keineswegs hätte er jemals unternommen, sich von außen in die »internen Angelegenheiten der Wiener« einzumischen. Er würde ihm, Adler, theoretisch nicht überall folgen können, aber dies sei der liberale Grundgedanke des Vereins. Dann lobte er Freuds diplomatisches Geschick, dem es zu verdanken sei, dass ein Schisma in Zürich verhindert werden konnte. Auf wessen Seite im Duell sich der Schweizer positionierte, war somit klar.[38]

Adler gründete eine eigene Vereinigung. Er gab ihr den Namen »Verein für Freie Psychoanalytische Forschung«. Freud, in emotional bedrängten Zeiten nie um Sottisen verlegen und gekränkt von der Unterstellung, die Psychoanalyse sei unter ihm unfrei, kommentierte verdrossen, Adler habe seine Gruppierung »geschmackvoll« benannt.[39]

Im April 1911 gab es einen zweifachen Neubeginn für Adler, nachdem er im Vorjahr schon das Heimatrecht für Wien erhalten hatte. Der eine war stadtgeographischer Natur. Inzwischen ein erfolgreicher, nachgefragter Arzt, machte Adler den Sprung über die Donau. Er zog von der Leopoldstadt in die Innere Stadt und mietete eine weitläufige Wohnung in der Dominikanerbastei 10. Die Straße wurde ironisch »freudlose Gasse« genannt. Mit Tür 15 gekennzeichnet, lag das Appartement mit der »Ordination für Innere und Nervenkrankheiten« im zweiten Stock des Hauses und, Eigentümlichkeit dieser Straße unweit der modernistischen Postsparkasse Otto Wagners, fast auf Augenhöhe mit dem gegenüberliegenden Trottoir, einer steil ansteigenden Rampe. Für seine angestammten Patienten war es von der Czerningasse ein zehnminütiger Spaziergang. Das gutbürgerliche Zentrum war eine statussymbolische Adresse. Alfred Adler war mittlerweile 41 Jahre alt, Vater von vier Kindern – auf Valentine (1898) waren 1901 Alexandra, Ali gerufen, 1905 Kurt und 1909 Cornelia, genannt Nelly, gefolgt. Der zweite Schritt war die Einreichung von Statuten eines »Vereins für Freie Psychoanalytische Forschung« bei der k. k. Statthalterei. Genehmigt wurde die Vereinsgründung im August 1911. Einen Vereinsvorstand gab es aber erst im Oktober 1912, nachdem die Administration aufs Einhalten bürokratischen Procederes gedrungen hatte.[40]

Im Mai 1911, Adler war formal immer noch Mitglied der Vereinigung, hatte Freud ihn aufgefordert, die Verantwortung fürs *Zentralblatt* zurückzulegen. Sehr bald drängte der Ältere auf Manichäisches: er oder ich. Entweder Mitglied bei seiner Psychoanalytischen Vereinigung oder bei den Abtrünnigen. Beides ginge nicht. Die Folge: sechs weitere Austritte. Die nun gingen, schlossen sich aber nicht automatisch Adler und Stekel an. Ihnen galt Freuds Vorgehen als zu hart. Dieser trat nach, attestierte in Korrespondenzen mit Schülern im Ausland, die die Vorgänge nur aus zweiter oder dritter

Hand kannten, Adler ein Weltsystem ohne Liebe, eine kurzsichtige Verkürzung auf Aggression, eine theoretische Verwirrung. Schließlich vermeinte er sogar Klinisches beim Renegaten zu diagnostizieren: »Hinter seiner Abstraktion steckt viel Verworrenheit, er dissimuliert einen viel weiter gehenden Widerspruch und zeigt schöne paranoische Züge.« Nach allen Austritten zeigte er sich erleichtert. Es gäbe eine Folge, »welche die Psychoanalyse als wohltätig empfinden muss«: Ohne die »ganze Adlerbande« sei leichter zu arbeiten.[41] Der Ausschluss bedeutete für die psychoanalytische Lehre und Praxis Kontrolle.[42] Das sollte in den nächsten ein Dutzend Jahren immer wieder passieren: Ausdünnung und Frontenverhärtung.

Die Trennung hatte auch im Privaten Folgen. Die Zerwürfnisse zogen sich bis in Freundschaften und lösten diese auf. Ehefrauen sistierten den gesellschaftlichen Umgang. Den Ausgetretenen sollte Freud nie vergeben. Einmal begegnete Paul Klemperer, der zwar kein Adlerianer geworden war, dem aber die Härte Freuds eine weitere Zusammenarbeit vergällt hatte, auf der Straße Freud. Dieser ignorierte ihn.[43] Hanns Sachs konstatierte, jeder Bruch mit vormaligen Freunden sei bei Freud immer endgültig gewesen und unwiderruflich.[44] So griff er, als er 1913 seine vier Jahre alte Fallstudie *Bemerkungen über einen Fall von Zwangsneurose* nachdrucken ließ, in eine Fußnote ein. In der Erstfassung las man dort einen Satz, der mit »Mein Kollege Dr. Alfred Adler« begann. Vier Jahre später wurde daraus die hämische Wendung: »Der frühere Analytiker Dr. Alfred Adler«.[45]

Punktgenau zur Abkehr vom Übervater brachte Stekel eine Revision von Freuds Methode in Buchform heraus. Mit *Die Sprache des Traumes*, seiner Rückkehr zum Thema der symbolischen Traumdeutung, zielte er auf das Zentrum von Freuds Theorie. Er schrieb von einer generellen »Bipolarität« des Traums. Diese sah Stekel in der primären bisexuellen Anlage eines jeden Menschen verankert. Freud tat dies als willkürlich bis weit hergeholt ab. Doch ganz abgeneigt schien er Stekels Prämissen nicht gegenüberzustehen, schlich sich doch diese Meinung in weitere Auflagen der eigenen *Traumdeutung* ein.[46]

Zur selben Zeit und zum Zeitpunkt des Bruchs mit Freud veröffentlichte Adler 1912 ein Buch, das sich als sein Hauptwerk erweisen sollte: *Über den nervösen Charakter*. Der Untertitel stellte »Grundzüge einer vergleichenden Individual-Psychologie und Psychotherapie« in Aussicht. Da war der zukünftige Name der eigenen therapeutischen Richtung! Es wurde zu Adlers Lebzeiten dreimal nachgedruckt, 1919, 1922 und 1928. Im Jahr 1917 erschien eine englische Übersetzung in New York. In jede Neuauflage arbeitete er neuere Einsichten und Revisionen ein.

Das Verfassen und die Publikation dieses Buchs war in den Jahren 1910 bis 1912 professionell, intellektuell und privat ein Kraftakt. Er und seine Gruppierung benötigten ein Statement als Abgrenzung gegenüber Freud – eine Art Eigenvermessung und Rundum-Positionierung. Außerdem hegte Adler die Absicht, diese Veröffentlichung als Habilitationsschrift einzureichen, um Vorlesungen abhalten zu dürfen.

Was er vorlegte, war der Entwurf einer vergleichenden Psychologie, in den seine theoretischen Anstrengungen der vergangenen Jahre einflossen. Er strebte nichts Geringeres als eine Charakterlehre an, wobei »Charakter« von ihm als Schablone oder Schema herauspräpariert wurde und als Resultat einer zielgerichteten Einheit aufschien. Es war eine durchgearbeitete Psychopathologie, die das Individuum in seiner umfassenden Weltbeziehungsfähigkeit und -unfähigkeit zu beschreiben versuchte.[47] Bemerkenswert: die Revision des Kompensationsbegriffs. Die hier ausführlich fixierte Lehre von der Kompensation lässt diese nicht mehr von einem tatsächlichen organischen Defizit aus aktiv werden, sondern innerhalb des Psychischen. Der Ausgleich des Minderwertigkeitsgefühls erfolge durch fiktive Selbst- und Persönlichkeitserhebung, durch das Streben nach Macht.[48] Der Terminus einer Gottähnlichkeitsfiktion nahm das »Größen-Selbst« des Psychologen Heinz Kohut vorweg, der dieses viel später, in den 1970er Jahren, als selbstbezogenes Verlangen nach Zuwendung und als Bedürfnis nach der Verschmelzung mit der idealisierten Elternimago fasste. Wie bei Adler waren auch bei Kohut in einem solchen Selbst Größen- und Minderwertigkeitsvorstellungen eng miteinander verschwistert und Vollkommenheit und Macht in das Selbst verlegt.[49]

In *Über den nervösen Charakter* griff Adler auf ein breit gefächertes Spektrum aus Literatur und Kunst, Philosophie, Anthropologie und Erkenntniskritik zurück. Er benützte bestimmte Thesen in Teilen, manchmal flocht er nur einen Namen ein. Auch wenn es einen »Praktischen Teil« und einen »Theoretischen Teil« gibt, stößt man in der ersten Sektion auf Erläuterungen theoretischer Natur und umgekehrt. Auch die Gedankenführung erweist sich als nicht ganz streng. Wiederholungen finden sich, einige Exkurse führen vom Kernthema weg. Das mag als Manko anmuten, entsprach allerdings der Auffassung der mäandernden Struktur von Leitlinien und Fiktionen, Haupt- und Nebenwegen, Arrangements und Manövern.[50] In diesem Buch, Adlers umfangreichstem, findet sich der Begriff des »Organdialekts«, eine wichtige Modellvorstellung für das Verständnis der Organwahl bei psychosomatischen Krankheitsbildern.[51] Unter Organdialekt verstand er eine Organsprache. Adler bezog sich dabei auf Ludwig Klages' *Graphologische Prinzipienlehre* von 1905. Darin führte der deutsche Ausdruckspsychologe Sprachbilder auf, »welche innere Vorgänge nach bestimmten Verrichtungen und Organen des Körpers« benennen. Zum Beispiel: nicht auf den Mund gefallen, verknöchert, linkisch sein. Für Adler artikulierte sich in solchen Expressionen bildlich ein »Organjargon«. Dieser verweise auf eine Organminderwertigkeit. Via Klages aktivierte Adler uralte Kenntnisse von Mimik, Physiognomik und Pantomimik.[52]

1912 ging er in einem Aufsatz nochmals auf den Organdialekt ein und nahm diesen Text in den mit Carl Furtmüller edierten Band *Heilen und Bilden* auf. In dieser Organsprache kann ein Impuls ein Bild aktivieren, der Machtwille beispielsweise sexuelle Reize, um den Impuls zu verstärken. Dieser Begriff verweist auf Körpersprache, auf ein Erleben jenseits der Worte. »Organdialekt ist ein früher körpersprachlicher Ausdruck für das dramatische innerpsychische Geschehen von nach dem Objekt ringenden Zärtlichkeitsbedürfnissen, Frustration bei seiner Zurückweisung, der Verschränkung von Aggression und Angst, Schuldgefühl und Scham und dem Kampf männlicher und weiblicher Impulse in uns.«[53]

In dieser Hinsicht handelt es sich beim Organdialekt um einen körperlichen Abwehrmechanismus. Adler als Pionier einer biologisch fundierten Psychologie und Psychosomatik zu bezeichnen ist nicht falsch. Eine Pathogenese psychosomatischer Erkrankungen hat sich auf chronische und unbewusste Gefühle zu fokussieren, die in einem engen wechselseitig ambivalenten Verhältnis stehen. Psychische und psychosomatische Krankheit ist kaum kausal zu erklären, final durchaus, sofern man sich in die Lage des einzelnen Menschen versetzt, der ein bestimmtes Knäuel an Lebensaufgaben als unlösbar einstuft und sich auf sich selbst zurückzieht. Dies ist ein manchmal automatisch einsetzender, unbewusster Vorgang, um unangenehme, peinliche oder dem Bewusstsein unerträglich schmerzhafte Affekte aufzulösen.[54] Schon Nietzsche hatte geschrieben, dass Krankheit jedes Mal die Antwort sei, wenn wir am Recht auf eine eigene Aufgabe zweifeln, »wenn wir anfangen, es uns irgendworin leichter zu machen«.[55] Antwort auf solche Krisis: eine verstehende Rekonstruktion der gesamten Person. Erwin Ringel: »Wenn also vom neurophysiologischen und psychologischen Standpunkt bewiesen und geklärt ist, dass und warum gerade chronische, unbewusste Gefühle so intensiv in Richtung psychosomatischer Störungen krankmachend wirksam sein können, ist damit die zentrale Bedeutung der Neurosenlehre für die Psychosomatik aufgezeigt, denn chronische, unbewusste Emotionen seit der Kindheit sind nun einmal das charakteristische Kennzeichen einer Neurose.«[56] Im Sinne einer postpostmodernen Resonanz, einer philosophischen Soziologie der Weltbeziehung, brachte der Soziologe Hartmut Rosa dies auf die Formel: keine Welt ohne Leib, aber auch kein Leib ohne Welt.[57]

Teilnehmer der ersten Stunde der »Freien Gruppe«, wie sie umgangssprachlich hieß, waren Raissa Adler, Aline und Carl Furtmüller, Margarete Hilferding und eine Handvoll anderer. Über einige Sitzungen zwischen September 1912 und Januar 1913 fertigte Raissa Adler für die Moskauer Zeitschrift *Psichotherapija* Kurzberichte an. Sie informierten über Vorträge von Adler in der Schweiz, über Referate und Diskussionen der Gruppe.[58] Ab Dezember 1912 trafen sich die »Adlerianer« donnerstags abends. Es stießen Neue dazu, Alexander Neuer und Stefan Maday aus Budapest, Leonhard Deutsch, ein Chemiker, der sich ab 1925 der Musik und Musikwissenschaft widmete, und seine Frau Danica sowie Erwin Wexberg, der Leonhard Deutschs Schwester Lilly heiratete.[59] Debattiert wurde über Psychologie, Literatur oder Philosophie. Außerdem wurden Fälle präsentiert und von außerhalb Wissenschaftler zu Referaten eingeladen. Rasch wurde die Gruppierung zu groß, um die Zusammenkünfte bei Adlers zu Hause abzuhalten. Auch wenn bei Gründung als zweite Lokalität neben der Dominikanerbastei das Histologische Institut der Universität in der Schwarzspanierstraße angegeben wurde, erkor man künftig ein Kaffeehaus zum Versammlungsort.

Eine solche Restauration zum Treffpunkt zu machen war wienerisch. Und un-freudianisch. Freud verabscheute Kaffeehäuser. Adler dagegen war ein leidenschaftlicher Kaffeehausgänger. Als Student suchte er am liebsten das Café Griensteidl am Michaelerplatz auf. Nach dem Studium war es das Café Dom am Stephansplatz, vor 1914 abgelöst vom Café Central in der Herrengasse. Gleich nach Kriegsende wählte Adler das Café Tabakspfeife, ein eher schlichtes Gasthaus in der Jasomirgottgasse vis-à-vis des Stephandoms, zum Treffpunkt für seinen Zirkel, ab 1923 das Café Siller am Franz-Josefs-Kai, dem heutigen Schwedenkai 3, von Adlers Wohnung aus bequem zu Fuß erreichbar. Der Cafetier und Hotelier Josef Siller war ein dankbarer Patient Adlers. In Annoncen pries sich das Hotel Café Siller mit Zentralheizung, fließendem Wasser in den Zimmern und »Staatstelephon« an – und als »Treffpunkt der Individualpsychologie«.[60] Adler trat leger und recht unzeremoniös auf: »Trotz seiner Arbeit machte er nie den Eindruck eines vielbeschäftigten Mannes. Im Gegenteil, wer Adler im Café Siller, Wien, das erstemal sah, hatte den Eindruck, einen der gemütlichen Wiener kennenzulernen, die einen großen Teil des Tages im Café bei einer Tasse Kaffee verbrachten. […] Man hatte kein besonderes Zimmer für sich, sondern kam in einem der großen Caféräume zusammen. Da Adler es liebte, seinen Kreis um sich zu haben, so wurden die Marmortische zu einer langen Tafel zusammengeschoben. / Hier an Adlers Tafelrunde lernte man den wahren Geist der Individualpsychologie kennen. Über dem Ganzen lag eine heitere, warme, herzliche Stimmung. Scherzworte schwirrten. Da saß Adler mit seiner nie fehlenden Zigarre und erzählte manchmal heitere Anekdoten. Oft wurde er in dieser behaglichen Haltung vom Nachbartisch aus unbemerkt gezeichnet, denn hier konnte ihn der Zeichner in Ruhe betrachten. Es war schwer, seinen pyknischen Typ richtig zu skizzieren. Zwar hatte er ein markantes, vorspringendes Kinn mit tiefem Grübchen, aber seine Nase war die Schwierigkeit. Von vorne breit, im Profil schmal, gab sie je nach der Position des Zeichners dem Gesicht ein anderes Aussehen. Er hatte eine volle Unterlippe, eine schön geschweifte Oberlippe, die von einem dunklen kleinen Schnurrbart etwas verdeckt wurde, enganliegende, gut geformte Ohren, eine hohe Stirne, einen für sein Alter erstaunlich üppigen Haarwuchs. Am schwersten war es, die Augen gut wiederzugeben. Fast alle Zeichnungen treffen die langen gebogenen Wimpern richtig, aber nicht den Ausdruck der Augen, der ständig wechselte. Gerade die Augen waren für ihn charakteristisch. Ob tiefernst, ob heiter, ob sinnend oder forschend, immer hatte sein Blick etwas Warmes, Verbindendes, immer erkannte man schon an diesem Blick den Mitmenschen. […] Jeder Individualpsychologe, der nach Wien kam, suchte als erstes die Tafelrunde auf, um dort mit den Wienern Fühlung zu nehmen. Dinge, die in andern Ortsgruppen in ernsten, langen Sitzungen besprochen wurden, erledigte man in Wien an dieser Tafelrunde voll Unbeschwertheit nebenbei. Nicht nur Mitarbeiter und Anhänger bildeten Adlers Kreis, sondern oft brachte er auch Freunde und ausländische Gäste mit sich. Es konnte geschehen, dass er noch nach dem Ende der Oper mit ein paar amerikanischen Besuchern bei der Tafelrunde erschien, um zu hören, ob es noch irgend etwas zu erledigen gäbe. / Es war ein ständiges Kommen und Gehen. Jeder wurde herzlich empfangen und fühlte sich dort willkommen. Bevor Adler aufbrach, spielte er manchmal noch eine Partie Billard, ein Spiel, das er sehr liebte. Sehr häufig brachten ihn einige Mitglieder der Tafelrunde nach Hause, denn er ging gerne gemütlich untergefaßt in Gesellschaft anderer.«[61]

Im Herbst 1912 war die mondäne Lou Andreas-Salomé in Wien zu Gast, Tochter eines deutschen, dem Zaren dienenden Generals, verheiratet mit einem Göttinger Orientalistikprofessor und bekannt als Freundin Rilkes und Nietzsches.[62] 1911 hatte sie am psychoanalytischen Kongress in Weimar teilgenommen. Spätere Feministinnen wie Juliet Mitchell behandelten sie herablassend: »Sie versuchte, eine alternative nicht-patriarchalische Kultur in ihrer Persönlichkeit zu kreieren, doch was dabei herauskam, war in gewisser Weise eine gloriose Parodie des maskulinen Frauenbildes.«[63] Andreas-Salomé bewies Souveränität, hielt sie doch in Wien Kontakt zu Freud und zu Adler. Bereits zuvor hatte sie mit beiden korrespondiert. Adler hatte ihr im August geschrieben: »Ihr Brief und die Aussicht, Sie im Oktober in Wien sprechen zu können, gehören meiner Meinung nach so sehr zusammen, daß ich Ihnen in Einem danke. […] Ihre Wertschätzung des wissenschaftlich bedeutenden Freud teile ich ja bis zu jenem Punkte, wo ich von ihm mehr und mehr abwich. Sein heuristisches Schema ist als Schema gewiß wichtig und brauchbar, weil sich in ihm a u c h alle Linien eines psychischen Systems widerspiegeln. Dazu kommt aber, daß die Freud'sche Schule die sexuelle Floskel für das Wesen der Dinge nimmt. Mag sein, daß mich der Mensch Freud zu kritischer Stellungnahme veranlasst hat. Ich kann es nicht bereuen.«[64]

Am 28. Oktober besuchte sie Alfred Adler zum ersten Mal:[65]

Erster Besuch bei Alfred Adler. Bis spät nachts.
Er ist liebenswürdig und sehr gescheit. Mich störte nur zweierlei: dass er in viel zu persönlicher Weise von den obwaltenden Streitigkeiten sprach. Dann, dass er wie ein Knopf aussieht. Als sei er irgendwo in sich selbst sitzen geblieben.

Ich sagte ihm, ich käme eigentlich überhaupt nicht von der Psychoanalyse an ihn heran, sondern von religionspsychologischen Arbeiten, die in seinem Buch Über den nervösen Charakter auf reiche Bestätigungen und auf verwandte Gedanken in Bezug auf Fiktionsbildung stießen. […] Ich hielt es für unfruchtbar, daß er, um die Terminologie vom ›Oben‹ und

›Unten‹ und vom ›männlichen Protest‹ festzuhalten, das ›Weibliche‹ immer nur negativ bewerten kann, während ja etwas Passives (und als solches sexual oder allhaft Wirkendes) der Ichhaftigkeit positiv unterbaut ist. Bei ihm ist so auch alle Hingabe, ganz einfach dadurch, daß er sie ›weibliches Mittel zu männlichen Zwecken‹ benennt, um ihre Positivität und Realität gebracht: was sich sofort in der Neurosenlehre rächt, wo infolgedessen der Kompromißbegriff nicht mehr zustandekommt. […] Adler kommt auch nur scheinbar ohne das aus, indem in seinen ›sekundären‹ Sicherungen (die das grade Gegenteil von den Überkompensierungen des Minderwertigkeitsgefühls durch die primären Sicherungen enthalten) das verdrängte Triebleben maskiert wieder durchbricht, nur daß dies dann eben als Kunstgriff der Psyche betrachtet wird. – […]

Mir gefiel am besten an ihm die Beweglichkeit, die vieles ineinanderarbeiten will; nur daß sie oberflächlich und unzuverlässig bleibt und hüpft, anstatt Weiten abzuschreiten. So wird jetzt z. B. bei ihm alles (Adlerisch) sexuelles Ichsymbol, was soeben noch Sexualsymbol in scheinbaren Ichformen war, – wird dies sogar über Freud hinaus, d. h. sogar da, wo Freud organische Untergründung anstatt psychosexuelle gelten ließ. –

Adler forderte mich auf dem Heimweg zu seinen Donnerstags-Diskussionsabenden auf, worüber ich Freud aufrichtig sprechen will. Ich sagte gern zu.

Sie besuchte bis zum März nicht ganz unregelmäßig die Treffen der Adlerianer, allerdings auch Sitzungen der Mittwochs-Gesellschaft am Abend zuvor. Beides nacheinander rief Überforderung hervor. Freud imponierte ihr mehr, wissenschaftlich, auch körperlich, als patriarchalischer Dirigent seiner Runde. Dabei gelangen ihr geistreiche Bemerkungen, so als sie darüber nachdachte, wie Freud aus der Not des Seelenlebens eine Tugend für die Wissenschaft gemacht habe: »Es ist darum durchaus nicht zufällig, daß es ein Arzt sein mußte, der dies Ei des Kolumbus auf den Kopf stellte: indem er fand, daß es auf der *zerbrochenen* Spitze feststehe.«[66]

Die Sitzungen der Adlerianer muteten ihr immer etwas zu formlos an und zu bemüht die Unterschiede zu Freud, dessen Begrifflichkeit ihr stärker einleuchtete. Eine Formulierung Andreas-Salomés sollte sich als Standardwendung einbürgern: »In der Tat unterscheiden Freud und Adler sich in ihrer therapeutischen Methode wie Messer und Salbe.«[67] Adlers Terminologie wollte ihr einfach nicht behagen. Hinzu gesellte sich der ihr widrige Materialismus.[68] Adler antwortete ihr in einem freundlich-entschiedenen Ton. Er machte die Deutsche auf innerwienerische Differenzen aufmerksam und verwahrte sich gegenüber anderem: »Ein Wort über das ›Entdecken‹ und ›Graben‹ Freuds. Jeder meiner Patienten macht ähnliche Entdeckungen. Das soll keine Entwertung sein. Es deutet bloß auf die ›Kunstgriffe‹. Freud hat seinen Kunstgriff für real genommen. Dies ist das Entscheidende. Und jetzt macht er gezwungen weitere Kunstgriffe, um sein Defizit zu decken. Eine Frage: Glauben Sie, daß unser einer, wenn wir Zeitschriften zur Verfügung hätten, den Kunstgriff der Totschweigetaktik, der Identifizierung und andere betreiben und so schwungvoll betreiben würden? Meine Anschauungen mögen falsch sein! Müssen Sie aber deshalb auch noch gestohlen werden?«[69] Es ist nicht klar, ob Adler wusste, dass sie Sigmund Freud seine, Adlers, an sie gerichtete Briefe zur Lektüre überließ. Freuds Reaktion ließ an Giftigkeit nichts zu wünschen übrig: »Die Einsicht in den Briefwechsel mit Adler, die Sie mir gestatteten, fasse ich als Zeichen großen Vertrauens auf. Der Brief zeigt seine spezifische Giftigkeit, ist sehr charakteristisch für ihn, ich glaube nicht, dass er mein von ihm gegebenes Bild Lügen straft. Reden wir deutsch: Er ist ein ekelhafter Mensch.«[70]

Ab 1912 erschien im Ernst Reinhardt Verlag zu München eine eigene Schriftenreihe der Gruppe. Die einzelnen gehefteten Broschüren erschienen unregelmäßig. Nummer 1, *Psychoanalyse und Ethik,* 48 Seiten, Verkaufspreis eine Mark, von Carl Furtmüller, leitete diese mit einer Erklärung ein, wie und weshalb es zur Gründung des neuen Vereins gekommen war.[71]

Im Herbst 1913 traf Adler einen folgenreichen Entschluss. Er benannte im Oktober den Verein um in »Verein für Individualpsychologie«. Seine ganze »Schule« firmierte nunmehr als: Individualpsychologie. Bis heute wird dieser Name eher bedauert, weil er missverständlich war. Dabei zielte Adler auf das Individuum, auf umfassende Ganzheit. In-dividuum ist wörtlich das Unteilbare. Auch dies war anti-freudianisch. Freud erläuterte in *Wege der psychoanalytischen Therapie* (1918) anschaulich, wieso die Psychoanalyse Psychoanalyse heiße: »Warum ›Analyse‹, was Zerlegung, Zersetzung bedeutet und an eine Analogie mit der Arbeit des Chemikers an den Stoffen denken lässt, die er in der Natur vorfindet und in sein Laboratorium bringt? Weil eine solche Analogie in einem wichtigen Punkte wirklich besteht. Die Symptome und krankhaften Äußerungen des Patienten sind wie alle seine seelischen Tätigkeiten höchst zusammengesetzter Natur; die Elemente dieser Zusammensetzung sind im letzten Grunde Motive, Triebregungen. Aber der Kranke weiß von diesen elementaren Motiven nichts oder nur sehr Ungenügendes. / Wir lehren ihn nun die Zusammensetzung dieser hoch komplizierten seelischen Bildungen verstehen, führen die Symptome auf die sie motivierenden Triebregungen zurück, weisen diese dem Kranken bisher unbekannten Triebmotive in den Symptomen nach, wie der Chemiker den Grundstoff, das chemische Element, aus dem Salz ausscheidet, in dem es in Verbindung mit anderen Elementen unkenntlich geworden war.«[72]

1914 attestierte Freud in *Zur Geschichte der psychoanalytischen Bewegung* Adler eine sehr geringe Begabung für die Würdigung des unbewussten Materials, eine Formulierung, die kaum den Befund analytischer Inkompetenz verschleierte. Vor allem auf einem insistierte er: dass Adlers Theoreme nichts mit der Psychoanalyse gemein hätten, ja, sie würden die Grundsätze der Analyse verleugnen.[73] Diese Stilisierung ging über Inkompetenz-Anklage hinaus. Das Andere musste diskreditiert und zerstört werden, bevor das Eigene triumphieren konnte. Freuds Kritik entzündete sich an dem Umstand, dass der vormalige Gefolgsmann angeblich ein A-priori-»System« konstruiere, ein Vorwurf, der auf Unwissenschaftlichkeit hinauslief. Außerdem war es Freud ein Ärgernis, dass Adler sich mit »normaler« Psychologie beschäftigte, was die Rückkehr der Psychoanalyse zu ärztlicher Pädagogik sei. Das Verdikt, das auf die Todsünde No. 1, Superbia, Stolz und Hochmut, und verfehlte Totalität lautete, formulierte er klar.[74] Freuds verspritztes Gift sollte Ernest Jones jahrzehntelang weitertragen. Noch in seiner monumentalen Freud-Biographie, die zwischen 1954 und 1957 auf Englisch erschien und seit 1962 auch auf Deutsch vorlag, behandelte der Engländer Alfred Adler *en canaille*. Er machte ihm ein höhnisches Kompliment, als er ihn einen »Mann mit beträchtlichen Talenten« nannte. Das Ganze lautete aber: Adler sei »ein Mann mit beträchtlichen Talenten zur psychoanalytischen Beobachtung einer oberflächlichen Art; er besaß nur wenig Kraft zu tieferem Eindringen«.[75] Auch an anderer Stelle zeichnete er ein verheerendes Bild, als er einen mokanten Aphorismus Freuds kolportierte: »Adlers Theorie war vor allem eine Psychologie des Ichs. Wie dieses aber von unbewussten Vorgängen bearbeitet und beeinflusst wird, das heißt alles, was die Psychoanalyse beigesteuert hatte, wurde dabei kaum beachtet und bald überhaupt vollkommen ignoriert. Freud hat das Ich, wie Adler es darstellt, mehrmals mit einem Clown verglichen, der behauptet, alle schwierigen Kunststücke des Zirkus selbst vollbracht zu haben.«[76]

Zur Jahreswende 1913/14 zählte der Verein 68 Mitglieder.[77] Eine beachtliche Zahl. Das Prinzip des dialogischen Du, der Gemeinschaft und des Miteinanders, der Individualpsychologie zentral eingeschrieben, war im Begriff, sich immer weiter auszuöffnen. Das hieß, dass Adler neben seiner Praxis und seinen Patienten immer mehr zu erledigen, zu leisten und zu bewältigen hatte. Er war zu Hause regelmäßig absent, zumeist abends, nach der Sprechstunde. Nachdem Raissa Adler in der Anfangsphase noch im Verein mitgewirkt hatte, zog sie sich zurück und ging eigene Wege. Die älteste Tochter Valentine war im Gymnasium, Ali trat gerade von der Volksschule über, Kurt wurde eingeschult, das Nesthäkchen Nelly benötigte ihre und ihrer Hauswirtschafterin volle Aufmerksamkeit. Für ein ausgewogenes eheliches Miteinander waren Adlers Aktivitäten, von seiner Arbeit als Arzt über seine Vortragstätigkeit bis zum Schreiben von Aufsätzen und Büchern, nicht sehr gedeihlich, so wenig wie auf der anderen Seite Raissa Adlers Charakter.

Im April 1914 erschien, ebenfalls im Ernst Reinhardt Verlag, die erste Nummer einer eigenen Zeitschrift, der *Zeitschrift für Individualpsychologie. Studien aus dem Gebiete der Psychotherapie, Psychologie und Pädagogik*. Herausgeber waren Adler und Carl Furtmüller sowie der 1884 geborene Charlot, eigentlich Karl Ludwig, Strasser, ein Psychiater aus Zürich. Sohn eines Berner Medizinprofessors, hatte er ebenfalls Medizin studiert und war 1911/12 Assistenzarzt am Burghölzli unter Bleuler gewesen. Von 1913 bis zu seinem Tod 1950 praktizierte er als niedergelassener Psychiater in Zürich. 1913 hatten er und Vera Eppelbaum geheiratet. Sie stammte aus Wolhynien in Russland, war jüdischer Herkunft, wie er Sozialistin, hatte in der Schweiz Medizin studiert und war bei Bleuler promoviert worden. 1910 hatte das Paar Adler in Wien besucht. Der Kontakt wurde durch die biographischen Gemeinsamkeiten von Raissa und Vera zusätzlich genährt. Kurt Adler entsann sich weiterer Besuche der Strassers in den Jahren 1911 und 1912. In der Publikationsreihe des Vereins erschien 1914 als Nummer 5 Vera Eppelbaums Abhandlung *Zur Psychologie des Alkoholismus*. Auf der letzten Seite dieser Broschüre wurde die kurz zuvor erstmals erschienene *Zeitschrift für Individualpsychologie* beworben.[78] Ab August 1914, mit Kriegsausbruch, sollte die Verbindung zu Strasser wichtig werden, um das Publikationsmedium am Leben zu erhalten. So erschien Heft 6–9 der Zeitschrift im Juli 1916 in Zürich.

13 Wien im Krieg, Adler im Krieg

»Was wir erleben, gleicht einem Bergsturz,
der Europa unter sich begräbt; und doch wird dieses Ereignis,
aus der Ferne betrachtet, einmal auch
in der Geistesgeschichte seinen Platz haben.«
Hugo von Hofmannsthal in einem offenen Brief
an die Stockholmer Tageszeitung Svenska Dagbladet, *1915*[1]

Jener Sommer 1914 wäre auch ohne das Verhängnis, das er über die europäische Erde brachte, uns unvergesslich geblieben. Denn selten habe ich einen erlebt, der üppiger, schöner, und fast möchte ich sagen, sommerlicher gewesen. Seidenblau der Himmel durch Tage und Tage, weich und doch nicht schwül die Luft, duftig und warm die Wiesen, dunkel und füllig die Wälder mit ihrem jungen Grün; heute noch, wenn ich das Wort Sommer ausspreche, muss ich unwillkürlich an jene strahlenden Julitage denken«, die Stefan Zweig in Baden bei Wien verbrachte.[2] Dann brach der Krieg aus.

Das Reich galt als morsch und moribund. Um 1914 war die Herrschaft zur »versteinerten Autokratie erstarrt, die jede Fähigkeit zum vernünftigen realistischen Umgang mit den rivalisierenden Loyalitäten – religiös, ethnisch oder sozial – innerhalb des Staatsvolkes verraten hatte«.[3] Der Ausblick verdüsterte sich. Wohin man schaue, so Außenminister Lexa von Aehrenthal: überall »Dekomposition«. Graf Oswald von Thun-Salm seufzte kulturpessimistisch: »Bei uns muss ein Optimist Selbstmörder werden!«[4]

In den ersten Tagen des Augusts 1914 drängten sich in Wien Menschenmassen. Einem russischen Intellektuellen, soeben als »Fremdausländer« der Stadt verwiesen, prägten sich die letzten Impressionen ein. Leo Trotzki eignete ein Blick für Umbruchphasen. »Besonders unerwartet«, beschrieb er die Massenhysterie, »kam die patriotische Erhebung der Massen in Österreich-Ungarn. Was trieb den Wiener Schuhmachergesellen, den Halbdeutschen-Halbtschechen Pospischil, oder unsere Grünkramhändlerin Frau Maresch oder den Droschkenkutscher Frankl auf den Platz vor dem Kriegsministerium? Der nationale Gedanke? Welcher? Österreich-Ungarn war die Verneinung der nationalen Idee.«[5] Mit den Geschehnissen verband der Theoretiker der kommunistischen Weltrevolution Programmatisches: »Hätten sich zu einer anderen Zeit die Gepäckträger, Waschfrauen, Schuhmacher, Gehilfen und die Halbwüchsigen der Vorstadt auf der Ringstraße als Herren der Lage fühlen können? Der Krieg erfasste alle, und folglich fühlen sich die Unterdrückten, vom Leben Betrogenen mit den Reichen und Mächtigen auf gleichem Fuße.«[6] Der Großkonflikt sollte die Welt verändern. Was vor den Kriegserklärungen der europäischen Mächte in den letzten Juli- und den ersten Augusttagen lag und was darauf folgte, spielte »nur nominell auf derselben Erdoberfläche«.[7]

Im Juni waren Raissa Adler und die vier Kinder nach Russland aufgebrochen. Sie wollten wie in den Jahren zuvor die Sommerfrische auf Gut Koslowko, dem Anwesen von Raissas Großvater, in Roslawl im Gouvernement Smolensk verbringen. Adler blieb in Wien.[8] Bei Kriegsausbruch telegraphierte er, sie sollten auf der Stelle die Heimreise antreten. Raissa zögerte – sie glaubte dem Gerücht, die Grenzen seien bereits geschlossen –, bis es keine Möglichkeit mehr gab, auf dem gewohnten Eisenbahnweg nach Wien zu gelangen. Fast sechs Jahrzehnte später schrieb Alexandra, im Jahr 1914 dreizehn Jahre alt, als »feindliche Ausländer« hätte ihnen die Verfrachtung nach Sibirien gedroht – sie und ihre Geschwister hätten sich darüber wegen des vielen Schnees dort gefreut.[9] Interventionen bei russischen Behörden und die Aktivierung des Roten Kreuzes ermöglichten den fünf Adlers im Januar die Rückkehr nach Österreich auf einer Nordroute, via Finnland, Schweden und Deutschland.[10] Den Krieg über lebten Raissa und die vier Kinder überwiegend in einem Haus der Beers, Adlers Verwandten mütterlicherseits, in Hutten, einem Ortsteil von Eichgraben bei Rekawinkel am Nordrand des Wienerwalds. Das Dorf, etwas mehr als 30 Kilometer östlich von St. Pölten gelegen, lag an der Westbahn und war von Wien in etwas mehr als einer Stunde zu erreichen.

Adler meldete sich gleich in den ersten Kriegstagen freiwillig und war ab dem 1. September in der Stiftskaserne Reserve-Spital I in Wien tätig.[11] Er war nicht der einzige Psychologe, den der Ausbruch des Kriegs euphorisierte. Auch von Sigmund Freud ist dies bekannt. Der Schweizer Psychiatrieprofessor Otto Binswanger, der inzwischen in Jena lehrte, brachte sehr bald eine kleine Monographie *Die seelischen Wirkungen des Krieges* heraus. Darin berichtete er über junge Patienten in seiner Universitätsklinik, deren Nervenkrankheiten sich durch den Krieg schlagartig aufgelöst hätten.[12]

Die Aktivitäten im Verein für Individualpsychologie kamen nahezu zum Erliegen. Die Jüngeren des Kreises waren sofort eingezogen worden. Einige fielen, so der Jurist Franz Grüner, andere wie Alexander Neuner wurden verletzt, Dritte wurden dem medizinischen oder dem Pflegedienst zugeteilt.

Ins Wiener Parlament zog ein Kriegsspital ein. Künstlerhaus und Nebengebäude der Wiener Secession, des Kunsthauses mit der goldenen Kuppel, einem Blätterwerk aus vergoldeter Bronze, am Karlsplatz wurden von Kunst- zu Sanitätsstätten des Roten Kreuzes. Das Ottakringer Arbeiterheim wurde nun als »k. u. k. Filialreservespital Arbeiterheim« genutzt. Schulen wurden zu Krankenhäusern umgewidmet, kehrten doch immer mehr Züge mit Verletzten von der Front zurück.[13] Abertausende von Kriegsgefangenen wurden mit der Eisenbahn ins »Hinterland« gebracht. Allein für den 16. Februar 1915 vermeldete die *Arbeiter-Zeitung* 12 000 russische arretierte Soldaten, die in Wien anlangten und ins »Russenlager zu Freistadt« weiterexpediert wurden. Auch sie mussten verköstigt werden. In den sechs Einrichtungen des »Wiener Wärmestuben- und Wohltätigkeitsvereins« standen die an der Donau gestrandeten Obdachlosen aus Galizien und der Bukowina um Suppe und Gebäck an. Nachts wurde dort im Sitzen geschlafen, Rücken an Rücken, dankbarer Humus für Flecktyphus. Die Grundstimmung verschlechterte sich durch Versorgungslücken. Arme mehrköpfige Familien wurden von Verzweiflung übermannt. »Mit was soll ich meine Kinder ernähren?«, schrieb die Mutter dreier kleiner Kinder an die Zeitschrift *Kinderfreund*.[14]

Man wich auf Ersatzgüter aus. Seit Januar 1915 wurde Brot mit Ersatzstoffen gebacken, zunächst mit Maismehl, später mit gemahlenen Maiskolben und Baumrinden. Statt Kartoffel verfiel man auf die Steckrübe, Marmelade stellte man aus Runkelrüben her. Aus Rübenmehl war der Kaffee. Sacharin löste den Zucker ab. Textilien wurden aus Nesselfasern und Papierstoffen gefertigt.[15]

Genau zu dieser Zeit scheiterte Alfred Adlers Bemühen um höhere akademische Weihen und Ehren. Denn der Widerstand gegen die Psychoanalyse saß in medizinisch-klinischen Kreisen tief. So hatte auf einem neurologischen Kongress zu Berlin 1910 Professor Hermann Oppenheim aus Berlin, Autor des einflussreichen *Lehrbuchs der Nervenkrankheiten* und Vertreter einer naturwissenschaftlich orientierten Neurologie,[16] den Vorschlag gemacht, dass alle Sanatorien, in denen Freuds Auffassung geduldet würden, boykottiert werden sollten. Karl Abraham, der am Kongress teilnahm, rapportierte dies Freud. Die anwesenden Sanatoriumsbesitzer seien reihum aufgestanden und hätten »feierlich« erklärt, »dass sie keine Psychoanalyse treiben« würden.[17] Emil Raimann, Assistenzarzt an der Psychiatrischen Klinik von Wien, setzte noch eins drauf. Es reiche nicht, erklärte er, Freuds Theorien nur zu boykottieren. Er forderte auf, alle Fälle öffentlich zu machen, in denen Psychoanalyse erfolglos gewesen sei. Privat verbreitete Reimann die Meinung, »jeder Mann, der seine Aufmerksamkeit so ausschließlich dem Geschlechtsleben zuwende, müsse in gewissem Sinne pervertiert sein. Es bestünde kein Zweifel, dass Freud gerade diese Tatsache hinter seiner sorgfältig hergerichteten und höchst respektablen Fassade verberge.«[18]

Schon zum Wintersemester 1911/12 hatte Alfred Adler Unterlagen an die Medizinische Fakultät der Universität Wien gesandt. Diese dienten dazu, die Venia Legendi zu erlangen, die Berechtigung, Vorlesungen abzuhalten. Bei Freud hatte dies funktioniert. Wieso nicht auch bei ihm? Das Material bestand aus einem Exemplar der Studie *Über den nervösen Charakter* zuzüglich 31 »Beilagen«, Einzelpublikationen. Der Eingang wurde am 17. Juli 1912 verzeichnet.[19] Dann tat sich zwei Jahre lang nichts. Erst im April 1914 wurden die Unterlagen gesichtet und einem Gutachter weitergeleitet, einem

Ordinarius für Neurologie, dem Fach, für das sich Adler bewarb. Es war Julius von Wagner-Jauregg.[20] Sein zwölfseitiges Gutachten vom 13. Januar 1915 war eine recht vernichtende Bestandsaufnahme.

Bereits im dritten Absatz der ersten Seite hob er hervor, dass sich der »Fall Adler« von ähnlichen Gesuchen »in einem wesentlichen Punkte« unterscheide. Habe es sich bei anderen Habilitationsanträgen um strikt klinische Projekte gehandelt, so sei, was Adler vorlege, fast durchweg »Erklärungen von Krankheiten und Krankheitssymptomen« – und die Methode dabei unseriös, »speculativ«. Zur Sezession Adlers von der Freudschen Psychoanalyse meinte Wagner-Jauregg: Adler sei dieser zwar nicht in den Lehrsätzen treu geblieben, aber in den Methoden. Dann holte er, berüchtigt für seinen pfeffrigen Sarkasmus, aus: »Es ist zum ersten Male, dass ein Jünger dieser Schule sich um die Dozentur bewirbt; und es wird daher notwendig sein, dass das Professoren-Collegium sich etwas eingehender mit der Frage befasse, ob es wünschenswert sei, dass das, was dieser Vertreter der Schule zu lehren hat, an der Wiener medicinischen Fakultät gelehrt werde.« Im Folgenden führte der Lehrstuhlinhaber eine Autopsie von Adlers Organminderwertigkeitslehre durch. Er rapportierte die Zusammenhänge in einem herablassendem Tonfall und bezeichnete die Argumentationsstränge als überholt und unwissenschaftlich. Die Wertung fiel, je mehr er ausführte, verheerend aus. Knapp auf der Hälfte meinte er, es gelinge Adler, »selbst vernünftige Gedanken durch eine schrankenlose Verallgemeinerung in Widersinn« zu verwandeln.

Dann wandte er sich Adlers Studie *Über den nervösen Charakter* zu. Mit kräftigen Strichen zeichnete Wagner-Jauregg dessen Neurosenkonzept nach, um zu fragen: Wo sind die Nachweise, wo die materiellen Beobachtungen? Bei den Krankengeschichten des zweiten Teiles gehe Adler sophistisch vor. Nicht die *Tatsachen* würden die Theorien stützen, sondern die *Erklärung* der Tatsachen. Zu schlechter Letzt mündete Wagner-Jaureggs Prüfschrift in einen feindseligen Duktus: »Das sexuelle [sic] spielt überhaupt in den Deutungen und Erklärungen Adlers eine ebenso grosse Rolle als bei Freud, wenn er sich auch mit grosser Entschiedenheit gegen die Behauptung wendet, die Freud dem Sexuellen in der Neurosentheorie beilegen will. / Um womöglich Allem einen sexuellen Hintergrund zu geben, benützt Adler eine weitgehende Symbolik, die der grotesken Sexual-Symbolik Freuds in Nichts nachgibt.«

Wagner-Jaureggs Fazit: Man müsse die Frage stellen, »ob das, was Adler in seinen Schriften bietet, überhaupt in den Bereich der Naturwissenschaft gehört. Das wesentliche methodische Werkzeug seines Forschens ist Intuition, die ja überhaupt in der sogenannten Individualpsychologie eine verhängnisvoll grosse Rolle spielt. Ihm erscheint eine Tatsache, ein Zusammenhang so oder so begründet; und dem Leser wird diese Ueberzeugung des Autors als einziger Beweis für die Richtigkeit seiner Schlussfolgerungen aufgezwungen.« Er meinte, das Sardonische ins Untergriffige steigernd, es sei bedauerlich, dass die »Geisteskranken« sich bisher nicht an Adlers Psychosenlehre orientiert hätten. Kurz: Den Schriften dieses Herrn Dr. med. Alfred Adler sei eine gewisse Anerkennung nicht zu versagen. Diese unwissenschaftlichen »Produkte der Phantasie« allerdings an der Fakultät lehren zu lassen, davon rate er, Wagner-Jauregg, »mit einem bestimmten Nein« ab. Am 17. Februar 1915 folgte das 25-köpfige Kollegium Wagner-Jaureggs Verdikt, schmetterte einstimmig Adlers Ansuchen ab und retournierte zwei Wochen später alle Unterlagen.[21] Die Ablehnung in Kombination mit den scharfen Worten des Gutachters verletzte Adler. Er hegte viele Jahre einen Groll wider das medizinische Establishment.

Im Herbst 1915 gab es in Wien 137 000 Kriegsflüchtlinge, darunter 77 090 mittellose Juden aus Galizien, dem Frontkampfgebiet.[22] Die Zahl der städtischen Bevölkerung stieg auf etwas mehr als 2,2 Millionen. Lebensmittel und Heizmaterial wurden knapper. Der Generalstab der k.u.k. Armee hatte nicht erst zum Jahr 1914 mit einem Krieg gerechnet. In den Strategieplanspielen der Militärs war allerdings kein langer Konflikt vorgesehen gewesen. So hatte man kaum Vorsorge für Rohstoffe und Ernährung getroffen. Das Habsburgerreich fühlte sich unangreifbar autark. So unterblieb von staatlicher Seite eine Bewirtschaftung lebenswichtiger Waren. Auch Aufrufe zur Sparsamkeit erfolgten nicht. Auf Grund der Massenmobilisierung fehlten fast in allen Fabriken Männer im Alter zwischen 20 und 35 Jahren. So ging die Produktion zurück. Der Transport ziviler Waren mit der Bahn hatte zurückzustehen hinter den Ansprüchen der Heeresleitung. Innenpolitische Konflikte brachen auf. Ungarn verweigerte sich der Herabsetzung der Getreidezölle. In den österreichischen Ländern kam 1915 die Getreideernte nur noch auf 50 Prozent des ohnehin schwachen Ergebnisses von 1914. 1916 erreichte man in Ungarn 70 Prozent der Menge eines Durchschnittsjahres. Mit Verzögerung setzten die Bemühungen der Regierung ein, Waren zu rationieren. Im April 1915 begann die Ausgabe von Brot- und Mehlkarten. Ab dem 27. Dezember 1915 galt ein Milchverbot für nachmittags in Kaffeehäusern ausgeschenkten Kaffee. Lebensmittel- und Milchhändlerinnen, die des Abschöpfens des Rahms und des Panschens von Milch überführt wurden, bestrafte man drakonisch.[23] Auch wenn die Gründung von Verbrauchervereinen und von Gemeinschaftsküchen gefördert wurde ebenso wie die Kleingartenbewegung,[24] gelang es nicht, ansteigende Preise auszutarieren oder Schiebertum und Spekulation zu unterbinden.

Adler hatte die Folgen des Krieges und die immer prekärer werdenden Lebensverhältnisse vor Augen: Verwahrlosung von Kindern und Erziehungsprobleme, mit denen sich die vielen nun alleinerziehenden Mütter konfrontiert sahen. Am Wiener »Volksheim«, Österreichs größter Volkshochschule am heutigen Ludo-Hartmann-Platz, in Wien-Ottakring hielt er im Wintersemester 1915/16 und im Halbjahr darauf Seminare über »Praktische Erziehungsfragen« und gab den Kursus »Praktische Übungen aus der Pädagogik«.[25] Im November wurde er ans Rudolf-Spital im Dritten Wiener Gemeindebezirk versetzt. 1915/16 könnte Adler zudem im Kriegsspital Nr. VI in Wien-Simmering gearbeitet haben, dem gut ausgestatteten, auf 4500 Patienten ausgelegten Krankenhaus im heutigen Dreieck von Hasenleitengasse, Ostbahn und Am Kanal.

Nachdem von ihm 1915 nur eine Wiederveröffentlichung eines Artikels von 1914 erschien, publizierte er 1916 in der Zeitschrift *Archiv für Frauenkunde und Eugenik* einen neuen Text, der mit gesellschaftlichen Missverhältnissen und eigenen Beobachtungen zu tun hatte: *Die Frau als Erzieherin*, eine Analyse aktueller Erziehungsprobleme. Die Kindererziehung »von fast ganz Europa« liege im zweiten Kriegsjahr in der Hand der Mütter. Die Männer waren abwesend, da im Feld. Dass Müttern erzieherische Inkompetenz unterstellt werde, weil dies ihrer Natur entspräche, sei, so Adler, schlechterdings falsch – es sei das patriarchalisch-paternalistische System schuld, das »männliche Übergewicht in der gegenwärtigen Kultur«. Der Vater sei anwesend, auch wenn er absent sei, sein Einfluss sei allgegenwärtig. Die Kinder buhlten um seine Aufmerksamkeit und sein Lob. Von daher sei es schädlich, vom »Wert und Unwert der Erziehung durch die Frau« zu reden. Die Frauen seien entsprechend erzogen worden. Es liege nicht an ihnen. Es sei das System, das sie dazu bringe, überkommene Vorurteilsstrukturen zu übernehmen. Die Bandbreite reiche dabei von adaptierter Überforderung und Unselbstständigkeit bis zu Überkompensation durch Strenge und Härte. Das eine wie das andere sei schlechte Erziehung. Das Erste ergebe Renitenz und Resistenz. Ergebnis des Zweiten seien Feigheit, Zaghaftigkeit, Entmutigung. Keines führe zu Adlers Fazit: »Erziehen heißt, für ein gesellschaftliches Zusammenleben tauglich machen.« Noch auffälliger die Gleichsetzung der Geschlechter im finalen Satz: »Meister wird der sein, der selber tauglich ist, Mann oder Frau.«[26] Was der Psychologe hier fast schärfer als die Situation der Kinder selbst ins Auge nahm, war die Erziehung der Erzieher. Adler griff damit ein Thema auf, das ihn schon vor dem Krieg interessiert hatte.

Im November 1916 starb Kaiser Franz Joseph. 68 Jahre hatte er regiert. Manès Sperber schilderte in seinen Memoiren, wie er, der damals Zehnjährige, seinen gläubigen Vater weinen hörte. »Er hatte schon einen Gebietsriemen um den Arm geschlungen, doch immer wieder unterbrach er das Gebet.« Der Junge war erstaunt. Sein Vater erklärte ihm: »Mit ihm endet Österreich. Er ist ein guter Kaiser für uns gewesen; jetzt wird alles ungewiss. Für uns Juden ist das ein großes Unglück!«[27] Ende Dezember 1916 ließ sich sein Nachfolger

Karl in Budapest in der Matthiaskirche zu König Károly IV. von Ungarn krönen.[28] Der junge Thronprätendent, sich der Zentrifugalität seines Reiches bewusst, wollte neue Initiativen lancieren. Er ließ die Krönung auch filmen. Doch das Bannen auf Zelluloid zeigte die Probleme des Reiches auf. Die Kameras und die vielen Scheinwerfer benötigten so viel Strom, dass die Budapester Stadtwerke an diesem Tag nur mit Mühe eine einigermaßen stabile Energieversorgung aufrechterhalten konnten. Eine vom Direktor des ungarischen Nationaltheaters über dem Altar angebrachte Glasplatte, ausdauernd angestrahlt von Lampen, zersprang unter der Dauerhitze. Das dicke Glas sauste wie ein Fallbeil auf den Altar.[29]

Der Winter 1916/17 war schneereich und so kalt, dass sich nicht einmal die Älteren eines solch eisigen Winters entsinnen konnten. Fußgänger mussten sich zwischen übermannshohen Schneehügeln ihren Weg bahnen. Kaum eine Straßenbahn fuhr mehr. In vielen Mietshäusern hatte die Kälte Wasserleitungen zum Platzen gebracht. Sonntags machten sich nicht nur die Ärmeren auf in den Wienerwald, um Holz zum Heizen zu klauben. Die Stadt war ungewöhnlich still. Kaum eine Glocke schlug mehr. Die meisten waren von den Pfarren dem Militär übergeben worden, um sie zu Kanonen umzuschmelzen. Auf den Gassen hörte man Geklapper. Als Schuhsohlen wurde statt Leder inzwischen Holz verwendet. Selbst in der Inneren Stadt sah man, wie die Fassaden der Stadtpalais, Großbanken und Ministerien braun wurden. Der Ruß der aus Syrien importierten minderen Braunkohle setzte sich in den Ornamenten fest.[30]

Karl tauschte die militärische Führung aus. Die Zensur wurde aufgehoben, eine Generalamnestie verabschiedet, der Reichsrat wieder zusammengerufen, den Ungarn eine Wahlrechtsreform in Aussicht gestellt. Was gedacht war als Entlastungen, bewirkte das Gegenteil. Die Dynamik in Richtung Auflösung war nicht mehr zu bändigen. Jedes Zugeständnis löste neue Forderungen nach Mehr aus. Der Wille zum Kompromiss verdunstete. Die Unbeugsamkeit wuchs so wie der Hunger. Die Not nahm im selben Maße zu wie aggressive Initiativen, Landesteile abzusprengen. Es gründete sich ein Jugoslawischer Klub, der für Unabhängigkeit trommelte. Es gab die Tschechische Union, die die Autonomie der Tschechen und Slowaken propagierte.

In der Medizin hatte der Krieg eine gänzlich anders geartete Dynamik bewirkt, eine »Medikalisierung des Krieges«. Diese hatte bereits zwei Generationen zuvor eingesetzt, gegen Mitte des 19. Jahrhunderts, im Zuge des Krim- und des amerikanischen Bürgerkriegs.[31] Die Militärpsychiatrie in Deutschland war wenige Jahre später entstanden. Der Deutsch-Französische Krieg von 1870/71 hatte zur Folge, dass die Militärs Rekrutierung, Musterung, Sanitätswesen und Gesundheitsprävention, auch den Apparat an Strafen von der Psychiatrie objektivieren lassen wollten. Gesundheit und dessen Wiederherstellung wurden zur militärischen Ressource, die Psychiatrie wurde zur »Perfektion der militärischen Schlagkraft« herangezogen.[32] Umgekehrt bot der militärische Sektor empirische Möglichkeiten, um Versuche und Versuchsreihen durchzuführen. Das Renommee alles Militärischen sollte auf die Psychiatrie abfärben und ihr Ansehen erhöhen. Sie konnte zur »Leitwissenschaft« werden. Ähnliches vollzog sich in juristischen Debatten, vor allem im Strafrecht und in der Kriminalanthropologie. Überall war nun die Expertise von Psychiatern gefragt. Auch die Versicherungswirtschaft bediente sich psychologischer Gutachten. So ging Professionalisierung einher mit gesellschaftlicher Verankerung. Die Medizin wurde zur Schlüsselwissenschaft, präsent in Instanzen und Institutionen.[33]

Der Erste Weltkrieg und die Massenmobilisierung in Europa brachten einen neuen Schlachtentypus hervor, lang anhaltende Stellungsgefechte über Wochen, Monate, Jahre. Ausgetragen mit Kriegsgerätschaften, die zerstörerischer waren denn je zuvor, Haubitzen, Maschinengewehre, Flammenwerfer, Stacheldraht und Giftgas. Eine Generation, die nur Holzgaloschen besessen hatte oder mit der Pferdebahn zur Schule gefahren war, fand sich »in einem Kraftfeld zerstörender Ströme und Explosionen« wieder.[34] Große tödliche Gefährte, Panzer, rollten auf sie zu. Der »heftige Schreck«, wie es der Nervenarzt Robert Gaupp 1915 nannte, bedurfte »keiner Verletzung des Körpers; der Schreck, oft auch die seelische Erschütterung durch den Anblick der toten Kameraden genügte als Ursache vollkommen.«[35] Die Körper wurden zerfetzt. Wenn Soldaten überlebten, waren nicht wenige schwerversehrt. Erstmals gab es *en masse* junge Männer, die auf das Grässlichste entstellt waren. Der neue Krieg war ein technologischer, ein industrialisierter – und auch ein passiver, mussten doch an der Westfront die Soldaten sich ganz neue Techniken der Selbstdisziplinierung und der inneren Kontrolle zurechtlegen.[36] Soldaten mutierten zu funktionierenden Automaten und benötigten dazu ein gesundes Nervensystem.[37] Die Ärzte hatten neue neurologische Krankheitsbilder zu behandeln: Körperlähmungen, Krämpfe und Tics, unablässiges Zittern, Delirien und Dämmerzustände, hysterische Nervenzusammenbrüche, die Flucht in Stummheit oder psychogene Erblindung. Kriegsneurose, Kriegshysterie, Nervenschock hießen die neuen Termini.[38]

Ende September 1916 fand im frontfernen München, zeitgleich wurde die Schlussphase der »Höllenschlacht« an der Somme von 50 Divisionen ausgefochten, ein kriegspsychiatrischer Fachkongress statt. Das Urteil über Kriegsneurotiker lautete: wunschbedingtes Symptom und zumindest graduell unbewusste (alles andere wäre unter Befehlsverweigerung und Desertion gefallen) Flucht in die Krankheit. Politik, Rassismus und Eugenik spielten in diese Anamnese hinein. Als Auslöser wurden erbliche Vorbelastung, innere Abwehr des Kriegsdienstes und Labilität der Nerven aufgezählt. Das Unbewusste war nicht länger von Bedeutung, genauso wenig milde Behandlungen. In England galt Hysterie als Grund, vors Kriegsgericht gestellt zu werden.[39] Zusammengefasst: eine Kombination von »Minderwertigkeit« und defizitärem Willen, fürs Vaterland zu kämpfen, für die Heimat Leib und Leben zu geben.[40] Dem medizinischen Mainstream galten Kriegsneurosen und Simulantentum als unkameradschaftlich und boshaft.[41] Um die »Willenskraft« wiederzugewinnen, die psychopathische Konstitution und den fehlgeleiteten Willen zu restituieren, wurden Behandlungsmethoden ersonnen, die den Fronteinsatz harmlos erscheinen ließen. Es wurde mit Stromstößen und Sprachsuggestionen behandelt, auf dass der

»Wille wieder glatt und gerade« werde. Adler nannte dies in einem Artikel, den er im Januar 1918 in einer Fachzeitschrift publizieren konnte, »den Eigenwillen beugen«.[42] Es gab Isolationshaft und Scheinoperationen, Dauerbäder und Stromschlagbehandlungen. Besonders grausam die Mucksche Kehlkopftherapie, bei der Soldaten mit funktioneller Stummheit eine metallische Kugel in den Kehlkopf eingeführt wurde. Die Angst zu ersticken sollte das Sprechen reaktivieren. Diese sogenannten Therapien überschritten die Linie zu Folter.[43] Je länger der Krieg dauerte, desto marginaler war ihr Erfolg. 1918 sollte die Quote der so für den Frontkampf tauglich Gemachten gering sein.[44]

Das Kriegsnotregime bewirkte ein Management der Krankheiten, eine »Menschenökonomie«, wurde doch der gesunde, kampfesfähige und kampfeswillige Soldat im Lauf des Krieges zur knappen Ressource. Ethisches trat zugunsten einer »Sozialdisziplinierung im Dienst militärischer Interessen« in den Hintergrund.[45] Die Requirierung der Psychologie zum Zweck der Kriegsführung stellte das Akzeptieren der Psychologie dar. Und der Psychoanalyse. Gelang es ihr doch gegen Ende des Krieges eine Monopolstellung auf dem psychologischen Angebotsmarkt zu erringen. Nicht zufällig waren zu einer Konferenz im September 1918 in Budapest, auf der die Freud-Schüler Karl Abraham und Sandor Ferenczi Vorträge hielten – beide hatten Kriegsneurotiker behandelt –, Offiziere geladen.[46] In die Kriegs-Neurosentherapie wurden Hypnose und Suggestion aufgenommen, was die Überzeugungskraft der Lehren Freuds verstärkte, waren doch Hypnose und Suggestion einst jene Methoden gewesen, aus der Freud seine Theorien herausgemendelt hatte. Wenn auch längst zugunsten der Technik freier Assoziation abgeschüttelt, konnte die Psychoanalyse entscheidend auf diese Anfangsbausteine verweisen und sich der Militärpsychiatrie schmackhaft machen.[47]

Im November 1916 wurde Adler ins Garnisonsspital Nr. 15 in Krakau versetzt, was ziemlich ungewöhnlich war. Vermutlich ging dies auf die Intervention eines Offiziers zurück. Dass ein Arzt ohne Rang ins unmittelbare Kriegsgebiet versetzt wurde, passierte selten.

Konkret bestand Adlers Kontakt in einer langjährigen Patientin, deren Tochter mit einem Oberst verheiratet war.[48] In Krakau hielt Adler im militärärztlichen Verein in Anwesenheit von Sanitätschef und Festungskommandant einen Vortrag über die Behandlung funktioneller Neurosen auch »mit starken elektrischen Strömen«, was zumindest im Rudolf-Spital praktiziert wurde.[49] An der Jahreswende 1916/17 – zu dieser Zeit traten rigide Einschränkungen bei Strom, Außenbeleuchtung und Öffnungszeiten von Wirtshäusern und Geschäftslokalen in Kraft, und dieser Winter war so kalt, dass Schulen, Theater und Kinos zwangsweise schlossen – wurde er in Brünn am Landwehrspital eingesetzt. Im Februar und März 1917 war er mutmaßlich wieder zurück in Krakau. Auf einer Fotografie dieser Zeit ist er, Arzt auf der neurologischen Station, zusammen mit Offizieren des Generalstabs zu sehen.[50]

Von Brünn kehrte Alfred Adler 1917 nach Wien zurück, in die k.k. Kriegs-Spital-Anlage Grinzing, gelegen zwischen Grinzinger Allee und Daringergasse. Sie bestand aus zahlreichen frei stehenden Baracken und war eine Rehabilitationseinrichtung für Menschen mit Kopfverletzungen. Adler wurde hier wohl als Neurologe eingesetzt, »mein Tag« vergeht, hatte er schon im Sommer 1915 berichtet, »großentheils mit der Untersuchung von Nervenverletzungen«. Er hielt Vorträge.[51] Außerdem setzte man ihn als »Konstatierer« ein, als Gutachter, dem die Einschätzung der Tauglichkeit von Patienten oblag. Seine Aufgaben erfüllte er »zur vollen Zufriedenheit«.[52] Er konnte nun darangehen, Kontakte in der Stadt und im Ausland zu reaktivieren. Albert Ehrenstein, der Poet, Publizist und Nachdichter, einige Zeit tätig im Wiener Kriegspressehauptquartier, bevor er via Berlin nach Zürich kam, kannte Adler seit mehreren Jahren. Er war Anfang 1911 bei ihm in Behandlung gewesen, und um 1914 herum hatte Adler ihm den Posten als Sekretär des »Vereins für Individualpsychologie« zugeschanzt. Ehrenstein nun leitete erste Schritte von Zürich, seinem Exilort, ein.[53]

Im Frühjahr 1917 wurde in der Arena der Kurstadt Baden *Die Rose von Stambul* gegeben, eine Erfolgsoperette. Das Duett »Geh, sage doch Schnucki zu mir« erregte beim Publikum besonderes Entzücken. Nicht aber bei Karl Kraus, der als Kriegsgegner gerade an seinem Mammutstück *Die Letzten Tage der Menschheit* schrieb und das Tanz-Duett der Schnuckis in seiner Zeitschrift *Die Fackel* mit überlaufender Galle glossierte: »Ja, dass an dem Abend fünfzig blind wurden und hundert lahm – das begreift man noch. Aber wenn einer schon will, dass sie Schnucki zu ihm sagt, er verlangt es ausdrücklich, sie ist nicht abgeneigt, alles wartet, no jetzt wern sie doch anfangen zu tanzen, und sie tanzen nicht – no, da muss man denn doch sagen: Und dazu hat man drei Jahr Weltkrieg geführt? –‹.«[54] Die »Operettenvertrottelung« stach auch anderen als Massennarkotikum ins Auge.[55]

Am 9. November kursierten in Wien die ersten Nachrichten über die russischen Bolschewiki, die in Petrograd und Moskau die Macht errungen hatten. Noch mehr Raum nahm in Österreichs bürgerlicher Presse aber die zwei Wochen zuvor begonnene große Offensive ein, die zwölfte Isonzoschlacht. Berauscht wurde beschrieben, wie österreichisch-deutsche Verbände des 1. Korps der 14. Armee den als unüberwindbar geltenden Verteidigungsriegel des Gegners gesprengt hätten und die Piave anpeilten. Das »Wunder von Karfreit« fußte aber nicht auf einem »Wunder«, vielmehr auf dem Einsatz einer Wunderwaffe, die in den elf Isonzoschlachten zuvor nicht eingesetzt worden war – Giftgas. Am ersten Tag gab es rund 40 000 Tote.[56]

Ab Januar 1918 war die »Politisierung der Unzufriedenheit« in der Monarchie unübersehbar.[57] Es kam zu Streiks. In Pula, dem Hauptmarinestützpunkt Österreich-Ungarns in Istrien, meuterten Matrosen. Da Arbeiterräte gegründet worden waren, ging das Gespenst eines bolschewistischen Umsturzes um. Doch die Kritik an den Verhältnissen entzündete sich in erster Linie an der miserablen Versorgungslage. Die Zuteilungen schrumpften. Geld wurde immer weniger wert. War 1916 der Durchschnittsverdienst eines Arbeiters um 38 Prozent niedriger gewesen als 1914, so waren zwischen 1914 und Anfang 1918 die Lebenshaltungskosten um 1400 Prozent gestiegen.[58] Am 15. Januar reduzierte die Regierung die tägliche Mehlration nochmals. Als dies die Runde in den Daimler-Werken in Wiener Neustadt, einem der industriellen Zentren des Landes, machte, traten 10 000 Arbeiter in den Streik. Die Demonstranten forderten eine Rücknahme des »Hungeredikts« und die Erlaubnis, Arbeiterräte zu bilden. Vor allem die Räte-Forderung ließ die Polizei fürchten, dass unter den Streikenden vom russischen Bolschewismus infizierte ehemalige Kriegsgefangene waren.[59] Im April 1918 wurde in Prag die Brotration halbiert, im Juni wurde gar kein Gebäck mehr ausgegeben – es gab keines mehr. In Paris wurde den gesamten Krieg über lediglich Zucker rationiert.[60]

Am 8. Januar hatte US-Präsident Woodrow Wilson seine Vierzehn Punkte vorgelegt, mit denen er Handlungsspielräume definierte, andererseits ob diplomatischer Formulierungen zu vielerlei Interpretationen einlud. England und Frankreich gaben die Vorstellung von Österreich-Ungarn als Stabilisator in Mittel- und Mittelosteuropa auf. Paris beantwortete im April das Nachsuchen Wiens um einen Separatfrieden mit Nein.[61]

Ein Jahr zuvor, im März 1917, war Adler in die Schweiz gereist. Albert Ehrenstein hatte ihn neben anderen Österreichern dem Lesekreis Hottingen als Referent vermittelt. Der Hottinger Lesezirkel, 1882 gegründet und bis etwa 1918 in Zürich ein wichtiger Veranstaltungsort literarischer Abende, hatte in früheren Jahren namhafte Poeten eingeladen, Luigi Pirandello, Paul Valéry, Thomas Mann, Hugo von Hofmannsthal. Adler hielt Vorträge über den russischen Romancier Fjodor Dostojewski, seinen und Raissas Lieblingsautor. Adler sah in der Schweiz alte Freunde wieder, die pazifistisch eingestellt waren.

»Während die Heimatfront allmählich auseinanderbrach«, büßten die Menschen ihren Glauben an das Habsburgerreich ein. Die Monarchie implodierte, sie war diskreditiert. Immer größere Teile der Bevölkerung kreideten dem Staat an, versagt zu haben.[62] Das Reich hatte sich als unfähig erwiesen, seine Bürger zu ernähren. Ihre Opfer waren sinnlos gewesen. Die innere Verbundenheit erodierte, die *raison d'être* des Staates verwelkte. Am 13. Juni 1918 starteten die österreichisch-ungarischen Truppen ihre letzte große Offensive, zwischen Dolomiten und Adria. Zwei Tage später war sie versandet. Zwei Wochen später war Österreich-Ungarn als Gegner für die Alliierten unwichtig geworden.

In der Zürcher *Internationalen Rundschau* erschien im Juli-Heft eine Abrechnung mit der »Kriegspsychose«. Hinter dem Kürzel »A. A.« verbarg sich Adler. Er sezierte das System der vergangenen Jahre: »Sie können abtreten: Das tiefste Geheimnis des Weltkrieges: dass fast die meisten mit Überzeugung und Begeisterung vertreten, was sie andernfalls unter dem Zwang des Militär-Reglements vertreten müssten. Sie haben die Gottheit in ihren Willen aufgenommen, um dem Gefühl der Ohnmacht nicht zu erliegen. Ihre Strafe ist: sie können uns nie etwas Neues sagen, immer nur das, was uns auch das Militär-Reglement sagt. Folglich können sie abtreten.«[63] Er war des Krieges überdrüssig und inzwischen Kriegsgegner. Und Pazifist. Diese Überzeugung sollte zum Credo der Menschlichkeit und der Mitmenschlichkeit werden.

Am 14. September 1918 unterbreitete Kaiser Karl eine einseitige Friedensofferte. Vergeblich. Die Antwort der Alliierten: Erst müsse sich das Deutsche Reich ergeben, dann würde man mit Österreich-Ungarn reden. Mitte Oktober erließ Karl sein »Völkermanifest«. Österreich-Ungarn solle als Bund freier Nationen weiterbestehen. Es kam zu spät. Herausgelesen wurde aus dem Manifest, dass die Völker des Habsburgerreiches eigene Wege einschlagen könnten. Mitte September war die Balkanfront zusammengebrochen. Die Zahl der Deserteure stieg. Der Offensive der Italiener, Briten und Franzosen am 24. Oktober hatte Habsburg nichts mehr entgegenzusetzen. Die Front wurde löchrig und löste sich auf. Nach Südtirol war eine Deputation geschickt worden, die über einen möglichen Waffenstillstand verhandeln sollte. Der kleinen Kommission wurde in der Nacht des 1. September in Padua der Forderungskatalog des Alliierten Obersten Kriegsrats vorgelegt. Die Hauptbedingung? Bedingungslose Kapitulation. Am 6. Oktober gründeten 73 südslawische Parlamentarier in Zagreb den Nationalrat der

Slowenen, Kroaten und Serben. Am 11. Oktober formierte sich in Krakau ein polnischer Nationalrat. Am 16. Oktober proklamierte Tomas Mašaryk in Washington, D.C., die tschechoslowakische Republik, die Frankreich sofort anerkannte.[64]

Eine Woche zuvor war in Wien die »Provisorische Nationalversammlung für Deutschösterreich« zusammengetreten. Diese bestimmte einen zwanzigköpfigen Exekutivausschuss, dem die Regierungsgewalt übertragen wurde. »Obgleich Kaiser Karl nicht abgedankt hatte – offiziell tat er das nie –, bedeutete das in der Praxis das Ende des alten Regimes.«[65] Angesichts dieser Entwicklungen erteilte das Kriegsministerium am 28. Oktober Kollaborationen zwischen der Armee und Nationalräten seinen Segen, »zum Zwecke der Aufrechterhaltung der Ruhe und Ordnung und zum Zwecke der Verpflegung der Truppen«.[66] Am 30. Oktober gab es Demonstrationen in der Innenstadt. Als die Realunion von Österreich und Ungarn diffundierte, blieb vom Reich »nichts mehr übrig außer der Erinnerung«.[67] Eine halbe Stunde, bevor der 2. November anbrach, akzeptierte ein General im Namen Kaiser Karls alle Bedingungen und ging den Waffenstillstand ein. Um 15 Uhr am nächsten Tag wurde der Waffenstillstandsvertrag unterzeichnet. Vierundzwanzig Stunden später herrschte Waffenruhe.

14 Revolution in Wien und Österreich 1918/19

»Alle Revolutionselemente, alles Menschheitsempörende,
was sie wo anders im großen haben, das haben wir hier
in kleinem. Wir haben ein absolutes Tyrannerl, wir haben
ein unverantwortliches Ministeriumerl, ein Bureaukratieerl,
ein Zensurl, [...] also müssen wir auch ein Revolutionerl,
ein Konstitutionerl und endlich a Freiheiterl kriegen.«
Johann Nestroy[1]

Das Niederösterreichische Landhaus in der Herrengasse in Wiens Innerer Stadt ist ein imposanter Bau. Hier, schräg gegenüber des Cafés Central, kamen am 21. Oktober 1918 die deutschen Abgeordneten des österreichischen Reichsrats zusammen, um über die Zukunft des Landes zu debattieren. Es gab zwei Konzepte, einen losen Staatenbund oder den Beitritt zu Deutschland. Variante zwei war mehr als eine latente Drohung an Tschechen, Ungarn, Rumänen, Polen und Südslawen. Das Treffen wurde als Provisorische Nationalversammlung tituliert. Karl Renner, Bibliotheksdirektor des Reichsrates, bestimmte man zum Provisorischen Staatskanzler. In neun Tagen entwarf er eine neue Verfassung, die angenommen wurde. Dabei blieb Wesentliches unbeantwortet. Was sollte das neue Staatswesen sein: Demokratie oder Monarchie, unabhängig und eigenständig oder Teil eines sich noch nicht abzeichnenden Ganzen?

Zeitgleich wurde am 1. November zu Füßen des Deutschmeisterdenkmals unweit der Ringstraße die Gründung der »Roten Garde«, einer Schutztruppe aus bewaffneten Ex-Soldaten, beschlossen. Zu deren Kommandanten kürte man einen vormaligen Oberleutnant und Journalisten, der im Kriegspressequartier gedient hatte, Egon Erwin Kisch. Die »Rote Garde« hatte ein strategisch günstig gelegenes Zentrallogis bezogen, die Stiftskaserne im Stadtzentrum. Die sozialistische Truppe marschierte zur Marseillaise auf und trug die rote Fahne.[2] Doch binnen weniger Tage flaute der Enthusiasmus ab. Am 12. des Monats unterstanden Kisch geschätzt 700 Rotgardisten; rasch halbierte sich die Zahl.[3] Am 1. November konstituierten sich in Wien-Landstraße die Wiener Soldatenräte. Im gewaltigen Saal eines großen Gasthauses versammelten sich 2000 Uniformierte. Außerhalb postierten sich weitere 1000. Ein Protestmarsch führte am bewachten Kriegsministerium vorbei zur Rossauer Kaserne, wo es zu Auseinandersetzungen zwischen der Menge und mit Säbeln bewaffneten Polizisten hoch zu Ross kam.[4]

Das Habsburgerreich wurde liquidiert, der gemäßigt konservative Staats- und Völkerrechtler Heinrich Lammasch, seit 1889 Professor an der Universität Wien, als letzter Ministerpräsident und Verweser eingesetzt. Der Notarsohn musste nur noch dreizehn Monate miterleben, wie das Reich zerstob. Zum Begräbnis des Pazifisten, der Österreich-Ungarn vergeblich als Pufferstaat in Europa visioniert hatte, in Salzburg kamen im Januar 1920 sechs Trauergäste, einer war Stefan Zweig.

»Am Anfang des neuen österreichischen Staatswesens stand der Irrtum.«[5] Am 21. Oktober 1918 war der Irrtum, dass der zukünftige Staat kein kleiner würde. Deutschösterreich reklamierte Ansprüche auf Deutsch Böhmen, Deutsch Südböhmen, Deutsch Südmähren, das Sudetenland und auf die deutschen Sprachinseln Brünn, Olmütz und Iglau. In Summe eine zwar nicht zusammenhängende, aber respektable Landmasse. Die anderen Völker des zerfallenen Reiches würden aus ökonomischen Gründen an einer Zusammenarbeit nicht vorbeikommen. Am 30. Oktober gab es Demonstrationen in der Innenstadt. Am Abend des folgenden Tages gellten Rufe aus 2000 Kehlen: »Freiheit für die politischen Gefangenen!«, und: »Freiheit für Friedrich Adler!« An die 2000 Kommunisten zogen nachts vor die festungsartige Rossauer Kaserne und versuchten, die gewaltige Anlage zu erstürmen. Vergeblich.[6] Einen Tag später protokollierte Polizeihofrat Franz Brandl, die rechte Hand des Wiener Polizeipräsidenten, in seinem Tagebuch eine Fülle an sich überstürzenden Vorgängen.[7] Kaiser Karl kämpfte um den Erhalt, ohne machtvolle Instrumente zur Verfügung zu haben. Die Begnadigung Friedrich Adlers, der 1916 den Ministerpräsidenten Graf Stürgkh erschossen hatte, am 6. November besänftigte zwar die Radikalen – drei Tage zuvor hatte sich die Kommunistische Partei Österreichs konstituiert[8] –, gab aber keinen Ausschlag mehr. Auch ein Irrtum. Karl zauderte. Am 11. November erklärte er, an der zukünftigen Ausgestaltung nicht mitzuwirken. Das Kabinett Lammasch setzte er noch ab und retirierte unbeachtet nach Schloss Eckartsau im Marchfeld östlich von Wien. Dort unterzeichnete er am 13. November den Verzicht für Ungarn.

Einen Tag zuvor. 12. November. Dienstag. Es regnete. Ein Lindwurm von Menschen zog sich über die Ringstraße. Die gewaltige Masse wollte zum Parlament, um die Ausrufung der Republik mitzuerleben. Im Auftrag des Staatsrats entsandte die Filmstelle ein Kamerateam. Die Linse des klobigen Apparats fokussierte, nachdem sie über die Uniformierten und Frauen mit Hüten oder Kopftüchern, über Arbeiter und einfache Angestellte in abgetragenen Straßenanzügen, über die Jubilierenden auf der Parlamentsrampe, aufgereiht vor einem Transparent mit der Aufschrift »Hoch lebe die sozialistische Republik«, geschwenkt war und nachdem sie die aufmarschierenden Rotgardisten mit geschulterten Gewehren eingefangen hatte, auf einen Mann. Dieser, in Soldatenmantel und mit einer Fellmütze auf dem Kopf, hatte den *Rossebändiger*, das hohe Monument an den Enden der Rampen des Parlaments, erklommen und stand in stolzer Pose hoch oben auf Josef Lax' Bronzeplastik. Er stützte sich mit dem linken Arm auf den Pferdeschädel und blickte auf die elektrisierte Masse herab. Das war das vielleicht erste ikonische Bild des unmittelbaren Nachkrieges, repräsentierte doch die Gruppe der *Rossebändiger* die Einhegung und Domestizierung der Leidenschaften, die Macht des Menschen über die rohe, wilde Natur.[9] Die Verkündung misslang, wie Franz Brandl, wieder Augen- und Ohrzeuge, überlieferte. Sie begann tumultuös und endete in einer Massenpanik. Herunterrasselnde schwere Jalousien des Parlamentsgebäudes wurden als Gewehrschüsse fehlinterpretiert, es wurde zurückgeschossen, die

Menge stob auseinander, einige wurden verletzt, der sozialdemokratische Chef des Pressedepartements der Staatskanzlei verlor ein Auge.[10] In seinem Tagebuch vermerkte Arthur Schnitzler: »Ein welthistorischer Tag ist vorbei. In der Nähe sieht er nicht sehr großartig aus.«[11]

Gleich nach der Proklamation der Republik besetzte die »Rote Garde« die Redaktion der *Neuen Freien Presse*. Kisch produzierte drei Tage lang Sonderausgaben.[12] Die Führungsriege der Sozialdemokratie fürchtete nichts mehr als einen Bürgerkrieg. Ihr Blick auf die Gefolgschaft war nüchterner als der des sich an sich selbst berauschenden Kisch und seiner Genossen. Die Führung der SDAP tüftelte an einer politisch tragfähigen Zukunftsstrategie. Kisch nannte Abwiegelung und Verschleppung, was sie waren: Manöver des Machterhalts und der Machtsicherung.[13]

Die Kehrseite jener Tage, den mühsamen Alltag schilderte am 26. November Hugo von Hofmannsthal, als er sich an die Freundin Ottonie Gräfin Degenfeld wandte. »Sie schrieben an mich am 26ten X. heut vor einem Monat. Als der Brief kam, starben in Wien wöchentlich 2800 Personen an der [Spanischen] Grippe, wir hatten 4 Menschen von 7 im Bett, dazu beständig Plünderungsalarm und Schießereien in der Gegend, einmal in Brunn, einmal in Liesing, tausende flottanter hungernder Kriegsgefangener rundum, entsprungene Verbrecher zu hunderten in den kleinen Dörfern […] – alles das hungernd, frierend, drohend, und dabei au fond von einer erstaunlichen Gutmütigkeit, sonst wäre ja weit mehr passiert. […] die Zukunft ist höchst unsicher, überlebt man es, bekommt man wieder zu essen, tappt nicht in finsteren eiskalten Häusern herum, so wird man sich trotz allem wie im Paradies vorkommen, und auch irgendwie weiser geworden sein.«[14]

»Liebe Frau Hitz-Bay!«, hatte Adler einen Tag zuvor ins schweizerische Chur an eine mit ihm bekannte Malerin und Arztgattin geschrieben. »Die politischen Verhältnisse haben mir nahegelegt, meinen Vortrag und die Reise zu verschieben. Und dies, trotzdem ich weiß, dass gerade die Individualpsychologie berufen ist, derzeit ein kräftiges Wort mitzusprechen. Aber ich will das neue Wort zuerst in Wien sprechen.«[15] Das tat Adler mit zwei Wortmeldungen im Abstand von einigen Monaten.

Seine unmittelbare Antwort auf die Revolution in den Straßen Wiens war der Aufsatz *Bolschewismus und Seelenkunde*. Diesen veröffentlichte er gleich zwei Mal. Einmal in Wien in der Dezemberausgabe der pazifistischen Wochenschrift *Der Friede*, dessen Literaturteil Alfred Polgar redigierte. Eine um ein Weniges kürzere Fassung erschien in der Schweiz, in Heft 15/16 der Zürcher *Internationalen Rundschau*, ausgeliefert am Silvestertag. Es war eine von unüberschaubar vielen Stellungnahmen zur aktuellen Gegenwart. Aufrufe, Pamphlete, Invektiven, Kurzmanifeste, über- oder endzeitliche Visionen kursierten *en gros*. »Revolution« war ein Wort, das in den ersten Wochen nach Kriegsende das ganze Spektrum der menschlichen Gefühle umfasste und zwischen der Kultur der Niederlage und avisierter Weltverbesserung oszillierte.[16]

Beide Publikationsorgane, die Adler wählte, waren eine sinnige Wahl. Der *Friede* verkündete »die Kontinuität des Kulturgedankens«, und die *Internationale Rundschau* hatte sich Überparteilichkeit, Verständigung und Versöhnung zwischen den Völkern aufs Panier geschrieben. In der Schweiz war er via Ehrenstein in Kontakt gekommen mit zwei bekannten Kriegsgegnern, mit den französischen Romanciers Henri Barbusse und Romain Rolland.[17]

Der Text beginnt mit einem rhetorischen Trompetenstoß. »Wir haben«, heißt es da, »der Herrschaft über andere Völker entsagt und sehen ohne Neid und Missgunst, wie die Tschechen, die Südslawen, die Ungarn, die Polen, die Ruthenen [Rumänen] in ihrer staatlichen Kraft erstarken und zu einem neuen, selbstständigen Leben erwachen.« Dass dem nicht so war, dass auch die von Adler sofort erwähnten »künstlich gezüchteten Hassgefühle von gestern gegen die Ententegenossen« verflogen seien, mag zweifelhaft gewesen sein. Er argumentiert und schreibt im Plural. »Uns Deutsche« liest man zweimal, »uns Volk« einmal. Die neue Zeit erscheint Adler als Durchbruch: »Wir waren lange Jahre die Betörten und sind jetzt wissend geworden.« Dann folgt als Finale des ersten programmatischen Absatzes ein rhetorisches Feuerwerk an Umkehrungen, in einem

Stakkato gehalten und überdies noch kursiv gesetzt: *»Nie waren wir elender als auf dem Gipfel unserer Macht! Das Streben nach Herrschaft ist ein verhängnisvolles Blendwerk und vergiftet das Zusammenleben der Menschen! Wer die Gemeinschaft will, muss dem Streben nach Macht entsagen.«*[18] Adler arbeitet ein Gegensatzpaar heraus: Macht hier, Gemeinschaft dort. Beide ihm zufolge unvereinbar. Alle sozialen Gesetzesakte fielen der Herrschsucht zum Opfer, die »Wahrheiten und Notwendigkeiten« des Zusammenlebens, des sozialen Miteinanders wurden durch die Kulturen, die Jahrtausende und unterschiedliche Organisationssysteme hindurch stets von der »Unnatürlichkeit der Herrschgier« neutralisiert. Die »Machtkultur« war eine fatale Ausnützung des Gemeinschaftsgefühls.

Der Winter 1918 auf 1919 war gekennzeichnet vom Wahlkampf. Und vom Mangel. Es gab kaum mehr Kohlen zum Heizen. Am 6. Februar kam es in Linz zu Unruhen. Regellose Anarchie, ein blutiger Bürgerkrieg wie in Deutschland – ein Albtraum. Erst recht der sozialdemokratischen Parteifunktionäre. Die altgedienten k. k. Beamten und Behörden arbeiteten recht friktionslos mit den Neuen zusammen, nicht selten Büro an Büro.[19] Es musste noch anderes organisiert werden, die Rückkehr der Soldaten in die Heimat, ohne Waffen.[20] Die »Rote Garde« wurde bald von der Volkswehr, der Kampforganisation der Sozialdemokratischen Partei, aufgesogen und neutralisiert.[21]

Raissa Adler trat 1919 der am 3. November 1918 von einer Handvoll Personen, darunter zwei russische Emissäre, in Wien-Favoriten gegründeten Kommunistischen Partei Deutschösterreichs (KPDÖ) bei, einer der ersten kommunistischen Parteien Europas. Sie hatte aber einen Geburtsfehler – sie besaß keinerlei Verbindungen zur Arbeiterschaft.[22] Im Februar 1919 hatte die Partei schon 3000 Mitglieder. Im März waren es an die 10 000. Anlässlich des I. Weltkongresses der Kommunistischen Internationalen in Moskau in der ersten Märzhälfte 1919 schrieb Trotzki, alle hätten darauf gehofft, »ein elementarer Ansturm der Arbeiter und zum Teil auch der Bauernmassen« würde einsetzen und »in der allernächsten Zukunft die Bourgeoisie stürzen«.[23] Dies war auch die Hoffnung der Kommunisten in Österreich. Im März 1919 erreichte der revolutionäre Dammbruch im Nachkriegseuropa seinen Höchststand. In Ungarn rief man die Räterepublik aus, nachdem ein Putsch der Kommunisten erfolgreich gewesen war. München folgte. Dort gab es an der Spitze Intellektuelle und Pazifisten, aber auch Berufsrevolutionäre. Die Räterepublik an der Isar wurde im Mai zusammengeschossen. Jene in Budapest endete am 30. Juli, das Land schwamm bis zum Winter im Blut.[24] So fand sich Österreich im Frühjahr in einer gefühlten Bedrohungszange. Die sozialdemokratische Spitze bemühte sich fieberhaft, eine Machtübernahme durch Arbeiter- und Soldatenräte zu unterbinden. Eine Diktatur des Proletariats, so ihre Begründung, sei nur in Wien und im industriestarken Niederösterreich möglich. Zweitens würde die Entente angesichts eines Systemumsturzes sofort eine Blockade verhängen. Vielleicht würde das neuerlich kriegerische Handlungen, von der Invasion bis zu Bataillen, auslösen. Zudem sei Deutsch-Österreich wirtschaftlich komplett vom Ausland abhängig. Erst wenn in Deutschland oder in den Staaten der Entente die revolutionäre Arbeiterklasse so obsiegt habe wie im exzaristischen Russland, sei Revolution hierzulande möglich. Der eigentliche Antrieb war anderes: eine grundsätzliche Skepsis der Führungsschicht der Sozialdemokratischen Partei wider die Revolution. Wohl auch unter ökonomisch günstigeren Konditionen hätten sie den umstürzlerischen Impuls heruntergedimmt auf Evolution.[25] Besonders die Arbeiter- und Soldatenräte waren ihnen verhasst. Diese waren Konkurrenten um Macht und Machtlenkung.[26]

Raissa Adler war überzeugte Trotzkistin. Sie fand sich inmitten ausbrechender sektiererischer, Jahre anhaltender Fraktions- und Flügelkämpfe der KPDÖ wieder, die bei nationalen Wahlen nie mehr als ein Prozent der Stimmen bekommen sollte. Ein von der Partei initiierter Protestzug am 31. Januar 1919 hatte zu einem schweren Zusammenstoß und zu Schlägereien mit der Polizei geführt.[27] Im April kam es zum ersten Versuch einer kommunistischen Revolte, die erstickt wurde, im Juni zum zweiten »Kommunistenkrawall«. In der zweiten Jahreshälfte verglühte der Magnetismus der Kommunisten, auch weil von der Großkoalitionsregierung zügig eine Sozialgesetzgebung auf den Weg gebracht worden war. In diesem Frühjahr wurde Alfred Adler, der die Revolution begrüßt und die revolutionären Bestrebungen willkommen geheißen hatte, in den Arbeiterrat des Bezirks Innere Stadt kooptiert. In diesem Kreis, dem er nur kurz angehörte, lernte er einen jungen Medizinstudenten kennen, den 1897 geborenen Rudolf Dreikurs, der aktives Mitglied der sozialistischen Studentenbewegung war und sich dafür eingesetzt hatte, dass auch Studenten im Arbeiterrat vertreten sein sollten.[28]

Am 12. März 1919 deklarierte die verfassunggebende Nationalversammlung Deutschösterreich zu einem Teil der Deutschen Republik. Am 6. Februar hatte der deutsche Präsident Friedrich Ebert (SPD) in der Rede, mit der er die Nationalversammlung in Weimar eröffnet hatte, den Anschluss Österreichs gefordert.[29] Deutsche Historiker nahmen begeistert die Idee von einem »Großdeutschland« auf.[30] Am 24. März gingen Karl und seine Gattin Zita mit ihren sieben Kindern ins Exil, erst in die Schweiz, später nach Madeira. Dort starb der letzte österreichisch-ungarische Kaiser am 1. April 1922, keine 35 Jahre alt; Zita überlebte ihn um 67 Jahre und betrat nie mehr österreichischen Boden.[31]

In hohen Kreisen der Wirtschaft herrschte Optimismus, wenn auch ein zögerlicher. Denn Geld gab es noch zur Genüge. Österreich-Ungarn war nicht bankrott. Die Banken waren in Wien konzentriert. Ein neuer Staat in den vorgeschlagenen Grenzen würde über leistungsstarke Industriezweige verfügen, über Eisen und Holz und Wasserkraft. Mit der Umstellung von Kriegs- auf Friedensproduktion würde eine Modernisierung einhergehen. Zu stark seien die Beziehungen zum industriestarken Böhmen.[32] Alles ein Irrtum.

Schon Ende Oktober 1918 hatte der letzte Staatsminister für Ernährung des Kaisers darauf verwiesen, dass mittel- und langfristig das Land nicht zu ernähren sei. Die Alliierten hielten ihre Blockade aufrecht. Importe aus dem Ausland wurden spärlicher, da auch in den europäischen Nachbarländern Hunger herrschte. Das Konstrukt eines Anschlusses an Deutschland zerplatzte. Weil auch die Ansprüche auf die reklamierten deutschsprachigen exterritorialen Gebiete verwehrt wurden, stand der künftige Name des Staates wieder zur

Disposition. Dazu gab es Gedankenspiele über einen neutralen Status, quasi als zentraleuropäische Pufferzone.[33] In Saint-Germain bei Paris war über einen Friedensvertrag mit Österreich nachgedacht worden.

Im April 1919 nahm Adler ein zweites Mal publizistisch Stellung zu seiner Zeit, mit *Die andere Seite. Eine massenpsychologische Studie über die Schuld des Volkes*, einer sechzehnseitigen Broschüre. Der Essay setzt vielschichtig ein. Mit Bewegung: Schritten in Richtung Hofburg und dem Abmarsch der abgelösten Wachmannschaft und Herzschlägen. Mit Musik: Lieder, die dem verblichenen Königshaus schmeichelten, es feierten und rattenfängergleich Jungen wie Männer in den »Kriegsmord« geleiteten. Mit Worten: den Predigten Tausender Kleriker von der Kanzel herab, in denen »Knechtseligkeit« und »Sklavengehorsam« gepredigt wurden. Mit Politik: dem Ende der Unabhängigkeit, dem Wettrennen und Buhlen um Posten, Beziehungen und Opportunitäten. Die Bilanz? Eine moralisch verheerende: »Jahrzehntelang währte diese Dressur eines weichen Volkes und erzog es zur Selbstunsicherheit und zum Gehorsam gegen die Oberen.«[34] In den Kriegsjahren sei dem Volk ein »undurchsichtiges Tuch über den Kopf« geworfen worden. Mit Musik habe man es aufgestachelt, mit gemieteten Banden es eingeschüchtert, »halbidiotische Klopffechter« hätten den Menschen Lügen in die Ohren geblasen. Die Zensur habe mit Einschüchterungen, Drohungen und Repressalien das Übrige getan. Das freie Wort sei regaliert worden. Die Nation sei in lauter Egoismen zerfallen. Ein jeder habe nach dem eigenen Vorteil gegiert. Seinen Berufsstand nahm Adler nicht aus. Die Mediziner hätten dem Militarismus willig gedient. Viele hätten, so Adler, von »den Furien des Größenwahns besessen, den sie für Patriotismus und Kriegsbegeisterung« gehalten hätten, ihren Patienten unmenschliche Foltern und Martern angedeihen lassen. Eine besondere Kartätsche feuerte er ab auf bereitwillige hippokratische Kollaborateure, die offenen Auges Einzelne in den Fronteinsatz zurückschickten.

Es war eine harsche Anklage. Was sei ab etwa 1916 dem »verhetzten, versklavten, schmählich missbrauchten Volke« anderes übrig geblieben als passive Resistenz?! Das Vielvölkerreich zerbrach an einem Defizit an Gemeinschaftsgefühl sowie an Saumseligkeit, Schlendrian und Desinteresse. Die Revolution? Ein Aufatmen nach viereinhalb Jahren Sklaverei, pure Freiheit. Tatsächlich? Adler legte seine Argumentationskette geschmeidig an. Die Reihe der Handlanger, Quälgeister, der Kriegsgewinnler und Schieber, der Kriegsdichter und der klerikalen Kriegshetzer, der sadistischen Richter, Ärzte und Militärs müsste zur Rechenschaft gezogen werden. Rechenschaft, Schadenersatz, Wiederaufbau der Moral, der Zivilität, der Gedeihlichkeit, das wäre das Gebot der Stunde. Wäre es gewesen. Denn mittlerweile würde die »Regierung der Entente« – eine bewusste Fehlbenennung? – mit »neuer Knechtschaft« drohen. Die meisten Soldaten seien »nichts anderes als *Opfer einer falschen Scham*« gewesen. Diese typographische Hervorhebung ist auffällig, ist sie doch die einzige im gesamten Text. Adlers Anamnese und sein Resümee von Heroismus und Kampfeswillen liefen darauf hinaus, aus der Not eine Tugend gemacht, aus Melancholie den Selbsterhaltungs- und Überlebenstrieb abgeleitet zu haben. Diese Selbstermächtigung habe ihnen Kraft gegeben. Diese Autosuggestion sei zu Ehre erhoben worden, habe den Einzelnen zum Verteidiger des Vaterlands deklariert. Aus tiefster menschlicher Erniedrigung seien in einem »krampfhaften Versuch« fehlerhafte Autonomie und Ich-Stärke erstanden. Das habe er, Adler, schon Anfang 1917 aufgedeckt, in einem Beitrag für die *Internationale Rundschau*, jenem, in dem er den »Gott des Generalstabs« aufgefordert habe abzutreten. Das Volk, das verführte, verleitete, massenhaft abgeschlachtete, im Hinterland hungernde, sei unschuldig, weil es unmündig sei, keine Richtung kennte, keine Anführer habe. Aus Scham sei es noch immer stumm. Jene, die »das Höllenwerk ersannen«, solle man zur Verantwortung ziehen, alle anderen verschonen und dem Volk Abbitte leisten.[35]

Diese passagenweise scharfe Philippika war ein Beitrag zur Versöhnung. Nicht zu einer Klassenjustiz. Erst recht nicht zu einer Republik der Räte und des Netzwerks von Terror und blutiger Repression wie in Lenins Russland.[36] In seiner Schwarz-Weiß-Abrechnung bewegte sich Adler in einem Diskursfeld, das im Dezember 1918 erstmals eröffnet worden war, als in *Der freie Soldat. Sozialdemokratische Soldatenzeitung* zum allerersten Mal über grausame »Faradisierung«, Elektroschocktherapien, an Kriegsneurotikern, eingestuft als Simulanten und in einer Gummizelle in Einzelhaft kaserniert, berichtet worden war, für die Wagner-Jauregg verantwortlich gewesen sei. Der Psychiatrieprofessor wurde vor Gericht gestellt. Der Prozess endete im Oktober 1920 mit einem Freispruch. Einer der Gutachter war Sigmund Freud.

Am 4. Mai 1919 wurde der Wiener Magistrat neu gewählt. Nun von mehr Wahlberechtigten denn zuvor. Die Republik hatte das allgemeine, gleiche, geheime und direkte Wahlrecht für Männer *und* für Frauen ab dem 21. Lebensjahr eingeführt. Es war ein Verhältniswahlrecht. Zur Wahl gingen aber nur etwas mehr als 60 Prozent der Berechtigten. Die Sozialdemokratische Arbeiterpartei bekam doppelt so viele Stimmen wie die Christlichsoziale Partei und errang von 150 Mandaten 100.[37] Am 22. Mai wurde Jakob Reumann zum ersten sozialdemokratischen Bürgermeister der Stadt Wien gewählt.

Mitte Mai 1919 reiste die österreichische Verhandlungsdeputation nach Paris. Dass ihnen dort geheißen wurde, sie seien keine Verhandlungspartner, zeigte die erste Bruchlinie an. Am 2. Juni wurde Kanzler Renner ein Entwurf des Vertrags überreicht. Das Dokument löste Schockwellen aus, obschon manches vorab durchgesickert war. Das Territorium sollte rigide beschnitten werden. Der Anschluss an Deutschland wurde untersagt. Es waren Reparationszahlungen zu leisten. Die Kriegsschuld läge vollständig bei Österreich-Ungarn. Südtirol sei an Italien abzutreten. Die Armee werde geschrumpft, Generalstab und Luftwaffe würden gestrichen. In Teilen Kärntens und des Burgenlands sollte die Bevölkerung über einen Verbleib bei Österreich oder über Anschluss an Jugoslawien oder Ungarn in einer Volksabstimmung entscheiden. Anfang September wurden sämtliche 381 Artikel des Vertrags übergeben. Renner hatte 48 Stunden Zeit, das Werk zu studieren und in der Nationalversammlung beraten zu lassen. Am 10. September 1919 unterschrieb er den Friedensvertrag. Darin fand sich das Veto der Alliierten wider einen Anschluss an Deutschland.[38]

Eine »Ablehnungspsychose« machte die Runde, die Ansicht, dieses Land mit seinen nur noch 6,5 Millionen Einwohnern – vorher waren es 52 Millionen –, davon 155 000 Kriegsinvalide, dieser von Hunger, Not und der Spanischen Grippe, einer Massenepidemie, durchgerüttelte Zwergstaat sei nicht überlebensfähig und in allem abhängig vom Ausland. Ein »österreichisches Nationalbewusstsein« existierte nicht.[39]

Und doch blieb Wien Wien. Man »gab den geistigen Anspruch, der zu einer Weltstadt gehört, keineswegs auf. Man interessierte sich für alles, was es auf der Welt gab, noch so, als ob es auch für die Welt von Bedeutung sein könnte, wie man darüber denke, und man hielt an den spezifischen Neigungen Wiens fest, wie sie sich seit langem ausgebildet hatten, insbesondere der Musik.«[40] Der 1902 geborene Philosoph Karl Popper im Rückblick: »Wenn ich auf dieses Jahr [1919] zurückschaue, bin ich erstaunt, dass so viel in meiner intellektuellen Entwicklung in einer so kurzen Zeit geschehen konnte. Denn zur selben Zeit hörte ich von Einstein; und die Einsteinsche Revolution übte über Jahre hinaus vielleicht den wichtigsten Einfluß auf mein Denken aus. Im Mai 1919 überprüften zwei britische Expeditionen erfolgreich Einsteins Eklipse-Voraussagen. Damit wurde plötzlich eine neue Theorie der Schwerkraft wichtig, und eine neue Kosmologie; nicht vielleicht als eine bloße Möglichkeit, sondern anscheinend als eine wirkliche Verbesserung von Newtons Theorie – als eine bessere Annäherung an die Wahrheit.«[41]

Als bessere Annäherung an die Wahrheit kann auch Adlers Engagement für einen jungen Buchverlag angesehen werden. Dieser trug den Namen *Genossenschaftsverlag*. Zu diesem Verlagsunternehmen hatten sich die Autoren der Zeitschrift *Daimon* zusammengeschlossen. Das waren neben Adler, der sehr wenig beisteuerte, und Albert Ehrenstein unter anderem ein Psychologe und die Dichter Hugo Sonnenschein und Franz Werfel. Das Verlagsbüro befand sich in der Ottakringer Straße 114, Wien XVI.[42] Der Verlag war angelegt als Ausweg aus den Vertröstungen anderer Verleger, die mit der Wirtschaftskrise rangen. Ehrenstein redigierte 1920 bis 1921 Alfred Döblins *Die Gefährten* und publizierte ein Pasquill über seinen Erzfeind Karl Kraus. 1922 sollte der Waldheim Verlag, Leipzig und Wien, die Schriftenreihe übernehmen. Doch es erschienen nur noch Ehrensteins *Briefe an Gott*.

15 Das »Rote Wien«, Psychologie, Schulreform und Pädagogik in Wien nach 1920

»Das Jahr ist [...] 1919 – und die Stadt ist Wien,
und das Land ist – sagen wir: Don Quijoten-Land, und die
Zeit ist voller Illusionen, Phantasien, Träume.«
Melech Rawitsch[1]

Das Leben in Wien nach Ende des Krieges war erbärmlich, eine Meldung wie diese nicht selten: »Auf dem Stefansplatz erfroren. Gestern früh wurde in einer öffentlichen Telephonzelle hinter der Stefanskirche eine ältere Frau leblos aufgefunden. Die Rettungsgesellschaft stellte den Eintritt des Todes fest. Die Frau dürfte in der Zelle über Nacht Unterstand gesucht haben und erfroren sein. Sie soll die Stickerin Josefine Straßer ohne Unterstand sein.«[2]

Rudolf Sterba, 1919 nach zweieinhalb Jahren Kriegsdienst zurückgekehrt, begann im selben Jahr in der Hauptstadt ein Medizinstudium. Er erinnerte sich später lebhaft der winters ungeheizten Hörsäle in jenem bitterkalten Winter. Im Seziersaal des Pathologischen Instituts mussten die Leichen nicht eingefroren werden. Die Innenraumtemperatur betrug 0° Celsius. Die Vorführungen des Anatomieprofessors gingen beschwerlich vonstatten, weil er Frostbeulen an den Händen hatte. »Ich glaube«, scherzte der spätere Psychoanalytiker Sterba, »dass die warme Decke am Kopfende der Couch Professor Freuds, die auf den Fotos zu sehen ist und die ich selbst dort immer sah, ein Überbleibsel der ersten Nachkriegszeit ist.«[3]

Karl Popper, um vier Jahre jünger als Sterba, zog im Winter 1919/20 aus der elterlichen Wohnung in ein »äußerst primitives« Barackenlager in Grinzing am nördlichen Stadtrand. Das Lager war Teil eines Kriegslazaretts gewesen.[4] »Die sehr harten Jahre nach dem Ersten Weltkrieg waren für meine Freunde und mich eine überaus interessante und anregende Zeit. Nicht, dass wir glücklich gewesen wären. Die meisten von uns hatten keine Aussichten und keine Pläne für die Zukunft. Wir lebten in einem sehr armen Land, unter ständiger Drohung eines Bürgerkriegs, der von Zeit zu Zeit offen ausbrach. Oft waren wir niedergedrückt, mutlos, abgestoßen. Aber wir waren geistig rege, wir lernten, und wir machten Fortschritte. Begierig verschlangen wir alles, was wir zu lesen fanden; wir diskutierten darüber, tauschten unsere Ansichten aus, studierten und versuchten, die Spreu vom Weizen zu sondern.«[5] Popper weiter: »Eine Zeitlang hatte ich, natürlich unentgeltlich, in Alfred Adlers Erziehungsberatungsstellen gearbeitet, und ich übernahm nun allerhand Gelegenheitsarbeiten, die kaum etwas einbrachten.«[6] Der junge Popper lernte die Familie Adler kennen. Kurt Adler, im März 1920 im Zuge eines Kindererholungsprogramms in die Niederlande verschickt, fragte aus Rotterdam bei seiner Mutter an: »Von Karli Popper habe ich noch immer nichts bekommen. Was macht er?«[7] Noch sechzig Jahre später entsann sich Ali Adler, gemeinsame Bergtouren mit »Karli« unternommen zu haben.[8]

»Deutschösterreich« war paralysiert. Das neue Staatsgebiet umfasste knapp 13 Prozent des Habsburgerreiches von 1914. In der Republik Österreich lebten rund sechs Millionen Menschen, davon ein Drittel in Wien. Das Staatswesen mit dem Wasserkopf erschien vielen als Missgeburt.[9] Es war abgeschnitten von den landwirtschaftlichen Anbaugebieten Ungarns. Die Einfuhren aus den Kohlegruben Böhmens kamen zum Erliegen. Durch den Mangel an Heizmaterial lagen Industrie und Verkehr brach. Wien traf es am härtesten. Die Arbeitslosigkeit schoss in die Höhe, die Inflation ebenfalls. Kohlerationen für Privatpersonen waren unzulänglich. Tuberkulose war die Regel, Unterernährung bei Kindern ebenfalls. Ende 1918 waren alle schulpflichtigen Kinder in Wien medizinisch untersucht worden. Das Ergebnis: Von 186 000 Minderjährigen wurden 96 000 als sehr unterernährt eingeordnet, 63 000 als unterernährt und 19 000 als minder unterernährt; lediglich 6732 Kinder, gerade einmal 3,5 Prozent, galten als gesund. Die Versorgung beruhte »beinahe ausschließlich auf den Zuschüben Hoovers«, auf Versorgungssendungen aus ausländischen Hilfsprogrammen. Eigene »Vorräte gab es keine mehr«.[10] Herbert Hoover war der Direktor der »American Relief Administration«, die seit Anfang 1919 Nahrung nach Österreich expedierte.[11]

Wien war eine dunkle, abends triste und in den Straßen der Vorstädte entvölkerte Stadt. Anfang Dezember 1918 berichtete die Presse, dass bereits um 20 Uhr die Hausbeschließer die Eingangstüren zusperren würden und dass aus den Wohnungen kaum Licht nach draußen dringe, niemand habe mehr Kerosin für Öllampen.[12] Mitte November 1918 hatte das Bezirkspolizeikommissariat Favoriten in einem »Stimmungsbericht« vermerkt: »Die ungeheure Umwälzung in Österreich ist hier ganz spurlos vorübergegangen. Die Leute sprechen natürlich davon, ohne irgendeine Motion an den Tag zu legen. Gestern gehörten wir noch einer Monarchie an und heute halt einer Republik. Das ist alles. Wenn wir nur zu essen haben, das ist die Hauptsache.«[13]

Am 16. Februar 1919 wurde das Parlament neu gewählt. Die Sozialdemokratie gewann 72 Mandate, die Christlichsozialen errangen 69, deutschnationale Gruppen kamen auf 26, kleine Splitterparteien entsandten drei Mandatare. Karl Renner wurde Staatskanzler. Er bildete eine große Koalition.[14] Das Geld verlor im Stundentakt an Wert. Als im Juni die USA dem österreichischen Kabinett Gelder für Lebensmittel vorstreckten, hatte Österreich als Unterpfand die nationalen Gold- und Devisenbestände nach Italien zu transferieren.

Das Erscheinungsbild in den Straßen war grau. Die meisten Männer liefen noch immer in feldgrauen Uniformen herum, von denen sie die Rangzeichen entfernt hatten.[15] Auf den vor dem Krieg vornehmen Geschäftsstraßen war nunmehr jeder Dritte, Vierte ein Bettler oder Kriegsversehrter, beinlos, armlos, humpelnd, an Krücken gehend. Rings um die noblen Hotels an der Ringstraße, deren Zimmer sich nur noch Ausländer leisten konnten, florierte die Prostitution. Antiquitäten, Kunst, ganze Schlösser wechselten zu Spottpreisen die Besitzer. »Heute begnügt sich der noch immer nicht ganz erschlagene Wiener Galgenhumor damit, das ›SALVE‹ in den

Schuhabstreifern der großen Ringstraßenhotels als Abkürzung für ›Schieber Aller Länder Vereinigt Euch‹ zu deuten.«[16]

Im April 1919 waren in Wien 131 000 Menschen arbeitslos.[17] Ab April wurde die Mehlquote pro Kopf verdoppelt, auch die Fettquote – was nur hieß, dass beide Quotierungen den Stand von Dezember/Januar 1917/18 erreichten.[18] Butter, Milch und Eier waren nicht aufzutreiben. Ausländische Autofahrer – es gab keinen Österreicher, der sich ein Auto hätte leisten können – wurden durch Hinweisschilder aufgefordert, im Schritttempo zu fahren, weil die Österreicherinnen und Österreicher so geschwächt seien, dass sie den Fahrzeugen nicht schnell genug ausweichen könnten.[19] Das öffentliche Leben kam fast zum Stillstand. Die Straßenbahnwagen waren alt und blieben gern irgendwo im Nirgendwo stehen. Außer in die Heurigenbezirke fuhren die letzten Trams um 22.30 Uhr.[20] Telefonverbindungen funktionierten, falls überhaupt, schlecht. Wer körperlich sich dazu in der Lage fühlte, machte sich in den Wienerwald auf, um an dessen Hängen illegal Holz zu sammeln oder zu schlagen und es auf dem Rücken zurückzutragen; immer wieder brachen Menschen unter ihrer Last tot zusammen.[21] Die Säuglingssterblichkeit betrug 25 Prozent. Die Tuberkulosetoten machten mehr als ein Viertel aller Sterbefälle aus. Die Spanische Grippe, eine schwere, von 1918 bis 1921 in mehreren Wellen grassierende Infektionskrankheit, forderte zahlreiche Opfer – in Wien erlag ihr 28-jährig der Maler Egon Schiele. Siegfried Rosenfeld listete 1920 in einer vom städtischen Volksgesundheitsamt in Auftrag gegebenen Untersuchung über die Wirkung des Krieges auf die Sterblichkeit in Wien Erschreckendes auf. Waren in Wien zwischen Januar und Dezember 1912 15 355 Frauen verstorben, so waren es 1919 fast 40 Prozent mehr, 21 200.[22]

Die Republik hatte nicht nur die Kriegsschulden geerbt und Reparationszahlungen zu leisten, die Bürde der »sozialen Frage« war noch gewaltiger. Die ersten »Antworten« waren: die rechtliche Gleichstellung der Frau, die Einführung des Achtstundentags, die Einführung des allgemeinen Wahlrechts.[23] In dieser Zeit ergriffen die Arbeiterräte rigide Maßnahmen und beschlagnahmten große

Mengen Brennholz. Allein im August 1919, so die Wiener Polizei, seien 151 000 Kilo Brennholz requiriert und den Gas- und Elektrizitätswerken zugeführt oder für 40 Heller das Kilo verkauft worden. Im Kriegswucheramt forderten die Delegierten des Kreisarbeiterrates, dass Kriegsgewinnler und Schieber zugunsten der Spitäler zu enteignen seien, und legten Listen über mutmaßliche Kohlevorräte in Villen und Luxuswohnungen an. Bereits nach vier Wochen seien von den Bezirks- und Zentralämtern des Kriegswucheramts gewaltige Werte beschlagnahmt worden, unter anderem 10 200 Kilo Mehl, rund 16 000 Kilo Kartoffeln, 3000 Kilo Fleisch und Wurst, 230 000 Zigaretten, 6070 Zigarren, außerdem Eier, Käse, Seife, Kohle, Holz, Benzin und Textilwaren.[24]

Wien war die erste Millionenstadt der Welt, in der eine sozialdemokratisch bis stramm sozialistische Magistratsverwaltung ihre Grundsätze umsetzen konnte.[25] In den Kriegsjahren war die Bautätigkeit nahezu eingestellt worden.[26] Die Nachkriegsinflation brachte den Wohnungsbau in Wien komplett zum Erliegen. Im Spätherbst 1919 verabschiedeten die Sozialdemokraten das »Wohnungsforderungsgesetz«, um in Zweitwohnsitze und »ungehörig ausgenutzte Wohnungen und Wohnräume« Menschen einquartieren zu können und ungenutzten Wohnraum, Hotels, leere Baracken, Kasernen und Schulen, als provisorische Übergangswohnungen für Flüchtlinge und Obdachlose zu requirieren.[27] Angesichts des Wohnungsmangels hatte sich eine wilde Siedlerbewegung entwickelt. Auf unbebauten Grundstücke wurden *shanty towns* errichtet. Siedlungsgenossenschaften wurden gegründet ebenso wie der Österreichische Verband für Siedlungs- und Kleingartenwesen der Gemeinnützigen Siedlungs- und Bauaktiengesellschaft. Im Rathaus wurde das Siedlungsamt geschaffen.

Im Oktober 1920 war bei der zweiten Wahl zum Parlament die christlichsoziale Partei stärkste Fraktion geworden, die SDAP entschied sich für die Oppositionsbank. Die Großdeutsche Volkspartei wurde Regierungskoalitionspartner. Die Volkswirtschaft war im Krisenmodus. Hauptverlierer war Wien. Vier von fünf Lokomotiv-Fabriken waren in Wien – aber niemand wollte Loks kaufen. Die

Banken waren angeschlagen. Das Zutrauen in die Stabilität schwand, im In- wie im Ausland. 1921 kehrten die letzten Kriegsgefangenen aus Italien und der Sowjetunion zurück.[28] Ende dieses Jahres wurden die staatlichen Lebensmittelzuschüsse gestrichen. Wieder Demonstrationen, die wieder mitunter gewalttätig endeten.[29]

Im kommunalpolitischen Programm des Wiener Bürgermeisters hatte der Wohnungsbau Priorität. Freiere Hand bekam Wien durch die Ende 1920 eingeleitete Loslösung von Niederösterreich, die am 1. Januar 1922 in den Status eines eigenen Bundeslandes mündete.[30] Die Finanz- und Steuerhoheit lag nun in Wien. Am 29. Oktober 1921 wurde ein Wohnungsbaukonzept vorgelegt. Finanzstadtrat Hugo Breitner führte mit Wirkung zum 1. Februar 1923 eine progressive Wohnbausteuer ein. Bis 1923 waren 2256 Wohnungen fertiggestellt. Geplant wurden, wenn Lage und Grundstück es hergaben, monumentale Blöcke, »Höfe«, mit kastell- oder burgartiger Anmutung. Der erste war 1924 der Metzleinstaler Hof, der bis heute bekannteste ist der »Karl-Marx-Hof«. Das erste Wohnbauprogramm hatte den Bau von 25 000 Wohneinheiten innerhalb von fünf Jahren vorgesehen. Bereits 1926 war dieses Ziel erreicht. Es wurde ein Zwischenprogramm aufgelegt, im Jahr darauf ein weiteres. Die Bauaktivität der Gemeinde Wien belief sich von 1919 bis 1934 auf insgesamt 63 736 Wohnungen für 220 000 Menschen, dazu kamen 2100 Geschäftslokale.[31] Sozial war der Wohnungsbau insofern, als der Mietpreis nur 5 bis 8 Prozent des damaligen Durchschnittseinkommens einer Arbeiterfamilie ausmachte. Finanziert wurde dies durch Breitners Abgabensystem, das sich aus der Erhebung von Luxus-, Boden- und Mietsteuern sowie von Betriebs- und Verkehrssteuern zusammensetzte.[32] Seine Gegner, die aus der Monarchie einen Höchststeuersatz von 6 Prozent gewöhnt waren, bezeichneten die Abgaben auf Luxuswaren wie auf Theaterbesuche und Ballveranstaltungen als »Breitner-Steuern«. Bis zum Ende seiner Amtszeit 1932 wurde der Finanzstadtrat als »Steuervampir« diffamiert.

Nicht nur beim Bauen ging man neue Wege in Wien, auch beim Planen. Die Bebauungsdichte der Parzellen wurde reduziert, was bedeutete, es gab Licht und Grün für alle: Küchen erhielten Tageslicht, Innenhöfe waren groß und begrünt. Die Wohnungen bestanden aus mindestens zwei Zimmern. Wasseranschluss und WC waren innerhalb der Wohnung, nicht mehr im Treppenhaus und auf halber Stiege. Zum Vergleich: 1919/20 hatte der Austromarxist Bruno Frei 222 Wohnungen Wiener Juden vor allem im 2. und im 20. Gemeindebezirk aufgesucht. Seine Erhebung *Jüdisches Elend in Wien* hatte Folgendes ergeben: 91 Wohnungen bestanden aus einem Zimmer, einem Kabinett und einer winzigen Küche, 75 umfassten nur ein Zimmer und eine kleine Küche. Frei traf pro kleiner Wohnung im Schnitt auf sechs Bewohner. In fast 40 Prozent der Wohnungen fand er »Bettgeher«, die zahlten, um sich für wenige Stunden Schlaf in ein Bett zu legen.[33] Dass der Bezug einer »Gemeindebauwohnung« an ein Naheverhältnis zur Sozialdemokratie geknüpft war, verstand sich von selbst. Die Konkurrenz war groß. Rund jeder dritte Wiener war bald bei der sozialistischen Partei eingeschrieben.[34]

Das Wohnbauprogramm war Teil einer modernen Sozialpolitik. Bewusst wurden den Großwohnanlagen Gemeinschaftseinrichtungen implantiert, »Wohnfolgeeinrichtungen«[35]: zentrale Waschküchen und Badeanlagen, Büchereien und Vortragssäle, Turn- und Gymnastikräume, Mütter- und Mieterberatungsstellen, Arztpraxen, Apotheken, auch Künstlerateliers, Werkstätten und Kinderplanschbecken.[36] Dies spiegelte den Aufbau einer öffentlichen Fürsorge wider. Gesundheitsvorsorge und Gesundheitsschutz wurden dabei von einer Person maßgeblich geprägt, von Julius Tandler.

Am 9. Mai 1919, knapp drei Monate nach seinem 50. Geburtstag, war Tandler, einer armen, kinderreichen jüdischen Familie in Iglau in Mähren entstammend und seit 1910 Inhaber der I. Anatomischen Lehrkanzel an der Universität Wien, als Leiter des Volksgesundheitsamtes und Unterstaatssekretär für Volksgesundheit im Staatsamt für soziale Verwaltung bestellt worden und hatte die Finanzierung der Krankenhäuser reformiert. Durch das Krankenanstaltengesetz übernahmen jetzt Kommunen, Länder und der Bund die Kosten für öffentliche Krankenhäuser. Mit Wirkung vom

10. November 1920 wurde Tandler Stadtrat für das Wohlfahrts- und Gesundheitswesen. Er drängte auf die Umsetzung eines breit gefächerten Fürsorgeprogramms. Maßnahmen wurden lanciert, um die Tuberkulose, die »Wiener Krankheit«, und Geschlechtskrankheiten zu bekämpfen, Säuglings- und Kindersterblichkeit und Rachitis zu reduzieren und Unterernährung und Hunger zu beseitigen.[37] Die Mortalitätsrate war ein Klassenspezifikum, abhängig davon, wo und wie man wohnte. Die Wahrscheinlichkeit, in einem Wiener Arbeiterviertel wie Ottakring an Blattern, Masern oder Keuchhusten zu erkranken, war verglichen mit wohlhabenderen enorm. Sie betrug bei Tuberkulose 1150 Prozent, bei Blattern 4060 Prozent und 1260 Prozent für Masern.[38]

Tandler setzte starke Akzente. So wurde das bis dato zahlungskräftigen psychisch Kranken vorbehaltene Sanatorium »Am Steinhof« in die allen zugängliche Lungenheilstätte »Baumgartner Höhe« umgewandelt. Die Fürsorge für Kinder und Jugendliche galt Tandler als fundamental. Daher die Betreuung von 16 000 unehelichen Kindern und 13 000 Ziehkindern durchs Wiener Jugendamt allein im Jahr 1925. 1927 brachte er das kostenlose »Säuglingswäschepaket« auf den Weg, beworben mit dem Slogan: »Kein Wiener Kind darf auf Zeitungspapier geboren werden.«[39] Bis 1928 waren in Wien 35 städtische Mutterberatungsstellen installiert, die Frauen während und nach der Schwangerschaft berieten. Mit Erfolg. Die Säuglingssterblichkeit in Wien halbierte sich zwischen 1913 und 1930.[40]

1921 konstatierte George W. Bakeman, der Repräsentant des Amerikanischen Roten Kreuzes in Wien, vor allem die Kinder würden massiv leiden. Deshalb betonte er in einem Report eines: »The child must be saved«, die Kinder müssten gerettet werden.[41] 1922 drang Tandler auf Kinderschulspeisung durch die Stadt und setzte sich für Kindererholungsfürsorge in Form von »Kinderferienverschickungsaktionen« ein. Kinder- und Jugendheime wurden geschaffen, ein Netz von Kinderhorten, Schulzahnkliniken, Eheberatungsstellen gegründet, in den Schulen Gesundheitsfürsorgemaßnahmen verankert und städtische Kinderkrankenhäuser betrieben, alles damals weltweit einzigartig.[42] Tandler brachte das Ziel seines Sozialprogramms auf die Formel: »Wir arbeiten an unserer Selbsterübrigung!«[43] Was sich in Diktion einschließlich Ausrufezeichen nach kaum jemandem so sehr anhörte wie nach Alfred Adler.

1922 wurde der konservative katholische Prälat Ignaz Seipel österreichischer Kanzler. Er konnte die Hyperinflation im Sommer jenes Jahres nicht bändigen, der zarte Aufschwung brach ein, der Staat stand vor dem Kollaps. Im Herbst gewährten Großbritannien, Frankreich, Italien und die Tschechoslowakei der Republik Österreich eine Schuldanleihe von 650 Millionen Goldkronen mit einer Laufzeit von zwanzig Jahren. Der Völkerbund forderte Sparmaßnahmen. Zehntausend Angestellte des öffentlichen Diensts wurden entlassen. 1923 verfehlte Seipel knapp die absolute Mehrheit im Nationalrat und ließ, auch wenn er im November 1924 demissionierte, zum 1. Januar 1925 eine neue Währung einführen, den »Schilling«.[44] Währenddessen war in Wien die SDAP erfolgreich. Kam sie 1919 auf 54,2 Prozent, so waren es 1927 rund 65 Prozent und im April 1932 noch 59 Prozent.[45] Stärker noch war die Zunahme der Mitgliederzahlen der Sozialistischen Partei in Wien: von rund 42 800 (1913) auf 417 347 im Jahr 1928, was sich 1932 bei rund 400 500 einpendelte. Das hieß für das Jahr 1932, als die Partei landesweit 653 605 Mitglieder zählte: Zwei von drei Parteimitgliedern lebten in Wien. Und 57 Prozent davon waren unter 40.[46]

Innerhalb der Arbeiter-, Frauen- und der Jugendbewegung kursierten seit dem späten 19. Jahrhundert reformpädagogische Konzepte.[47] Auf dieses Ideendepot konnte zurückgegriffen werden. Dafür zeichnete Otto Glöckel verantwortlich. Selbst Lehrer in einer Schule am Rand von Wien, wurde er 1907 als sozialistischer Abgeordneter ins Abgeordnetenhaus gewählt und fungierte bis 1918 als bildungspolitischer Sprecher seiner Partei. Dann amtierte er als Unterstaatssekretär für Unterricht, was heute dem Bildungsminister entspricht. Seine Zeit als Minister endete mit dem Ende der Koalition im Oktober 1920. 1922 wurde Glöckel als geschäftsführender Präsident des Stadtschulrates von Wien eingesetzt. Er verblieb in diesem Amt bis zum Februar 1934. Glöckel baute seine Reform auf drei Säulen auf: Arbeitsunterricht, Gesamtunterricht und Bodenständigkeit. Der

Lernstoff, zeitgemäß modernisiert, sollte aktiv von der Schülerschaft erarbeitet werden. Außerdem sollte keine Zersplitterung des Lehrstoffes erfolgen. Zum Dritten war Wissen aus der unmittelbaren Lebensumgebung zu schöpfen.[48] Was ihm die Gegnerschaft von katholischer Kirche und Konservativen einbrachte, war das Aufheben der obligatorischen Teilnahme an Religionsunterricht und religiösen Übungen. Mit seinem Wechsel vom Landesministerium in Wiens Stadtschulrat entstand ein schulischer Dualismus innerhalb Österreichs. In Leitungspositionen installierte er in Theorie und Praxis ausgewiesene Pädagogen. Die drei wichtigsten waren die fast gleich alten F – Viktor Fadrus (1884–1968), Hans Fischl (1884–1965) und Carl Furtmüller (1880–1851).[49] Durch Letzteren, den guten Bekannten Adlers, wurden Schulreform und pädagophile Individualpsychologie miteinander verknüpft.[50]

Adler war regelmäßiger Teilnehmer der Weltkonferenz zur Erneuerung der Erziehung, die seit 1923 zusammentrat und mehr als 2000 Teilnehmerinnen und Teilnehmer verzeichnete. Ihm wuchs Autorität zu, sodass er auch Arbeitskreise leitete.[51] Statt Verboten und Strafen hatte man sich vor allem Anleitung zur Autonomie und deren Stärkung auf die Fahnen geschrieben, nicht nur bei Schülerinnen und Schülern, sondern auch bei der Lehrerschaft, indem man dieser Aus-, Fort- und Weiterbildung angedeihen ließ. Um die Lehrerausbildung zu heben, wurde im Januar 1923 das Pädagogische Institut der Stadt Wien gegründet, das nicht an die staatliche Universität angebunden war. Persönlichkeiten wie Karl Bühler, als Ordinarius für experimentelle Psychologie 1922 nach Wien berufen, und seine elegante, hochintelligente Frau Charlotte Bühler, Max Adler und der Rechtswissenschaftler Hans Kelsen unterrichteten dort. Rasch machte es sich durch hohe Qualität einen Namen.[52] Auf Initiative von Furtmüller wurde Adler eine Dozentur angetragen, die er annahm. Im Wintersemester 1923/24 hielt Adler erstmals einmal pro Woche eine zweistündige Vorlesung über schwererziehbare Kinder. 1924 wurde er zum Professor am Fachbereich Heilpädagogik des Pädagogischen Instituts berufen.[53] Im Herbst 1925 wurden viersemestrige »hochschulähnliche« Kurse installiert.[54]

Seine Vorlesungstätigkeit lief bis zum Sommersemester 1926, dann brach er zu seiner ersten monatelangen Amerikareise auf, aber noch im Jahr 1930 nannte sich Adler Professor des Pädagogischen Instituts.[55] Außerdem war ein Adlerianischer Impuls bei den Bezirksschulkonferenzen lokalisierbar, einer neu eingezogenen Besprechungs- und Konsultationsebene, die der Diskussion inner- und intraschulischer Probleme vorbehalten war. So lautete im Jahr 1927 das Thema *Die Schulklasse, eine Arbeits- und Lebensgemeinschaft*.[56] Und: Adlers Konzept wirkte als fundamentaler Impuls, in Wien eine Reform-Schule ins Leben zu rufen. Zum Beginn des Schuljahres im Herbst 1931 öffnete eine individualpsychologisch orientierte Hauptschule ihre Pforten. Ihr standen Ferdinand Birnbaum, seit 1927 stellvertretender Vorsitzender des Vereins für Individualpsychologie in Österreich,[57] Oskar Spiel und Franz Scharmer vor. Kein Kind galt als unbegabt oder als nicht förderbar, im Gegenteil. Nicht nur auf körperliche Züchtigung oder Drohungen wurde verzichtet, auch auf Ermahnungen. Es wurden »Aussprachen« und »Klassenbesprechungen« eingeführt. Der Gemeinschaft der Schulklasse wurden erzieherische und selbsterzieherische Funktionen und Aufgaben übertragen.[58]

Innerhalb dieses Bündels an lebensweltlich stärkender Begleitung war ein nicht zu überschätzendes Modul die Schaffung von Erziehungsberatungsstellen.

16 Die Erziehungsberatungsstellen

»Alle Erziehung ist Prophylaxe gegen mitmenschliche Isoliertheit und unproduktive Absonderung.«

Ulrich Bleidick[1]

Die erste »Beratungsstelle für Erziehung« eröffnete Adler im Volksheim Ottakring. Das Gebäude wirkt heute ein wenig eingeklemmt. Vor dem Eingang verweisen zwei, wie in Österreich üblich, grüne Richtungsschilder auf anderes, auf die Lugner City, eine betonbrutalistische Shopping Mall, und auf die Stadthalle, einen Veranstaltungsort für akustische Lustbarkeiten. Vor vielen Jahrzehnten stand das mächtige, ob der abgerundeten Fassade elegant wirkende cremeweiße Gebäude allein, nicht wie heute umgeben von Bürogebäuden. Über dem hohen, markanten Eingang aus grün gestrichenem Holz steht noch immer der Schriftzug »Volkshochschule Ottakring«. Im Inneren beeindruckt der große Vortragssaal. Als Adler hier erstmals während des Ersten Weltkriegs einen Kursus gegeben hatte, war die Bestuhlung in den wie in einem Anatomischen Theater aufsteigenden Sitzreihen noch eine geschlossene. Es waren durchgehende Bänke. Heute sind es honiggelbe, voneinander separierte Klappsitze. Die wabenartige Akustikdecke wurde erst weit nach 1945 eingebaut.

Dass der imposante Bau kurz nach 1900 in einem armen Arbeiterviertel hochgezogen wurde, war Symbolpolitik. Das Volkshochschulsystem der austromarxistischen Sozialdemokratie verstand sich als zentraler Teil der Gesellschaftsveränderung, als Mosaikstein innerhalb einer systematisch den Einzelnen einbettenden politischen Bewegung, die die Gesellschaft als Ganzes angenehmer, besser, gerechter machen wollte. Kultur und Bildung, die Vermittlung von Kenntnissen, Fähigkeiten und Wissen, bereiteten dem den Weg. Ein neues Lebensgefühl wurde nicht nur vorgeführt, es entstand so. Das Parteileben erhob sich auf diese Weise über trockene Routinen und bürokratische Gruppenvereinsaktivitäten.[2]

Adlers Kursus »Praktische Erziehung« war 1915 mehr als gut besucht und nachgefragt gewesen. Jetzt, nach dem Ende des Krieges, in einem Land, in dem nicht nur die politische und ökonomische Lage verheerend war, sondern auch die soziale und familienspezifisch erzieherische Situation neue Modelle brauchte, war eine praktische Nutzanwendung seiner erzieherischen Theorie an der Zeit. Und auf der Höhe der Zeit. Es bedurfte somit eines – eines Ortes, sie zu praktizieren, darzulegen, vorzuführen. Oder noch besser: im Plural. Es bedurfte Orte. Dies wurden die Erziehungsberatungsstellen.

Diese Einrichtungen stützten sich auf Lehrerinnen und Lehrer, auf individualpsychologisch ausgebildete und arbeitende Ärzte und Pädagogen und ganz wesentlich, um von Anfang an Wirkung entfalten zu können, auf den Stadtschulrat als Trägerbehörde. Dazu gesellten sich Elternvereine.

Die Erziehungsberatungsstellen wurden im Laufe der 1920er Jahre immer zahlreicher, am Ende der Dekade gab es 28 solcher Konsultationsorte in Wien.[3] Sie waren die Angelpunkte eines Netzwerkes aus Familie, Schule, offener Jugendhilfeeinrichtung und stationärer Jugendhilfe.[4] In der Regel befanden sie sich innerhalb eines Schulgebäudes, seltener eines Kindergartens, manchmal einer Einrichtung der Arbeiterbewegung. Das unterstrich den offiziösen Charakter und stellte einen direkten Bezug zum Lehrpersonal her. Sie galten als »Hauptdomäne der individualpsychologischen Praxis« und waren zugleich der Ort, um die theoretischen Erkenntnisse zur Kinder- und Jugendpädagogik Adlers praktisch anzuwenden: Förderung, Bestärkung und Selbstermutigung. Freud hatte in seiner Psychoanalyse dieses Feld desinteressiert links liegen gelassen. Erst Siegfried Bernfeld, dann Anna Freud und auch der Wiener Psychoanalytiker August Aichhorn sollten sich Kindern widmen.[5]

Verwahrlosung war im erzieherischen Nachkriegsdiskurs ein viel gebrauchtes Schlagwort. Verelendung und Elend der Familie lösten psychische Komplikationen bei Kindern und Jugendlichen aus. Sie wurden zu »schwierigen Kindern«. Nun boten also die in der Regel spartanisch ausgestatteten Stellen die Möglichkeit für Gespräche, Ratschläge und Beratung. Des Kindes. Und der Eltern. Das Basisinstrumentarium, das angewendet wurde, bestand aus den Elementen Empathie, Diagnose und therapeutische Besserung, dem stillschweigend ein viertes vorangesetzt war, Menschenkenntnis. Die Beratungen fanden öffentlich statt. Öffentlich hieß: Jeder konnte das methodische Vorgehen mit eigenen Augen sehen, es sich so aneignen, somit weitergeben.[6] Daran entzündete sich Kritik, die Adler konterte. Gerade die Öffentlichkeit der Verhandlungen, argumentierte er, habe einen positiven Einfluss auf das Kind. Dadurch würde es erfahren, dass es nicht allein sei, sondern im Gegenteil mit anderen Menschen verbunden.[7] »Es hat sich gezeigt«, erläuterte Rudolf Dreikurs, »dass die Gruppe eine bedeutende Ermutigung darstellt, weil jedes Elternpaar zu sehen beginnt, wie seine eigenen Schwierigkeiten von meist allen anderen anwesenden Eltern geteilt werden. Und viele Mütter lernen mehr, wenn sie Diskussionen mit einer anderen Mutter beiwohnen, als wenn sie selbst beraten werden.«[8] Zu Beginn waren die Erziehungsberatungsstellen »Lehrerberatungsstellen«.[9] Das Publikum setzte sich ausschließlich aus Lehrerinnen und Lehrern zusammen, dazu einige Mediziner, Studenten, Sozialarbeiter aus Fürsorgeeinrichtungen. Mit einem modernen Wort: Multiplikatoren. In Kontakt getreten mit den individualpsychologischen Grundbegriffen und Instrumentarien, war das System dieser Stellen eine Möglichkeit, die Individualpsychologie zu popularisieren, sie weiterzutragen und neue Anhänger zu rekrutieren. Die Schulreform sollte sich evolutionär vollziehen, von innen heraus und nicht mittels kompletter Dekonstruktion.[10] Eine solche Reform der Schule, dem antiumstürzlerischen Programm der österreichischen Sozialdemokratie entsprechend, sollte das Gravitationszentrum für alle nachfolgenden Reformen und Veränderungen sein. Daraus mendelten sich die »Behandlungsberatungsstellen« heraus.[11]

Zu Adlers psychologisch-pädagogischem Seminar, das er ab dem Wintersemester 1919/20 einmal pro Woche abgehalten hatte – über die Psychologie des Kleinkindes, in den zwei folgenden Wintersemestern arbeitete er sich durch die nächsten Erziehungsjahre, die des Schulkindes und die Pubertät –, hatten Eltern ihre Kinder mitgebracht. Im Publikum saßen mehr Mütter als Väter.

Die ersten offiziellen Erziehungsberatungsstellen wurden 1921 an Schulen und in Lehrgebäuden der sozialistischen »Kinderfreunde« eingerichtet. 1923 gab es vier in Wien. Jener im Volksheim Ottakring stand Adler vor, später löste ihn Erwin Wexberg ab. In der Inneren Stadt stellte der Verein »Die Bereitschaft« in der Annagasse seinen Saal zur Verfügung und die Arbeiterkammer in der Ebendorferstraße an zwei Abenden einen Raum, montags und freitags von 17 bis 19 Uhr.[12] Im zweiten Gemeindebezirk betrieben die »Kinderfreunde« eine Beratungsstelle in der Sperlgasse 40. Im 20. Bezirk gab es eine Lehrerarbeitsgemeinschaft, die sich abwechselnd in zwei Schulen traf. Auch diese leitete Adler. Ab März 1925 gab es in diesem Bezirk eine neuerlich von den »Kinderfreunden« gegründete Stelle. Im Sommer 1926 gab es in der Stadt schon siebzehn Erziehungsberatungsstellen. Zusammen genommen hatten sie pro Woche 26 Stunden geöffnet. Im zweiten Halbjahr dieses Jahres öffneten weitere vier Stellen. 1929 erreichte die Zahl ihren Kulminationspunkt. Damals gab es im ersten Wiener Gemeindebezirk drei Stellen, im zweiten vier, im dritten drei, im vierten, fünften, sechsten, siebten, zehnten, vierzehnten, fünfzehnten, sechzehnten, siebzehnten, achtzehnten und einundzwanzigsten jeweils eine, im neunten und im zwanzigsten drei, im dreizehnten zwei. Die Tätigkeit war ehrenamtlich. An der Spitze standen jeweils ein Arzt und ein Lehrer respektive Pädagoge, der wie alle in einem zweiwöchigen Seminar von Adler geschult worden war. Die Beratungsstellen waren zumeist in den Abendstunden geöffnet, einige an mehreren Abenden hintereinander, andere öffneten in einem bestimmten Rhythmus ihre Pforte, alle vierzehn Tage oder auch nur einmal pro Monat.[13] Hier konnte die interessierte Allgemeinheit sich einen praktischen Eindruck von der Individualpsychologie machen.[14]

Es etablierte sich ein festumrissenes Behandlungsritual. Die Konsultation eines Kindes erfolgte *coram publico,* wenn die Eltern dem zugestimmt hatten. Das Procedere war eine Teamarbeit des Arztes und der heil- oder regelpädagogischen Lehrkraft. Das Besondere: Es gab keine Vorbereitung. Jede Situation wurde ohne vorheriges Beiziehen älterer Unterlagen oder Dokumente analysiert, Lösungen spontan vorgeschlagen. Es kam auf Intuition an, Empathie und das Zusammenspiel von Patient und Behandler. Im Gegensatz zu Kursen und Vorlesungen war die Konsultation kostenfrei.

Je mehr Beratungsstellen betrieben wurden, je größer die Zahl an Therapeuten war, deren Begabung naturgemäß schwankte, desto nötiger wurde es, ein Standards garantierendes Vorbereitungs- und Behandlungsniveau einzuziehen, inklusive vorgeschalteter Fallanamnese. Der Ausbildungsbereich war vierfach gestaffelt. Es gab den klinischen Bereich für Ärzte in Adlers Behandlungsraum im Mariahilfer Ambulatorium, in der Poliklinik oder innerhalb des Ambulatoriums, das die Neurologische Klinik betrieb. Für Heilpädagogen, Lehrerinnen und Lehrer sowie Fürsorger waren allgemeine und spezialisierte Kurse vorgesehen. In den einzelnen Beratungsstellen hospitierten angehende und ausgebildete Fachkräfte.

Aus diesen Erziehungsberatungsstellen, von denen es, rechnet man die privaten Einzelkonsultationen mit ein, zwischen 1924 und 1934 mehr als einhundert in der österreichischen Hauptstadt gab, gingen wichtige progressive Impulse zur Erziehungstätigkeit aus.[15] So schrieb Sofie Lazarsfeld, die Erfahrung in verschiedenen Erziehungsberatungsstellen und in ihrer eigenen Praxis gesammelt hatte, 1927 *Das lügenhafte Kind*. Die in dieser Broschüre formulierten Positionen verfeinerte sie zwei Jahre später in ihrem Beitrag »Grundbegriffe der modernen Erziehung« in dem von ihr herausgegebenen Buch *Technik der Erziehung*. Zentraler Leitgedanke war, dass die Erwachsenen von einem Kind ausschließlich Dinge fordern sollten, die dieses auch zu erfüllen in der Lage sei. Das hieß, die Erziehenden sollten dem Kind mittels Kann-Sätzen eigenständige Handlungsspielräume eröffnen, um es zur Wahrhaftigkeit und zur Gemeinschaft zu erziehen. Erziehungsberechtigte, die lügen, können Lazarsfeld zufolge diesem Anspruch nicht gerecht werden, da sie das »Vertrauen zum Mitmenschen« untergraben, »ohne welches kein soziales Gefüge bestehen kann«. Die entscheidende Leistung der Erziehenden besteht darin, mit eigenem Beispiel voranzugehen und dem Kind »durch ermutigende Behandlung [...] den Weg in die Gemeinschaft« zu ebnen und es als eigene Persönlichkeit zu achten.[16]

Alice Rühle-Gerstel und Otto Rühle, ein einflussreiches individualpsychologisches Paar, gaben eine Schriftenreihe heraus, sie trug den Titel *Schwer erziehbare Kinder. Eine Schriftenfolge*. Lazarsfeld publizierte ihrerseits die Edition *Richtige Lebensführung. Volkstümliche Aufsätze zur Erziehung des Menschen nach den Grundsätzen der Individualpsychologie*.

Das System der vernetzten Erziehungsberatungsstellen wurde rasch in anderen Ländern als essenzielles und wirksames Instrument übernommen. Im Zuge der Weltwirtschaftskrise und sich eintrübender politischer Wetterlagen nahm die Zahl der Stellen in Wien ab. 1932 waren 27 aufgelistet. 1933 gab es noch zehn, im Folgejahr schwankte die Zahl zwischen fünf und neun.

17 Manès Sperber

»Der Mensch wäre nicht imstande,
ich zu sagen, wenn es die anderen nicht gäbe.«
Manès Sperber[1]

Es geschah mitten auf der Straße, einer belebten, lauten Avenue, an der sich Theater an Theater reihte, Vergnügungslokal an Vergnügungslokal: »Noch heute wüsste ich auf Dezimeter genau die Stelle in der Praterstraße, ganz nahe dem Carl-Theater, anzugeben, wo mich an jenem Abend die Einsicht überfiel, dass ich jeden Tag in den Prater lief, weil ich noch nicht gelernt hatte, auf den Trümmern einer Illusion zu leben. Warum, wollte ich wissen, warum war es gleichermaßen schwer, mit einer Illusion und ohne sie zu leben. Ich habe seither nicht aufgehört, dies erfahren zu wollen [...] Fünf Jahre brauchte ich – bis zum Herbst 1921 –, um die Möglichkeiten und Schwierigkeiten einer Antwort zu erfassen. Noch ehe ich sechzehn Jahre alt war, begegnete ich in einem Kurs der Volkshochschule Dr. Alfred Adler, der, damals einundfünfzigjährig, weit mehr als die Hälfte seines Lebens hinter sich hatte.

Jener Kurs, dem zumeist ein Seminar folgte, fand immer abends statt, an Montagabenden, glaube ich, in einem Klassenzimmer des Sophiengymnasiums in der Zirkusgasse [heute Hausnummer 46–48] im zweiten Bezirk.«[2]

Dieser Jüngling, der mit seinem glatten Kindergesicht und dem schmalen Körperbau jünger aussah als fünfzehn Jahre, die er war, war Manès Sperber. Leseverrückt, vor Bildungshunger berstend und erst seit fünf Jahren in Wien.[3] Im Sommer des Jahres 1916 waren er, sein Bruder Milo und seine Eltern aus dem östlichen Galizien in die Hauptstadt gekommen. »An jenem 27. Juli 1916, als wir am Franz-Josephs-Bahnhof in Wien aus dem Zug stiegen – ich war genau 10 Jahre und sieben Monate alt –, dachte ich nicht, ahnte ich nicht, dass es für mich keine Rückkehr geben würde; ich fragte übrigens gar nicht danach, denn ich war von der Gewissheit beherrscht, dass wir nun wirklich dort angelangt waren, wo sich das Riesentor öffnete, durch welches ich in eine weite, der Zukunft verschriebene Welt eintreten würde. Alles lag vor uns.«[4]

In mehreren Wellen war über ihr Schtetl Zablotów die österreichisch-russische Front hinweggeflutet. Dazu kamen pogromartige Übergriffe. Wie Zehntausende aus der Region, vor allem Juden, hatte sich die Familie Sperber nach Wien gerettet und war in einer kleinen, verwanzten Wohnung in der Lilienbrunngasse in der Leopoldstadt untergekommen. Um zu überleben, drehten die Eltern für wenige Heller Zigaretten.[5]

1917 hatte Manès Anschluss an die jüdische Jugendbewegung Haschomer Hazair (»Der junge Wächter«) gefunden, zionistisch und sozialistisch und »Ausdruck eines anarchischen Randgruppenbewusstseins junger Einwanderer, das zum einen an die intellektuelle talmudische Bildung anknüpfte, sich zum anderen gleichzeitig auch am britischen Pfadfindertum orientierte«.[6] Haschomer Hazair bot Anschluss, Gemeinschaft und ein Ziel, nachdem für die Neuankömmlinge der Traum eines besseren Lebens zu zerplatzen drohte,[7] stießen sie doch auf eine Mauer der Ablehnung, des Ausschlusses, des Antisemitismus. Sperber fand bei Haschomer Hazair, was ihm das Schulsystem verweigerte: Bildung und Aufstieg. Mit vierzehn war er Anführer einer Kwuzah, einer Gruppe, von Achim, zu Deutsch Brüdern. Ein Jahr später gehörte er der Leitungsebene an. Er erwies sich als begabter Organisator und Kommunikator. 1921 rebellierte Sperber gegen die hierarchische Disziplin.

Dann dieser Montagabend im Klassenraum im Sophiengymnasium. Dieser Alfred Adler, stämmig-rundlich, mit dem kleinen Schnauzbart, der runden randlosen Brille, mit seiner Jovialität, dem scharfen Blick und der mitreißenden Rhetorik und der starken pädagogischen Ader. Wozu war Sperber gekommen? Um »zu lernen, doch nicht weniger, um zu diskutieren, Zweifel auszudrücken, ja um anzugreifen – denn ich kam von weit her«.[8] Ihm fiel das Außergewöhnliche an Adler auf: »Er flößte selbst jenen, deren Meinung er widerlegte, Mut zu sich selbst ein und zugleich den Wunsch, dem

Vortragenden zuzustimmen, sich ein für allemal auf seine Seite zu stellen.«[9] Keine acht Wochen später hielt der überehrgeizige Sperber bereits eigene Referate, eines über Massenpsychologie, ein zweites über die Psychologie des Revolutionärs. Beide Themen lagen in der Luft und waren autobiographisch grundiert. Der Sechzehnjährige sog mit Verve die Schriften der Narodniki auf, romantischer Anarcho-Agrar-Nationalisten, die Formen kollektiven Landwirtschaftens und Produktionsgenossenschaften propagierten.[10]

Adler lud den Teenager zum Treffen der Individualpsychologen ein, die damals noch das rußige Kellerlokal Die Tabakspfeife visitierten – Sperber war der mit Abstand jüngste Teilnehmer –, und disputierte mit ihm über dessen Kritik an seinen Theoremen.[11] Erst ein ganzes Kalenderjahr später griff Sperber zu *Über den nervösen Charakter* und war, auch wenn er dem Großteil der medizinischen Ausführungen nicht recht folgen konnte, beeindruckt. Wohl auch inzwischen von der Persönlichkeit Adlers, der seinerseits in Sperber eine große Begabung und immensen intellektuellen Forscherdrang entdeckt hatte. Sperber hatte sich binnen kurzem derart viel Wissen über Individualpsychologie angeeignet, dass ihm Adler gestattete, Einführungskurse zu geben, die zu Arbeitsgemeinschaften wurden. Er durfte erste therapeutische Schritte unternehmen. Dabei kam Adler Sperbers überbordende Energie zupass. Der Jüngere entwickelte neues Selbstwertgefühl und nahm eine Entwicklung, bei der Adler zum Ersatz-Vater wurde. Sperber durchlief mit Feuereifer die individualpsychologischen Ausbildungsstufen, im Sommer 1926 erhielt er sein Diplom (Note »Sehr gut«) und durfte ab dann als Heilpädagoge arbeiten.[12] Da hatte er schon geraume Zeit einer individualpsychologischen Arbeitsgemeinschaft präsidiert, die sich im Hinterzimmer eines kleinen Kaffeehauses in der Berggasse traf. So eifrig, so proselytenmacherisch, so ambitioniert war Sperber, dass gescherzt wurde, die Individualpsychologie sei eine Volière, eine Gesellschaft von Vögeln wie Adler und Sperber.

Daneben begann Sperber, Artikel für Zeitungen zu verfassen.[13] Zeitgleich arbeitete er an einem Roman, den er im Wien des Jahres 1924 ansiedelte. Das sah Adler ungern. Er soll dem viel Jüngeren gesagt haben, wenn er jetzt schon Schriftsteller würde, könne er niemals ein guter Psychologe werden.[14] Tatsächlich blieb das Manuskript *Charlatan und seine Zeit* achtzig Jahre lang ungedruckt. Es erschien 2005. Dabei war es eine erstaunliche Talentprobe.[15] Sperber hielt außerdem Vorträge als Arbeiterreferent und als Volksbildner, leitete Abendkurse und Fortbildungsmaßnahmen in Volksheimen, redete über Literatur, Politik und Psychologie.

In den Themenverzeichnissen des Vereins tauchte individualpsychologisches Engagement bei Problemen aus der Arbeits- und der Arbeiterwelt regelmäßig auf. So führte Sperber 1927 den Nachweis, dass ein Bekenntnis zum Sozialismus keineswegs unverbrüchlich mit sozialem Engagement einhergehe.[16] Seit dem Vorjahr hatte sich Sperber in die Schriften von Marx und Engels vertieft. Marx dürfte ihn stilistisch und mit seiner Kritik an der tugendhaft gemeinplätzlerischen Sprache der Bourgeoisie, so Karl Marx in *Der achtzehnte Brumaire des Louis Napoleon,*[17] in Bann geschlagen haben. Sperber bekannte sich vorbehaltlos zum historischen Materialismus und zur Idee der klassenlosen Gesellschaft.[18] 1926 hatte er *Alfred Adler. Der Mensch und seine Lehre. Ein Essay* publiziert. Vierzig Seiten umfasste die Darstellung, in der er Adler als Mensch bewundernd umriss.[19] Harsch war dagegen seine Kritik an dessen Kritikern, straff seine Darstellung der individualpsychologischen Lehre. Dass es ein hagiographisches Werk war, zeigte sich im finalen Satz, auf den alles zielgerichtet hinauslief: »Alfred Adler ist das soziale Genie unserer Zeit.«[20] Es war eine vorwitzig eindrucksvolle Leistung eines Einundzwanzigjährigen. Gunst und Protektion Adlers waren ihm sicher, Kritik und Neid und Anfechtungen anderer auch.

Adler hatte schon seit einiger Zeit darüber nachgedacht, ob Sperber nicht als sein Cheforganisator nach Berlin umziehen solle.[21] Sperber kannte die deutsche Hauptstadt nicht, und doch zog es ihn dorthin: »Dafür gab es neben Adlers Wunsch mehrere Gründe, auch politische; und diese fielen seit dem 15. Juli [dem Brand des Wiener Justizpalasts und anschließenden Aneinandersetzungen zwischen Arbeitern und Polizei] entscheidend ins Gewicht.«[22] Sperber entschloss sich, nach Berlin zu gehen. Nur dort könne man, glaubte er,

Revolutionär sein und für die Revolution wirken.[23] Für die Berlin-Pläne Adlers, der damals schon in den Vereinigten Staaten weilte und den linken Flügel innerhalb des Individualpsychologischen Vereins noch tolerierte, sollte sich dies als unglückliches Vorzeichen erweisen.

18 »Gemeinschaft« und »Lebensstil«

»Aber ein Atom ist doch allein.
Ich möchte am liebsten eine Rose werden;
sie ist schön anzuschauen,
macht den Menschen Freude und wächst zusammen
mit anderen auf einem Busch!«
Alfred Adler[1]

Als Adler im letzten Jahr des Ersten Weltkriegs in Zürich seinen Vortrag über Fjodor Dostojewski gehalten hatte, tat er dies in der Tonhalle. Das wuchtige Gebäude war am 19. Oktober 1895 von Johannes Brahms eingeweiht worden, der sein *Triumphlied* op. 55 dirigiert hatte. Adler will ja als Student noch selbst in Wien den Komponisten gesehen haben. Außerdem war die Tonhalle von dem im Habsburgerreich omnipräsenten Wiener Theaterarchitektur-Büro von Ferdinand Fellner und Hermann Helmer entworfen worden. Also eine glanzvolle Kulisse für einen von Adlers raren öffentlichen Ausflügen in die Literatur, der mit einem wagemutigen Auftakt begann: »Tief unter der Erde, in den Erzhöhlen Sibiriens, hofft Dimitrij Karamasow sein Lied auf die ewige Harmonie zu singen. Der schuldig-unschuldige Vater nimmt das Kreuz auf sich und findet das Heil in der ausgleichenden Harmonie.«[2]

Seit 1906 war die Prosa des 1881 verstorbenen Romanciers nach und nach in deutscher Übersetzung erschienen; ein Jahr nach Adlers Zürcher Ansprache sollte die Ausgabe in der Übersetzung von E.K.Rahsin vollständig vorliegen. Adler zitierte aus *Die Brüder Karamasow, Der Idiot, Schuld und Sühne* und *Der Jüngling*. Einheitlichkeit, das Streben nach Wahrheit, der Weg, durch die Lüge zur Wahrheit zu gelangen, das war Adlers Thema. Und das Gegenteil. Denn der antiliberale Panslawist Dostojewski sah im Westen das umgekehrte Prinzip: durch die Wahrheit zur Lüge zu kommen. Adler fand das Schema der Kontrarität in Dostojewskis »Napoleonwerken«, deren Helden sich an die Grenze des Abgrunds wagten, ein Muster von Egoismus und Macht, Streben nach Herrschaft und Überwindung dieser Tendenz. Dostojewski war Sprungbrett zu sprachlichen Höhenflügen. »*Er* [Dostojewski] *trieb sie mit dem Stachel des Ehrgeizes, der Eitelkeit und der Eigenliebe bis in die äußersten Sphären, hetzte ihnen dann aber den Chor der Eumeniden an den Hals und jagte sie zurück bis an die Grenze,* die ihm durch die menschliche Natur gegeben schien, um sie dort in Harmonie ihre Hymne singen zu lassen.«[3]

Dann tauchte in Adlers Vortrag ein Begriff auf, der für ihn zentral werden sollte: das »Gemeinschaftsgefühl«.[4] Er verfolgte den Entwicklungsprozess des Schriftstellers nach, von Isolation, Hybris und Eigenliebe zu Hilfsbereitschaft für andere und Hingabe an das Volk. Die einzige Realität, die wir nicht ganz kennen würden, aber zu ahnen vermögen, sei, so Adler, das Gemeinschaftsgefühl. Insofern sei der Russe Realist gewesen, und ethischer Psychologe. Lebenshaltung, Machtstreben, Überlegenheitsgefühl, die Entstehung von Gemütskrankheiten, die Neigung zur Despotie, Erörterungen über den Traum, all das sei, erläuterte Adler, bei Dostojewski zu finden. Und anderes: »dass niemand handelt und denkt, ohne dass ein *Ziel*, ein Finale vor Augen steht«.[5]

Lange herrschte in der Literatur zu Adler die Meinung vor, der Begriff »Gemeinschaftsgefühl« sei 1918 unvermittelt in seinen Schriften aufgekommen. Knüpfte er an romantische Konzepte an, an den Idealismus eines hegelianisch eingefärbten Sozialismus? Jüngere Erkenntnisse korrigierten dies. Erste Keime gingen auf das Jahr 1908 zurück, ja, in indirekter Form schon auf seine vor 1900 publizierten sozialmedizinischen Aufsätze. Konkret schlugen sich Sozial- und Gemeinschaftsgedanke in den zwölf Leitlinienpunkten des Vereins für freie Psychologie nieder, die angeblich 1913 niedergeschrieben, aber erst 1920 veröffentlicht wurden.[6] Im elften Leitsatz heißt es, alle neurotischen Symptome würden sich »automatisch gegen die Entfaltung des Gemeinschaftsgefühls« richten. Diese Automatik stelle in exaltierter Form eine Gefährdung des *common sense* dar, des Gemeinsinns, des *sensus communis*.

Neurotisch somit der *sensus privatus*, eine Ver-rücktheit im Sinne Immanuel Kants.[7] Es handelte sich um »die Weisheit auf der Gasse«, auf die Adler abzielte. Verlust auszugleichen und zu kompensieren, so nun die alles überragende Aufgabe, die seiner Individualpsychologie eingeschrieben wurde.[8]

Das Podest des *common sense* oder *bon sens*, als praktische Weltklugheit einzudeutschen, des *esprit de finesse*, des Taktes – Fingerspitzengefühl im Verbund mit Entschlossenheit, Augenmaß und Zweckrationalität[9] – bilden Ideen und Bildungsgedanken des 17. und des 18. Jahrhunderts, von Shaftesbury bis Kant. Es bedarf der Menschenkenntnis angesichts der Homo-sapiens-Komödie der Irrungen und Wirrungen. »Die Menschen machen Theater, sie spielen in ihren Fiktionen.«[10] Psychotherapie im Adlerschen Sinne hieß, dem Einzelnen seine Gefangenheit in einer reduktionistischen privaten Logik, die ihn vom *common sense* separiert, vor Augen zu führen. Und qua Einsicht in die eigene Fehlerhaftigkeit ein ihm innewohnendes Gemeinschaftsgefühl aufzubauen und dieses ethische Gefühl zu intensivieren.[11] Dabei nimmt das menschliche Gehirn als Leit-, Lenk- und Koordinationsorgan der Ratio eine wesentliche Rolle ein. Als zentrales Organ registriert es die Schwäche eines Organs und sorgt für Kompensation oder, im Falle eines irreversiblen Defizits, für eine funktionelle Umverteilung. Es entpuppt sich als *common sense* und Kompensation in einem. *Common sense* ist der »Wirklichkeitssinn«. Gemeinschaftsgefühl ist das Gegenteil der egozentrischen Neurose und des Fiktionalismus. Es ist sinnlich und un- oder nur wenig bewusst, doch hochreflexiv. Man fühlt durch es, was man empfindet. Man empfindet durch es, dass man fühlt. Dieses Denken ist unmittelbar. Daher kann es nicht irren und nicht falsch sein. In Freuds Kategorie des Bewusstseins erblickte Adler ein Verhängnis des falschen und unglücklichen Bewusstseins. Hier korrigierend einzugreifen ist vermessen oder müßig oder falsch. So zielte er auf die darunter anzusiedelnde Instanz, den *common sense*, ab.[12] Für Adler wurde der *common sense* zu einer Art sechstem Sinn, »zu der magischen Fähigkeit, intuitiv richtig zu raten, das Angemessene zu tun, d. h. ›nicht zu viel‹ zu kompensieren. Der Zwang, richtig zu raten, beginnt in der Sicht der Individualpsychologie in frühester Kindheit.«[13]

Diese magische Fähigkeit ergibt sich aus einem Stadium der Unbefangenheit und Selbstvergessenheit.[14] Der Mensch, der selbstvergessen ist, gerät in die Balance des ausgeglichenen rechten Maßes. Dies macht es möglich, eine Kompensation zielgerichtet zu erreichen. »Der Mensch weiß mehr, als er versteht«, so ein Ausspruch Adlers. Was dem *common sense* zuwiderläuft, mit ihm kollidiert, ihn behindert, kurz: alles, was nicht wirklichkeitsangepasst ist, wird einem rationalisierten Verstehen entzogen. Das verwischt die Trennung zwischen »bewusst« und »unbewusst«. Was bei Adler mittels der Ratio nicht zu erfassen ist, bleibt unbewusst.[15]

Faktisch von Adler verwendet findet man »Gemeinschaftsgefühl« in *Lebenslüge und Verantwortlichkeit im Leben und in der Neurose*, einem Aufsatz, der im späten Frühjahr 1914 in der *Zeitschrift für Individualpsychologie* erschien.[16] Dabei handelte es sich um eine Studie über Melancholie. Dieser Gemütszustand sei ein Vehikel, um sich klein zu machen, kleiner, als es tatsächlich der Fall sei, also um einen Zustand der Vortäuschung und der Lüge. Einschränkungen des Denkens und ein zögerndes Sprachverhalten, dazu eine nachlässige Körperhaltung, all das würde ein limitiertes Gemeinschaftsgefühl signalisieren.[17] Überliefert ist, dass in einer Sitzung des Vereins für Individualpsychologie im März 1914 Adler vom »Ideal des Gemeinsinns« sprach, »auf dem unser Leben aufgebaut ist«.[18] Das verweist darauf, dass der Terminus Gemeinschaftsgefühl – oder wie es in einem Text Carl Furtmüllers aus dem Jahr 1912 hieß: »eine Art Solidaritätsgefühl, ein sozialer Instinkt«[19] – im individualpsychologischen Diskurs ausgeprägt war. Hatte Freud in der Liebe vorrangig Sexualität gesehen, so Adler in ihr Gemeinschaftsgefühl. Akzentuierte der eine Eros, so der andere die Philia, die Freundesliebe, eine Liebe auf der Grundlage beidseitiger Anerkennung, über die bereits die antiken Vorsokratiker nachgedacht hatten. Für Aristoteles war Philia in ihrer höchsten Ausprägung die nobelste Form der Liebe.[20] Die Mutmaßung, dass der geschulte Marx- und (vielleicht etwas weniger geschulte) Darwin-Leser sich bei einem anderen Revolutionstheoretiker, bei Pjotr Kropotkin, bedient hatte, erscheint nicht abwegig, prägte dieser doch den Begriff der gegenseitigen Hilfe – was Adler Gemeinschaftsgefühl heißt. Diese überpersonale Sicherungstendenz synthetisierte er und abstrahierte sie immer stärker von politischen Konstellationen und Instrumentalisierungen.[21]

Adlers zweiter Theorieansatz nach dem Krieg war ein Fragenkatalog: Ist seelische Gesundheit nicht allein durch Korrektur der Störungen zu erreichen (also mittels Entfaltung und Anpassung psychischer Funktionen und der Neuordnung von Persönlichkeitssegmenten)? Ist »seelische Krankheit« auf ein Defizit zurückzuführen, auf etwas, was dem Patienten fehlt? Ist Neurose eine Mangelkrankheit?[22]

Gemeinschaftsgefühl ist die als fundamental eingeführte Kategorie verbindlich gesetzter, stets dynamischer Werte. Diese sind niemals irreversibel. Sie werden nicht absolut gesetzt. Partikularanstrengungen, die sich nicht dem Gemeinschaftsgefühl einfügen, sind zum Scheitern verurteilt. Die ideale Gemeinschaft wurde zum finalen Ziel. Adler 1922 im Vorwort zur dritten Auflage von *Über den nervösen Charakter*: »Die Anschauungen unserer Individualpsychologie verlangen den bedingungslosen Abbau des Machtstrebens und die Entfaltung des Gemeinschaftsgefühls.«[23]

Um etwa 1922 hatte sich »Gemeinschaftsgefühl« zum zentralen Begriff der individualpsychologischen Theorie entwickelt.[24] Alle anderen Termini richteten sich wie Eisenspäne auf die magnetische Sinn-Kraft dieses Wortmarkenfelds aus. Adler wies ihm ein Setzungsvermögen zu, das ins Ethische und Moralische ausgriff: »Was wir einen guten oder schlechten Charakter nennen, kann nur vom Standpunkt der Gemeinschaft aus beurteilt werden.«[25] Das konkrete Gemeinschaftsgefühl wurde zur »fiktiven Norm, zur Scheidungskategorie von Neurose und Normalität, von Krankheit und Gesundheit«.[26]

Gemeinschaftsgefühl war und ist ein vielgestaltiger Begriff. Er bedarf, gerade weil er diffus ist und von Adler selbst nie zur Gänze penibel definiert wurde, einer philosophischen Deutung. Ist Adlers Idee des Gemeinschaftsgefühls, wie der Individualpsychologe Karl

Heinz Witte vorschlug, »Ciszendenz« im Gegensatz zu Transzendenz? Ist Adlers Konzept eine Revision, insofern das Gemeinschaftsgefühl eine Blick-Umkehrung ist, die aufs Engste mit einer Bewegungstransformation einhergeht? Ihm zufolge ist das Individuum nur durch den Austausch und die Wechselwirkungen mit dem Außen und mit dem Anderem zu verstehen.[27] Adler erkannte früh die Parteivereinnahmung, ob unter sozialistischem Patronat oder zugunsten einer christlichen Überwölbung. Um den Begriff vor Einseitigkeit zu schützen, wich er wohl einer Konkretisierung aus. Andererseits sollte Gemeinschaftsgefühl nicht ein ideal idealistischer Sehnungszustand bleiben. So musste er als handlungsbestimmend beschrieben werden, als erlebbar und anwendbar. Deren Ergebnis? Ein gutes und gesundes Leben.[28] Im Verhältnis von Ich zum Du, in der Erfüllung eines erfüllten Miteinanders gibt es ein ursprüngliches Erfahren, den Anhauch einer Ahnung vom besseren Leben. Das eigene Ich autonom, ohne Außenbezug, auszubilden ist ein Trug-, weil ein Zirkelschluss. Das Selbst, das einfügen und ansprechen will, ist ja bereits eingefügt und angesprochen. Diese Inwendigkeit ist reine Antwort, aber eben nicht Ursprung. Das Ich benötigt zur wahren und guten Entwicklung das größere Gemeinschaftsgefühl. Erst dieses bringt das Fühlen mit der Gesamtheit. Erst diese Konstruktion von Beziehung und Beziehungsfähigkeit führt zu einer seelischen Optimalaustarierung. Das Gemeinschaftsgefühl ist etwas Prä-formiertes, etwas, was da ist, ohne dass es extra oder mit eigenem Willen entwickelt wird. Dieses Gefühl ist so wie das Gefühl der Zuneigung und Liebe »Kriterium und Korrektiv«.[29]

Adler propagierte nicht nur die Gemeinschaft, er lebte sie auch. Einmal, so eine anekdotische Vignette, soll man in Adlers Anwesenheit über Seelenwanderung geplaudert haben. Auch wenn er nicht daran glaubte, ließ er sich auf das Thema ein und fragte, als was seine Gesprächspartner denn wiedergeboren werden wollten. Einer sagte, er möchte gern ein Atom sein und Kraft auf die Umgebung ausüben. »Aber ein Atom ist doch allein«, so Adler. »*Ich* möchte am liebsten eine Rose werden; sie ist schön anzuschauen, macht den

Menschen Freude und wächst zusammen mit anderen auf einem Busch!«[30]

Adler vertrat ein Sozialpriori, ohne es zu formulieren. Das Gemeinschaftsgefühl konvertierte für ihn Gefühle ins Irdische. Es wurde von ihm als sozial ausgerichtete Lebensform entworfen, das sämtliche Bereiche des menschlichen Lebens bestimmt und durchpulst. Gemeinschaftsgefühl war Richtschnur und Lackmustest für Fähigkeit oder Unfähigkeit eines Menschen, sozial erfolgreich oder erfolglos zu interagieren. Gemeinschaftsgefühl plus Mitmenschlichkeit waren für ihn Leitkriterien für ein gelingendes Leben.[31]

Bis zur Mitte der 1920er Jahre war Gemeinschaftsgefühl eher statisch gefasst. Ein jeder Mensch besitze es. Es sei angeboren. In der Erziehung gehe es darum, es nachhaltig zu fördern und dadurch Machtstreben zu unterbinden. Dann erweiterte Adler den Gehalt. Zugleich lockerte er die pessimistisch grundierte Naturzwangsbeziehung von Neurose und Minderwertigkeitsgefühl. Die Tonlage gegenüber Neurotikern veränderte sich. Adler nahm Abstand von herabsetzenden Einstufungen. Anklagen verblassten angesichts der nun in der Praxis anzutreffenden Bestätigung des Grundprinzips von Minderwertigkeitsgefühl und Kompensation inklusive dem Streben nach Geltung. Damals wurde die Individualpsychologie zur Bewegung, zur gesamtheitlichen Lebenstherapie. Unterstrichen wurde dies durch die Veröffentlichung des *Handbuchs der Individualpsychologie* von Erwin Wexberg. Es war eine grundlegende Publikation, für die Adler ein Vorwort schrieb, in dem er den breitenwirksamen Erfolg seiner Theorien herausstellte.

Den Begriff des Gemeinschaftsgefühls benutzte Adler später als gleichbedeutend mit dem Sozialinteresse, eine Rückübersetzung von *social interest*. Der Begriff des *common sense* wird als Gesundheitskriterium eingeführt. Aber es bleibt unklar, inwieweit Gemeinsinn immer ein gesunder Menschenverstand ist und was man sich unter Anpassung an die Gemeinschaft vorzustellen hat, wenn Normalität mit Gesundheit gleichgesetzt wird. Eine Anpassung an reale Gemeinschaften, also Konformismus? Oder eine Orientierung an einer idealen Gemeinschaft der Zukunft als der »einzigen absoluten

Wahrheit«?[32] Auffallend: Es gebrach Adler an einem Konfliktmodell. Was, wenn es unterschiedliche Vorstellungen über den rechten Weg gibt? Was, wenn Herkommen, Erfahrungen und Interessen der involvierten Personen so unterschiedlich sind, dass sie miteinander kollidieren?

Die zeitgenössische Kritik ging scharf mit ihm ins Gericht. Der Individualpsychologe Otto Rühle nannte Adlers Gemeinschaftskonzept »Wischel-Waschel«.[33] Mit dieser flapsigen Beschreibung meinte er wohl die allzu utopische Dimension der Verwirklichung, die in den Augen des antiautoritären Marxisten viel zu wenig materialistische Bodenhaftung besaß. Manès Sperber, 1931/32 – noch – Marxist, tat Gemeinschaftsgefühl als »ethischen Dunst« ab.[34] Dabei hatte er 1926 Adler als »Konfuzius des Westens« (wie jüngere Studien zeigten, gibt es tatsächlich erstaunliche Parallelen zum Buddhismus wie zum Daoismus) und als »das soziale Genie unserer Zeit« gefeiert, was der englische Adlerianer Philip Mairet im angloamerikanischen Sprachraum weitertrug.[35] Ganz von der Hand zu weisen war ein solcher Vergleich nicht. Einer der Schlüsselbegriffe des Konfuzianismus, Jen, lässt sich als Zuneigung zu anderen übersetzen und ist in seiner Sprachwurzel eine Kombination von Mensch und der Zahl 2. Hier wie dort geht es um eine gesellschaftliche Grunddisposition und um die Ermächtigung des Selbst, sich diese Komponente des gesellschaftlichen Miteinanders anzueignen. Es geht um Er-ziehen durch Be-ziehen.[36]

Wexberg beschrieb den vielschichtigen Begriff des Gemeinschaftsgefühls so: die eigene Person gegenüber der Sache hintanzustellen, etwas für die Gemeinschaft tun zu wollen, mit Leben, Kosmos und Kunst verbunden zu sein, Verantwortung für sich selbst zu übernehmen. Die eigene Person hintanzustellen im Zuge dieses Begriffsmanövers, das die Nachkriegs-Individualpsychologie änderte, fiel nicht allen leicht. Schon ab 1918/19 hatte das Konzept des Gemeinschaftsgefühls in Adlers Kreis zu Disputen geführt.[37] Einige schieden aus. Sie wollten mit der Idee vom Gemeinschaftsgefühl den Boden wissenschaftlicher Psychologie nicht verlassen. Anderen war der Moralaspekt suspekt bis unklar. Wieder andere wollten

Ärzte bleiben und nicht philosophierende Pädagogen werden.[38] Es gab Grenzen der Gemeinschaft.

»Gemeinschaft« wurde in den 1920er Jahren zum politischen Schlagwort. Es wurde agitatorisch eingesetzt. Es wurde zivilgesellschaftlich radikalisiert. Auch akademisch geriet der Gemeinschaftsbegriff in den diagnostischen Blick. Aus sozialphilosophischer Perspektive setzte sich Helmuth Plessner damit auseinander, im Jahr 1924 32-jähriger Privatdozent an der Universität Köln. Er beugte sich über die Grenzen der Gemeinschaft und fand für den Untertitel seines Buches die Formel *Eine Kritik des sozialen Radikalismus*.

Er schrieb verständlich, ja in seiner Schlichtheit an Aphoristikern des 18. Jahrhunderts wie Chamfort oder Vauvenargues orientiert. Zielgerichtet brachte er zu Beginn das Eigentliche aufs Tapet: »Das Idol dieses Zeitalters ist die Gemeinschaft. Wie zum Ausgleich für die Härte und Schalheit unseres Lebens hat die Idee alle Süße bis zur Süßlichkeit, alle Zartheit bis zur Kraftlosigkeit, alle Nachgiebigkeit bis zur Würdelosigkeit in sich verdichtet.«[39] Dabei spielte der Faktor Radikalismus, der im Untertitel aufschien und das politische Zeitgeschehen der deutschen Weimarer Republik kennzeichnete, eine Rolle. »Der Radikalismus ist die Partei des Geistes, dessen Ideen Wegweiser ins Unendliche aufrichten und in jeder Lage das Gewissen der Zukunft mahnen. Er ist der Verächter des Bedingten, Begrenzten, der kleinen Dinge und Schritte, der Verhaltenheit, Verschwiegenheit, Unbewusstheit, freudig, aber nur zum Großen, andächtig, aber nur zum Gewaltigen, puristisch, daher pharisäisch, prinzipiell, daher verdrängerisch, fanatisch, daher zerstörend.«[40] Daraus leitete Plessner Fragen ab: Lässt sich in einem idealen Zusammenleben der Menschen Gewalt neutralisieren oder ausschalten? Wie sieht das Verhältnis von Aggressivität, die dem Menschen in der »physischen Seinszone« aufgezwungen wird, und Gewaltfreiheit aus? Wie verhält es sich mit Ehrlichkeit im zwischenmenschlichen Umgang? Sind nicht kleine Lügen soziale und emotionale Bindemittel?[41]

Ein optimistisches Gegenbild zeichnet er, innerhalb des Passepartouts einer kapitalistischen Gesellschaft, in der eine Automatisierung den Menschen abzuschaffen droht und Rationalisierungsprozesse vorantreibt.[42] Apodiktisch meinte Plessner, dass eine Forderung nach Gemeinschaft utopisch sei. Diesen Idealtypus gelte es, »an die realen Gegebenheiten« heranzutragen, und damit diverse Institutionen, von der kleinsten Personalzelle, der Familie, über Kirche bis zur »Werkgemeinschaft«, zu inspirieren.[43]

Über eines wollte sich der Philosoph nicht hinwegtäuschen. Jedes Zusammenleben trage »den Keim des Aneinandervorbeilebens in sich«. Vollständiger Einklang und harmonische Übereinstimmung aller Wesen sei nicht vorstellbar noch möglich. Die menschliche Existenz hege zu viele unwägbare Seiten, die dem seelischen Leben Reiz, Atmosphäre, Licht, Lebenswertes verleihe. Passagenweise klang der Soziologe, als habe er Texte und Vorträge Adlers rezipiert. Würde, schrieb er, »betrifft stets das Ganze der Person, den Einklang ihres Inneren und Äußeren, und bezeichnet jene ideale Verfassung, nach der die Menschen streben, die aber nur wenigen verliehen ist. Je höher der Mensch hinaus will, um so schwerer erreicht er dieses Ideal, denn mit der Vereinseitigung der Konzentration auf große Themen reißt er die Kluft zwischen sich und seinen Ambitionen auf.«[44] Noch deutlicher einige Seiten später: »Das Schwergewicht der Form, der Bedeutung, in der das Individuum erscheint, macht sich kompensatorisch in der Wirkung auf andere geltend, welche ihrerseits zu einem Eingehen auf die Form, die Bedeutung gezwungen werden. Jemand ist nur etwas in der möglichen Anerkennung durch andere.«[45]

Angesichts solcher Wendungen verwunderte es nicht, dass Ferdinand Tönnies, Lehrstuhlinhaber für Soziologie in Kiel und Autor des Soziologie-Klassikers *Gemeinschaft und Gesellschaft*, meinte, das »geistreiche Büchlein« sei mehr der Ethik zuzuschlagen denn der Soziologie und dem Text eigne pädagogisch Nützliches an.[46] Mit diesem Hinweis hatte Tönnies recht. Plessner wollte einwirken auf Debatten über ein neues Selbstverständnis Deutschlands.[47] Er munitionierte sich aus dem Arsenal deutscher Geistes- und Philosophiegeschichte, dem Zeitalter des Idealismus, Schiller, Schelling und Hegel, dazu Georg Simmel, Kant und Max Weber.[48] Zentral für seine Argumentation war die nicht überbrückbare Spannung zwischen Ausdruck und Ausdrucksunmöglichkeit. Dabei wollte er nicht die leib-seelische Ganzheit des Menschen aus dem Blick verlieren. Die vernunftsinnliche Ganzheit betonte er.[49] Die Differenz von Öffentlich und Privat, der Notwendigkeit von Institutionen und der unleugbaren wie nicht anhaltbaren Entfremdung wurde verteidigt.[50] Gemeinschaft ließ sich bei Plessner am plastischsten *ex negativo* beschreiben, von der Warte des Konterparts Gesellschaft aus. Diese figurierte bei ihm als: Öffentlichkeit, Spiel, Takt, Diplomatie, Distanz, Zurückhaltung, aber auch als Gewalt. Unter Gemeinschaft rubrizierte er: Nähe, Direktheit, Rückhaltlosigkeit, Aufrichtigkeit, Gewaltlosigkeit, Wahrheit. Aber auch bei ihm blieb die Scheidegrenze von wirklicher Gemeinschaftlichkeit und der utopischen Übersteigerung der Gemeinschaft im Diffusen.[51] »Wenn das soziale Leben ein Seelenleben ist«, fragte fast achtzig Jahre später der Soziologe Karl Otto Hondrich, »das unweigerlich konfliktorisch und kollektiv angelegt ist, wie kommt es dann zu Grenzen und Grenzüberschreitungen? Wie haben wir die ›Grenzen der Gemeinschaft‹ zu verstehen – als etwas quasi Naturhaftes, das nicht überschritten werden *kann*, oder als Normatives, das man nicht überschreiten *darf*?« Eines blieb und bleibt unbestritten – und fügt sich in Adlers *communitas*-Lebensmelodie ein: In jedem Falle ist Gemeinschaft in der modernen Gesellschaft immer die unbestimmte Begleitmusik bestimmenden Handelns. Sie lässt sich nicht abstellen, sie lässt sich nicht vorweg komponieren.[52]

Die zweite, ebenso wichtige Phase seiner Ich-Psychologie leitete Adler mit dem Begriff »Lebensstil« ein. Adler benutzte ihn erstmals 1926 in seiner Vorrede zum *Handbuch der Individualpsychologie*. Damit ersetzte er andere Termini – Leitbild, Leitlinie, Lebensplan, private Logik.[53]

Lebensstil ist eine Verhaltenslogik, Adler, der Musikliebhaber, nennt sie mitunter eine »Lebensmelodie«, in der nicht nur das Woher und das Warum, sondern das Wohin und das Wozu tonangebend sind. In der Vokabel vom Lebensstil fasste Adler die individuell unverwechselbare Zielausrichtung im jede Symmetrie destruierenden Wider- und Wechselspiel von Willen zur Macht (= Kompensation) und Gemeinschaftsgefühl.[54] Wie ein Mensch sein Leben gelebt, wie er es aufgebaut und ausgestaltet hat, wie er mit Forderungen und Konfrontationen umging, wie er scheiterte, was ihm gelang, welche Beziehungsmuster er pflegte, das waren die Elemente, die sich zu Charakter summierten.[55] In einer Formel werden dabei Einschätzung, Individuum plus Erlebnisse plus psycho-physisch-soziales Milieu, mit »Arrangement und tendenziöser Konstruktion« in Verbindung gesetzt. Ergebnis: das Persönlichkeitsideal der Überlegenheit.[56] Es geht um Entschleierung und die Illumination der Ziele. Deren kritische Erhellung löst eine Umstellung aus. Niemand, meinte Rudolf Dreikurs, weiß exakt, weshalb sie oder er sich genau so verhält, wie es der Fall ist. Werden die Ziele klar, dann wird auch das Instrumentarium klar, um andere, bessere Wege zu gehen, um den Einzelnen in Gemeinschaft und Gesellschaft zu integrieren. »Es ist außerordentlich wichtig, dass man sich davon fernhält, dem Patienten zu sagen, was er *ist* oder was er *hat*, Fähigkeiten oder Schwächen, Eigenschaften oder Komplexe.«[57]

Dabei ist Lebensstil ein Pool-Begriff. Er umfasst die sich in den ersten fünf Lebensjahren ausgebildeten Eigenheiten. Adler nannte dies das »künstlerische Werk des Kindes«.[58] In summa führen sie zu einem erfüllt-erfüllenden Leben. Oder sie ergeben einen selbstzentrierten Charakter, der nach Überlegenheit, Kontrolle und Macht giert.[59] Dabei ist Lebensstil nicht starr. Es handelt sich um eine kontinuierliche dialektische Entwicklung. Gestörtes Leben heißt Adler zufolge, zum Stillstand zu kommen, um Risiken auszuweichen.[60] Einen Menschen verstehen zu wollen bedeutet für Adler, seinen Lebensstil zu erfassen. Motivationen und Affekte, Erinnerungen und Aktionen werden von daher erklärbar. Charakter ist das Ergebnis eines Trainings, das auf die Verwirklichung des Lebensstils ausgerichtet ist.[61] Charakterzüge formen Leitlinien, die Orientierung sind. Sie sind flexibel und dynamisch, weil von einem geheimen Bewegungsgesetz erfüllt, das als Leitmotiv unterhalb des Bewusstseins alle Lebensbeziehungen prägt. Und: Sie sind bis heute aktuell. »Was die Individualpsychologie zum Lebensstil, zum Verhältnis von subjektiver Befindlichkeit und Bewältigung, zum Arrangement des Neurotikers an Aussagen enthält, kann in einer anderen Terminologie auch Techniken der Alltagsbewältigung genannt werden und verweist auf das Coping-Thema der Lebensbewältigung und die erforderliche Balance zwischen subjektivem Erleben der Klienten und den objektiven Lebenstatsachen bei sozialpädagogischen Interventionen.«[62]

Adler sah den Lebensstil eines Individuums als eine Einheit, die auf einer Konstruktion basiert. Als unzerstörbare Einheit, bis deren Konstruktionsfehler identifiziert und eine Re-Konstruktion durchgeführt wird. Lebensstil ist eine Selbstorganisation der Seele. Sie ist autonom, sie besitzt ein eigenes »Bewegungsgesetz«.[63] Worte wie Bewegung und Aktion zählten zu Adlers Favoriten, da sie positiv besetzt sind. Das Gegenteil verhieß Stillstand und Reduktion, psychoneurotische Unbeweglichkeit, »Selbstblockade« und »verringerte Aufmarschbreite« (hier schlug sich Adlers gelegentliche Neigung zu militärischen Metaphern durch).[64] Es geht um Steuerung und Steuerungsprobleme, womit sich eine Nachfolge zu antiken griechischen Philosophen und deren Konzepten einer Diätetik und einer richtigen, guten Lebensweise ergibt.[65] Ebenso stupend mutet eine Querverbindung zur Spieltheorie des 20. Jahrhunderts an. Diese wie jene ist ein »Plan, der angibt, welche Wahl er (der Spieler bzw. der Mensch) zu treffen hat, in allen nur möglichen Situationen, für jede nur mögliche Informationen, die er in diesem Augenblick im Einklang mit dem Informationsschema, das die Spielregeln für diesen Fall vorsehen, besitzen kann«.[66]

Im Lebensstil wurde die Individualpsychologie zur finalen Handlungstheorie. Leben ist die Unternehmung, einen »Lebensplan« umzusetzen. Ein falscher Lebensstil kollidiert eher früher als später mit der Realität, vor allem mit der Gemeinschaft. Gerade im Zuge von Konflikten kommt der Lebensstil mitsamt seinem Sicherungsbedürfnis in eine Krise, bricht als Krise auf und führt aus dieser Krise zu Einsicht und Veränderung. Wenn eine solche Umkehr nicht eintritt, wird der Mensch von seinen Neurosen überwältigt. Das Leben kompensiert Fehler in jedem Fall. Beim Kosmos handelt es sich schließlich um eine Ausgleichsordnung. »Die Fehler können sich im Miteinander der Gemeinschaft gegenseitig korrigieren; jedem ist genug jederzeit regenerationsfähiger, die Seele insgesamt regenerierender Common Sense gegeben, so daß die Menschen aus seelischen Katastrophen lernen, zur Einsicht kommen und sich helfen lassen können. Mit dem neurotischen Vergleichszwang verschwindet zugleich das Gefühl, zu kurz gekommen zu sein. Das alles impliziert eine Kosmodizee, einen ›Sinn des Lebens‹.«[67]

Mit der Idee des Lebensstils konzipierte Adler eine Kontrastfigur zur Psychoanalyse Freuds. Bei Freud ist der Mensch immer Opfer. Von seinen Handlungen wird er durch Umstände entschuldigt, die er nicht zu verantworten hat. In der Individualpsychologie hingegen scheint der Einzelne als eigenverantwortlich Handelnder auf, dessen Agieren in seiner Gesamtheit wichtig wird. Dies nahm Adler als Therapeut wörtlich – er entschlug sich der Couch, auf die sich die Patienten zu legen hatten, er saß ihnen gegenüber. So konnte er sehen, wie sich das Gegenüber körperlich verhält. Zudem ist so die therapeutische Arbeit zwischen Therapeut und Patient eine demokratische auf Augenhöhe, eine erste Ermutigungs- und Entlastungs*aktion*.[68] Entlastung von Überforderung, die das Resultat mangelnder Kooperationsentwicklung und defizitären Gemeinschaftsgefühls ist.[69] Resultat dieser Überforderung ist ein enthemmter, eingeschüchterter, entmutigter Mensch, der keine Soziabilität mehr fühlt noch besitzt und trachtet, diese Unterlegenheitskonstellation durch Kompensation in eine Überlegenheitslage umzuwandeln.[70]

Adlers »Lebensstil« ist eine Persönlichkeitstheorie, die die Klinische Psychologie Jahrzehnte später aufnahm. So fand der Eintrag »Lebensstil« Eingang in den dritten Band der Reihe *Trends in der Klinischen Psychologie* (als »Lebensstil, psychisch-somatische Anpassung und klinisch-psychologische Intervention«).[71] Spätere Psychologen brachten ähnliche bis analoge Begriffe mit demselben inhaltlichen Gehalt in Umlauf. Der Amerikaner Harry Stack Sullivan sprach von »Selbstsystem«. Iwan P. Pawlows »Lebensweise« bezeichnete ein dynamisches Schema, und des Behavioristen

B. F. Skinners »regelgesteuertes Verhalten« war ob des Rationalitätsprinzips dem Wortsinn von Adlers »Lebensstil« ebenfalls nicht unverwandt.[72]

Eine Generation später beugte sich ein französischer Soziologe über den Lebensstil. Pierre Bourdieu nannte ihn »Habitus«. Habitus war ihm eine Theorie des Sozialen und gesellschaftlicher Einschätzung. Bei Adler meinte »Einschätzung« etwas Subjektives, eine »tendenziöse Apperzeption«. Der Akt der Einschätzung sei per se nicht frei, sondern infolge von Rahmenbedingungen, »innerer Kausalität« oder »gebundener Finalität«, eingeschränkt und nie objektiv. Individuelle Rahmenbedingen der elementaren Stellungnahme umfassen Anlage, Konstitution, Geschlecht, Körperlichkeit. Daraus formt sich das Selbstbild. Erlebnisse hängen von der Umwelt ab, der belebten wie der unbelebten, vom Erziehungs- und sozialen Milieu, von Familie, Familienatmosphäre, -konstitution und Geschwisterreihung. Die sinnlichen Erfahrungen gerinnen zu einem Wissensvorrat. Aus diesem Wissensspeicher wird geschöpft. Wertungen erfolgen gemäß privater Meinungen. Diese bilden Schemata, mit denen die Welt erfasst und betrachtet wird. Apperzeption, vom Philosophen Georg Wilhelm Leibniz aufgebracht, ist vom neulateinischen Verb *adpercipere* abgeleitet, das wörtlich »hinzuwahrnehmen« bedeutet. Im österreichischen Sprachgebrauch ist dieses Wort zwar auch recht selten, findet sich aber immerhin beim Romancier Heimito von Doderer, in dessen Tagebüchern und Briefwechseln Apperzeption und sein Gegenteil, die Apperzeptionsverweigerung, jeweils rund einhundert Mal auftauchen, ohne jeden Hinweis auf Adler übrigens. (Doderers Korrespondenzpartner, der Maler und Autor Albert Paris Gütersloh, meinte als Quelle den antirepublikanischen deutschen Staatsrechtler Carl Schmitt auszumachen.)[73]

Bourdieu schlug in seiner Lebensstilanalyse zwei Kategorien vor, das *opus operatum*, das Werk oder das Produkt des Handelns, und den *modus operandi*, die Handlungsweise.

Erstere ist die »strukturierte Struktur« des Habitus und wird durch elementare Lebensbedingungen der sozialen Lage bestimmt, durch Sprache, Kleidung, Ernährung oder Diätetik, durch Wohnen, sportliche Aktivitäten und anderes. Dies wird nach außen, gegenüber der Welt und in die Welt hinein, sichtbar. Der Charakter kultureller Bedürfnisse ist sozialisationsbedingt.[74] So wird Zugehörigkeit zu einer Gruppe oder einer gesellschaftlichen Klasse deutlich. Lebensstil entspricht Rang und gesellschaftlichem Status, ein Teilbereich dessen, worauf Adler abzielte. Der *modus operandi* ist Bourdieu zufolge eine »strukturierende Struktur« und »das generative Erzeugungsprinzip für Praxisformen und Verhaltensstrategien eines sozialen Akteurs«.[75] Einschätzung und Ziel weisen eine größere Annäherung an Adlers Konzeption auf. Bourdieu argumentiert, dass soziale Subjekte ein System generativer Strukturen haben, mit Hilfe dessen sie endlose Äußerungen produzieren. Mit diesen können sie auf jede nur denkbare Lebenssituation reagieren.

In Bourdieus Denken ist das ausschlaggebende Distinktionsmerkmal der Geschmack. Dieser ist der symbolische Ausdruck der Klassenstellung.[76] Habitus erzeugt einen *amor fati* – man mag, was man hat, man hat, was man mag. Im Geschlechterverhältnis existiert »symbolische Gewalt«: »ein subtiler, unsichtbarer, wie mit einem Weichzeichner geschönter Modus der Herrschaftsausübung«.[77] Soziale Felder funktionieren nicht ohne Habitus. Umgekehrt ist Habitus das Ergebnis der Beziehung zu unterschiedlichen sozialen Feldern, ein Wechselspiel also.[78] Während Adler den einzelnen Menschen betrachtet, nimmt Bourdieu die Gesellschaft ins Visier. Adler schloss vom Individuum auf das Ganze. Bourdieu schlug den entgegengesetzten Weg ein. Beide dekretierten, der Lebensstil würde sich in der frühen Kindheit ausbilden. Bourdieu ging es um Einebnung und Beseitigung repressiver Hierarchien. Für Adler war Bewegung von unten nach oben ein Grundgesetz, das als Dynamo bewirkte, aktuelle Verhältnisse ins Positive und Bessere zu verändern. Im Gemeinschaftsgefühl fielen am Ende psychische Gesundheit und ethisches Handeln in eins.

Auf »Bewegung« bezog sich auch der litauisch-französisch-jüdische Philosoph Emmanuel Lévinas: »Die ›Bewegung‹ der als Transzendieren zum Unendlichen des ›ganz Anderen‹ verstandenen Zeit zeitigt sich nicht auf eine lineare Weise, sie gleicht nicht der Geradheit des intentionalen Strahls. Ihre Weise zu bedeuten, die durch das Geheimnis des Todes gekennzeichnet ist, macht einen Umweg, indem sie in das ethische Abenteuer des Verhältnisses zum anderen Menschen eintritt.«[79] In der individualpsychologischen Psychotherapie ist Bewegung stets Veränderung. Diese, verstanden als Entwicklung, ist immer mit Lebensstilanalyse verbunden. Die Lebensstilanalyse ist dem Beziehungsgeschehen von Klient und Psychotherapeut inhärent.[80] Beide sind in ein fein gewobenes Regelwerk eingebunden. Beide sind diesem ausgesetzt.

1937 erschien im Januar-Heft der *Internationalen Zeitschrift für Individualpsychologie* einer von Adlers letzten Texte, »Ist Fortschritt der Menschheit möglich? Wahrscheinlich? Unmöglich? Sicher?«. Als entscheidend, ja als »Maßstab für die spezielle Variante von Mensch und Masse« machte er darin Entwicklung und Wohlfahrt der Menschheit aus, was er als Grad und Art des Gemeinschaftsgefühls übersetzte. »Da man bei allen Menschen einen, meist zu geringen, Grad von Gemeinschaftsgefühl antrifft, ausgenommen bei Idioten, aber selbst bei Tieren, so ist die Annahme gerechtfertigt, dass das im Leben bewiesene Gemeinschaftsgefühl als Möglichkeit in der Keimzelle wurzelt, aber, wie alle angeborenen Möglichkeiten menschlicher Art, zu seiner Entfaltung kommt entsprechend dem *einheitlichen* Lebensstil, der dem Kinde aus seiner *schöpferischen* Kraft erwächst, das heißt daraus, wie es die Welt ansieht und was ihm als Erfolg *erscheint.*«[81]

Adler richtete seinen Blick nicht auf das reine Vorhandensein und nicht auf die strukturelle Komposition. Ihm ging es um die Anwendung in der Lebensbewegung und der Zielausgerichtetheit, um Einsatz, Entfaltung und Entwicklung. Das Wachsen – die Nähe zur Biologie ist unübersehbar – werde in der frühen Kindheit geprägt. Die Überwindung des dialektischen Verhältnisses von Minderwertigkeit und Überlegenheit hin zu einem Leben mit Gemeinschaftsgefühl und aus dem Gemeinschaftsgefühl heraus geriet tatsächlich zu so etwas wie einer Konversion. Die erkenntnishafte Einsicht in die falsche Auffassung vom eigenen Leben markiere den Wandel. Das war bemerkenswert. Denn ansonsten vollzieht sich Therapie in kleinen Schritten, nicht in Sprüngen. Am Ende einer therapeutischen Arbeit stünden tiefes Erkennen in Falsches und Irrtümliches und eine grundsätzliche Korrektur. Adler umriss dies als ganzheitliche Strukturwandlung des Subjekts, die in seinem Spätwerk fast zu einer evolutionären Überwindung einer neuzeitlichen Ich- und Subjektzentrierung ausformuliert wurde.[82]

19 Individualpsychologie und die sozialistischen »Kinderfreunde«

»Wer Kindern Paläste baut, reißt Kerkermauern nieder.«
Julius Tandler[1]

Es ist unleugbar, dass sich gegenwärtig die Zersetzung der Familie vorbereitet. Je weniger die Familie erziehen kann, umso mehr muss der Staat eingreifen. Er hat hiezu geradezu die Pflicht, da die Schäden im Familienleben zum größten Teile eine Folge der misslichen sozialen Verhältnisse sind.« Das meinte 1911 Landesrat Dr. Franz Hueber in einer Studie.[2] Im »Auftrage der Zentralstelle für Kinderschutz und Jugendfürsorge in Wien« hatte er Fürsorgeeinrichtungen für Kinder evaluiert. Mit dem Ergebnis, dass die Konsequenzen von Industrialisierung, Landflucht, Elendsquartieren, eines Proletariats ohne Aufstiegschancen und der Atomisierung von Familien einschließlich körperlicher und sexueller Gewalt in den Blick gerieten. Schlagworte wie »Öde des mutterlosen Haushalts« oder »sittliche Degeneration« zielten auf Verwahrlosung und im Umkehrschluss auf die Absicht, eine ganze Generation zu retten.

Dass die stumme Welt der Tagelöhner, Elenden, Ausgebeuteten und Entrechteten eine Stimme bekam, dafür sorgten Reporter wie der Redakteur der *Arbeiter-Zeitung* Max Winter. Sie begannen auszuleuchten, *how the other half lives*. Kanalisation, Obdachlosenasyl, Polizeikommissariat, Eiskeller, Wärmestube oder mit dem Rettungswagen unterwegs – als Berichterstatter ging Winter dorthin, wo andere nicht hingingen, verkleidet und sich unterschiedlichsten Milieus anpassend. Winter beschrieb das Dunkle der Hauptstadt. Er schilderte die Ödeme des ausgehungerten Unterbauchs in Vorstädten wie Floridsdorf und Brigittenau.[3] Wenn er vom »goldenen Wiener Herz« schrieb, dann gallig. Die staatliche Fürsorge war zersplittert. Armenpflege galt als lästig und wurde eher privaten Initiativen überlassen, die Wohltätigkeitsbälle und Lotterien organisierten. Die Unterstützung und Speisung von Wiener Kindern nach dem Ersten Weltkrieg ging auf amerikanische Quäker zurück.

Zwar hatte es schon vor 1914 Wohlfahrtseinrichtungen gegeben, aber sie kamen bevormundend und repressiv daher, als Kinderbewahranstalten, Knabenbeschäftigungsanlagen oder »Ferienkolonien-, Spar- und Unterstützungsverein für Kinder«, dem Adlige hie und da An- und Landsitze, zumindest teilweise, zur Verfügung stellten.

Den Grazer Sozialdemokraten Anton Afritsch hatten 1908/09 konträre Gedanken geleitet: Hilfe zur Selbsthilfe, Unterstützung zum Zweck der Selbstermächtigung, Emanzipation vom karitativen Wohlwollen der bürgerlichen Schichten. »Den Arbeitereltern behilflich zu sein in ihrer Erziehungspflicht« waren Leitsätze des »Arbeitervereins Kinderfreunde der Alpenländer«, den Afritsch gegründet hatte und der ganz praktisch wirken wollte, handgreiflich lebensverbessernd.[4] 1915 wandelten die »Kinderfreunde« eine aufgelassene Holzknechthütte auf 1000 Meter Höhe zu einem Ferienhäuschen um, in dem dreißig Kinder urlauben konnten, erstmals in ihrem Leben, und in dem gesund gekocht wurde.[5] Ein Hygieneverein stiftete Afritsch ein Bauerngut bei Graz. Es wurde zur Tagesheimstätte. Am 4. März 1918 wurde das zehnjährige Bestehen groß gefeiert.[6] Dass Afritschs Organisation so erfolgreich war, nahm man in Wien mit Interesse zur Kenntnis. In Wien-Floridsdorf war 1910 eine erste lokale Ortsgruppe der »Kinderfreunde« gegründet worden. Ein Jahr später wurde der Vereinssitz nach Ottakring verlegt. Rasch entstanden in anderen Bezirken Ableger. Die »Kinderfreunde« hatten sich pädagogische Anstrengungen und Reform-Vorträge ebenso auf die Fahnen geschrieben wie den Kontakt zur Kommunal- und der größeren Politik. Afritschs Organisation schlug rasch Wurzeln. Was sie bewirken konnte, zeigt das Beispiel eines Handelslehrlings, der, aus einer ärmlichen jüdischen Familie stammend, von seinen Eltern nach der Scheidung katholisch getauft, in die Ortsgruppe Alsergrund kam. Otto Felix Kanitz. Zunächst in ein kirchliches Waisenhaus im Alsergrund gesteckt, hatte er Familienferne und Famillienabstieg erlebt. »Ich bin Otto, aber nicht felix«, nicht glücklich, so Kanitz später.[7] Das Abitur holte er im Herbst 1918 im Selbststudium nach, studierte Philosophie und Pädagogik und wurde 1922 promoviert. Seine pädagogische Ader war stark. Schon 1916 hatte er sich bei den »Kinderfreunden« als »Lehrer« bezeichnet. Mit Kriegsende entfaltete Kanitz rege Aktivitäten.[8]

Die Ausrichtung der Wiener Ortsgruppen unterschied sich von Afritschs Ansatz. Am 1. Juli 1917 wurden das städtische Wohlfahrtsamt und das Jugendamt geschaffen. Dies signalisierte eine Abtrennung der Jugend- von der Armenpflege. Im Mai 1918 konstituierte sich die »Städtische Akademie für soziale Verwaltung«. Parallel hatte sich die Versorgungs- und Ernährungslage für Kinder und Heranwachsende massiv verschlechtert. In zwei Kindergärten gab es »Kinderkriegsküchen für Vier- bis Siebenjährige«. In den Kriegswintern mutierten Schulräume zu »Kinderwärmestuben«.[9]

Damals zog bei den Wiener »Kinderfreunden« ein revolutionärer, sozialistischer Impetus ein. In Wort, Schrift und Tun. Nun war von »neuer Zukunft« die Rede, vom »Neuen Menschen«, vom »Heil des Proletariats«.[10] Ende 1916 las man in der Verbandszeitschrift *Kinderland*: »Keine Organisation des Proletariats darf etwas anderes sein als eine Selbsthilfeorganisation, die vor allem aus der Kraft der Arbeiterklasse geboren und geschaffen wird.«[11] Die Arbeitsgemeinschaft sozialistischer Erzieher mit zwischen 1923 und 1934 rund 200 freiwilligen Mitarbeitern wirkte innerhalb des Vereins »Freie Schule – Kinderfreunde«. 1915 hatte der niederösterreichische Ableger eine Erziehungslehre im sozialistischen Sinne eingefordert, nachdem die ersten Impulse via Ellen Key, der berühmten schwedischen Pädagogin, zu Nietzsche zurückgingen. Schon vor dem Ersten Weltkrieg hatten andere Einflüsse überhandgenommen, Jugendbewegung, schulreformerische Ansätze, der literarische Expressionismus mit seinem kosmischen Menschheitsbefreiungspathos, 1917 die russische Revolution.[12]

Nach der Dethronisierung Kaiser Karls Ende November 1918 stand das gewaltige Schloss Schönbrunn leer. Die »Kinderfreunde« bezogen im Dezember Suiten im rechten Flügel des Palasts, im

Valerietrakt. Kanitz richtete hier eine Erzieherschule ein, die am 12. November 1919, dem ersten Geburtstag der Republik, eröffnet wurde. Ihr Leiter? Er selbst. »Neue Menschen« sollten hier erzogen werden, wertvolle Mitglieder einer gerechten, sozialistischen Gesellschaftsordnung, *Kämpfer der Zukunft*, wie es der Titel eines von Kanitz' Büchern ausdrückte.[13]

Kanitz lehrte Weltgeschichte, sozialistische Erziehung und rhythmische Übungen. Er unterlegte den Ausdruckstanz mit Walzermusik.[14] Alle Areale sollten abgedeckt werden, von Bücherkunde über Botanik, Stenographie bis zum Schwedisch-Turnen, Vorläufer physiotherapeutischer Bewegungsübungen.[15] Man unternahm Wanderungen, Exkursionen in Museen und Bibliotheken. Die älteren Schülerinnen übernahmen in der Freizeit klein- und mittelverantwortliche Aufgaben im nahe gelegenen Kinderheim.[16]

Im Schuljahr 1922/23 lehrten an Kanitz' Erzieherschule drei Adler: Professor Max Adler, der »Einführung in den Marxismus (Soziologie)« anbot – er und Alfred Adler kannten sich schon seit Jahren, waren doch beide im *Verein sozialistischer Studenten* aktiv gewesen[17] –, Dr. Jenny Adler das Fach Gesundheitslehre und Alfred Adler »Psychologie«. 1923 war das Abschlussjahr der ersten Schülerinnen- und Schülergeneration der Einrichtung. Zweiundzwanzig junge Absolventen wurden als Erzieher in Ortsgruppen entsandt.[18]

1922 nahm Adler an der Sozialistischen Jugenderziehungs-Internationale auf Schloss Kleßheim nahe Salzburg teil, später an weiteren Weltjugendtreffen. Die Jung-Lehrer, denen er die Grundprinzipien der Individualpsychologie auseinanderlegte, fungierten als Mittler. Individualpsychologische Erziehungsan- und -einsichten flossen in die sozialistischen Lehr- und Jugendtheorien ein.

Fast zeitgleich engagierte sich Alfred Adler in der Völkerverständigung über Länder- und Sprachgrenzen hinweg und war einer der Mitgründer der Wiener Ortsgruppe von »Clarté«, einem internationalen Friedensverein mit sozialistischer Grundierung. In die Arbeitskommission wurden außer ihm Ehefrau Raissa berufen, die Wiener Autorin Else Feldmann, der Journalist und Filmkritiker Béla Balazs und der austromarxistische Nationalökonom Otto Neurath,

Generalsekretär des Österreichischen Verbands für Siedlungs- und Kleingartenwesen. Überdies wirkte die Individualpsychologie für Pazifisten attraktiv. So nahmen in den folgenden Jahren an individualpsychologischen Kongressen häufig Friedensaktivistinnen teil.[19] 1928 steuerte Adler den Text »Psychologie der Macht zu Gewalt und Gewaltlosigkeit« zum *Handbuch des aktiven Pazifismus* bei, andere Beiträger waren Romain Rolland, Stefan Zweig, Mahatma Gandhi und Bertrand Russell.

Nach der Schließung der Internatsschule im Frühsommer 1923 auf Grund ausgetrockneter Geldquellen engagierte sich Kanitz in der Organisation der Sozialistischen Arbeiterjugend.[20] Die Absolventen seiner Einrichtung waren in der Folgezeit das Fundament nahezu aller Erziehungsreformen und Schulexperimente in der Stadt. Man fand sie im Kreis um den jungen Siegfried Bernfeld, der Erziehungsseminare für das Lehrinstitut der Wiener Psychoanalytischen Vereinigung konzipierte, in Montessori-Schulen und bei Sommerlagern für Kinder und Jugendliche.

20 Individualpsychologie in Deutschland und Europa

»Nur, wenn andere für uns wirklich werden,
können wir für uns selbst wirklich sein.«
Martin Buber[1]

Das Sprungbrett war Salzburg. Die Federwirkung kam durch die »Kinderfreunde« und den Nachkriegs-Sozialismus zustande. Und durch die Stadt an der Salzach. Denn nach 1918/19 Reisen ins Ausland zu unternehmen war kaum möglich. Es war, wie Alfred Adler im Sommer 1920 einer Zürcher Bekannten schrieb, »vorläufig ausgeschlossen«.[2]

Schon 1919 hatte Adler über eine »internationale Zusammenkunft« nachgedacht und sich brieflich mit Eugen Bleuler vom Burghölzli ausgetauscht. Und Fühler nach Amerika ausgestreckt. Etwa zum Psychologieprofessor Stanley Hall von der Clark University in Worcester, Massachusetts, der 1909 Freud eingeladen hatte, sich später allerdings eher der Individualpsychologie zugeneigt zeigte denn der orthodoxen Psychoanalyse; Hall soll angeblich 1914 Adler eine Gastdozentur angetragen haben.[3] Vor 1914 war bereits einiges von Adler ins Englische übertragen worden. 1917, mitten im Ersten Weltkrieg, erschien *Über den nervösen Charakter* in New York als *The Neurotic Constitution. Outlines of a Comparative Individualistic Psychology and Psychotherapy*, vier Jahre später auch in London. Die Nervous and Mental Disease Publishing Company in New York hatte im selben Jahr *Study of Inferiority Complex and Its Psychical Compensation. A Contribution to Clinical Medicine* vorgelegt. Honorare waren ob des Krieges keine geflossen. Adler kontaktierte Bleuler auch deshalb, sollten doch die Tantiemen zu dessen Händen angewiesen werden, die Schweiz war ökonomisch ein sicherer Hafen.[4]

Seine Einbindung in die Aktivitäten der »Kinderfreunde« und der sozialistischen Bewegung ermöglichte Adler eine Erweiterung seines Wirkungskreises. Als er 1922 beim internationalen Treffen auf Schloss Kleßheim als Redner auftrat, war dies ein willkommener Anlass für süddeutsche Individualpsychologen, anzureisen. Sie wurden zwar nicht zu den Vorträgen zugelassen. Aber man traf sich *extra muros*, zwanglos, wie es Adlers Art war.

Nach Kriegsende hatten sich Arbeitsgruppen in der bayerischen Landeshauptstadt gebildet. Die Stadt an der Isar war vor 1914 ein kaum zu eroberndes Terrain für die Psychoanalyse gewesen. Die erste individualpsychologische Ortsgruppe entstand 1920 durch Leonhard Seif. Dieser wohnte in Schwabing in der Königinstraße 20, gleich am Englischen Garten, und hatte ursprünglich die Freudsche Münchner Gruppe mitaufgebaut, war dann zu Jung übergelaufen und schließlich zu Adler gewechselt. Im Sommer 1919 – die Stadt an der Isar stand noch immer unter dem Eindruck der Räterepublik und deren blutiger Zerschlagung durch Freikorpstruppen – hatte sich um Seif eine »Gesellschaft für angewandte Seelenkunde« gebildet, aus der sich die Psychoanalytiker rasch verabschiedeten. Hier wurde Deutschlands erste Erziehungsberatungsstelle ins Leben gerufen, 1922 in der Amalienschule in der Maxvorstadt, 1923 zwei weitere, ebenfalls in Schwabing; dazu kamen später ein Erziehungsheim im Allgäu, Ferienkurse und Sommerschulen. Die Akzeptanz stieg. Wurden 1922 vier Erstkonsultationen verzeichnet, so waren es 1926 schon 39. Es gab zwei größere Arbeitsgruppen. Die Beziehungen zur Jugendgerichtsfürsorge und zu reformpädagogischen Zirkeln wurden enger.[5]

Seif, 1866 geboren, blass, kahler Schädel, verfügte über ebenso viel organisatorisches wie pädagogisches Talent und bildete in den nächsten Jahren Alice Rühle-Gerstel, Matthias H. Göring und Fritz Künkel aus. Im Dezember 1922 fand in München der 1. Internationale Individualpsychologie Kongress statt mit geschätzt 150 bis 200 Teilnehmern.[6] Fast unmittelbare Folge waren weitere Gruppen in Nürnberg, Dresden, in Frankfurt am Main 1924, es folgten Heidelberg, Hamburg und Hannover. 1927 betrug die Zahl der Sektionen in Deutschland neun, die im folgenden Jahrfünft um ein Vielfaches zunahm, bis 1932 auf 36. Das stärkste Standbein in Deutschland, und zwar bis in die frühen 1950er Jahre, blieb München. Auch weil der politisch alles andere als progressive Seif zeigte, dass die Individualpsychologie keines sozialistischen Passepartouts wie in Wien bedurfte, um Resultate zu zeitigen, sondern sich in jedes System einzufügen vermochte. Eine Prämisse, die nicht wenig später auf Widerspruch, Widerstand und Sezession treffen sollte.

Ab 1923 erschien die *Internationale Zeitschrift für Individualpsychologie* wieder – als Jahrgang 2. Eine Reanimation nach längerer, ökonomisch bedingter Pause war an der Zeit. Eine Publikationsplattform war angesichts der Entwicklung vonnöten, um die Ortsgruppen miteinander zu verbinden, eine Binnenkommunikation zu befördern und als Takt- und Themenvorgeber zu fungieren. Wie eine Finanzierung zustande kam, ist unklar. Der erste Jahrgang lag sieben respektive neun Jahre zurück. Publiziert wurde sie jetzt von einem Verlag Individualpsychologie, vertrieben durch die bekannte Wiener Verlagsbuchhandlung Moritz Perles in der Seilergasse, Wien I. Den Vertrieb im Ausland übernahm der Verlag Kegan Paul in London. So kam eine direkte Verbindung zu diesem englischen Wissenschaftsbuchverlag zustande, der in den folgenden Jahren viele Adler-Bücher ins Englische übersetzen ließ.[7] Das Internationale im Namen des Mitteilungsbulletins hieß, dass Beiträge in drei Sprachen, Englisch, Französisch und Deutsch, aufgenommen wurden, jeweils begleitet von einer Kurzzusammenfassung in einer zweiten Sprache. Adler fungierte als Herausgeber. Er war zugleich als Eigentümer finanziell involviert. Als Adler nicht mehr in Österreich und Europa war, wanderte die Zeitschrift ins Programm des Leipziger Hirzel Verlags, der in den folgenden Jahren nicht wenige Publikationen der Individualpsychologie in sein Programm hob.[8]

Adlers Buch *Praxis und Theorie der Individualpsychologie* wurde im selben Jahr 1923 ins Englische übersetzt. Beim Sommertreffen auf Schloss Kleßheim stellte Adler seinen »Entwurf eines individualpsychologischen Fragebogens zum Verständnis und zur Behandlung schwer erziehbarer Kinder« vor. Das Echo war positiv. Eine leicht revidierte Version des »Entwurfs« wurde vom österreichischen und vom deutschen Schulwesen übernommen; noch nach

1945 wurde in den Schulen des damals viergeteilten Österreichs mit diesem Fragebogen gearbeitet.[9] Kurz zuvor, Ende Juli 1923, war Adler nach England gereist. Er war zum *7th International Congress of Psychology* eingeladen worden, nach Oxford, das als *terra incognita* der Psychologie galt – das Institut für Experimentalpsychologie dort sollte sich erst 1936 gründen. Konferenzsprachen waren Englisch, Französisch und Deutsch. An jedem der fünf Kongresstage gab es vormittags ein Symposion und nachmittags einen Zyklus von Referaten. Adler war einer von wenigen deutschsprachigen der insgesamt 239 Teilnehmer, die meisten davon (60 Prozent) waren Engländer oder Amerikaner (12 Prozent), Franzosen, Niederländer und Deutsche machten jeweils 3 Prozent aus (die Österreicher wurden umstandslos den Deutschen zugerechnet).[10]

Die Statuten des Wiener Vereins wurden als Vorlagen für die neuen jungen deutschen Ortsgruppen empfohlen. Neue Mitglieder sollten mit ihrem Vereinseintritt auf ein Abonnement der Zeitschrift verpflichtet werden, um so die Subskribentenzahlen zu erhöhen und die Mitarbeiterzahl.

Alfred Adler ging nun ein gesamtes Jahr auf Vortragsreise und nahm an zahlreichen Kongressen entlang seiner Reiseroute teil, die von Wien über München nach Berlin, von dort nach Genf und via Paris nach Amsterdam führte. Er wurde zum Redner in eigener Sache, zum Gesicht der Individualpsychologie, ihrer Leitmarke, ihrem Repräsentanten, ihrem Cheferklärer. Und zum obersten Organisator. In der Regel wurden aus Wien zu den Junggruppen erfahrene Individualpsychologinnen und -psychologen geschickt, um als Berater zu fungieren.

Bald gab es in sechzehn Ländern 33 individualpsychologische Vereinigungen.

Leonhard Seif, die Autorin Gina Kaus und Alfred Adler bildeten 1926 die Herausgebertrias für die Schriftenreihe *Individuum und Gemeinschaft*. Ebenfalls in dieses Jahr fiel das Erscheinen von Alice Rühle-Gerstels und Otto Rühles *Schwererziehbare Kinder*. In jenem Jahr fand der Internationale Kongress für Individualpsychologie im Rheinland statt, in Düsseldorf.

Formaljuristisch gab es den *Internationalen Verein für Individualpsychologie* in Wien erst seit diesem Jahr. Die Vereinsmeldung war verwickelt bis nachlässig betrieben worden; 1931 wurde das Adjektiv »international« wieder zurückgezogen, aus bis heute nicht geklärten Gründen. Mitgliederlisten wurden nicht lückenlos geführt. Zumindest für Wien und für München haben sich Tabellarien erhalten. In Wien waren im Jahr 1925 75 Mitglieder verzeichnet, in München ein Jahr später 73. Die inoffiziellen Zahlen dürften wahrscheinlich doppelt so hoch gewesen sein.[11]

Die zweite individualpsychologische Konferenz wurde am ersten Septemberwochenende 1925 in Berlin abgehalten; vorausgegangen war Ende Mai eine Vorbesprechung auf Schloss Kleßheim. Wollte die Individualpsychologie an Anerkennung, Verbreitung und Widerhall, nicht zu vergessen: an Gefolgschaft, gewinnen, so war die »Eroberung« Berlins essenziell. Dass die Psychoanalyse dort seit 1908 durch Karl Abraham eine Gruppe und die Reichshauptstadt durch die Gründung des Psychoanalytischen Instituts 1920 sich zu einem Hauptort neben Wien entwickelt hatte, machte eine Berliner Präsenz der Individualpsychologie wichtig, ja zwingend. Schon daher lag das Augenmerk immer auf Berlin, besuchte Adler die Stadt häufig, nicht zuletzt weil hier seine älteste Tochter lebte. In Berlin fanden zwei internationale Kongresse statt, das erste Mal 1925, ein weiteres Mal im Jahr 1930.[12]

Im Zuge des Salzburger Mai-Treffens kam es zu einer Schärfung des intellektuellen Forderungsprofils und zu einer Emanzipation von jeder Parteilichkeit. Individualpsychologie sollte unpolitisch sein und unkonfessionell. Punkt drei war ebenso wichtig: das Dringen auf gute, professionalisierte Ausbildung, deren Erfolg durch ein Diplom gekürt werde.[13] Das ideologische Diskursverbot sollte mittelfristig das Gegenteil bewirken – Streit, Grabenkämpfe, wenige Jahre später Abspaltungen, Polemiken und Gegenpolemiken.

Es formierte sich eine marxistische Fraktion innerhalb der Individualpsychologie. In Dresden war 1924 eine Ortsgruppe von Alice Rühle-Gerstel und Grete Fantl gegründet worden. Fantl unterhielt in der Gartenstadt Hellerau einen literarischen Sonntagszirkel und engagierte sich im jüdischen Wohlfahrtswesen.[14] Ende 1926 gründeten Rühle-Gerstel, Hugo Freund, der für Wohlfahrt im sächsischen Innenministerium zuständige Ministerialdirektor, und Paul Plottke, der später seinen Nachnamen in »Rom« änderte, die erste Erziehungsberatungsstelle in Dresden. 1927 ließen sich Rühle-Gerstel und Fantl aus dem Verzeichnis der Individualpsychologen-Gruppen streichen und gründeten eine Marxistische Arbeitsgruppe und eine Proletarische Erziehungsgemeinschaft. Für sie waren Marxismus und Individualpsychologie eins: »Marxismus und Individualpsychologie sehen in der Menschheitsgeschichte einen folgerichtigen Ablauf. Bei Marx ist der Ausgangspunkt dieses Ablaufs im Ökonomisch-Sozialen, bei Adler im Psychischen gelegen.«[15] 1927 entstand die Dresdner Ortsgruppe neu durch Hugo Freund.

Drei Jahre zuvor, 1924, war Alfred Adler erstmals als Redner und Dozent in die Niederlande geladen worden. Er sollte die nächsten zehn Jahre regelmäßig wiederkehren.[16] Zwei wichtige Kontakte und persönliche Bekanntschaften ergaben sich. Zu Paula Allmayer, 1894 in Aachen geboren, verheiratet mit einem Kaufmann, Mutter von zwei Kindern. Nach dem Besuch seiner Vorträge und Lektüre mehrerer seiner Bücher eröffnete sie um 1925 ein eigenes Beratungszentrum in Amsterdam und trat als Rednerin in Sachen Individualpsychologie in Erscheinung.[17] Und zur Bankiersgattin Rosel Frohknecht. Sie hörte Adler erstmals 1924, dem Jahr, in dem ihr Mann, Direktor der Amsterdamer Continentale Handelsbank, starb, der so wie sie ursprünglich aus Deutschland stammte. Sie »war von seinen Ideen so angetan, dass sie ihm ein Problemkind zur Behandlung brachte. Sein Behandlungserfolg überzeugte sie von der Wahrheit seiner Theorien. Die ganze Familie Frohknecht wurde in diese Freundschaft einbezogen, die bis zum Tode Adlers andauerte.«[18] Die beiden Frauen erwiesen sich als umtriebig und gesellschaftlich gut vernetzt. In Amsterdam, Den Haag und in Utrecht, wo bald der Arzt Pieter Hermanus Ronge eine herausgehobene Rolle einnahm, konstituierten sich individualpsychologische Gruppierungen.[19]

Ende 1926 kam Adler wieder nach Großbritannien. Dieser Besuch hatte Folgen. Er hielt in London mehrere Vorträge vor medizinischen Gesellschaften. Einen der ersten besuchte Lillian Slade, die von Adler so beeindruckt war, dass sie den von ihr verehrten Philosophen Dimitrjie Mitrinović überreden konnte, sie zu Adlers nächster Rede zu begleiten. Umgehend suchte Mitrinović, 1887 in der Herzegowina geboren, also im Habsburgerreich, Kontakt zu Adler. Mitrinović hatte vor dem Ersten Weltkrieg in Sarajevo ein literarisches Magazin herausgegeben, dann in München Kunstgeschichte studiert und war 1914 nach England gekommen. Er setzte sich für Avantgardekunst ein, übersetzte indische Epen und Vergil ins Serbische und war ein charismatischer Guru, der ein Neues Utopia visionierte. Vieles floss darin ein, Esoterisches, Abseitiges, Alteuropäisches, Philosophisches. Er fusionierte die Moderne mit Okkultem und würzte mit Radikalität und universaler Bildung nach. Wie nicht wenige seiner Zeitgenossen wollte er eine neue Matrix erschaffen, die als krank eingestufte Zivilisation zu heilen. Er strebte ein neues Zeitalter an, ein »New Age«, das zivil war und antitotalitär – nach Hitlers »Machtergreifung« 1933 sollte er an diesen einen feurigen Brief schicken und dessen Machtgier und Brutalität anklagen.[20]

Adler und er verstanden sich und führten längere, intensive Gespräche.[21] Adler war stets offen für neue Begegnungen und Mitrinović eine charismatische Persönlichkeit, um die sich ein Kreis gebildet hatte. Außerdem überschnitten sich ihre Interessen in puncto Gewaltfreiheit, Pazifismus und Besserung der Menschheit. 1927 konstituierte sich in der Gower Street der *Gower Street Club of Individual Psychology*, der Mitrinović-affin war.[22] Er war nunmehr der Kopf der Individualpsychologie im Vereinigten Königreich und Nordirland.

Zu seinem Kreis gehörte auch der 1886 geborene Zeichner und Theaterschauspieler Philip Mairet, der sich später so erinnerte: »Auf ihrem Höhepunkt war die Adler-Gesellschaft eine brillante Show mit unzähligen brillanten Leuten, die dort gelegentlich aufkreuzten. Zeitweise kam John Strachey [1901–1963, britischer Politiker der Labour Party, Schriftsteller, marxistischer Theoretiker] ziemlich oft, und seine Schwester, Clough Williams-Ellis, war lange Zeit eine begeisterte Anhängerin. Nach der ›Exkommunizierung‹, die eigentlich keine war, sondern eine Art Trennung Adlers von Faschisten, Marxisten und anderen Gruppen (wir hatten einen starken soziologischen Flügel, der eine Art gesamteuropäischen Sozialismus anstrebte), gründete Dr. Crookshank [Francis Graham Crookshank, 1873–1933, britischer Arzt, der über Tiefenpsychologie publizierte] eine andere Adler-Gesellschaft am Torrington Square; doch seine persönliche Tragödie [er beging Selbstmord] schädigte ihr sehr […] Es war die Beredsamkeit, die persönliche Anziehungskraft und die enorme intellektuelle Brillanz von Mitrinović, die Adlers Individualpsychologie zu einer Art von ›Bewegung‹ in London machten. Ansonsten hätte sich Adlers Einfluss mehr oder weniger unorganisiert auf einige wenige Ärzte beschränkt, auf gelegentliche briefliche Kontakte zu Erziehern oder auf gelegentliche Treffen.«[23] 1928 brachte Philip Mairet *ABC of Adler's Psychology* heraus. Er, in den 1930er Jahren Herausgeber des *New English Weekly*, war somit einer der ersten Kollaborateure Adlers bei Buchpublikationen in englischer Sprache, die ziemlich freihändig ein Manuskript erstellten, das Adler autorisierte und unter seinem Namen herausbrachte.

1927 war die Individualpsychologie in Wien auf ihrem Entfaltungs- und Wirkungshöhepunkt. Sie war populär, und sie wurde popularisiert, in der Presse, im Gerichtssaal, in zahllosen Vorträgen, die die Individualpsychologie dehnten und manchmal überbreit zogen. Da erstattete die Wiener Ärztekammer Anzeige. Ihr war vor allem das Ausstellen eines Diploms ein Dorn im Auge und deren Anmutung als medizinisches Ausbildungsdokument. Der Individualpsychologische Verein wurde der Kurpfuscherei geziehen, der unzulässigen und unerlaubten Durchführung von Prüfungen. Es sei eine Täuschung der Öffentlichkeit. Das Verfahren endete Ende Oktober 1928 mit der Einstellung. Adler hatte Beweise in Form von Listen vorgelegt und auch mündlich vor Gericht ausgesagt: Nur studierte Mediziner würden Diplome ausgestellt werden, Nichtmediziner erhielten andere, die eindeutig gekennzeichnet seien.[24]

Nach und nach gruppierten sich zu Adlers Bänden auch Veröffentlichungen seiner Gefolgschaft. So brachte Erwin Wexberg 1926 das *Handbuch der Individualpsychologie* heraus. Mit diesem umfangreichen Manual zog er eine ehrgeizige Summa der Adlerschen Lehren. Zugleich wurde der Wissensstand kodifiziert.

Individualpsychologische Aufsätze und Arbeiten zu Verwahrlosung und Kriminalität wurden auch von Juristen wahrgenommen. Das wurde auf dem 4. Kongress für Individualpsychologie in Berlin sichtbar. Im Mittelpunkt der Konferenz standen Psychosen und Kriminalität. Unter den Rednern waren Rechtswissenschaftler aus Wien, München, Berlin und aus dem sächsischen Waldheim, einer Stadt mit einem großen, berüchtigten Gefängnis. Ein Strafrechtler aus Sachsen sprach über Fürsorgetätigkeit und Selbsterkenntnis der Fürsorger im Strafvollzug.[25] Auf dem nächsten Großereignis, dem 5. Kongress in Berlin, strich der Vertreter des Reichsinnen- und -arbeitsministeriums heraus, wie sehr die Individualpsychologie in der Jugendgerichtsbarkeit rezipiert worden sei. Ein Strafverteidiger plädierte dafür, statt Besserungsanstalten »Ermutigungsanstalten« zu errichten.[26]

ADLERS ZEITALTER

21 Amerika I

»In the Thirties, I learned … the big idea:
providing people with a sense of power. Not just the poor.
There is nothing especially noble about the poor.
Everybody.
That time may have been our most creative period.
It was a decade of involvement. It's a cold world now.
It was a hot world then.«
Saul Alinsky[1]

Ermutigung war auch das, was Alfred Adler bei der individualpsychologischen Eroberung der Vereinigten Staaten von Amerika aufbringen musste, hatte sich doch kein Land der Psychoanalyse gegenüber so aufgeschlossen gezeigt wie die nordamerikanische Republik. »Als Freud zum erstenmal [1909] seinen Fuß auf amerikanischen Boden setzte, war die Psychotherapie bereits vollständig in das Gefüge der amerikanischen Kultur und der amerikanischen Medizin integriert.«[2] Unter der Zuhörerschaft seiner 1909 an der Clark University in Worcester, Massachusetts, gehaltenen Vorlesungen waren Angehörige kultureller Eliten. Durch die Universitäten erhielten Freuds Theorien »ihr Gütesiegel und damit wissenschaftliche Legitimität«.[3] Professoren der Neurologie, der Psychiatrie und der Philosophie unterstützten seine Lehren. Freuds Publikationen waren mehrdeutig formuliert, so dass sich jeder, was ihm zusagte, herauspicken konnte. So kam es, dass Einrichtungen wie die ehrwürdige Harvard University sich Freudianisches genauso aneignen konnte wie sozialistische Radikale.[4] Die Anarchistin Emma Goldman griff beispielsweise die Argumente des Wieners wider die Heuchelei des Puritanismus auf.[5]

Um 1910 hatte ein New Yorker Psychotherapeut Freuds Instrumentarium erstmals professionell angewandt. In New York existierte seit 1911 eine Psychoanalytic Society, in Boston seit 1914.

1911 hatte sich die American Psychoanalytical Association (APA) konstituiert. Sie stellte die zentrale Anlaufstelle dar. Im Gegensatz zu Freuds Wiener Klientel aus dem Groß- und Geldbürgertum wurde in Nordamerika eher die Mittelschicht behandelt. Zur weiteren Verankerung trugen junge akademische Fachmagazine bei. Die APA drang auf Professionalisierung, nicht ohne Grund, war doch Amerika seit hundert Jahren ein Land der Quacksalber, Wundermedizinverkäufer und Geistheiler.[6] Die amerikanischen Freudianer stuften sich als Zweig der Psychiatrie ein. Gemäß Aufnahmeregularien durften nur Ärzte aufgenommen werden. Thematisch befassten sich die New Yorker in ihren Sitzungen in erster Linie mit Fallgeschichten. 1917 riet ein Analytiker in Baltimore seinen Kollegen zur Couch, bis dahin wurde Therapie im Sitzen durchgeführt.[7]

Eigene Identität war nach dem Weltkrieg infolge politischer Verwerfungen und gesellschaftlicher Transformationen zum Problem geworden. Freuds Schriftenkorpus galt als Theorie des »persönlichen Lebens«.[8] Der Mediziner Abraham A. Brill, der sich zum Psychoanalytiker ausbilden ließ, engagierte sich besonders. Er hatte Freud 1909 in Worcester gehört. 1911 war die Psychoanalytic Society in seinem Wohnzimmer gegründet worden.[9] Umtriebig war Brill, hielt Vorträge und übersetzte Freuds Schriften ins Englische. 1915 veröffentlichte das Magazin *Good Housekeeping* einen ersten Text über Freud.[10] Ebenso wichtig war William A. White, der von 1903 bis 1937 dem St Elizabeth's Hospital in Washington, D. C., vorstand, der größten bundesstaatlichen psychiatrischen Einrichtung der USA mit mehreren Tausend Patienten. White verfasste 1911 das erste amerikanische Lehrbuch über Psychoanalyse und war zwei Jahre später Mitbegründer von *The Psychoanalytic Review*.[11] 1931 wurde das Psychoanalytic Institute gegründet. Im selben Jahr entstand in Chicago eine Psychoanalytic Society.[12]

Alfred Adler war erstmals 1922 zu einem Vortrag ins Ausland eingeladen worden, ins englische Cambridge. Er hatte dort Eindruck gemacht – kurioserweise durch seine nicht wirklich guten Kenntnisse der Landessprache. Sein Referat hatte er in englischer Sprache phonetisch eingeübt. Der Leiter der Sitzung verkündete zu Beginn, er müsse den Anwesenden offenbaren, dass es gegen die Veranstaltung eine Bombendrohung gebe, da ein »feindlicher Ausländer« eingeladen worden sei. Die Aufregung loderte kurz hoch, legte sich dann. Adler hielt seinen Vortrag. Alle waren beeindruckt, wie ungerührt er reagiert hatte. Die ganze Zeit hatte er stoisch gelächelt. Der Grund: Er hatte kein Wort verstanden.[13] Ein Jahr zuvor, 1921, hatte der renommierte englische Wissenschaftsverlag Kegan Paul *The Neurotic Constitution* herausgebracht, eine Übernahme der 1917 in den USA erschienenen englischen Übersetzung. 1924 folgte im selben Verlagshaus *The Practice and Theory of Individual Psychology*.

1926 nun Amerika. Das Land, in das Alfred Adler kam, war ein Land, das im Aufbruch war, auf der Suche nach einem Bewusstsein und einer Idee von sich. Es war ein Land, das sich selbst verstehen und gleichzeitig die veränderte Welt sich erklären wollte.[14] Calvin Coolidge, der 1923 Warren G. Harding im Weißen Haus nachgefolgt war, hatte sich, obwohl traditioneller Konservativer,[15] 1924 bei seiner Wiederwahlkampagne moderner Kommunikationsstrategien bedient: Werbefilme, Unterstützungsauftritte durch Prominente und auf ihn getextete Songs sowie Radioansprachen. 1927 erschien *The Rise of American Civilization* des Historikers Charles Beard, der an der New Yorker Columbia University gelehrt hatte, und seiner Frau Mary Ritter Beard. Trotz des Umfangs von 1652 Seiten wurde das Geschichtsbuch ein Bestseller. Das lag auch an einem neu gegründeten Massen-Popularisierungsmedium, dem Book of the Month Club. Im selben Jahr stellte die Ford Motor Company die Produktion des lange erfolgreichen Model T ein. Dieses war ausschließlich in einer Farbe ausgeliefert worden, in Tiefschwarz. Ersetzt wurde der spartanische Ford T durch das Model A. Dieses war in vielen Farben erhältlich, je nach Wunsch des Kunden. Die amerikanische Volkswirtschaft war auf dem Weg zu einer Angebotsökonomie. Sie wurde zur Konsumgesellschaft.[16]

Ein Maschinenzeitalter zog auf. Damit einher gingen Umbrüche, neue Lebensstile, eine neue Kultur. Ab 1927 wurden die Wörter »modern« und »stromlinienförmig« nicht mehr nur für die Gestaltung von Objekten benutzt. Man benannte so nun die Lebensführung, den *lifestyle*. Ausdrücke der Maschinen-Kultur wanderten hinüber in Kultur und Alltag. Automatisierung und »Vollmechanisierung« drangen in die Privatsphäre und änderten sie. Das 1929 gegründete Museum of Modern Art in New York, dem mit Alfred H. Barr ein umtriebiger, junger Direktor vorstand, zeigte im Frühjahr 1934 eine große Ausstellung über *Machine Art*, Maschinenkunst. In seiner Einleitung des Ausstellungskatalogs reklamierte Barr die Schönheit der Maschinenkunst für die abstrakte Kunst, die Anmut liege in Geometrie, Linienführung und Serialität.[17] Exponate waren: Diktaphone und Toaster, Staubsauger und Freischwingerstühle, Registrierkassen und Schreibmaschinengetriebe, Propeller und Laborzubehör, Kochherde und gläsernes Geschirr.[18] Dinge, die gerade einmal zwanzig Jahre zuvor in den Katalogen der großen Versandhäuser aufgetaucht waren, Toaster und Bügeleisen um das Jahr 1912, elektrische Staubsauger 1917, elektrische Kochherde 1930 und der elektrische Eisschrank 1932. Die automatisierte Maschine war die konkrete Ausprägung des Fordismus, des Zeitalters von Planung, Rationalisierung und Standardisierung. Dem Aufzug des Produktionsmanagements der Maschinen über den Menschen war ein paradoxer Sachverhalt eingepflanzt. Nun wurde das private Leben zum Phänomen einer Massengesellschaft. Der individuelle Geschmack wurde zum Dynamo der Warenproduktion. Die Massengesellschaft dieser Zweiten Industriellen Revolution war eine Massenwarengesellschaft,[19] die umgekehrt eine neue Leidenschaft für einen individuellen Lebensstil erzeugte. Der Fordismus, so materialistisch und Effizienz optimierend er auftrat, war durchdrungen von einer Vision der Freiheit. »Letztlich war der Fordismus ein Versuch, die Gesellschaft zu einer Fabrik zu machen, doch konnte das nur durch einen Kunstgriff gelingen. Man musste die Menschen dazu bringen, ihre Identität nicht länger in der Arbeitswelt zu suchen.«[20]

In der Kollektivpsyche der Nation stellte sich immer drängender die Frage, welche Art von Kultur sich aus den vielen Veränderungen herausmendeln würde und sollte. Wie würde sie beschaffen sein, wie könnte man sie formen, worauf würde sie aufbauen, materiell, geistig, spirituell und seelisch? Dieser Fragenkomplex beschäftigte die Intellektuellen ebenso wie *middle class America* ab den späten 1920er Jahren. Welche Folgen hätten die äußeren Verbesserungen im Lebensstandard für das eigene Innenleben, was wäre die *Bedeutung* für die Ausgestaltung des Lebens, was wäre der *Sinn des Lebens*? Der Historiker Lewis Mumford, in dessen Büchern sich Kultur- und Technikgeschichte durchdrangen, fragte nach den humanistischen Lebensführungs»formen« im Technologiezeitalter. Die Suche nach Kultur, die Mitte der 1920er Jahre einsetzte, war eine Suche nach Bedeutungsmustern und Anleitungen für ein sinnvolles Leben.[21] Ab etwa 1930 setzte eine öffentliche Debatte über die Grundlagen nationalen Selbstverständnisses ein. Der aus Kentucky stammende Poet Allen Tate nahm eine christlich-konservative Position ein. Gemeinsam mit anderen Intellektuellen aus den Südstaaten schrieb er ein Manifest für ein agrarisches Amerika und wider Industrialismus und Yankee-Kapitalismus.[22] Es war ein Krisensymptom. Die Folgen des Börsencrashs im Oktober 1929 und der weltwirtschaftliche Tsunami sollten in den folgenden Jahren ihren Kulminationspunkt erreichen. Die Debatte kreiste um Krisis und Werteverlust, Transformation und Tradition.[23]

»Die Stadt heißt Middletown. Eine Kleinstadt mit dreißigtausend Einwohnern.« So begann eine soziologische Langzeituntersuchung des Soziologenpaares Robert und Helen Merrill Lynd. Der Untertitel ihres Buches von 1929 zeigte, worauf das Wissenschaftlerpaar aus war: *A Study in Modern American Culture*.[24] Kultureller Wandel, das Verblassen älterer Traditionslinien und das Aufkommen von Neuem, sollte am Beispiel von Muncie im US-Bundesstaat Indiana, dem Durchschnittsamerika, vorgeführt werden. Acht Jahre später, 1937, folgte *Middletown in Transition. A Study in Cultural Conflicts*. Auch bei diesem Band, Fortschreibung und Gegenerzählung, stellte der Titel das symbolische Kapital aus, die Veränderungen, die Konflikte und Frontstellungen, den Schock der Wirtschaftsdepression. Ab 1926 trieb die Mittelschicht Nordamerikas das alles imprägnierende Grundgefühl um, dass etwas nicht mehr in Ordnung war. Im Buch der Lynds wurde ein Mann mit der Frage zitiert: »Die Leute haben Angst vor etwas: aber vor was nur?«

Wie war die Krise zu nutzen? War sie überhaupt nutzbar, für irgend*etwas*?[25] Der Demokrat Franklin D. Roosevelt sollte 1932 auch deshalb die Präsidentschaftswahl gewinnen, weil er die Angst als zentralen Faktor ausgemacht hatte und sie direkt ansprach. Er reagierte mit dem *New Deal*, einem staatlichen Beschäftigungs- und Wohlfahrtsprogramm.

Alfred Adler brach Ende November 1926 in die USA auf. Er bestieg in Southampton die RMS Majestic, das größte Schiff der White Star Line. Er war bereits Mitglied der America-Austria Society, der Amerikanisch-Österreichischen Gesellschaft. Deren Schirmherr war der österreichische Bundespräsident.[26] Nach seiner Teilnahme am Oxforder Kongress 1923 hatte er intensiv Englisch gelernt. Wirklich makellos wurde es nie, ein österreichischer Akzent klang immer durch. In New York hielt er Vorträge an der Community Church of New York, an der New York School for Social Research, an der Columbia University, in einem Krankenhaus sowie in Cambridge nahe Boston an der Harvard University.[27] Adler war auf Reisen darauf bedacht, angenehm, ja luxuriös abzusteigen. Er mietete eine Suite im Gramercy Park Hotel, das jede Menge Eleganz bot.[28] Nach einigen Wochen gab er Journalisten Interviews, eines etwa zu Mussolini, in dem er sich vom sowjetischen Bolschewismus distanzierte – schöner Gruß an Raissa![29] Am 11. Januar hielt er einen Vortrag vor der New York Academy of Medicine in deren neuem Gebäude Fifth Avenue und 103rd Street. Eine *lecture tour* führte ihn von Philadelphia und Boston nach Chicago und Detroit sowie in kleinere Städte im Nordosten und Mittleren Westen. Überall waren die Säle, in denen er sprach, voll. Es war die rechte Zeit für ihn und seine Ansichten über Erziehung, Förderung und Forderung, Emanzipation und Selbstverwirklichung, Ich-Entfaltung und Arbeit für ein besseres, gemeinschaftlich orientiertes Ich. All das stieß in der amerikanischen Mittelschicht auf Aufgeschlossenheit und Interesse. Dazu kam, dass Adler keine Scheu an den Tag legte, vor ganz unterschiedlichem Publikum zu reden, vor einschlägig Vorgebildeten wie vor neugierigen Novizen, die bis dato nur einige psychologische Schlagworte aufgeschnappt hatten. Er redete vor großstädtischem Publikum, vor kleinbürgerlichem oder vor Mitgliedern von Vereinen und Organisationen wie den Daughters of the American Revolution, einer patriotischen Frauenvereinigung. Adler hatte keine Scheu, in Kirchen aufzutreten, in Schulen und in Hörsälen, manchmal auch in kleinem, privatem Rahmen. Die Tage waren überdicht gefüllt, mit Vorträgen vormittags, nachmittags, abends, mit Gesprächen, Konsultationen und Empfängen. Und mit neuen Kontakten, die Adler knüpfte, der seine Gastgeber und Zuhörer durch Freundlichkeit, Jovialität und Wärme einnahm. Zeitgenossen schilderten, wie aus dem 1,65 Meter messenden Psychologen, kaum hub er zu reden an, eine bezwingende Persönlichkeit wurde. Er vermied Pathos, er sprach ohne überflüssige Gesten, er klang tief überzeugt von dem, was er sagte. Seine Stimme war warm und wohlklingend.[30]

Er blieb bis Anfang April 1927. Seine Gedanken gingen regelmäßig nach Wien zur Familie, vor allem weil er nur spärlich Lebenszeichen von dort erhielt. »Mein liebes Alex, ich kann mir nicht erklären, warum ich nichts von Euch hore [sic]. […] – Stopp! Soeben habe ich 2 Briefe erhalten. Von den Streitigkeiten im Verein habe ich nichts gehort – meine Vorlesungen sind angekommen, ebenso die eine englische Arbeit. […] Kommen die Cigaretten immer gut an? Frau R. soll nicht alle Worte auf die Wagschale [sic] legen. In einer Ehe fallen oft Bemerkungen, die nicht wörtlich aufzufassen sind – […].«

Anderes wollte er nicht unter den Tisch fallen lassen: »Weißt Du, dass der Rank von Freud abgefallen ist? […]« Tatsächlich war der jüngste Abschied aus dem Freud-Kreis jener Otto Ranks, einst Protokollant der Mittwochs-Sitzungen.[31] Tochter Alexandra, postalisch seine familiäre Hauptadressatin, übermittelte er auch dies: »Meine liebe Ali, ich wittere Europaluft. Ich bringe dir einen schönen Kimono u Strümpfe. In der Bank ›Trust Company‹ Madison Ave, New York, habe ich noch 1300 Dollar. Ich habe noch 8 Vorträge zu halten. Das dürfte an die 500 Dollar eintragen. Abgerechnet die Reise bringe ich oder sende telegraphisch cca [sic] 1500 Dollar. Zu den 7400 also 9000 Dollar [2019 umgerechnet ca. 129 000 Dollar =

ca. 112 500 Euro]. Das macht 63 000 Schillinge. Ich schreibe dir das, damit Ihr wisst, wie viel noch kommen muss. Da in der Bank cca [sic] 900 Dollar waren, sind es nun cca [sic] 10 000 Dollar. Die 1500 cca [sic] werdet Ihr telegraphisch bereits erhalten haben. / Mir geht es recht gut. Wir sind überall siegreich.«[32]

Ende Februar, zurück in New York und im Hotel Cambridge in der 68th Street abgestiegen, konnte er einem neuen Freund, dem Kinderarzt Ira S. Wilde, der seit 1919 am Mount Sinai Hospital in New York tätig war und dort eine Kinderberatungsklinik aufgebaut hatte, verkünden: »The Individual Psychology also here has found a marvellous reception.« Einige Wochen später, im April, traf Leonhard Seif in den USA ein. Er war zu einer Vortragstour geladen, die bis Juli dauerte und die die *Internationale Zeitschrift für Individualpsychologi*e stolz annoncierte.[33] Adler knüpfte umtriebig Verbindungen, zu alten und neuen Freunden. Im Vorfeld hatte er schon Kontakte zu aus Wien emigrierten Schülerinnen aktiviert, die dabei halfen, Vorträge zu vermitteln und die Methoden der Individualpsychologie zu explizieren.[34] Ein Fazit konnte man der IZI entnehmen: »In Amerika steht über allem – nicht nur im Sport – der rasende Ehrgeiz […] Wettbewerb, das Streben nach Geltung, wird als Tugend angesehen. Es ist jedermanns Ziel, der Erste zu sein.«[35]

Nach seiner Ankunft in Wien am 17. April 1927 – er war mit dem Luxusliner S. S. Leviathan zurückgereist[36] – trat er, der 1904 vom Judentum konvertiert war, wenige Tage später aus der evangelischen Kirche aus. Und er schloss seine Praxis. Bis dahin waren seine Arbeitstage streng geregelt gewesen. Vormittags Behandlung von Patienten in seinem Ordinationszimmer bis gegen etwa elf Uhr. Dann Diskussion an seinem Schreibtisch mit Kollegen, Freunden, Studenten über das, was ihm in den vergangenen 24 Stunden ein- und aufgefallen war, von Pädagogik bis zu Politik. Ab vierzehn Uhr, nach dem Mittagessen, wieder Patienten, darunter immer mehr Ausländer, die gut zahlten, aber immer noch weniger entrichten mussten als bei Freud. Abends das Gemeinschaftstreffen im Café Siller mit langen Diskussionen.

Die Entscheidung war gefallen: Adler wurde ab jetzt permanenter

Reisender in Sachen Individualpsychologie. In Europa, vor allem in den Vereinigten Staaten. Nicht aus den Augen verlor er dabei Möglichkeiten, mit Patienten zu arbeiten. Und publizistisch für sich und seine Lehre zu werben. So konnte er in der Juni-Ausgabe von *Harper's Monthly* einen Text über Charakter und Talent unterbringen.[37] Die Zukunft, das war Amerika. Amerika, das bot nach der politisch verfahrenen Lage in Österreich auch anderes – sehr gute Verdienstmöglichkeiten. Außerdem war seit Anfang des Jahres der fernreiseunlustige Freud gesundheitlich schwer angeschlagen. Dieser war ohnehin ein griesgrämiger Anti-Amerikaner. Er hatte über seine »amerikanische Dyspepsie«, seine Verdauungsstörung, gespottet, als er 1909 in den USA gewesen war, und über unfähige Barbiere. In der Familie Freud meinte »echt amerikanisch« oberflächlich und geschmacklos.[38] Bei seinen hämischen Miszellen über die »Dollaronkels«, die Wilden der Neuen Welt, die keine höheren menschlichen Wesen seien – 1924 schrieb er Otto Rank, der sich gerade auf einen Arbeitsaufenthalt in den USA vorbereitete: »Oft kommt es mir vor, als ob die Analyse für Amerikaner so passend ist wie ein weißes Hemd für einen schwarzen Raben« –, dürfte Neid mit hineingespielt haben, er wusste, dass es Jung in der Schweiz gelungen war, eine Reihe schwerreicher Amerikaner als Unterstützer und Patienten zu akquirieren.[39]

Umgekehrt redete Adler in Wien öffentlich über die junge, sich gerade sortierende amerikanische Bewegung der sogenannten Psychohygiene, er stellte das ihm zufolge viel größere System der Sozialfürsorge in den USA vor – dabei war ihm der grundlegende Unterschied zu Wien aufgefallen, die Verankerung im privaten zivilgesellschaftlichen Sektor – und schilderte die Fakultäten diverser Hochschulen als aufgeschlossen für pädagogische Neuerungen.[40] Die seiner Praxisschließung folgenden Monate war er rastlos in Österreich und Europa unterwegs. Der Erfolg war größer denn je zuvor. Andererseits gab es ob persönlicher Dissenzen aufziehende Gewitter und infolge grundlegender ideologischer Differenzen erste unübersehbare Fissuren innerhalb der Individualpsychologie, was Adler Kopfschmerzen zu bereiten begann.

Ab dem 17. September tagte der 4. Kongress für Individualpsychologie einige Tage lang in Wien. Im Februar 1928 war Adler wieder in New York und nahm neuerlich Quartier im Cambridge Hotel. Bestsellerautor, der er inzwischen war, gab er als Erstes eine Pressekonferenz in seiner Hotelsuite. Drei Monate zuvor war *Understanding Human Nature, Menschenkenntnis,* erschienen, ins Englische übertragen vom Bekannten Walter Béran Wolfe (der neben seiner Arbeit als Psychiater und Übersetzer Adlers bis zu seinem Unfalltod 1935 mit 35 Jahren auch Bücher wie *How to Be Happy Though Human* oder *Calm Your Nerves* schrieb).[41] Verlegt hatte es Greenberg Publishing Co., ein seit 1924 bestehendes und in kürzester Zeit hochprofitables Verlagshaus des dynamischen Jae W. Greenberg. 1928 erschien *Understanding Human Nature* auch in Großbritannien. Es war Adlers erste populärwissenschaftliche Buchveröffentlichung in der angloamerikanischen Hemisphäre. Allein innerhalb der ersten sechs Monate nach Auslieferung erfuhr *Understanding Human Nature* drei Auflagen und entwickelte sich mittelfristig zum Longseller mit mehr als einer Million verkaufter Exemplare; das Buch soll angeblich auch in Schulen als Lehrbuch für weltliche Ethik Verwendung gefunden haben.[42] Pikanter Vergleich: Von der englischen Übersetzung von Freuds *Traumdeutung* verkauften sich zwischen 1920 und 1932 11 000 Exemplare, von 1910 bis 1919 gar nur 5250 Stück.[43] Greenberg wollte den Erfolg durch weitere Veröffentlichungen flankieren. Mitte Februar unterzeichnete Adler Verträge für zwei neue, auf ein breites Publikum zielende Bücher, deren Manuskripte binnen zwei Jahren von Adler abzugeben waren.[44]

Der Wiener hatte in New York einen Lehrauftrag an der New School for Social Research erhalten, seine erste akademische, wenn auch auf ein Semester befristete Dozentur in den USA. Besonderer Nachfrage erfreuten sich Adlers Falldemonstrationen. Sein Kursus fand dienstags und donnerstags statt und dauerte jeweils 90 Minuten.[45] Dabei führte er – für Amerika neu, in Wiens individualpsychologischen Erziehungsberatungsstellen gang und gäbe – in aller Öffentlichkeit mehrfach pro Tag Erziehungsberatung durch, bei der er sich jeder Vorbereitung entschlug. In einfühlsamer Manier konnte er in der Regel in einem einzigen Gespräch mit Kind und Eltern den Kern eines Problems herausarbeiten und ohne Schuldzuweisung oder Sexualisierung in Worte kleiden.[46]

Er hielt auch einen Zyklus von Vorlesungen an der Columbia University. Und unternahm wieder Vortragsfahrten, nach Cleveland, Cincinnati und Springfield, Ohio, wo ihm ein Ehrendoktorat verliehen wurde. Alles im Windschatten der erfolgreichen, medial präsenten Buchveröffentlichung.[47] Er kam auch erstmals nach Kalifornien. Ab Anfang Februar sprach er an der University of California in Los Angeles wie an jener in Berkeley. Sein Erfolg verdankte sich der Zugänglichkeit der Individualpsychologie, Adlers eingängiger Präsentationsweise und seinem rhetorischen Charisma. Wie eine Campuszeitung schrieb, war er frei von Voreingenommenheit, bemühte konkrete Beispiele und war pädagogisch spannend.[48]

Nicht alles war finanziell wirklich lukrativ – in Los Angeles etwa stieg er im Los Angeles Biltmore Hotel ab, dem größten und opulentesten Hotel westlich von Chicago –, wie er Tochter Ali gestand: »Das finanzielle Ergebnis ist so wie immer. Ich glaube[,] ich habe in diesem einen Monat cca [sic] 2500 $ verdient, aber viel ausgegeben. 700 $ habe ich vor etwa 14 Tagen an den Wiener Bankverein telegraphisch geschickt. So dass Ihr gedeckt seid.«[49]

Freud hatte inzwischen seine Psychoanalyse ausdifferenziert, seine therapeutische Methode dauerte lange, sie war komplex und für Laien nur mit starker Kondition zu durchdringen. Außerdem war er eine absente alteuropäische Figur. Ganz anders Adler. Zu seinen Vorträgen ging auch ein Mittzwanziger, Carl Rogers, der in New York das Theologiestudium abgebrochen hatte und zur Pädagogik übergewechselt war. Er hörte Adler im Winter 1927/28 und war beeindruckt; später wurde Rogers Professor für Psychologie an der University of Chicago und 1947 zum Präsidenten der *American Psychological Association* gewählt und einer der Hauptvertreter der sogenannten Humanistischen Psychologie, eines »dritten Wegs« zwischen Behaviorismus und Tiefenpsychologie, die Einzigartigkeit des Individuums betonend und optimistisch, da fundamental von der Güte des Menschen überzeugt – alles Punkte, die Rogers' Theoreme mit Adlers gemeinsam haben. Nicht umsonst hieß eines von Rogers' wichtigeren Werken *Person to Person* (1967, deutsch 1984 *Von Mensch zu Mensch*).[50]

In nordamerikanischen Fachzirkeln trat aber noch immer eine gewisse Resistenz zutage und eine Präferenz für die Psychoanalyse. Darüber konnten auch positive Würdigungen nicht hinwegtrösten.[51] Das lag daran, dass Freuds Theorien in akademischen Milieus länger und tiefer verankert waren und anspruchsvoller anmuteten. Wie man über die Individualpsychologie dachte, drückte der recht einflussreiche Psychologe S. Daniel House von der Columbia University aus: »Adlers Philosophie ist von der Weisheit Nietzsches gefärbt und steht zugleich auf der Grundlage der Humanität, die in seinem hohen Respekt vor der Erhabenheit des Prinzips der Kooperation über die herrschende Kritik des Konkurrenzstrebens zum Ausdruck kommt. [...] Kommunale Gemeinschaft, eine liebevolle Einstellung zu Kindern, eine aufrichtige bescheidene Kameradschaft mit ihnen, Achtung ihres Innenlebens sind die beeindruckenden Lehrsätze, die Adlers Basis für das Verständnis der menschlichen Natur bilden.«[52]

Im späten Frühling 1928 war Alfred Adler wieder in Österreich. Diesen Rhythmus sollte er die nächsten paar Jahre beibehalten: sechs bis sieben Monate in den USA, die übrigen Monate in Wien und Europa. In Wien hielt er ab 1928 bei der 1904 gegründeten American Medical Association of Vienna Vorlesungen. Von 1921 bis 1938 besuchten hier 11 800 amerikanische Mediziner Postgraduiertenseminare.[53] Adler bot drei Jahre lang gut dotierte individualpsychologische Praktika und Vorlesungen an, manche über vier respektive sechs Wochen lang hinweg täglich, und führte seine Studenten zu Erziehungsberatungsstellen und in individualpsychologische Ambulatorien.

Nach seiner Rückkehr aus Übersee 1929 leitete Adler erste entscheidende Schritte für eine Emigration ein. In Europa war der Höhe- und Scheitelpunkt der Individualpsychologie erreicht. Und zugleich traten Differenzen zutage. In Wien kam es zu Gezänk im Verein. In Deutschland waren seit einiger Zeit die marxistischen Individualpsychologen immer lauter geworden, die Lage in Berlin schien mehr als verfahren. In New York hatte er einen wichtigen Förderer kennengelernt, den 1865 geborenen Quäker Charles Henry Davis, Bauunternehmer, Geschäftsmann und Multimillionär. Dieser setzte sich via seiner Lobbyorganisation, der National Highways Association, für den Bau gut ausgebauter Fern- und Schnellstraßen ein, auch wenn der Ruch aufstieg, seine Geschäftsverbindungen zu Straßenbaufirmen seien bemerkenswert eng. Davis residierte in einer Stadtvilla in der 31st Street Ecke Park Avenue. 1927 lebten in den Vereinigten Staaten rund 15000 Millionäre, davon mehr als 3000 in New York. Und von diesen 3000 die Hälfte in der Park Avenue.[54] Die älteste seiner sechs Töchter, die an schweren Depressionen gelitten hatte, war zu Adler geschickt worden. Es gelang ihm, sie zu therapieren. Sie wurde zu einer entschiedenen Verfechterin der Individualpsychologie – und ihr Vater zu Adlers wichtigstem Financier. Angesichts der bewiesenen Wirkkraft der Adlerschen Lehre berieten sie den Plan, ihm eine Dozentur zu verschaffen und die Individualpsychologie an Hochschulen zu installieren. Davis verhandelte mit der New Yorker Columbia University, seiner Alma Mater.[55] 1929 hielt Adler vierzig Vorträge und vierzig Klinikdemonstrationen in Amerika.[56] Er übernahm am College of Physicians and Surgeons, der medizinischen Fakultät, der Columbia University eine Gastprofessur. Von Montag bis einschließlich Samstag gab Adler Kurse, jeden Nachmittag sprach er von 16 Uhr bis 18 Uhr über seine klinische Arbeit im Hörsaal A, der häufig bis auf den letzten Platz besetzt war. Für *graduate students* hielt er dreißig Vorlesungen über Psychologie. Dazu kam ein Zyklus mit sieben Vorlesungen am Vormittag und vierzehn Vorlesungen am Nachmittag im McMillin Theater, seit der Renovierung im Jahr 1988 das Miller Theater, auf dem Morningside Heights Campus der Columbia University – besonders diese waren laut Davis, getreuer Protokollant aller Adlerschen Aktivitäten auf amerikanischem Boden, überlaufen – und für die breite Öffentlichkeit Vorträge über Kriminalität, Liebe und Ehe.[57] Und als wäre dies nicht genug, sprach er abends vor Publikum in der Community Church und in jüdischen reformierten Gemeinden.

Fast den gesamten Januar 1930 war er im Bundesstaat Michigan unterwegs. Der Twenty Million Michigan Children's Fund finanzierte die Tour. Jeden Tag hielt er vier bis fünf Vorlesungen vor divers besetzten Auditorien, leitete an Hospitälern Demonstrationen und Konsultationen und fand daneben noch die Zeit, Privatpatienten zu betreuen. Das Interesse war groß, das Echo positiv. Acht Jahre später sollte eine bei Adler ausgebildete Individualpsychologin feststellen, dass Adlers Theorien in Detroit besonders konstruktiv umgesetzt worden waren.[58]

Während Adler in Michigan *lectures* gab, stellte Frederick Tilney, Professor für Neurologie und Neuro-Anatomie an der Columbia University, den Antrag, für Adler einen Lehrstuhl zu schaffen. Der Antrag wurde abschlägig beschieden. Ob Rankünen der Psychoanalytiker im Department dahintersteckten, wie gemunkelt wurde, ist unklar.[59] Adler erfuhr von der Ablehnung nach seiner Rückkehr. Auf der Stelle beendete er seine Dozententätigkeit und schloss seine mit der Medical School affilierte Klinik, den »Individualpsychologischen Beratungsbeirat«, der, von Walter Beran Wolfe geleitet, an die Community Church andockte.[60] Zu stark dürfte für Adler dieses Veto eine Reprise der Kränkung durch die Universität Wien und Wagner-Jauregg gewesen sein.[61] Aber es lässt sich noch ein weiterer Grund anführen, wieso Adler in universitären Beschäftigungskonstellationen kein Erfolg beschieden war. Erwin Wexberg meinte, eine Rolle hätte Adlers Abneigung gespielt, »einige der üblichen wissenschaftlich anerkannten Methoden zu benutzen, etwa Statistiken, ausführliche Fallberichte etc. Die Kritiker hatten es daher leicht, seine Funde zu missachten.«[62] Ein nicht sehr originelles Verdikt, das auch gegen die Psychoanalyse ins Feld geführt worden war. Die Mehrzahl nordamerikanischer Psychologen arbeitete klinisch, empirisch, experimentell. Sie wollten Psychologie als streng wissenschaftliche Disziplin etablieren. Da konnten Intuition, persönliche Erfahrung, subjektive Gefühle nur kontraproduktiv sein. Scharf wurde die geforderte Selbstanalyse als Initiationsmedium abgelehnt.[63]

Adlers Erfolg in Amerika beim breiten interessierten Laienpublikum wurde begleitet und gestützt von einer bemerkenswerten Flut an Veröffentlichungen, die binnen weniger Jahre Schlag auf Schlag in englischer Sprache erschienen. 1928 hatte Philip Mairet bei Kegan Paul *ABC of Adler's Psychology* publiziert. 1929 erschienen *The Case of Miss R. The Interpretation of a Life Story* bei G. Allen & Unwin, London, und im selben Jahr bei Kegan Paul *Problems of Neurosis. A Book of Case-Histories. Edited by Philip Mairet.* 1930 binnen drei Monaten: *The Pattern of Life. Case-Histories of American Children* bei Kegan Paul; *The Science of Living. With an Introduction by Philip Mairet* sowie *Guiding the Child. On the Principles of Individual Psychology. By A. Adler and Associates* und *The Education of Children*, alle drei zeitgleich bei Greenberg und G. Allen & Unwin, und dazu der Sammelband *Psychologies of 1930. By Alfred Adler and Others.* 1931: *The Case of Mrs. A. The Diagnosis of a Life-Style* bei C. W. Daniel, London, und bei Little, Brown & Co., Boston, *What Life Should Mean To You. Edited by Alan Porter*, das ein Jahr später auch in London erschien. 1938 sollte noch bei Faber & Faber, einem großen englischen Verlag, *Social Interest. A Challenge to Mankind*, die Übersetzung von *Der Sinn des Lebens*, folgen.

Diese Bücher Adlers entstanden in einer bestimmten Manier. Der viel beschäftigte, sich bis auf sehr gelegentliche Kinobesuche (er sah mit Vorliebe die Komödien Charlie Chaplins und der Marx Brothers) kaum Pausen gönnende Adler, ohnehin nie ein sorgfältiger Spracharbeiter, bediente sich Zuarbeiter, externer Herausgeber und redigierender Übersetzer wie Wolfe.[64] Es waren Vorlesungsnotate, Aufzeichnungen oder vorbereitende Stichwortreihen, die Adler weiterreichte, auf dass sie in eine lesefähige und verständliche Form gebracht würden. Dabei gingen Tiefe und Komplexität verloren. Es war eine recht fatale, durch Verlage gestützte Entscheidung, die Nachfrage in einem Stakkato zu befriedigen. Dabei kamen sich die einzelnen Bücher gegenseitig in die Quere und zogen Aufmerksamkeit voneinander ab. Weiteres Minus: immer flachere Repetitionen, die selbst wohlmeinenden Rezensenten ins Auge stachen, stilistische Nachlässigkeiten und analytische Defizite.[65]

Was waren die Gründe für diese Hochfrequenz? Finanzielle Argumente wohl weniger. Alle auf *Understanding Human Nature* folgenden Bücher verkauften sich nicht schlecht, aber auch nicht wirklich gut. Schriftstellerische Anerkennung war für Adler nachrangig und stand hinter der mündlichen Rede und dem persönlichen Austausch zurück. Ein Erklärungskern dürfte wohl in einer Bemerkung stecken, die Phyllis Bottome überlieferte (oder Adler in den Mund legte) und mit der er Einwände wider übermäßige Popularisierung und Anbiederung an ein Laienpublikum gekontert haben soll: »Ich habe 40 Jahre gebraucht, um meine Psychologie einfach und verständlich zu machen.«[66] Wollte er bei seinen nordamerikanischen Zielgruppen und deren optimistischeren Einstellungen Wirkung entfalten, so musste er seine Thesen vereinfachen, sie eingängig und merkfähig machen.

Eine Schwerpunktveränderung zog jetzt in seine Lehre ein. Er akzentuierte nun Wachstum, Streben zu Gemeinschaftsfähigkeit und Vervollkommnung. Wohl auch daher reduzierte er den Anteil wissenschaftlicher Sorgfalt zugunsten eines recht plakativen Pragmatismus, der dem *Self-Help*-Idealismus der Neuen Welt entgegenkam. Gleiches gilt für die Entwicklung der Psychoanalyse in den USA nach Freuds Tod 1939. So traf der Vorwurf, der Adler gemacht wurde, dass durch das prononcierte Herausstellen des Gemeinschaftsgedankens die Individualpsychologie sozial konform und konservativ wurde und an Ethik appelliere, ins Schwarze. Dass aber die Pfeile ins Schwarze schwirrten, war mutmaßlich von Adler gewollt.[67]

Außerdem hatte er realisiert, dass nahezu alles von ihm persönlich abhing. In Deutschland hatte sich eine fatale sezessionistische Debatte entwickelt. In Österreich gab es ebenfalls keine rechte Orthodoxie mehr. In England war der verkorkste Anlauf mit Mitrinović zu registrieren. Dieser hatte sich einem krausen Pannationalismus in die Arme geworfen, der zwischen europäischer Großunion und dem esoterisch-mystischen »Vierten Weg« eines Georges Gurdijeff oszillierte. Mitrinović predigte eine Trinität von Ariertum, Christentum und Sozialismus und vertrat ein Regierungssystem, das sich aus mittelalterlichen Gilden und zeitgenössischen Arbeiterräten zusammensetzen sollte. Deutlich zutage trat ein verbaler Antijudaismus inklusive Weltverschwörungstheorien. Belgien und die Niederlande wurden individualpsychologisch überwiegend von Laien getragen.

Bald hielt Adler auch Vorträge über Kriminologie und Rehabilitation im Strafrecht. Bei diesen Themenfeldern überschnitten sich Adlers und Davis' Interessen, hatte sich Davis doch seit Jahren für Strafrechtsreformen engagiert. Nun zielte Adler darauf ab, Ideen der Individualpsychologie in einschlägigen Medien wie *The Police Journal* zu lancieren und den Fokus seiner Theorien zu vergrößern.[68] Zur selben Zeit zogen diese Themen das Interesse neuer Berufsgruppen auf sich. Ein neuer Typus war aufgekommen: Spezialisten für *Human Relations*, Sozialarbeiter und Sozialpädagogen, Eheberater und Fachleute für Sexualerziehung, Berater an Jugendgerichten und Psychotherapeuten.[69]

22 Die Familie Adler im Wien der 1920er Jahre

»Und sagen Sie allen, dass es Berlin noch nicht so schlecht geht wie Wien. Aber wir werden sehen, was sich tun lässt.«
Kurt Tucholsky, 1920[1]

Es war lind. Es war Sommer. Und es gab Walzermusik. Dann kamen die Misstöne. Eine Fülle an Störungen. Über den Palisadenzaun hinweg, der den Burggarten von der Ringstraße separierte und aus Lärmschutzgründen errichtet worden war.

Sommers gab es im Burggarten Konzerte. An einem der letzten Samstagabende im Juli 1925 wurde Musik von Johann Strauß dargeboten, »liebliche Straußwalzer«, wie ein Leserbriefschreiber der christlichsozialen *Reichspost* am 5. August mitzuteilen geruhte. Aber wäre es dabei geblieben! Denn während man »andächtig lauschte«, marschierten »Horden« auf der Ringstraße vorbei, lamentierte der Epistolar. Sie grölten, und zwar unerträglich! Es waren sozialistische »Naturfreunde«, die ihr fünfundzwanzigjähriges Bestehen mit Gesängen »gegen Hitler« feierten. Da habe, schreibt der *Reichspost*-Leser noch Tage später enragiert, Maestro Spörr den Taktstock »resignierend« niedergelegt: »Und mit diesem Liede [gegen Hitler] überbrüllten nun die jugendlichen ›Naturfreunde‹ die ›Geschichten aus dem Wienerwald‹ und brachten sie zum Schweigen. – Spricht das nicht Bände?«[2]

Was der Schreiber in seinem Protestbrief an die reaktionäre Gazette in seiner Sehnsucht nach Lieblichkeit und andächtigem Zuhören der Unterhaltungsmusik ausblendete – und dies sprach tatsächlich Bände –, waren die innenpolitischen Spannungen und Verspannungen, war die sklerotische Verhärtung in den politischen Lagern. Die Opposition zwischen Bürgertum und Arbeiterschaft, Stadt und Land, Progressiven und Klerikal-Reaktionären wurde immer ausgeprägter und gewalttätiger. Paramilitärische Organisationen hatten Zulauf. Von staatlicher Seite wurde dies gefördert. Die Regierungen der Bundesländer mit Ausnahme des kleinen Burgenlands stellten Selbstschutzverbände auf. 1922 wurde die Stärke der Alpenländischen Selbstschutzverbände, der rechtsnationalen Heimwehr, mit 110 000 Mann angegeben, ebenso viel wie der sozialdemokratische Republikanische Schutzbund.[3]

Das Nachkriegselend mit hoher Inflationsrate und einer atemberaubenden Geldentwertung – 1922 war die Krone auf ein Fünfzehntausendstel ihres Vorkriegswerts gesunken – pulverisierte die Wirtschaftskraft. Handwerk, Gewerbe, Freiberufler und Beamte, von denen nicht wenige aus dem Staatsdienst entlassen worden waren, büßten ihre Ersparnisse ein und verarmten.[4] 1924 hatten eine Budgetsanierung, noch stärker ein weltweiter Aufschwung eine zarte volkswirtschaftliche Trendwende eingeleitet. 1926 wurde Ignaz Seipel neuerlich Kanzler. Die Volkswirtschaft zog an. Die Wachstumsrate war in Österreich mit 4,8 Prozent höher als in anderen europäischen Staaten. Doch das Land war in einem »latenten Bürgerkrieg«.[5] Die christlichsoziale Partei Seipels tolerierte aus wahltaktischen Gründen Rechtsausleger wie den rabiaten Antisemiten Leopold Kunschak. An den Wahlurnen zahlte sich dies im April 1927 nicht aus. Bei der Nationalratswahl trat Seipels Partei in einer Einheitsliste mit den Großdeutschen an und hoffte, die Sozialdemokratie zu schwächen. Das Gegenteil trat ein. Die Christlichsozialen büßten neun Sitze ein und konnten sich in eine Regierung aus drei Parteien retten. Die größte Krise sollte nicht lange auf sich warten lassen. Fast genau zwei Jahre nach dem Echauffement des *Reichspost*-Lesers über das vergällte Musikvergnügen im Burggarten gab es das heftigste Aufeinanderprallen in der Ersten Republik, eine politische und gesellschaftliche Zäsur, die das Land in den nächsten Jahren noch stärker politisch separieren sollte. Der Justizpalast brannte.

»Die Arbeitermörder freigesprochen. Der Bluttag von Schattendorf ungesühnt«. Das war am 15. Juli die Aufmacher-Schlagzeile der *Arbeiter-Zeitung*. Neben die Nachricht war der Kommentar des Chefredakteurs gerückt: »Die bürgerliche Welt warnt immerzu vor dem Bürgerkrieg; aber ist diese glatte, diese aufreizende Freisprechung von Menschen, die Arbeiter getötet haben, weil sie Arbeiter getötet haben, nicht schon selbst der Bürgerkrieg? Wir warnen Sie alle, denn aus einer Aussaat von Unrecht, wie es gestern geschehen ist, kann nur schweres Unheil entstehen.«[6] Um sechs Uhr morgens waren die Zeitungskolporteure auf den Straßen und boten die Exemplare feil. Der Aufschrei über den Freispruch der »Arbeitermörder« traf bloßliegende Nerven. Um acht Uhr wurde in einigen Stadtbezirken die Arbeit niedergelegt. Eine Stunde später fuhren keine Straßenbahnen mehr. Telefon- und Stromleitungen wurden von den Beschäftigten der Elektrizitätswerke abgeschaltet.

Angefangen hatte alles sechs Monate früher, am 30. Januar. Ort war das kleine burgenländische Schattendorf. Durch die Fenster eines Gasthauses hatten nationalistische Frontkämpfer auf einen Umzug von Schutzbündlern geschossen. Tödlich getroffen wurden zwei Menschen, ein Kriegsinvalider und, durch einen Querschläger, ein unbeteiligter achtjähriger Junge.[7] Der Obduktionsbericht listete auf, dass in beiden Leichen zahlreiche Schrotkugeln gefunden wurden, beim Veteranen im Hinterkopf. Die bürgerliche Presse erklärte, die Schutzbündler seien schuld, sie hätten die Leute der Heimwehr provoziert. Vor einem Geschworenengericht im Wiener Justizpalast wurde gegen die Schützen verhandelt. Der Verteidiger der Angeklagten, ein Nationalsozialist, führte als Entschuldigung »unübersichtliche Aufregung« ins Felde. Am 14. Juli wurden sie freigesprochen, da für eine Verurteilung eine Zweidrittelmehrheit vorgeschrieben war. Die Geschworenen konnten sich nicht einmal auf den Tatbestand der Notwehrüberschreitung einigen.[8]

15. Juli. Ab 8 Uhr marschierten Tausende in Kolonne in Richtung Innenstadt. Ihr Ziel: der Justizpalast. Die Funktionärsschicht der sozialdemokratischen Partei unterließ es, den Schutzbund als Ordnungsdienst zu aktivieren. »Während auf der Rampe der Universität Gasarbeiter mit Studenten zu plänkeln anfingen, stürzte sich knapp nach halb 10 Uhr an der Ecke der Reichsratsstraße und des Schmerlingplatzes ein Haufen Menschen auf die dort liegenden Bestandteile eines Gerüstes, um daraus Barrikaden gegen die berittene Wache zu errichten«, so der Berichterstatter der Tageszeitung *Der*

Morgen.[9] Um 10 Uhr schob vor dem Justizpalast eine Handvoll Schutzleute Dienst. Das Polizeipräsidium hatte das Gericht als nachgeordnet eingestuft. Jetzt war der Schmerlingplatz übervoll, aus der Masse erschollen Rufe. »Nieder mit den Arbeitermördern!« Und: »Stürmt die Hakenkreuzlerburg!«[10] Der Bau verkörperte, so Elias Canetti, der an diesem Morgen die *Reichspost* las, für sie die Klassenjustiz.[11] Erste, dann immer mehr Steine flogen auf die zehn Beamten auf der Rampe. Dann wurde geschossen. Eine berittene Polizistenschar tauchte auf, versuchte, die randalierende Menge auseinanderzutreiben. Die Demonstranten klaubten Bauholz auf, bewaffneten sich mit Armierungsteilen umgestürzter Gerüste. Anderswo wurden Barrikaden aufgeschichtet. Das Polizeipräsidium war in heller Aufregung. 11 Uhr. »Die Menschenwogen, die immer aufs neue gegen den Kordon der Wache anbrandeten und anfänglich zurückgeschlagen worden waren, wurden immer stärker, mächtiger und wilder«, so die *Illustrierte Kronen Zeitung*. »Die Wache wurde zurückgedrängt und abberufen, um mit Militärgewehren ausgerüstet zu werden. Fast gleichzeitig erfolgten dann Stürme gegen das nahe gelegene Wachzimmer in der Lichtenfelsgasse, das in Brand gesteckt wurde – so wie der Justizpalast, der alsbald zum Schauplatz wildester Szenen wurde.«[12] Die Menge war in das Gebäude eingedrungen. Stühle, Tische, Kästen flogen durch die Fenster. Aktenbündel folgten, Bücher, Spiegel, Schreibmaschinen. Leitern wurden herangeschleppt, die zu den Fenstern des zweiten Stocks reichten. Brandfackeln wurden ins Innere geschleudert. Erste Flammen schlugen aus den Fenstern.[13] Die städtische Feuerwehr erhielt die Nachricht, dass der Justizpalast brennen würde. Löschfahrzeuge wurden behindert. Auf an Wasserhydranten angeschlossene Schläuche wurde eingehackt. Nur dünne Wasserstrahlen zischten ins Feuer. 14 Uhr. Viele Polizisten, Mannlicher-Gewehre in Händen, als Munition Dum-Dum-Geschosse, rückten an. Dann knatterten Salven. Panik brach aus. Getroffene fielen schreiend zu Boden. Andere wurden über den Haufen geritten. Wieder andere wehrten sich gegen ihre Verhaftung. Bis 17 Uhr dauerte das Ganze. Währenddessen fraß sich das Feuer durch das Justizpalais. Um 18 Uhr war das Dach ein Flammenmeer. Mit einem kräftigen Ruck schoss das Feuer die Kuppel hindurch nach oben, dann kollabierte diese. Der Brand war erst am Vormittag des nächsten Tages gelöscht. In der Nacht des 15. Juli zählte man 89 Tote, 84 Demonstranten und 5 Polizisten. Einige Leichen waren verstümmelt. Verletzte gab es mehr als 1000, Verhaftete mehr als 1300. Viele Läden waren verwüstet worden, Wachstuben der Polizei und Zeitungsredaktionen, die der *Reichspost* etwa, die später von Notwehr einer heldenmütigen Polizei schreiben sollte. Der Vizekanzler sprach verharmlosend von einer »Hasenjagd«.[14] Es war »das Nächste zu einer Revolution«, schrieb Canetti ein halbes Jahrhundert später, »was ich am eigenen Leib erlebt habe. Seither weiß ich ganz genau, ich müsste kein Wort darüber lesen, wie es beim Sturm auf die Bastille zuging.«[15] Die gesellschaftliche Spaltung wurde noch größer. Es gab keine Rivalen mehr in der politischen Arena oder auf den Straßen, es gab Kombattanten und Feinde.[16] In den nächsten Jahren sollte die österreichische Politik in der »verwundeten Republik«, so Bundeskanzler Seipel, der mit dem faschistischen Italien sympathisierte, von bitteren Grabenkämpfen geprägt sein.[17] Die sozialdemokratische Partei entschied sich, so wie im November 1918, für den Weg eines parlamentarischen Ausgleichs. Damit geriet sie in die Defensive. Pathos ersetzte Aktionen. Die Machtbasis des »Roten Wiens« wurde überschätzt.[18]

Am 7. Oktober 1929 brach die Wiener Allgemeine österreichische Boden-Creditanstalt zusammen. Als Lösung zwang die Regierung die leidlich liquide Creditanstalt für Handel und Gewerbe mit dem insolventen Bankhaus zusammenzugehen. Danach leitete sie eine Initiative für eine Zollunion mit dem Deutschen Reich ein. Dies geriet auf internationalem Parkett zum Debakel. Der Internationale Gerichtshof in Den Haag brandmarkte eine solche Zollunion als Vertragsbruch der Genfer Protokolle von 1922, auf deren Grundlage der Völkerbund Gelder freigegeben hatte. Frankreich zog in Österreich kurzfristig angelegtes Kapital ab. Erstes Opfer der einsetzenden Lawine von Bankzusammenbrüchen wurde 1931 die Creditanstalt der Rothschilds. Die Volkswirtschaft geriet in Schieflage, die Währung unter Druck. Die Bank of England streckte der Österreichischen Nationalbank 150 Millionen Schilling vor.[19] Die Regierung mühte sich, den Staatsbankrott durch Ausgabenkürzungen und eine Deflationspolitik zu verhindern. Dadurch verschärfte sich die Wirtschaftskrise. Im Winter 1932/33 waren 400 000 Österreicherinnen und Österreicher arbeitslos.[20] Zuvor hatte es bei den Landtags- und Gemeinderatswahlen in mehreren Bundesländern massive Zugewinne für die bis dato marginalisierten Nationalsozialisten gegeben. 1930 waren die Bemühungen der Heimwehrführer in den Bundesländern erfolgreich gewesen. In Korneuburg hatte man gemeinsame Prinzipien verabschiedet und den sogenannten Korneuburger Eid geleistet, in dem der Sturz des parlamentarischen Systems und ein autoritärer Ständestaat gefordert wurden. Sie waren mittlerweile so stark, dass sie den Sturz des ihnen feindlich eingestellten Bundeskanzlers Schober einfädelten. Nachfolger wurde der Antimarxist Carl Vaugoin, der mit Ernst Rüdiger Starhemberg eine Koalition einging. Ausgerechnet mit Starhemberg, dem obersten Repräsentanten der Heimwehr, der sich als »Reichsführer« ansprechen ließ.[21] Parlamentarische Mehrheit gab es keine. Wieder Neuwahlen. Neuerlich ein Fast-Patt. Ausweg waren fragile Kompromisse. Die Wachstumsjahre waren vorbei, der Aufschwung verweht. Die Außenhandelsquote halbierte sich. Das Land war im Krisenmodus. Andererseits floh man in nostalgische herzwärmende Unterhaltung, worüber Karl Kraus sich 1932 echauffierte: »Wenn die letzten Dezennien der Monarchie vollgekotzt waren von täglichem Ischl und Sommergefrischel und das österreichische Antlitz jene unwahrscheinliche Verbindung von Kaiserbart und Librettistenpoem gezeigt hat – all dies, sympathisch unverändert, aber vertausendfacht und der Prominentenpest unterworfen, heißt Republik.«[22]

Raissa Adler engagierte sich in den 1920er Jahren in der extrem linken Politik. 1921 gehörte sie neben Julius Tandler und der Individualpsychologin Margarete Hilferding zum Gründungskuratorium der Sektion Österreich der »Internationalen Arbeiterhilfe«; später war sie Mitglied der »Roten Hilfe«, einer Schutzorganisation für politisch Verfolgte.[23] Schließlich trat sie der Kommunistischen Partei bei und fast zeitgleich aus der Israelitischen Kultusgemeinde Wien aus.[24] Ihre Tochter Valentine war bereits KP-Mitglied; zudem kehrte ihr alter, guter Bekannter Adolf Joffe zurück nach Wien, nunmehr Botschafter der Sowjetunion, auch wenn seine Amtszeit durch eine Behandlung in Wiens luxuriösester Privatklinik, dem Döblinger Sanatorium, abgekürzt wurde.[25]

Mitte der 1920er Jahre, als die vier Kinder eigene Wege gingen, präsidierte Raissa im 750 Quadratmeter großen Café Herrenhof in der Herrengasse einem *Jour fixe*. Im Café Central, nur zwei Häuser entfernt, wurde solches von Frauen ungern gesehen. Nicht nur deshalb zog die jüngere Generation von Autoren, Journalisten und Intellektuellen das 1918 gegründete Café Herrenhof vor, das eine Kaffeehaus-Sezession ausgelöst hatte. Anton Kuh benannte die Unterschiede: »Patron war nicht mehr Weininger, sondern Dr. Freud; Altenberg wich Kierkegaard; statt der Zeitung nistete die Zeitschrift, statt der Psychologie die Psychoanalyse, und statt des Espritlüftchens von Wien wehte der Sturm von Prag.«[26]

Das Kaffeehaus war weitläufig. »Wenn man durch die sanft pfauchende und allzu hastige Schritte besinnlich retardierende Drehtür eintrat, befand man sich zunächst in einem lang gestreckten Raum, dessen behäbige Fensterlogen den Blick auf die prächtigen Palais der Herrengasse, die Residenzen der dem kaiserlichen Hof nahestehenden Hocharistokratie freigaben. Die Überzüge der bequemen Fauteuils, die Holztäfelung der Wände, die Tischplatten und Luster waren aus kostbarem Material, wirkten nobel und gediegen.«[27] In der Mitte waren zahlreiche Tische mit Stühlen, entlang der Wände mehrere Logen, die Platz für fünf bis sechs Personen boten. Jede unterstand, so der Journalist Milan Dubrovic, einem geistigen Oberhaupt. Einer Loge präsidierte der literarisch hochbeschlagene Ernst Polak, im Hauptberuf Prokurist der Österreichischen Länderbank. Zur Polak-Loge gehörten Anton Kuh und Franz Werfel, Gustav Grüner, einst einer der Adler-Renegaten der Mittwochs-Gesellschaft, und Albert Ehrenstein, der mit Adler befreundete Lyriker, unregelmäßig Franz Blei, Robert Musil und Hermann Broch (dessen Kinder Alfred Adler behandelte). Einer anderen saß Leo Perutz vor, Romancier und studierter Versicherungsmathematiker, plus der Publizist Walther Rode und der Reisereporter Arnold Höllriegel, auch Joseph Roth, wenn er in Wien war, sowie Alfred Polgar.[28] Eine Loge wurde »Adler-Loge« tituliert. Dort »residierte« täglich Raissa Adler. Die linken, marxistischen Individualpsychologinnen und -psychologen nahm sie unter ihre Fittiche. War Alfred Adler in der Stadt und in seinem Lieblingskaffeehaus Siller, so mussten manche, die beide sprechen wollten, des Öfteren durch die Innere Stadt hin- und hergehen. Manès Sperber soll den Weg manchmal mehrmals pro Abend absolviert haben.[29]

Raissa Adler gehörte zur klandestinen »Innerparteilichen Gruppe« innerhalb der KPÖ. Die Partei ähnelte in den 1920er Jahren in Struktur und Programmatik stark der Mutterpartei in der Sowjetunion. Sie war rigide auf Linie getrimmt wider, so der Parteijargon, die rechten und versöhnlerischen und trotzkistischen Strömungen. Eine Revolutionärin wie Isa Strasser, die Raissa sicher vom Namen her kannte, da Strasser der Redaktion der *Roten Fahne* angehörte – außerdem waren die Strassers vor 1914 mit Trotzki befreundet gewesen und hatten ebenfalls in der Friedlgasse in Döbling gewohnt –, wurde erst aus der Parteizeitungsredaktion gedrängt und, da sie sich mit dem Trotzkismus solidarisch erklärt hatte, im Juni 1929 aus der KPÖ ausgeschlossen.[30] Strasser korrespondierte mit Trotzki und tauschte sich mit ihm über Zustand und Verhalten der Partei aus, in ihren Augen ein »hoffnungslose[r] Sektiererzirkel«.[31] Auch Raissa Adler blieb mit dem geschassten Weltrevolutionär in brieflichem Kontakt. Auch sie blieb nicht verschont von der Gedankenpolizei. Am 1. August 1929, dem Antikriegstag, hatte die recht kümmerliche KPÖ zu »Arbeitsniederlegungen und gewaltigen Massendemonstrationen« aufgerufen. Die trotzkistische Oppositionsfaktion antwortete mit einem offenen Brief: »Macht Schluss mit der Politik des tragikomischen Kraftmeiertums!« Die Reaktion der obersten Ebenen: eine ausdauernde Kampagne wider das »trotzkistische Renegatentum«, die in der Behauptung gipfelte, die Oppositionellen seien »von der Polizei subventioniert«.[32] In den Kegel des Bannstrahls geriet auch Raissa Adler. Ende Januar 1930 verwahrte sie sich gegen alle kolportierten Halb- und Unwahrheiten. Sie zeigte, wie hochlodernd ihr Temperament sein konnte. Dem Politbüro des Zentralkomitees der KPÖ schrieb sie: »[…] Der Brief an mich ist nicht ein Brief einer revolutionären Führung, sondern eines kleinen, gedankenlosen Beamten. […] / Bis vor kurzem wurde in die Welt auf Grund eben dieser Beschlüsse hinausposaunt: In Oesterreich ist eine akutrevolutionäre Situation, auf der Tagesordnung steht die Gründung der Sowjets. Und jeder[,] der dagegen war, wurde als Liquidatot [sic] und Opportunist beschimpft. Plötzlich stellte das EKKI fest, dass die Einschätzung der Situation, die Parole der Sowjets falsch waren. Also wer sind die Opportunisten, und wie waren die Beschlüsse des X. Plenums? Für, oder gegen die Sowjets? / […] Ich bin vielmehr geneigt zu glauben, dass aus den Schriften des Gen. Trotzki, besonders aus seiner Broschüre über die ›Oesterreichische Krise‹ die Partei und besonders das Z.K. viel lernen könnte. Und ist nicht vielmehr der ›Angriff‹ ›parteischädigend‹, der die Partei von den Massen kompromitiert [sic], die Partei schädigt, schwächt, zu einem Häuflein passiver Arbeiter zusammenschrumpfen lässt? Und hat nicht das Z.K. die Partei so weit gebracht mit ihren Parolen der Sowjets und ihrer Theorie des Sozialfaschismus? Wäre es nicht viel wichtiger, an ernste Probleme heranzugehen, wie z.B[.]: Warum wächst die K.P.Oe. nicht? […] Jawohl, Genossen, ich bin für eine Säuberung der Partei von allen opportunistischen, bürokratischen Elementen, von oben bis unten, und weil es mir ernst damit ist, bekenne ich mich voll und ganz zur linken Opposition, denn nur sie ist im Stande[,] die Komintern aus dem faulen Sumpf des Opportunismus auf den grossen, geschichtlichen Weg des Kampfes um die proletarische Revolution herauszuführen.«[33]

1931 veröffentlichte sie einen Vortrag, den sie über Kindererziehung in der Sowjetunion gehalten hatte, der, da komplett unkritisch, teils harsch moniert wurde. Aus diesem Text lässt sich herauslesen, dass Raissa an einer organisierten Reise in die Sowjetunion teilgenommen haben könnte. In Deutschland liefen solche Unternehmungen über Willi Münzenberg, den kommunistischen Pressemagnaten, der in der »Roten Hilfe« aktiv war.[34]

Urlaube in diesen Jahren führten die Familie oder einzelne Familienmitglieder unter anderem ins Salzkammergut, in die Schweiz und an die Ostsee, nach Rügen, auch nach Italien. Nur einmal waren Raissa und Alfred Adler als Paar unterwegs. 1930 nahm er sie, Anlass war sein 60. Geburtstag im Februar, mit auf eine Reise quer durch Europa. Natürlich war die Reise mit Vorträgen gepflastert. Doch das Missverhältnis zwischen den beiden war auch so kaum zu kitten. Später meinte er, ihr Verhalten in diesen Tagen und Wochen habe sein Wohlbefinden mehr als eingetrübt.[35] Das hatte mutmaßlich mit ihrer manchmal verletzenden Schärfe zu tun. Ideologisch war das Ehepaar nicht kompatibel. Über die Lehren ihres Mannes hielt Raissa mit distanzierenden Urteilen genauso wenig hinterm Berg. Andererseits hatte sie in den Jahren zuvor einige Rezensionen für die *Zeitschrift für Individualpsychologie* verfasst. So besprach sie 1926 Helmut von Brackens Buch über die Prügelstrafe. »Es wurde schon oft und sehr viel gegen und für die Prügelstrafe geschrieben,« hob der Artikel an, »aber diese Frage wird hier zum ersten Male nicht nur pädagogisch, sondern auch soziologisch beleuchtet.« Gleich darauf folgte eine ideologische Verortung der Prügelstrafe als »Instrument der herrschenden Klasse zur Erhaltung ihrer Macht«.[36] Ihr Fazit, dass Brackens Plädoyer für die Abschaffung der Prügelstrafe stützte: »Die Solidarität wird getötet, der Gemeinsinn erstickt«. Dass die empirische Darstellung die Adlerianische Individualpsychologie bestätigte, stellte das Schlusslob dar.[37] 1930 rezensierte sie den Roman des jungen Friedrich Torberg *Der Schüler Gerber hat absolviert*.[38]

Raissa Adlers vier Kinder schlugen recht unterschiedliche Wege ein.

»Ich bin in Wien 1898 geboren und besuchte dort die Volksschule, Gymnasium, Universität. Im Jahre 1921 beendete ich die Staatswissenschaftliche Fakultät der Universität in Wien.« So begann der Lebenslauf, den Valentine »Vali« Adler im April 1934 zu Papier brachte. »Bereits im Gymnasium begann ich mich für die sozialistische Bewegung zu interessieren und besuchte die Versammlungsabende der sozialdemokratischen Arbeiterjugend. 1917/18 arbeitete ich in der sozialdemokratischen Arbeiterjugend, hielt dort Bildungszirkel ab. Als Studentin schloss ich mich 1918 der ›Freien Vereinigung Sozialistischer Studenten‹ an, aus der sich später ein Teil der Gründer der KPOe rekrutierte. Im Laufe meiner Studiezeit [sic] nahm ich an der Arbeit dieses Studentenverbands aktiven Anteil und war auch Ausschussmitglied.

Im Jahr 1918 trat ich auch offiziell in den Jugendverband der sozialdemokratischen Partei ein und wurde dadurch Mitglied der SPOe. / Bald trat ich aber wieder aus und wurde 1919 Mitglied der KPOe. Hauptsächlich arbeitete ich damals im Jugendverband, gab zahlreiche Kurse, arbeitete an der damaligen Jugendzeitschrift mit, hielt Referate und war aktiv in der Kommunistischen Studentenbewegung, [sic] tätig.« 1921 schloss sie ihr Studium ab. Zum Zeitpunkt der Sponsion, der feierlichen Überreichung des Diploms, war Alfred Adler nicht in der Stadt. Er gratulierte aus der Ferne: »Dein Telegramm erreichte mich gestern Abend im Hotel. Wie ich mir wünsche, bei Dir gewesen zu sein, mit Dir gelacht, gesungen und Dir dabei geholfen zu haben, schöne Pläne für den Sommer und die weitere Zukunft zu machen. Wir werden das aber nachholen – irgendwann – irgendwie! / Jetzt bist Du vollkommen frei und musst Dein Leben nach Deiner Vorstellung aufbauen. Es gibt jetzt keine Regeln und Vorschriften mehr, die Dich einschränken, und es gibt viele Wege, die es Wert sind, dass Du ihnen folgst. / Wie Du weißt, geht es überhaupt nicht darum, welche Aktivität Du bevorzugst, sondern wie Du das Gewählte ausführst und welches Qualitätsniveau Du erreichen willst. Bis jetzt hattest Du nur mit den Schwierigkeiten und Anforderungen des Alltagslebens zu tun, was Dich kaum bekümmern kann, es sei denn, Du lässt Dich von Vorurteilen und Aberglauben einschüchtern. Jetzt musst du Dich mit den Anforderungen Deiner eigenen Ideale auseinander setzen, die Du nicht als Entschuldigung und Vorwand missbrauchen darfst, um realen Situationen auszuweichen. / Wenn Du wissen willst, auf welchen Teil von Dir Du wirklich stolz sein kannst, abgesehen von Deinem Wissen und Deinen Fähigkeiten, dann kannst Du zurückblickend auf Dein Leben bis heute sagen, dass Du niemals irgendjemand Leid zugefügt hast.

Versuche auch, eine wirklich gute Beziehung mit unserer lieben Ali aufzubauen und mit unserem Jungen, denn du kannst es. / Dein überglücklicher Papa schickt Dir tausend Grüße und Küsse.«[39]

Der letzte Absatz verwies auf innerfamiliäre Konkurrenz, Eifersüchteleien und Konflikte zwischen Valentine, der drei Jahre jüngeren Alexandra, dem sechs Jahre jüngeren Bruder, den Außenbeobachter als umgänglich, nett und freundlich einstuften – später war er der Diplomat der Familie –, und der Mutter. Mit Letzterer dürften bei Vali die politischen Symmetrien den emotionalen Dissens überwogen haben. Wien und die Kommunistische Partei waren zu klein und auf dem Weg ins Sektierertum. Valentine Adler verließ Österreich. »Nach Beendigung meiner Studien übersiedelte ich nach Berlin (1921) und wurde Mitglied der KPD. Ich arbeitete als politischer Referent im Internationalen Frauensekretariat, das sich damals unter der Leitung von Clara Zetkin befand. Meine Arbeit bestand in der Sammlung und Verwertung des Materials, das die internationale Frauenbewegung betraf, Veröffentlichung diesbezgl. Artikel, usw. Gleichzeitig war ich Mitarbeiterin des Deutschen Frauensekretariats. Damals nahm ich meinen Parteinamen Dina Schreiber an. / Auf eigenen Wunsch arbeitete ich dann im Verlag der Partei (Viva) bei der Herausgabe der Werke von Franz Mehring. Nach Beendigung dieser Arbeit wurde ich Leiterin der Bibliothek des Parteiarchivs, das damals unter dem Namen ›Archiv für Sozialwissenschaften‹ getarnt in Berlin bestand. Dieses Archiv wurde im Jahr 1924 von der Polizei aufgelöst. / In der Zeit 1924/25 lebte ich als freie Schriftstellerin in Berlin und veröffentte [sic] Artikel, hauptsächlich wirtschaftlichen Inhalts in verschiedenen deutschen und russischen Parteizeitungen. 1926 trat ich in die Handelsvertretung der UdSSR als Leiterin der Oekonomischen Bibliothek ein; im Jahr 1930 wurde ich Oekonomistin in der Handelsvertretung der UdSSR.«[40] 1925 hatte sie den ungarischen, perfekt Deutsch sprechenden und schreibenden Journalisten Gyula Sas (eigentlich Julius Spitz; im Zuge einer Magyarisierung nannte er sich »Sas«, was auf Deutsch – »Adler« heißt) geheiratet. Dieser war Kommunist und Berufsrevolutionär. Für sie war es die erste Ehe, für ihn die zweite. Sie ließen sich in Neu-Tempelhof,

Berliner Straße 5, dem heutigen Tempelhofer Damm, direkt am Flughafen Tempelhof, nieder. Zur Vermählung hatte Adler ihnen einen »Brief an eine Tochter anlässlich ihrer Hochzeit« geschrieben, Programm einer kooperativen (Sexual-)Beziehung und Fürsorge eines liebevoll zugeneigten Vaters:[41]

Liebe Vali und lieber Giula [sic],

ich sende Euch meine liebsten Grüße, nehme Euch in meine Arme und gratuliere Euch von ganzem Herzen!

Meine Gedanken sind immer mit Euch. Vergesst bitte nicht, dass die Ehe eine Aufgabe ist, an der Ihr beide arbeiten müsst, mit Freude. Erinnert Euch daran, dass die monogame Lebensform nur die schönste Blüte der Sexualkultur repräsentiert.

Ich bitte Euch, mutig entschlossen zu sein, mehr an den anderen als an Euch selbst zu denken, und versucht stets so zu leben, dass Ihr dem anderen das Leben leichter und schöner macht.

Lasst nicht zu, dass einer sich dem anderen unterordnet. Niemand kann diese Situation aushalten. Erlaubt es keinem anderen, auf die Gestaltung Eurer Ehe Einfluss zu nehmen. Befreundet Euch nur mit Leuten, die Euch beide aufrichtig mögen. […]

Du, Vali, wirst mehr Geld benötigen. Schreib mir gleich, wie viel Du brauchst und wohin ich es schicken soll. Versuche dort die Staatsbürgerschaft zu erwerben, wenn es keine Pass-Schwierigkeiten gibt.

Wenn Du immer noch meine Vollmacht für die Commerz- und Industriebank (vormals Länderbank, Prag) hast, nutze sie und lass Dir das Geld direkt überweisen. Falls nicht, schreib bitte sofort.

Ich entnehme Deinem letzten Brief, dass Ihr nicht nach Gmunden kommt. Wir werden uns dann in Berlin wieder sehen. Vielleicht willst Du Mama und Nelly an die Ostsee einladen.

Die 1,55 Meter messende Alexandra Adler, von früh an Ali gerufen, besuchte die Volks- und Bürgerschule in der Hegelgasse im I. Bezirk, dann das Privat-Mädchen-Obergymnasium des Vereines für erweiterte Frauenbildung in der Rahlgasse und studierte nach dem Abitur Medizin in Wien.[42] »Als ich vier Jahre alt war, beschloss ich, Ärztin zu werden, und sagte dies jedem, der mich fragte, was ich werden wollte. Ich erinnere mich, dass ich auf die Frage, warum ich Ärztin werden wollte, antwortete, ›weil mein Vater Arzt ist‹.«[43]

Nach der Promotion 1926 spezialisierte sie sich auf Neurologie und Psychiatrie. Für ein Jahr ging sie nach Paris und war am Centre hospitalier Sainte-Anne, einem psychiatrischen Krankenhaus im 14. Arrondissement, tätig. Zurück in Wien, arbeitete sie in der Psychiatrischen Frauenabteilung der Universitätsklinik für Psychiatrie und Nervenkrankheiten. Dann berief sie ausgerechnet Wagner-Jauregg zur Assistenzärztin in der Neurologischen Abteilung. Als sie einwandte, das sei für sie angesichts der familiären Vorgeschichte und seines bekannten Widerstands gegen Psychoanalyse und Individualpsychologie kaum akzeptabel, soll der Ordinarius geantwortet haben: *tant pis*, Pech gehabt.[44]

1928 veröffentlichte sie ihre erste wissenschaftliche Untersuchung auf dem Gebiet der Neuropsychiatrie. Es folgten in den nächsten drei Jahren größere Aufsätze, darunter 1931 eine 25-seitige Studie über die »Bedingtheit der Häufung gewerblicher Unfälle«, Sozialmedizin. Wagner-Jauregg überging sie bei Pro-forma-Beförderungsrunden. Als sie einem ihr zugeneigteren Professor zugeteilt wurde, entkam sie der drohenden Laufbahnsackgasse. 1927 formierte sich in Wien eine Arbeitsgemeinschaft individualpsychologischer Ärzte. Diese Gruppe befasste sich mit Theorie und Praxis der Therapie von Neurosen und Psychosen. Zu Beginn der 1930er Jahre übernahm der Psychiater Rudolf Dreikurs von Adler den Vorsitz. 1929 publizierte Alexandra Adler einen Aufsatz über die Technik der Erziehungsberatung in der *Internationalen Zeitschrift für Individualpsychologie*. Zwischen 1931 und 1933 hielt Alexandra Adler, wohnhaft in der Lazarettgasse 14 im IX. Bezirk, vier Vorträge im Rahmen der Arbeitsgemeinschaft.[45]

Kurt Adler entschied sich nach dem Abitur für ein Studium der theoretischen Physik. Zwei Dr. med. Adlers seien mehr als genug für Wien, so die Begründung des schlanken Drittgeborenen und Brillenträgers. Er heiratete früh seine Jugendliebe Renée Lili Eltbogen. Die Ehe zerrüttete nach 1930 und wurde 1934 geschieden. Kurts Studium zog sich in die Länge, auch weil er mit einem Freund und Kompagnon lange an einer Erfindung werkelte. Als sie diese beim Wiener Patentamt anmeldeten, wurden sie nach kurzem von der Behörde in Kenntnis gesetzt, dass genau diese Invention bereits in den USA patentrechtlich geschützt sei. 1935 wurde er promoviert.

Nelly Adler, das Nesthäkchen, entschied sich früh gegen eine akademische Ausbildung. Sie wollte Schauspielerin werden. Ihr Vater versuchte, in seinem Beziehungsnetzwerk Ansprechpartner zu aktivieren, und wandte sich an die österreichische Schauspielerin Elisabeth Bergner, die seit 1923 in Berlin für Furore gesorgt hatte und davor mit Albert Ehrenstein liiert gewesen war.[46] Im März 1928 bekam die grazile Nelly ihre erste Rolle am Deutschen Volkstheater in Wien, sie spielte in Frank Wedekinds *Frühlings Erwachen* die Ilse. Es folgten weitere Nebenrollen an größeren Theatern in Berlin und München. Doch über das gehobene Komparsenfach kam sie zu ihrem Leidwesen nicht hinaus. Adler tröstete sie brieflich ausführlich.[47] Sie lernte den Jurastudenten Heinz Sternberg kennen und lieben. Dessen Vater betrieb eine große Rechtsanwaltskanzlei in der Inneren Stadt. Sie heirateten.

Der internationale Erfolg Adlers bescherte ihm Geld. Währung und Wirtschaft Österreichs und Europas hatten sich stabilisiert. Adler erwarb eine Villa in Salmannsdorf, 1892 im Wiener Gemeindebezirk Währing aufgegangen, Dreimarkstein 12. Die Familie richtete die Räume gediegen ein. Im Salon stand ein großer Flügel. Alle Töchter spielten Klavier und begleiteten Adler, wenn er Schubert-Lieder sang.[48] Der große Garten mit Bäumen, Rosenbüschen und Gemüsebeeten und einem Gewächshaus lag nach hinten. »Salmannsdorf war Adlers Traum, aber wie viele Träume war er für den Alltag unpraktisch. Das Haus lag zu weit außerhalb Wiens, es war zu groß und zu einsam. Als dann die Besucherströme hereinbrachen, war es nicht einsam genug. ›Herr Doktor‹, sagte ihm Sophie, die Köchin [die Hauswirtschafterin stand rund drei Jahrzehnte im Dienst der Familie Adler], ›dieses Haus ist zu weit weg von der Stadt für die arbeitenden Leute, zu denen ich gehöre. Es ist nichts als ein schöner Fleck für Touristen!‹ Adler wandte ein: ›Sind wir nicht alle Touristen in dieser Welt?‹ / [...] / Endlose Besucherströme kamen, saßen im Garten, spielten und sangen im großen Musikzimmer und durchstreiften die nahen Berge. Auch Raissa liebte Salmannsdorf, das ihren Träumen von russischen Kornfeldern unter weitem Himmel am nächsten kam. Vermutlich hoffte sie, hier mit Adler ein richtiges Haus für sich und die Kinder zu gründen, wo Sophie ihr die beschwerliche Last des Haushalts abnehmen sollte. Doch das ewige Arbeiten ihres Mannes verfolgte Raissa bis in die Felder und Wälder. Diese Wogen leidender Menschen, die ihr den Mann entrissen, erreichten sie überall. Sie konnte sich ihnen nicht entziehen und hatte keine Geduld, ihre erdrückenden Probleme zu ertragen. / Eine von Adlers amerikanischen Bekannten erzählte von einem Besuch in Salmannsdorf, der für immer in ihrem Gedächtnis blieb. Adler führte sie auf Zehenspitzen ins sonnige Wohnzimmer, wies auf ein Regal voller Kakteen, die er von einer Amerikareise mitgebracht hatte. Dann legte er seinen Finger auf die Lippen und flüsterte: ›Pst! Sie denken, sie sind in Texas!‹«[49]

Adler konnte hier seine botanische Ader ausleben. Von jeder Auslandsreise pflegte er Pflanzen oder Blumensamen mitzubringen, manchmal exotische, die für die Bedingungen in Salmannsdorf wenig geeignet waren. Er hatte für das Anwesen einen Gärtner eingestellt, einen Deutschen, der nach seiner Entlassung aus einem österreichischen Gefängnis bei ihm um Arbeit nachgesucht hatte. Sie gerieten gelegentlich hitzig aneinander über Sinn und Unsinn der mitgebrachten Donationen. Sommerliche Mußestunden verbrachte Adler leger gekleidet in Leinenhose und einfachem Hemd. So ließ er sich auch fotografieren, was von Freud undenkbar gewesen wäre.[50]

1930 legte er sich ein großes Automobil zu. Ali hatte im Oktober 1928 ihren Führerschein gemacht, Adler bestand die Prüfung drei

Jahre später, mit sechzig Jahren.[51] Stolz behauptete sie, er sei einer der ersten Ärzte zu Wien gewesen, die in einem eigenen Wagen unterwegs gewesen seien. Mit diesem chauffierte Adler sich selbst zu Vorträgen in Deutschland, Polen oder der Tschechoslowakei; 1932 wurde das Auto wieder verkauft.

Der Unterhalt all dessen kostete Geld. Dieses wurde verdient, weil Adler nahezu in Permanenz unterwegs war, in Europa und in den USA, und ohne Unterbrechung arbeitete und schrieb und redete und therapierte. Einmal klagte Adler, er müsse siebzehn Personen nähren. Da hatte er zu seiner eigenen Familie alle seine Geschwister gezählt, die Wirtschafterin, den Gärtner, den Chauffeur und den Schäferhund, den sich die Familie – Adler war ein großer Tierfreund – zugelegt hatte.

23 Menschenkenntnis

»Emotionen? Meinetwegen. Wo steht geschrieben,
dass Aufklärung emotionslos zu sein hat?
Das Gegenteil scheint mir wahr zu sein.
Aufklärung kann ihrer Aufgabe nur dann gerecht werden,
wenn sie sich mit Leidenschaft ans Werk macht.«
Jean Améry[1]

Zuerst war die Kunst da, später der Name. Erst im letzten Drittel des 17. Jahrhunderts wurde der Begriff der Menschenkenntnis geprägt. Der französische Arzt Marin Cureau de La Chambre schrieb 1669 über *L'art de connoistre les hommes,* über die Kunst, Menschen zu kennen, ein Vierteljahrhundert später, im Jahr 1692, der Frühaufklärer Christian Thomasius über die *Wissenschafft anderer Menschen Gemüther erkennen zu lernen.* Thomasius verkündete die »neue Erfindung einer höchstnötigen Wissenschaft«.[2]

Ganz neu war trotz der Erstentwicklung einer hermeneutischen *talking cure* diese »Wissenschaft« nicht. In Schriften humanistischer Gelehrter hatte sich bereits seit Mitte des 16. Jahrhunderts für Menschenkenntnis, Menschenkunde, Seelenkunde und Seelenvermessung ein Wort verbreitet, *psychologia.* Im Grunde war sie fast 2000 Jahre jung. Sie geht ins fünfte Jahrhundert vor Christi Geburt zurück, zu Tragöden und Philosophen, die Ethik explizierten und Lichter der Erleuchtung und der Seelenerhellung inklusive Katharsis, einer Lebensveränderung, setzen wollten.[3]

Ein Jahrhundert nach Thomasius dachte der Königsberger Immanuel Kant über Sinnesart und Charakter nach. Anthropologie wurde bei ihm zur Apodiktik: »Einen Charakter aber schlechthin zu haben, bedeutet diejenige Eigenschaft des Willens, nach welcher das Subjekt sich selbst an bestimmte praktische Prinzipien bindet, die er sich durch seine eigene Vernunft unabänderlich vorgeschrieben hat. Ob nun zwar diese Grundsätze auch bisweilen falsch und fehlerhaft sein dürften, so hat doch das Formelle des Willens überhaupt, nach festen Grundsätzen zu handeln (nicht wie in einem Mückenschwarm bald hiehin bald dahin abzuspringen), etwas Schätzbares und Bewunderungswürdiges in sich; wie es denn auch etwas Seltenes ist.«[4]

1853 war es ein romantischer Universalist, der Dresdner Carl Gustav Carus, Mediziner, Schädelforscher und Maler, der mit *Symbolik der Gestalt. Ein Handbuch zur Menschenkenntnis* eine Synthese aus Morphologie in der Nachfolge Goethes, Somatik, medizinischer Physiologie und Biologie vorlegte. Der Band blieb lange eine Inspiration. 1925 regte der Philosoph Theodor Lessing eine Neuauflage an, im selben Jahr, in dem der um zwanzig Jahre jüngere Hellmuth Plessner seinen Essay über *Grenzen der Gemeinschaft* schrieb.

In diesem Dreivierteljahrhundert waren Gestalt und Menschenkenntnis Leitbegriffe des physiognomischen Denkens geworden. Sie flankierten Kriminalanthropologie und Graphologie, auch eine Ausdruckskunde. Ihre Eingrenzungen grenzten nahezu nichts aus, griffen sie doch aus in Wissenschaft wie in Ästhetik, Forensik und Psychologie.[5] Nach 1910 hantierte Oswald Spengler in *Der Untergang des Abendlandes* von 1918 mit Gestalt, Physiognomik und Menschenkenntnis und 1922 Hans F. K. Günther in seiner rassistischen *Rassenkunde des deutschen Volkes*. 1925 fand Ludwig Ferdinand Clauß, Schüler des Philosophen Edmund Husserl, mit *Rasse und Seele. Eine Einführung in den Sinn der leiblichen Gestalt* weiten Anklang. Menschenkunde als Thesaurus der Orientierung und Klärung, als politisches Vehikel, das war das Neue in den Jahren nach 1918. Menschenkenntnis *morphte* zu Rassenkenntnis: auf der einen Seite der arische Typus, auf der anderen der semitische »Gegentypus«, der hypernationalistischen Pseudowissenschaftlern zufolge »überwunden« werden sollte.[6]

Das Gesicht dieser Zeit war die *idée fixe* dieser Jahre. Physiognomik galt als Passepartout *pour tout*, war Manie und von manischem Interesse. Der Fotograf August Sander legte 1929 die Serie *Antlitz der Zeit* vor. Der Privatgelehrte Broder Christiansen brachte 1930 *Das Gesicht unserer Zeit* heraus, im selben Jahr Ernst Jünger *Das Antlitz des Weltkrieges*, im selben Jahr der Kunstschriftsteller Lothar

Brieger *Das Frauengesicht der Gegenwart* und Erich Retzlaff *Antlitz des Alters*. 1932 folgten Erna Lendvai-Dircksens *Das deutsche Volksgesicht* und Rudolf Kassners *Physiognomik*, 1933 Willy Helpachs *Der völkische Aufbau des Antlitzes*.[7] Eine Generation später entsann sich Nigel Dennis eines Ausspruchs Alfred Adlers. »Er [Alfred Adler] sagte oft seinen Studenten: ›Wenn wir eine Person verstehen wollen, müssen wir unsere Ohren schließen; wir dürfen nur schauen. Auf diese Weise erkennen wir die ganze Gestalt wie in einer Pantomime.‹ Physiognomie nannte er Bewegung, die zur festen Form geronnen war; einen Patienten sich auf eine Couch legen zu lassen beruhte für ihn auf einem fürchterlichen Irrtum, da dem Therapeuten nur die ›unwahren‹ Worte des Patienten bleiben.«[8]

Der Umschlag schlicht, der Titel kurz. *Menschenkenntnis*. In Großbuchstaben, an die obere Kante des aufgedruckten Rahmens gerückt. Darunter: »von Alfred Adler«. Ebenfalls in Großschreibung. Am Fuß des Leinenbands das Jahr, 1927, darunter, abgesetzt durch einen Querstrich, »verlegt von S. Hirzel in Leipzig«. 236 arabisch nummerierte plus sieben römisch paginierte Seiten.

Der 1853 gegründete Hirzel Verlag war ein renommiertes Haus für naturwissenschaftliche Veröffentlichungen und mittlerweile Stammverlag der Individualpsychologie. Unter den Autoren des Hauses war Max Planck, damals neben Albert Einstein der bekannteste Naturwissenschaftler Deutschlands. Führend war vor allem das sich der Physik widmende Programmsegment. Aber auch das *Grimmsche Wörterbuch* erschien bei Hirzel, der erste Band 1854, der letzte im Jahr 1961.[9]

Menschenkenntnis, ein Band mit Vorträgen, war eine Summa der Individualpsychologie. Die Ansprachen, die Adler im Jahr zuvor in Wien gehalten hatte, waren stenographisch erfasst und anschließend redigiert worden. Er wollte seine Theorie auf eine anthropologische Basis gründen. Ergebnis war eine soziale Philosophie. Neue Elemente, die aufeinander aufbauten, gesellte er zum Konzept des Gemeinschaftsgefühls. Adler setzte nicht zu hochgestochenen metaphysischen Promenaden an, noch erteilte er herablassend moralische Lektionen.[10] Eine der Basisvoraussetzungen für eine Entwicklung hin zu einer Menschenkenntnis, was in Adlers Umkehrschluss die Aufhebung der Isolierung des Einzelnen bedeutet, ist Kenntnis des Seelenlebens des Kindes. Impressionen, Erlebnisse, Attitüdenaneignung der frühen Lebensjahre stünden in einem engen Nexus mit der späteren Entwicklung. Sämtliche Einzelphänomene des seelischen Lebens formieren sich zu einem untrennbaren Ganzen, zu einer Bewegungslinie, einer »Lebensschablone« mit einem Ziel, das im Lauf des Lebens kaum, und wenn, dann nur unmerklich oder gar nicht mehr geändert werde.[11] Die Reaktion auf Fehler, die angesprochen werden, sei in der Regel heikel, würde sie doch, so Adler, abwehrend bis aggressiv ausfallen. Es sei Behutsamkeit angeraten und Dezenz, vor allem bei Verdikten über Andere.[12] Hier nahm Adler Abstand von früheren harschen Äußerungen. Sein Duktus war jetzt menschenfreundlicher. Er ging dazu über, alltagsnähere Begriffe zu verwenden. So sprach er nicht länger vom »Nervösen«, sondern vom »Irrenden«. Dieser benötige nur ein Gran mehr Selbsterkenntnis und die vermittelnde Weltanschauung des Gemeinschaftsgefühls, um sich zu ändern.

Das erste Kapitel setzte mit einer Bemerkung ein, die aufhorchen ließ. Seele und Bewegung gehörten unmittelbar zusammen, die Möglichkeit zu Angriff oder Flucht oder Ausweichen – aktive Reaktionen auf eine starre Situation – machte ein Seelenleben nötig. Ebenso beweglich: die Seele. Diese fungiere als Schutzorgan gegenüber der Umwelt. Beweglichkeit implizierte ein Ziel. Das Seelenleben sei veränderbar, aber ausnahmslos eine Eigenfabrikation. In der Auswahl der Ziele sei der Mensch frei, er habe einen freien Willen. Doch auf eines sei er verpflichtet, das Verfolgen des Ziels.

Eine Einschränkung erfahre das Seelenleben durch die unablässig im Fluss befindlichen Aufgaben des gesellschaftlichen Lebens. Diesem sei ein Satz von Spielregeln zu eigen. Adler bezeichnete sie als absolute Wahrheiten. Dies seien wirtschaftliche Rahmenbedingungen und der »ideologische Überbau«, von Staatsorganisation und Gesetzen über kulturelle und religiöse Normen bis zu Erkenntnissen der Wissenschaft. Das Minderwertigkeitsgefühl bewirke eine ständige Dynamik. Um Unsicherheit zu überwinden und sich anzupassen, müsse Verhalten korrigiert, revidiert und permanent adaptiert werden. Schließlich veränderten sich die Lebensumstände und Lebenssituationen ständig. Anpassung, Vorsorge und Sicherheit, das sei die bedeutendste Trias seelischer Aktivitäten. Diese reagierten in Abstoßung und Ablehnung und Akzeptanz mit der Welt und der Gemeinschaft. Der Wert des einzelnen Menschen würde sich ergeben, wenn man ihn nach dem Wert seines Beitrags zur Allgemeinheit und seines Nutzens für diese rubriziere.[13]

Das dritte Kapitel kreiste um die Rolle des Kindes in der Gesellschaft. Es ging um die Entwicklung eigener Kräfte und das Darstellen eigener Schwäche, mit welcher man die Hilfsressourcen anderer aktiviere. Schon bei Kleinkindern gebe es erste Anzeichen eines angeborenen Gemeinschaftsgefühls, »es bleibt durch das ganze Leben, nuanciert, beschränkt oder erweitert sich und erstreckt sich in günstigen Fällen nicht nur auf die Familienmitglieder, sondern auf den Stamm, das Volk, auf die ganze Menschheit. Es kann sogar über diese Grenzen hinausgehen und sich dann auch auf Tiere, Pflanzen und andere leblose Gegenstände, schließlich sogar auf den Kosmos überhaupt ausbreiten.«[14] Dieses alles übersteigende Gefühl schien nicht nur als humanistisch auf, vielmehr als ins Universalistische ausgreifend.

Es gebe per se zwei anthropologische Basisempfindungen: Unzulänglichkeit und die Emotion einer feindlich eingestellten Welt. Ergebnis sei, Macht und Überlegenheit anzuvisieren. Wahrnehmung, die Apperzeptionsweise, sei selektiv. Der Einzelne verarbeite nur das, was ihm nütze. Dies setze er ein, um sein Ziel zu erreichen. Die Rezeption der »Eindrücke der Lebenswelt« erfolge mittels prästabilierter Modi, die auf das eine große Ziel ausgerichtet seien: »In der menschlichen Kultur ist dieses Ziel ein Ziel der *Geltung*. Bei neutralen Zielen bleibt es fast nie, denn das gemeinsame Leben der Menschen ist von einem fortwährenden Sich-Messen begleitet, wobei die Sehnsucht nach Überlegenheit entsteht und das Verlangen, die Konkurrenz siegreich zu bestehen. Es ist daher erklärlich, dass jene Formen der Voraussicht, wie wir sie in den Phantasien der Kinder finden, regelmäßig *Machtvorstellungen* sind.«[15]

Drei Absätze weiter erweiterte Adler dies um das Gemeinschaftsgefühl, das ebenfalls in der kindlichen Phantasie große Bedeutung einnehme, in der Identifikation mit Helden oder Rettern beispielsweise. Dem Gemeinschaftsgefühl als Spezifikum eingeschrieben sei »Einfühlung«, Einfühlung »in das Empfinden anderer Wesen«. Eine Fähigkeit zu Empathie und Multiperspektivität somit. Auch bei Einfühlung handele es sich um ein »kosmisches Gefühl«, um einen »Abglanz des Zusammenhanges alles Kosmischen«, also um etwas, das den Einzelnen als physische Person übersteigt.[16] Dem Individuum schrieb Adler eine Zukunftsorientiertheit zu. In dieser Zukunft, zumindest in deren Endzustand, würden alle Wünsche und Sehnsüchte erfüllt sein.

Im siebten Kapitel dachte er über die Logik des menschlichen Zusammenlebens nach, über Geschlechterverhältnis und deren Arbeitsteilung. Diese sei – und hier war Adler Feminist – unumgänglich, notwendig, produktiv. Nach der Stellung des Einzelnen innerhalb der Kette der Arbeitsteilung ermesse sich dessen Wert fürs Ganze. Ohne Arbeitsteilung würde alles zerfallen. Adler riet zu »Kameradschaftlichkeit« zwischen den Geschlechtern und zu schulischer Koedukation. Von der Gleichberechtigung hingen »schließlich Glück und Lebensfreude der ganzen Menschheit« ab.[17]

Im Schlusswort umriss Adler das Spannungsfeld der individuellen Fortentwicklung zwischen sozialen Forderungen und persönlichen Bedürfnissen. Der Charakter bilde sich aus der Fusion von persönlichen Überlegenheitszielen mit überpersönlichem Gemeinschaftsgefühl. Charakterbildung und Weltklugheit, nicht in der Theorie, sondern in der gelebten Menschenwelt, standen in einer langen Linie, der des *bon sens*, des *common sense* und Kants selbstperfektionierender Anthropologie.[18] Adler: »Wir treiben mit diesen Untersuchungen Menschenkenntnis, eine Wissenschaft, die kaum sonst irgendwie gepflegt wird, die uns aber als die wichtigste und für alle Schichten der Bevölkerung unerlässliche Beschäftigung erscheint.«[19]

Es gab in *Menschenkenntnis* eine Akzentrevision. Die Teleologie, das Individuum fast zur Gänze aus dessen neurotischen Zielen und aus seinen Zukunftsperspektiven verstehen zu wollen, wurde modifiziert. Neurose tauchte nicht auf. Nervös respektive Nervosität erwähnte Adler lediglich ein paarmal. Das Unbewusste als stärksten Faktor im seelischen Leben betonte er jetzt, ein bis dato wenig geschätzter Terminus. Eine biologisch-physiologische Argumentation gab es nur noch in Umrissen. Das neurotische Machtstreben, verstanden als Unterwerfung der anderen, wurde zum Kontra-Prinzip des Gemeinschaftsgefühls. Zwei Jahre später sollte Adler verstärkt auf Wortprägungen wie »Streben nach Überwindung« und »Streben nach Vollkommenheit« zurückgreifen. Der Lebensstil wurde »die Kristallisation des Charakters«.[20] Er unterschied hinfort zwei Positionen, eine des Angriffs, eine des Zögerns und Verharrens. Zwischen Aktivität und Passivität wählend, sprach sich Adler immer für das Tun aus. Der Überkompensation wies er einen überdefinitorischen Sinn zu. Sei Kompensation generell ein Streben, Defizitäres auszubalancieren, so betonte Adler nun Überkompensation als ein Zuweitgreifen, das über den reinen Ausgleich hinausschieße. Gründe seien ein drückend empfundenes Minderwertigkeitsgefühl, gepaart mit übergroßer Ambition und Herrschsucht, worunter eine Gemeinschaftsopposition zu verstehen sei, eine feindliche Attitüde. Kompensation verblieb bei Adler so in einem Reaktionsmodus und war kein Regulierungsmechanismus. In seiner Argumentation schien das Ausbleiben des Gemeinschaftsgefühls als neue Kategorie auf. Gesunde Entwicklung vollzog sich erst mit der Hingabe an die Gemeinschaft, sozialpsychologisch somit, nicht innerseelisch.[21] Machtstreben muss verschleiert werden, um die überwölbende Gemeinschaftskommunität nicht zu gefährden.

Adler entwarf eine Gegenfiktion zur Machtfiktion. Diese gründete auf Rationalität, Einsicht und Anerkennung der Wirklichkeit, welche die Gemeinschaft sei. Erst das harmonische Miteinander beider Funktionen und ihre Verträglichkeit seien Signa seelischer Gesundheit. Dieser Zustand der Normalität gehe verlustig, sobald Überkompensation ins Spiel komme.

Menschenkenntnis, eingängig »geschrieben«, verkaufte sich gut. Bereits 1928 wurde eine zweite, leicht verbesserte Auflage gedruckt,

1929 eine dritte, zwei Jahre später eine vierte. Sehr schnell wurde es ins Englische übersetzt und war in den USA ebenfalls äußerst erfolgreich. Innerhalb weniger Jahre sollen dort annähernd eine Million Exemplare verkauft worden sein und Schulen diesen Text im Fach Ethik und Moral eingesetzt haben.[22] Welchen Faktoren war der transatlantische Erfolg zuzuschreiben?

Die erfolgreichsten Ideen ihrer Epoche haben drei Bedingungen zu erfüllen. Sie müssen »irgendwie« zur Gesellschaftsstruktur passen. Das heißt, sie machen die sozialen Erfahrungen der Akteure, beispielsweise einen wirtschaftlichen Umbruch, demographische Entwicklungen, Migrationsbewegungen, Abwärtsmobilität und Statusangst, verständlich. Sie müssen in unsicheren oder konfliktbeladenen Bereichen sozialen Verhaltens wie Sexualität, Liebe oder Streben nach wirtschaftlichem Erfolg Orientierung bieten. Und sie müssen in sozialen Netzen zirkulieren.[23] Dies traf auf *Menschenkenntnis* zu. Es bewegte sich in einem Schwarm zeitphysiognomischer Erkundungsliteratur. Es bot Orientierung. Heute spricht die Psychologie weniger von Menschenkenntnis als von Persönlichkeits- oder von Selbstpsychologie im akademischen Rahmen und außerakademisch von emotionaler Intelligenz.

24 Sperber. Marxismus. Berlin. Sezessionen

»Sozialismus der Liebe.
Heute erst ein Wort, eine Hoffnung, ein Entwicklungsziel.
Alle Wunder seiner Beglückung aber,
wir (liebster Mensch) erlebten sie voraus.«
Widmung Alice Rühle-Gerstels für Otto Rühle in
Die Sozialisierung der Frau *(1922)*[1]

Wie sehr konnte man den zartgliedrigen jungen Mann mit der Baskenmütze, der aus dem Zug stieg, übersehen?

Im November 1927 war Manès Sperber auf dem Weg nach Berlin. Er folgte Alfred Adlers Wunsch, dort die Gruppe der Individualpsychologen zu reformieren und auszubauen. Der Spiritus rector der *Berliner Gesellschaft für Individualpsychologie*, der Arzt Fritz Künkel, klerikal und konservativ, war Adler schon länger ein schmerzender Dorn in der Hüfte und erschien ihm mehr als Hemmnis denn als Aktivposten.[2] An nicht wenigen von Künkels Veröffentlichungen und seiner individualpsychologischen Heterodoxie hatten sich bereits Debatten entzündet.[3] Außerdem sollte in Berlin ein Ausbildungsinstitut aufgebaut werden. Auf der Fahrt machte Sperber in Dresden Station und besuchte Alice Rühle-Gerstel und Otto Rühle. Sie waren der marxistische Kern innerhalb der Individualpsychologie, wenn auch als Renegaten jenseits aller offizieller Parteilinien. Der um eine Generation ältere Rühle, lebenslang jegliche Hierarchie ablehnend, redete eindringlich auf Sperber ein, nicht der starr organisierten Kommunistischen Partei Deutschlands beizutreten, die persönliche Autonomie ablehnte.[4] Dass Sperber nach Berlin ging, war auch im Interesse des Paares.

Zweieinhalb Jahre zuvor. Dresden. »Am 17. und 18. April tagte im Bahnhof Dresden-Neustadt eine Versammlung von Marxisten aus Nord-, Mittel- und Westdeutschland, Tschechoslowakei und Österreich. Die Tagesordnung wies als einzigen Punkt auf: Aussprache über Marxismus und Individualpsychologie.«[5] Es war das Jahr 1925, und man unterlief Adlers Verdikt weltanschaulicher Neutralität. Innerhalb der Individualpsychologie hatte sich eine marxistische Arbeitsgruppe konstituiert. An der Tête standen Manès Sperber, Otto Kaus sowie das Ehepaar Alice Rühle-Gerstel und Otto Rühle. Für sie war das Gemeinschaftsgefühl Alfred Adlers, der anno 1925 pazifistisch und zu einer metapolitischen Psychologie vorgestoßen war, durch und durch politisch. In einer Formulierung Alice Rühle-Gerstels: Individualpsychologie, »wie wir sie handhaben und verstehen, ist auf den Einzelmenschen angewandter Marxismus«.[6]

Für die Rühles war Politik Pädagogik und Pädagogik Politik, eine Politik des Klassenkampfes und der Emanzipation der Arbeiterklasse.[7] »Sozialismus ist Gemeinschaft«, so die Rühles in ihrer Zeitschrift *Am andern Ufer*, »bedeutet definitive absolute Erledigung jeder Herrschaft und Macht über Menschen. Sozialismus erfordert Gemeinschaftsmenschen.«[8]

Pädagoge. Psychologe. Vortragsredner. Historiker. Kulturtheoretiker. Reichstagsabgeordneter. Revolutionstheoretiker. Parteikritiker. Rätesozialist. Verleger. Alle diese Etiketten passten auf Otto Rühle. Sein Werk reflektierte seine Orientierung ebenso wie Such-, Erkundungs- und Experimentierzeiten. Es bot thematische Brückenköpfe zwischen gleich mehreren Disziplinen, darunter sehr prominent die Individualpsychologie.[9] Rühle, 1874 in Sachsen geboren, war der Sohn eines kleinen Beamten, kränkelte als Kind, musste das Bett hüten, wodurch er väterlichen Tobsuchtsanfällen und Prügelorgien entging.[10] Er besuchte ein Lehrerseminar, trat mit 22 der SPD bei, hielt Vorträge und Kurse, gründete eine Jugendabteilung für marxistische Bildung, wurde deshalb des Schuldienstes enthoben und war als Wanderlehrer tätig. Rühle mit dem gedrungenen Körper, auf dem ein großer, kahler Schädel saß, mit den starken Wangenknochen und dem ausgeprägten Kinn,[11] war ein gefragter Vortragsredner, ab 1907 Agitator und Vor- und Querdenker der SPD. Er schrieb über vieles, am nachhaltigsten über Pädagogik. *Die Aufklärung der Kinder über geschlechtliche Dinge*, *Das fragende Kinde*,

Das spielende Kind, Das erwerbstätige Kind waren Titel schmaler Broschüren, die 15, 20, 30 Pfennig kosteten. 1911 kam *Das proletarische Kind* heraus, womit er ein fast unerschlossenes Themenfeld beackerte. Das Buch erregte Aufsehen, er wurde als neuer »deutscher Pestalozzi« gerühmt.[12] Ein Jahr später wurde er in den Reichstag gewählt, sein Wirken fiel kaum ins Gewicht. Das änderte sich am 3. August 1914. Bei der Abstimmung über die Kriegskredite war er einer von vierzehn Abweichlern, ein anderer war Karl Liebknecht. Beide votierten 1915 gegen das Reichsbudget. Im Januar 1916 warf die SPD Liebknecht aus ihrer Fraktion, Rühle gab sein Parteibuch zurück. Im Oktober 1918 forderte Rühle eine »Republik auf der Grundlage der sozialistischen Revolution«. Als der Krieg endete, hatte er jeden Glauben an Parteien und Parlamentarismus eingebüßt. In Dresden wurde er Vorsitzender eines Arbeiter- und Soldatenrats. Wenig später war er Delegierter bei der konstituierenden Konferenz der Kommunistischen Partei Deutschlands. Er plädierte gegen eine Teilnahme an den ersten Nachkriegswahlen: »Die Straße ist die großartigste Tribüne, die wir errungen haben.«[13] Beim 2. Parteitag wurden Rühle und seine antiparlamentarischen Parteigänger aus der KPD gedrängt. Rühle attackierte Lenins Russland als »Parteidiktatur«. Die Kritik verstärkte er ein Jahr später nach einer Russland-Reise noch und geißelte das Regime der Bolschewiki als bürokratisch und furchtbare Enttäuschung.[14] 1920 starb seine Ehefrau. Wenig später im selben Jahr begegnete er Alice Gerstel.

Diese, um zwanzig Jahre jünger, war die älteste Tochter eines reichen Möbelfabrikanten aus Prag, hatte ein deutsches Lyzeum besucht und 1912 am Lehrerinnen-Seminar die Staatsprüfung für Musik abgelegt. Die Mutter war dominant, die Ehe der Eltern eine schlechte, die privilegierte Position der Familie verstieß gegen Alices Gerechtigkeitsgefühl.[15] Zuflucht fand sie in der Literatur. Sie lernte junge Autoren kennen, Franz Werfel, Egon Erwin Kisch und Willy Haas. Zu Beginn des Ersten Weltkriegs als Krankenschwester tätig, studierte sie ab 1916 in Prag Literatur und Philosophie, ab Herbst 1918 in München. Da war sie überzeugte Sozialistin. 1919/20 wurde sie auf die Individualpsychologie aufmerksam. Sie unterzog sich bei

Leonhard Seif einer Analyse, die sie 1927 bei Erwin Wexberg fortsetzen sollte, um als Therapeutin zu arbeiten.[16] 1921 Promotion, Heirat, endgültige Ablösung vom verhassten Elternhaus. Dass sie hinfort einen Doppelnamen trug, Rühle-Gerstel, war für die damalige Zeit ungewöhnlich.[17]

Ihre Verbindung war eine von Geben und Nehmen. Er führte sie ins Werk von Karl Marx ein, sie ihn in das Adlers. Für ihn war dies eine Initialerklärung für die ausgebliebene sozialistische Revolution. Das Momentum defizitären Selbstbewusstseins der zu Gehorsam und Glauben an Autoritäten abgerichteten Arbeiter lieferte ihm den Schlüssel für fehlende Handlungsautonomie.[18] Schon vor dem Ersten Weltkrieg hatte er über den Dualismus von Individuum und Gesellschaft nachgedacht.[19] Nun konnte er dies mit seinen sozialrevolutionär-pädagogischen Theorien zusammenführen. Henry Jacoby, der einen von Rühles Kursen über Marxismus und Psychologie besucht hatte, erinnerte sich der Leitfragen: Warum versagen die Massen und weshalb sind deren Anführer unzureichend? Warum gibt es Generations- und Geschlechterkonflikte in der Arbeiterbewegung? Welche Rolle spielt der Charakter in den sozialen Kämpfen? »Die Antworten lagen in den von Alfred Adler entwickelten psychologischen Einsichten.«[20]

Alice Rühle-Gerstel interessierte sich stark für Kultur, sprach sieben Sprachen, korrespondierte mit Autoren wie dem französischen Romancier Georges Duhamel und Arno Schirokauer, der 1928 ein Buch über Lasalle schrieb.[21] Für sie stellte der Kapitalismus jenen Abschnitt in der Geschichte der Menschheit dar, in dem das Leben der Menschen zum Wirtschaftsleben verkam und Emotionen, Worte, Begriffe zu Waren wurden.[22]

1924 erschien als erste Publikation des Rühleschen Verlags, eine von nicht wenigen avisierten Einkommensquellen des Paares, Alice Rühle-Gerstels *Freud und Adler. Elementare Einführung in die Psychoanalyse und Individualpsychologie,* gewidmet Leonhard Seif.[23] Es war für ein Laienpublikum geschrieben. Freud sei kausal, Adler final, dieser wende sich dem Ausgangspunkt, jener dem Zielpunkt der seelischen Erscheinungen zu.[24] Freud beschäftige sich mit dem

»Fall« und blende Gesellschaftliches und Soziologisches aus. Adler dagegen sehe den Einzelfall verbunden mit dem umgebenden Ganzen. Die Individualpsychologie wirke im letzten Schritt demokratisierend. Demokratie war bei ihr ein Synonym für Sozialismus.[25] Unter Neurose verstehe Adler den Rückzug aus dem *common sense* in eine »Privatlogik«. Wie den Neurotiker von Eigensinn befreien, wenn das Privateigentum nicht abgeschafft wird? Das war die Frage, die die marxistischen Individualpsychologen umtrieb, so auch Alice Rühle-Gerstel in *Der Weg zum Wir*, ihrem Versuch einer Verbindung von Marxismus und Individualpsychologie,[26] Zustandsbeschreibung und Anklage in einem.[27] Ihre Argumentation mündete in eine Synthese von Marx und Adler. Der vergesellschaftete Mensch werde alleiniger Gegenstand der synthetischen Bewegung, die Gemeinschaft zum Ziel habe.[28] Wenn auch Marxismus und Individualpsychologie Ähnlichkeiten aufwiesen, im Punkt der Zielgerichtetheit, der Bewertung kausaler Bedingungen und der dialektischen Denkstruktur, so sind doch eine umstürzlerische ökonomische Gesellschaftsphilosophie und eine Neurosenbehebung wenig konvergent. Die Übereinstimmung ist eine naheliegende, aber recht erzwungene.[29] Etwas, was sich Marx nicht hatte vorstellen können im Zusammenhang mit der Entfremdung in der Arbeitswelt, wurde mehr als achtzig Jahre nach seinem Tod zum Thema der Psychologie: die Entfremdung in einer Freizeitgesellschaft, in der der Einzelne, seinen Selbstwert aus Arbeit und Leistung beziehend, dieser »Ichprothesen« verlustig geht.[30]

»Adler«, so Manès Sperber, »kannte Alice sehr gut, schätzte sie und begrüßte alles, was sie für die Verbreitung seiner Lehre tat. In *Der Weg zum Wir* handelte es sich, wie der Untertitel dieses Buches anzeigte, um den ›Versuch einer Verbindung von Marxismus und Individualpsychologie‹. Adler versicherte Alice, dass er gegen eine solche Verbindung nichts einzuwenden hätte, und sagte mir, dass er natürlich uns gegenüber ebenso unabhängig und neutral bleiben müsse wie gegenüber den Bemühungen katholischer oder protestantischer Psychologen, seine Auffassungen mit irgendeiner Glaubenslehre zu verbinden. Gegen diese Stellungnahme hatten wir unsererseits nichts einzuwenden.«[31] Sperber sah sie 1927 auf dem 2. Kongress für Sozialismus und Individualpsychologie in Wien: »Sie war nicht schön, doch schien sie es zu werden, wenn sie in einer reizvollen Mischung von Mädchenhaftigkeit und leuchtender Luzidität sehr komplizierte Sachverhalte analysierte.«[32]

Ein halbes Jahr zuvor hatte der junge Robert Lazarsfeld, der Sohn Sofie Lazarsfelds, Mittelschullehrer und Assistent der Bühlers am Psychologischen Institut, in Dresden am Kongress der deutschen marxistischen Individualpsychologen teilgenommen. Die Anregungen dieses Treffens führten dazu, dass sich noch im Mai eine »Zentralstelle der sozialistischen Individualpsychologen in Wien« formiert hatte.[33] Es begann sich eine Gruppierung zu bilden, für die die Individualpsychologie methodisch eine Verlängerung marxistischer »Wissenschaft« war, sie sollte deren »Unterbauung« werden.[34] In Wien traf man sich unter der Leitung von Kanitz, Wexberg und Hugo Lukacs im Ambulatorium in der Kleeblattgasse, Wien I, das dem Öffentlichen Kinderkrankeninstitut angeschlossen war.

Die Individualpsychologie-Genossen durchschwirrten Organisationen der sozialistischen Partei und Einrichtungen des Austromarxismus. Protegiert wurden sie von Raissa Adler und Margarete Hilferding. Es gab kein Schisma, wenn auch nicht wenige militante Linke an den Treffen des individualpsychologischen Vereins bald nicht mehr teilzunehmen gewillt waren.[35] Die Radikalisierung bewirkte umgekehrt eine programmatische Reinheitslehre. Erwin Wexberg und Alexander Neuer erarbeiteten eine unverfälschte Lehre, die zugleich ein Leitfaden war, Häretiker zu erkennen. Eine Politisierung wurde abgelehnt. Das führte am anderen Ende des Spektrums dazu, dass 1925 klinisch arbeitende Mediziner und Psychiater sezessioniert waren – Rudolf Allers, Oswald Schwarz, beide christkatholisch, und auch der junge Viktor Frankl. Adler hatte sie zugunsten eines hochambitionierten Mitarbeiters ziehen lassen, Manès Sperber.[36] Adlers Liberalität stieß an ihre Grenzen. Das Überbrücken konträrer und konfrontativer Weltanschauungen war nicht mehr möglich. Die Rahmenbedingungen hatten sich in den vergangenen zehn Jahren gewandelt. Das Integrieren neuester Anregungen aus Übersee stieß auf mitteleuropäische Lagerbildung.

Alice Rühle-Gerstel trieb eine ganz andere Frage um: Ist die Frau in erster Linie Frau oder Mensch? Sie wollte mit dem Instrumentarium der Individualpsychologie auch das Schicksal der Frau ausleuchten und schrieb sich aufs Panier, das weibliche Minderwertigkeitsgefühl zu erklären. Empirische Befragungen präsentierten ein teils verheerendes Bild der Lebensverhältnisse von Frauen der Arbeiterklasse. In *Das Frauenproblem der Gegenwart* diskutierte sie die vielen widerstreitenden Rollen, die Frauen oktroyiert würden. Mehr als zwanzig Jahre später knüpfte Simone de Beauvoir mit *Das andere Geschlecht* mittelbar daran an.[37]

In der Synthese der Rühles von Individualpsychologie und Marxismus, Psychologie und Gesellschaftspolitik stand im Mittelpunkt die gesellschaftliche Herkunft. Thematisiert wurden Verhältnisse, die sozial benachteiligten Kindern ein Minderwertigkeitsgefühl, also eine Störung des Gemeinschaftsgefühls, einflößten, zudem die geschlechtshierarchische Familienordnung. Darüber hinaus ging die in mehreren Großstädten präsente »Arbeitsgemeinschaft für Marxismus und Individualpsychologie«. Deren Mitglieder meinten Minderwertigkeitsgefühl und Gemeinschaftsfeindlichkeit als Syndrome kapitalistischer Machtstrukturen und patriarchalischer Prägungen zu dekuvrieren.[38] Produktive Lösungen könne es nur geben, wenn Solidarität, Geschlechterdemokratie und eine gerechte Verteilung der Produktionsmittel Einzug gehalten hätten.[39]

Ende 1925 konstatierte Otto Rühle, die politische Situation würde auf eines zulaufen: eine Entscheidung zwischen Sozialismus und Zukunft oder Barbarei und Untergang.[40] Als Ursache machte er den Aufstieg des Typus des autoritären Menschen aus. Dieser sei zwangsläufiges Produkt des kapitalistischen Zeitalters. Rivalität, Konkurrenzdenken und das Streben nach Macht schlügen sich in den emotionalen Beziehungen nieder. Rühle: »Macht ist Geld, Amtsgewalt, Wissen, Überlegenheitsgefühl. Ohnmacht ist: Armut, Verurteiltsein zu Arbeit, Untertanenpflicht, Unwissenheit, Minderwertigkeitsgefühl.«[41] Bourgeoise Lebensweise und Orientierung müssten in jedem Lebensbereich überwunden werden. Der Mensch sei in seiner »Totalität« zu verändern, nicht qua sozialdemokratischer Volkshochschule, wie er ätzte, sondern in einer Engführung von Marxismus und Individualpsychologie.[42] Otto Rühle hielt viele Vorträge vor Freidenkern, Arbeitersportlern, Verbänden, auch bei den »Kinderfreunden«. Zugleich schrieben er und Alice Rühle-Gerstel rastlos. Hatte er 1920 noch ein kommunistisches Schul- und Erziehungsprogramm propagiert, so adaptierte er danach Einsichten der Individualpsychologie. Seine Prämisse: Das Kind werde in der Kultur der Erwachsenen unterdrückt, Erziehung sei ein repressives Instrument, insonderheit für das proletarische Kind, das die Welt generell nur als feindselig erlebe.[43] Der Lehrer – ein Dressurabrichter. Autoritätsbesessene Organisationen – grundsätzlich negativ und umstandslos zu schleifen. Dieser Ansatz war selbst für eine progressive Einrichtung wie das dem deutschen Reichsinnenministerium zugeordnete Archiv für Jugendwohlfahrt zu radikal. Zu radikal die Tiefenbohrungen der individuellen Bewältigungsstrategien, in denen sich Umwelteinflüsse, von der körperlichen Konstitution über Familienkonstellation bis zu ökonomischen Rahmenbedingungen, vereinten.

1925 gründeten Alice und er die Erziehungsgemeinschaft »Das proletarische Kind«, um praktisch zu wirken. Das Ziel war, den Gemeinschaftsgeist zu wecken und zu fördern, aber anders akzentuiert: um dadurch die psychischen Konditionen für eine modellhafte sozialistische Erziehung zu legen. Eine begleitende Zeitschrift ging nach dem ersten Jahrgang ein.[44] Dass Erziehung ihnen als wichtigster Sektor galt, um Gesellschaft, die Beziehung der Geschlechter und die der Individuen untereinander zu ändern, zeigte sich in Alice Rühle-Gerstels Broschüre *Das verwahrloste Kind*, die sie 1927 publizierte, dem Jahr, in dem der 2. Kongress sozialistischer Individualpsychologen am 14. und 15. September im Alten Rathaus zu Wien abgehalten wurde, abermals im Windschatten des (4.) Internationalen Kongresses für Individualpsychologie. Der Andrang war so groß, am ersten Tag 400 zahlende Hörer, dass bis auf den Korridor vor dem Saal zurückgestanden wurde.[45] In *Das verwahrloste Kind* formulierte sie Aspekte ihres Erziehungsverständnisses. Wichtig zu berücksichtigen sei bei der Erziehung, dass Erwachsene vom Kind etwas ganz Bestimmtes fordern sollten – Dinge, die dieses tatsächlich zu erfüllen befähigt war. Den Aufenthalt in Wien nutzte Alice Rühle-Gerstel, um ihre beste Freundin zu besuchen, Aline Furtmüller, die in der Kommunalpolitik Karriere gemacht hatte. Beide verbanden neben der Individualpsychologie die Passionen für Literatur, Sprachen und Musik, beide spielten sehr gut Klavier, Aline war ausgebildete Konzertpianistin.[46] Beide konnten ihren Aktivitäten nachgehen, weil sie langjährige Hauswirtschafterinnen hatten, die im Fall Furtmüllers noch die Kinderbetreuung schulterten und es bei Alice übernahmen, sich um die beiden Haustiere, Schäferhund und Katze, zu kümmern.[47]

Das bewusste Nicht-Überlasten und Nicht-Bedrängen bedeutete Rühle-Gerstel zufolge, dass dem Kind durch Kann-Sätze eigenständig zu gestaltende Handlungsspielräume eröffnet werden sollten, um es zur Wahrhaftigkeit, Gemeinschaft und Gemeinschaftsfähigkeit zu erziehen. Erziehungsberechtigte, die lügen, würden dies konterkarieren.[48] Die Leistung der Erziehenden besteht im guten Beispiel, das Kind zu bestärken und es zu ermutigen.[49]

1927 veröffentlichte Rühle eine Karl-Marx-Biographie, die erste aus individualpsychologischer Perspektive. Eine dreibändige Geschichte der Revolutionen in Europa gab die SPD Sachsens bei ihm in Auftrag. Drei Jahre später erschien seine *Illustrierte Kultur- und Sittengeschichte des Proletariats*. 1931 publizierte Rühle unter dem *nom de plume* Carl Steuermann *Weltkrise – Weltende. Kurs auf den Staatskapitalismus* im S. Fischer Verlag. Er visionierte Revolution oder neuen Weltkrieg. *Der Mensch auf der Flucht* von 1932, wieder als Carl Steuermann veröffentlicht, war Zeitanalyse plus Psychologie. Darin schrieb er vom neurotischen Menschen der Gegenwart in zerrissenen Zusammenhängen von Logik und Ratio und vom Aufstieg einer panischen Macht: »Das Irrationale wird zum Fetisch. Das Unlogische zur Offenbarung. Die Mächte der Dunkelheit werden legalisiert und treten die Herrschaft an.«[50] Die Charaktertypen, Positionsmenschen, Organisationsmenschen und Traditionsmenschen nannte er sie, seien haltlos, das Proletariat würde in die Arme des Faschismus treiben.[51] Es war sein letztes Buch, das in Deutschland erschien. Im Oktober 1932 verlegten die Rühles ihren Wohnsitz nach Prag.

In der ersten Novemberwoche 1927 kam Sperber am Anhalter Bahnhof in Berlin an. Trotz Regens war der Askanische Platz vor dem Bahnhof wie immer voll. Berlin, eine Stadt mit fast 4,2 Millionen Einwohnern, war nicht mit Wien zu vergleichen. Es war eine Riesenmetropole mit mehreren Zentren. Am 3. September war die Piscator-Bühne am Nollendorfplatz eröffnet worden. Das erste kinematographische Highlight des Jahres war am 10. Januar zu sehen gewesen, Fritz Langs *Metropolis*. Im September hatte Walter Ruttmann seinen Montagefilm *Sinfonie der Großstadt* präsentiert, im Frühjahr lag die erste Auflage von Martin Heideggers *Sein und Zeit* in den Buchhandlungen. Der Fotograf Albert Renger-Patzsch war gerade damit beschäftigt gewesen, Aufnahmen für seinen Fotoband *Die Welt ist schön* zu machen, da war im Mai am »Schwarzen Freitag« der Durchschnittsnotationskurs an der Berliner Börse von 204 auf 139 abgesackt. Am 8. November konstatierte Carl von Ossietzky in der *Weltbühne*: »Es ist heute überall eine ähnliche Stimmung, wie im Winter 1923/24. Wieder hat sich ein System stumpf gelaufen, und ein neues ist noch nicht da. Deshalb Enttäuschung überall; Kompromisse; Ritardando statt Fortschreiten. In summa: Reaktion.«[52]

Eigener Aussage zufolge trat Sperber sofort nach seiner Ankunft der KPD bei und beschäftigte sich »besonders mit der Ausarbeitung kultureller, insbesondere psychologisch-pädagogischer ›Linien‹«.[53] Die Mitgliederzahl der KPD war im Abnehmen begriffen, die stabile ökonomische Lage kam der SPD zugute. 1924 war durch Stalin die Parole, die Sozialdemokratie sei der Erzfeind, ausgegeben worden. Unter Ernst Thälmann als Vorsitzendem seit 1925 wurden »ultralinke Abweichler« ausgeschlossen, später als Feind »rechte Kommunisten« ausgemacht. Ab 1928 schlug man wieder einen ultralinken Kurs ein, dem Sperber folgte. Lenkung durch Moskau und die Zentralisierung nahmen zu. Die Massenpartei wandelte sich zum Funktionärsapparat, der Debatten ablehnte. Das führte mittelfristig zu gefügiger Apathie unter den Stammwählern. Auf kurze Sicht waren die Ergebnisse an den Wahlurnen noch zufriedenstellend. Bei den Reichstagswahlen 1930 kam die KPD auf 27,3 Prozent, ein Anstieg um rund 40 Prozent seit 1924. Aber wenig im Vergleich zu anderem. 1930 verachtfachte eine andere Partei ihr Ergebnis. Die Fraktion der NSDAP hatte nun statt 12 Abgeordneten 107.[54]

Manès Sperber pendelte bis zum August 1928 regelmäßig nach Österreich. In Wien lebte seine Freundin Mirjam Reiter. Sie heirateten am 1. August. Erst dann vollzog er die Ummeldung nach Berlin. Das Paar gab als Adresse die Lutherstraße (heute: Martin-Luther-Straße) Nr. 3, Berlin W 30 an, unweit des Wittenbergplatzes. Vermutlich eine Pro-forma-Adresse, hier waren die Redaktionsräume der *Zeitschrift für Individualpsychologische Pädagogik und Psychohygiene*. Die Suche nach einer Unterkunft dürfte sich gezogen haben. Zu unsicher und zu spärlich waren die Einkünfte Sperbers, auch wenn Adler ihm Vortragsmöglichkeiten zu vermitteln versuchte.

Als Sperber im November 1927 zum ersten Mal in Berlin aus dem Zug stieg, war das Wichtigste, das er bei sich trug, das Empfehlungsschreiben Adlers. Darin hieß es, dieser junge Mann sei der »beste Interpret der Individualpsychologie« und genieße sein »vollstes Vertrauen«.[55] Der um sechzehn Jahre ältere Fritz Künkel erwies sich als umgänglich und hilfsbereit. Er stellte Sperber seine Praxisräume am Rüdesheimer Platz zur Verfügung und empfahl ihn als Kursleiter. Gemeinsam nahmen sie in den nächsten Jahren an Podiumsdiskussionen teil und gaben Seminare.[56] Wegen beider konträrer politischer Ansichten erwuchs aus der Kollegialität eine Rivalität.

Der individualpsychologische Verein in Berlin hatte sich 1924 konstituiert. Valentine Adler, seit 1921 in Berlin lebend, hatte die Funktion der Bibliothekarin übernommen. Der Vereinssitz waren Künkels Wohnungen in der Kantstraße in Charlottenburg, dann in Dahlem, Falkenried 12.[57] Doch rasch kristallisierte sich heraus, dass Künkel eine heterodoxe Variante der Individualpsychologie vertrat.

Er arbeitete in Berlin als niedergelassener Facharzt für Nervenheilkunde und Psychotherapie.[58] Anfangs ein prinzipientreuer Anhänger Adlers, setzte ab Mitte der 1920er Jahre eine Abnabelung ein. 1928 veröffentlichte er den ersten Band der *Angewandten Charakterkunde*, wie er seine Theorie nannte. Es folgten zwischen 1931 und 1935 fünf weitere Bände. Das waren nicht die einzigen Publikationen, die der produktive Künkel vorlegte. 1929 erschien *Vitale Dialektik*, 1932 in der kritischen Endphase der Weimarer Republik *Krisenbriefe. Über den Zusammenhang von Wirtschafts- und Charakterkrise*.

Es gab zahlreiche Arbeitsgruppen, Initiativen, Angebote, von einer »Psychopathenberatung« bis zu musik- und körperpädagogischen Therapiezirkeln und Diskussionskreisen.[59] Die Gruppe muss recht groß gewesen sein. Exakt erfasst wurden die Mitglieder nicht. Wie in Wien und anderswo war die individualpsychologische Sektion nicht straff organisiert und bis auf wenige lokale Ausnahmen nicht als Verein oder Ortsgruppe amtlich gelistet. So fand sich im Vereinsregister am Amtsgericht Berlin für die »Berliner Gesellschaft für Individualpsychologie« kein Eintrag, auch wenn eine am 8. Februar 1928 verabschiedete Satzung einen solchen vorsah.[60] Die Bedeutung Berlins war durch den 2. Internationalen Kongress für Individualpsychologie betont worden. Er war Anfang September 1925 in Berlin abgehalten worden. Die Organisationsarbeiten hatten Hertha Orgler, verheiratet mit einem Kinderarzt, und Else Herz übernommen, deren Ehemann Bürgermeister von Berlin-Kreuzberg war. Adler nutzte diese Gelegenheit, um in seinen Vorträgen Freud und dessen Pessimismus zu parieren. Die Frontstellung Adler–Freud entsprach jener von Jean-Jacques Rousseau und Thomas Hobbes. Hatte dieser den Menschen im Naturzustand als grausam, gewalttätig, egoistisch klassifiziert, so beschrieb der Franzose die humane Kernidentität als gut, kooperativ und auf die Anerkennung der anderen ausgerichtet.[61] Seit Januar 1926 erschien, redigiert von Ada Beil, ein Monatsperiodikum, *Die Gemeinschaft*. Es informierte über Vorträge, Projekte, Arbeitsvorhaben der mittlerweile acht Sektionen.[62] Im selben Jahr wurde ein Heilpädagogisches Kinderheim eröffnet, das sich als kinder- und jugendtherapeutische Stätte einen guten Ruf erarbeitete.[63] Ende Dezember 1927 hatte Adler an Sperber geschrieben, Leitung und Koordination des Blattes würden endlich besser werden, wenn er, Sperber, die *Gemeinschaft* übernähme.[64] Im Januar 1928 war es so weit. Sperber löste Beil ab. Sie wurde hinausgedrängt. Adler begrüßte dieses Revirement.[65] Maßnahme eins: Umbenennung. Statt *Gemeinschaft* nun *Zeitschrift für individualpsychologische Pädagogik und Psychohygiene*. Am 28. Februar meldete sich Adler aus Chicago und gab teils taktische Anweisungen – alle Sektionen einbinden, um Feedback bitten – wie auch strategische Empfehlungen: einen Verlag als Vertriebspartner akquirieren. Im April lobte er die ersten Nummern, die Zeitschrift sähe sehr gut aus.[66] Die Ausbildungs- und Beratungseinrichtungen wurden zu einem Individualpsychologischen Institut zusammengeschlossen, das sich in Seminar, öffentliche Beratung und die Fachgruppe ausübender individualpsychologischer Pädagogen aufteilte.[67]

Immer wieder in dieser Zeit war Sperber in Deutschland unterwegs, um mit Vorträgen über literarisch-philosophische Themen Geld einzuspielen. Hans Mayer, später ein bekannter Germanist, erlebte ihn 1928 im Kunstverein zu Köln. Dort redete Sperber über *Die Überwindung der Tragik. Dostojewski und Nietzsche*. Mehr als fünfzig Jahre später erinnerte sich Mayer, dass Sperber Eindruck gemacht habe, nicht nur wegen des Themas, nicht nur wegen seines Optimismus, sondern infolge des Charismas, das dieser 23-Jährige ausgestrahlt hätte.[68]

Die ersten sechs Monate nach Sperbers Eintreffen verliefen gedeihlich. Sperber, der einen Lesekreis, der sich Alice Rühle-Gerstels *Der Weg zum Wir* widmete, zu einer marxistischen Arbeitsgruppe umgebaut hatte, stürzte sich mit Feuereifer in die Arbeit. Der um drei Monate ältere Heinz Jacoby: »Obwohl er in Wirklichkeit unser Jahrgang war, hielten wir ihn für älter, zumal er uns gegenüber ein wenig die Haltung einer Schutzmacht annahm. Wir dagegen hatten das Gefühl, dass er und seine Umgebung zu einer Art intellektuellem Establishment gehörten, dessen Werk von uns genutzt wurde, das aber in einer anderen Sphäre lebte.«[69] Andererseits nahmen ihn einige ob seiner Jugend und seines noch jungenhafteren Aussehens nicht für ganz voll. Nachdem er Otto Rühle mitzuteilen geruht hatte, als KPD-Mitglied könne er nicht länger mit ihm, dem Kritiker der KPD, Umgang pflegen, spöttelte Rühle süffisant: »die Großmacht Sperber hat die Beziehungen zu mir abgebrochen«[70].

Die Zeitschrift wurde intellektuell grundüberholt. Dann kam es zu ersten Friktionen, die zu Disputen führten. Meinungsverschiedenheiten waren immer schon da gewesen. Nun wurden die zentrifugalen Kräfte stärker. Im Lauf des Jahres 1928, an dessen Ende die Einstellung der Zeitschrift nach zehn Nummern stand,[71] zeichneten sich starke Dissonanzen ab, die zu Verwerfungen wurden, wenn auch erst einmal nicht im persönlichen Umgang. Dafür war Künkel zu konziliant, Sperber zu mitreißend umgänglich.[72] Es gab sogar punktuelle Bünde, wenn es zu Meinungsverschiedenheiten mit Adler kam. Doch im folgenden Jahr spaltete sich der Verein. Die Diskrepanzen zwischen dem konservativen Künkel und seinen Parteigängern und dem Marxisten Sperber und seinen Genossen waren nicht mehr zu überbrücken. Hatte Adler seine rechte Hand nach Berlin entsandt, um die individualpsychologische Assoziation in der für die Individualpsychologie wichtigsten deutschen Stadt zu konsolidieren, so war das Endergebnis das exakte Gegenteil, die Spaltung.[73] Künkel gründete den »Neuen Verein Berliner Individualpsychologen«. Zwei Sektionen, zwei Vereine, zwei Geschäftsstellen, die eine (Sektion I/Sperber) in der Hindenburgstraße (heute Am Volkspark), die andere in Künkels Wohnung in der Pommerschen Straße.[74] Die Sezession in zwei Gruppen wurde nüchtern im Chronik-Teil der *Internationalen Zeitschrift für Individualpsychologie* vermeldet.[75] Adler in New York konnte im April 1929 nur noch verdrossen bilanzieren:

Lieber Sperber,

Ich hoffe Sie erwarten von mir keinen Machtspruch. Ich zweifle nicht an Ihrem guten Willen, die Ind-Psych, die auch Ihren Händen anvertraut ist, gut zu führen. Aber Sie haben gepatzt. Ich will es nur kurz sagen. Sie haben es nicht vermieden, Ihre

> *Gruppe als politisch stempeln zu lassen. Sie hätten es voraussehen müssen. Wäre ich anwesend gewesen, ich hätte mit allen Mitteln getrachtet Künkel wählen zu lassen. Künkel, sonst recht ungeschickt, war diesmal der bessere Taktiker. Nun rückt er in die Front ein als der Parteilose. Ihren Einfluss hätten Sie besser unter seiner Ägide ausüben können.*

Und:

> *Eine zweite Vereinigung zu gründen, eine 3., eine 4. – ich sehe nicht, wie man jemanden daran hindern kann. Ich glaube, ein Internationaler Verein existiert noch gar nicht. Und um eine papierene Erklärung von Obmännern braucht sich niemand zu kümmern.*
>
> *Wollen Sie meinen Rat? Sie sind mit Ihrer Gruppe ins Feld gezogen mit der Absicht, dem Verein den Frieden zu geben. Dies misslang. Erklären Sie Ihre Absicht als gescheitert, ziehen Sie Ihre Kandidaten zurück, bewegen Sie in dieser neuen Absicht die Ausgetretenen vom Eintritt, veranstalten Sie eine Neuwahl unter dem Titel: Frieden im Verein, Ablehnung politischer Stellungnahme.*[76]

Das war ein barscher Ton. Die Gunst schien entzogen, der Vertrauensvorschuss des Protegés aufgezehrt zu sein. Sperber hatte versagt, taktisch, organisationstechnisch, charakterlich. Auffällig: Die politischen Konflikte und fundamentalen Aversionen, die zum Riss führten, schienen Adler weder zu interessieren noch für ihn eine Rolle zu spielen. Er konzentrierte die Vorwürfe auf die Person Sperber. Dieser lud sich ein großes Arbeitspensum auf. 1930 fungierte er als psychologischer Sachverständiger, dozierte an Arbeiter- und sozialpädagogischen Fachschulen, in Fürsorge-, Jugend- und Erziehungsheimen, hielt Vorträge und praktizierte täglich sechs Stunden Psychotherapie. In regelmäßigen Abständen fuhr er nach Wien und leitete dort Seminare. Auch im Ausland war er als Propagator in Sachen Individualpsychologie unterwegs, so seit Frühjahr 1929 in

Zagreb. Kurze Zeit später gab es dort eine erste Arbeitsgruppe für die Individualpsychologie. 1931 war auch Adler in Zagreb und hielt acht Vorlesungen.

Nachdem Sperber nach längerer Zeit und Untermietverhältnissen in eine Wohnung in der Paulsborner Straße gezogen war, die offenbar genug Raum bot, gab er dort Kurse und Seminare. Daran nahmen als Interessierte auch Helmuth James Graf von Moltke teil und Hannah Arendt sowie Hede Eisler, die geschiedene Frau des Kommunisten Gerhart Eisler, dessen Bruder der Komponist Hanns Eisler war. Eisler soll einmal Richard Sorge mitgebracht haben, der später als kommunistischer Doppelagent berühmt wurde. Neben all diesen Aktivitäten fand Manès Sperber noch Zeit, publizistisch tätig zu sein. Er brachte viele Fachaufsätze und Artikel zu Papier – in mittlerweile erprobter Manier: Er diktierte sie[77] – und verfasste im Sommer 1930 binnen sechs Wochen ein Buch, das erst achtzig Jahre später erschien, *Kultur ist Mittel, kein Zweck*.[78]

Dann stand in der letzten Septemberwoche 1930 der 5. Internationale Kongress an. Veranstaltungsort: Berlin. Eine Möglichkeit für Versöhnung und Wiederaufbau? Es kam zu einer Re-Union der beiden Vereine unter dem Label »Berliner Verein«. Ende der 1920er Jahre hatte Adlers Lehre Verbreitung und Anerkennung unter Sozialarbeitern gefunden.[79] Zum Ehrenausschuss dieses Kongresses mit den Themenschwerpunkten Neurosen und Lebenssinn gehörten neben Vertretern des Staates und der Stadt führende Vertreter der Sozialarbeit.[80] Dabei war dieser Kongress vom 26. bis 28. September, von Freitag bis Sonntag, im Rathaus Schöneberg der wohl breitenwirksamste und populärste. Die Hörerzahlen schätzte man auf rund 2000.[81] Adler traf am 24. ein und nahm Quartier in einem großen Hotel am Anhalter Bahnhof. Am folgenden Tag hielt er einen Vortrag, einmal vormittags, einmal abends, einmal auf Deutsch, einmal auf Englisch, *Der Sinn des Lebens, The Meaning of Life*. Der Abendvortrag war so überlaufen, dass er kurzfristig ein zweites Mal ins Programm gehoben wurde. Viele sahen und hörten Adler erstmals. »Wie so viele andere, die von dem berühmten Manne gehört hatten«, hielt Paul Rom fest, »war auch ich erstaunt über die Schlichtheit seines Äußeren, über die Einfachheit seines Sprechens. Der damals Sechzigjährige, klein, aber von kräftiger Statur, trat mit einer Unbefangenheit und Natürlichkeit vor die Versammlung, die an Bernard Shaw erinnerte.«[82] Zehn Jahre zuvor hatte Adler in der Einleitung zu *Praxis und Theorie der Individualpsychologie* geschrieben: »Liebe, Arbeit, Mitmenschlichkeit sind die realen Forderungen des menschlichen Zusammenlebens. Gegen diese unzerstörbaren Wirklichkeiten stürmt und tobt das Streben nach persönlicher Macht oder sucht sie listig zu umschleichen. In diesem unablässigen Kampf aber zeigt sich die Anerkennung des Gemeinschaftsgefühls.«[83] Dies verschärfte er angesichts der jüngsten Bücher Sigmund Freuds noch. Dieser gerierte sich in *Das Unbehagen in der Kultur* und in *Die Zukunft einer Illusion* unüberlesbar als Misanthrop. Seine Enttäuschung über die Menschheit hatte sich zum sardonischen Untergangszynismus gewandelt. Die Lektüre hatte Adler schockiert. Nach der letzten Session fand ein abschließender Presseempfang bei Hans José Rehfisch statt, damals ein viel gespielter Stückeautor.[84] Adler lernte einen weiteren Nobelpreisträger kennen. Albert Einstein lud ihn in sein Haus in Caputh ein – Ende 1926 hatte Einstein, sich mit der Psychoanalyse beschäftigend, Sigmund Freud in Berlin kennengelernt.[85] Die beiden müssen sich gut verstanden haben. Selbst wenn es 1936 zu leichten Irritationen kommen sollte, nahm Einstein wenig später Anteil am Schicksal der Familie.[86]

Es kam auch zu einem unüberhörbaren Eklat. Unüberhörbar deshalb, weil Adler aus der Haut fuhr, als Manès Sperber die Versammelten mit Feurio aufrief, in die KPD einzutreten. Daraufhin soll Adler ihn *coram publico* angefahren haben, mit der Rekrutierung von Anhängern für seinen Kommunismus aufzuhören.[87] Sperber war konsterniert. Bereits zuvor war der Linken-Fraktion von der Kongressleitung untersagt worden, Einladungen für eine externe Veranstaltung zu verteilen. Die freundschaftliche Anrede »Lieber Sperber« in der Korrespondenz stufte Adler zurück zum distanzierten »Sehr geehrter Herr Sperber«. Dennoch brachte Adler noch im Herbst 1931 einen alten Wunsch aufs Tapet, eine Idee, die er seit vier Jahren Sperber immer wieder vorgeschlagen hatte, eine Kampfschrift wider Freud und die Psychoanalyse. Wieder sagte Sperber ab. Ein allerletztes Versöhnungsgespräch zwischen Adler, Fritz Künkel und Sperber im Berliner Hotel Kempinski scheiterte.[88] »Es ist wahr«, schrieb Sperber später, »unser letztes Gespräch – [...] – war politisch. Adler drang auf politische Neutralität, obschon es seinerzeit zu den für uns aufklärenden Dingen gehörte, dass es keinerlei Neutralitäten geben konnte. Ich sagte (und schrieb es unmittelbar darauf auch nieder): Wenn die Nazis siegen, dann wird auch die Individualpsychologie für die Dauer ihrer Herrschaft besiegt sein. Ich gefährde also nicht die Individualpsychologie, wenn ich sie im Kampf einsetzte. Sogar wenn es angesichts dieses Feindes eine Neutralität gäbe, sie könnte die Individualpsychologie nicht retten. Schon der Umstand, dass ihr Begründer Adler heißt, wird ein Grund zum Verbot der Bewegung sein.«[89]

Die Entfremdung war nicht über Nacht aufgestiegen. Es war eine Ermüdung des Vertrauens. Schon Mitte der 1920er Jahre war es zu Meinungsverschiedenheiten gekommen über die Fortschritte der Behandlung eines Sperber anvertrauten Patienten. In Sperbers Augen war er als Psychotherapeut dabei an physiologische Grenzen gestoßen. Selbstzweifel hatten Sperber seither nie ganz verlassen. Außerdem kam Kritik gegen ihn von Medizinern auf. Auch mit dem Freud-Projekt hatte sich Sperber von Anfang an unwohl gefühlt, weil als vorgeschobene Bauernfigur, instrumentalisiert für eine Fehde.[90] Sperbers Ahnung, dass Adler mit anderen einmal so brechen würde wie Freud einst mit ihm, erfüllte sich.[91] Es wurde leise um Berlin als Stadt der Individualpsychologie. Auch Adler und Künkel hatten sich zerstritten. Zum definitiven Bruch kam es nach dem großen Kongress. Adler, der in den frühen 1930er Jahren wiederholt nach Berlin kam, allein 1931 vier Mal, darunter acht Wochen am Stück von Ende Januar bis Ende März, dann wieder im Februar und März 1932, als er an der Lessing-Hochschule dozierte, an der Diesterweg-Schule für Lehrer, im Gesundheitshaus Kreuzberg und im Gesundheitshaus Am Urban – und selbst in den luxuriösen Hotels, in denen er abstieg, im Savoy Kant-, Ecke Fasanenstraße und im Excelsior am Anhalter Bahnhof, soll er in kleinem Kreis Kurse gegeben haben[92] –, stufte Künkel als begriffstechnisch »nicht sattelgerechten« Variantengeber ein, als insuffizienten Plagiator.[93]

Nach dem Beziehungsbruch legte sich Sperber keine Fesseln mehr auf. Er schrieb Texte in einem stalinistischen Duktus. Er sezierte die Individualpsychologie. 1932 in einem Sammelband der sozialistischen Berliner Fachgruppe für Dialektisch-Materialistische Psychologie, den er mitherausgab, diffamierte er Individualpsychologie als »sozialfaschistisch«, so wie die stalinistische KPD es mit der Sozialdemokratie tat.[94] Dabei war Sperber schon seit Sommer 1931 in einem zweiten Ablösungsprozess begriffen, von der KPD.[95]

25 Der Sinn des Lebens

»Die Sinnlosigkeit des Wortes Sein,
über die der gesunde Menschenverstand so billig
sich mokiert, ist nicht einem zu wenig Denken oder einem
unverantwortlichen Drauflosdenken aufzubürden.«
Theodor W. Adorno[1]

Psychologie, die einmal überholt schien, erhält sich am Leben, weil der Augenblick ihrer Verwirklichung versäumt wurde. Das Urteil, sie habe die Seelen bloß interpretiert, wird zum Defätismus der Vernunft, nachdem die Veränderung des Menschen misslang.[2] Veränderung ist der Weg der Therapie. Nun kommen Patienten nicht zu einer Behandlung, weil sie von Glück erfüllt sind. Im Gegenteil. Sie fühlen sich leidend. »Patiens« heißt auf Latein »der Leidende«. Ist also die Frage nach dem Glück in der Psychotherapie nicht abwegig? Auch eine Frage nach dem Sinn der Psychologie und darüber hinausgehend des Sinns des Lebens? Das geht über profanen Sinn hinaus, über »operationalisierbare Manuale«.[3]

Sinnsuche ist ein Dynamo philosophischen Denkens, von der Antike bis zum 20. und 21. Jahrhundert. Sinnsuche als Sinn-Gebung ist Metaphysik, das pochende Herz einer jeden Religion. Es gibt Parallelen von Buddhismus und Individualpsychologie, die in einem Punkt konvergieren, dem der Welt-Sicht und der Perspektive auf die Welt. »Wir blicken nach außen, und dann sehen wir dort Probleme. Der Dharma lehrt, diese Blickrichtung umzukehren, nach innen zu schauen und zu sehen, was in unserem Geist geschieht«, so der tibetische Lama Gendün Rinpoche.[4] Alfred Adler: »In der Individualpsychologie […] betrachten wir die Seele selbst, den Geist an sich; wir prüfen den Sinn, den der Mensch der Welt und sich selbst gibt, seine Ziele, die Richtung seiner Bestrebungen und die Art, wie er an die Lebensfragen herangeht.«[5] Im Buddhismus soll der Geist ein perfekt polierter Spiegel werden, in welchem alles Wissen klar aufscheine, der Geist soll leer werden und weit wie der Raum, so gelange der Meditierende zur Verwirklichung seiner wahren Natur.[6] Alfred Adler: »Der Geist ist keine Kraft, sondern er ordnet Kräfte.«[7] Und wider einen materialistischen Determinismus: »Wenn einer diese Anschauung schärfer ins Auge fassen würde, müsste er fragen: wer sucht, wer antwortet, wer verarbeitet die Eindrücke? Ist der Mensch ein Diktaphon? Eine Maschine? Es muss noch etwas im Spiele sein!«[8]

Dem Widerspiel von Maschine und Mensch, Wortaufzeichnungsgerät und Sinnsucherseele widmete Adler 1933 ein ganzes Buch, dem er den Titel *Der Sinn des Lebens* gab. Es erschien im Dr. Rolf Passer Verlag zu Wien. Dem Namen nach war dieses Haus ein junger Verlag. Dabei gab es ihn bereits seit 1927. Hans Epstein hatte ihn gegründet. 1932 starb Epstein überraschend, da befand sich das Haus in einer ökonomischen Schieflage. Der Kommanditist Rolf Passer übernahm und konnte Umsatz und sanft auch den Ertrag steigern. Da die Umbenennung in »Passer Verlag« erst am 17. November 1933 ins Wiener Handelsregister eingetragen wurde, muss dieses Buch danach ausgeliefert worden sein.[9] Der Band war untypisch für das Profil des Verlagshauses, das ansonsten Kunst-, Kultur- und Städteführer herausbrachte, dazu ab 1933/34, als neuer Programmakzent, Bücher über Komponisten.

Die Idee zu *Der Sinn des Lebens* hatte Adler schon Mitte der 1920er Jahre. 1925 veröffentlichte er den Aufsatz *Kritische Erwägungen über den Sinn des Lebens*, sechs Jahre später den Essay *Der Sinn des Lebens.*[10] Im selben Jahr erschien in den Vereinigten Staaten *What Life Should Mean to You*. 1930 hatte Sigmund Freud in *Das Unbehagen in der Kultur* räsoniert: »Die Schicksalsfrage der Menschheit scheint mir zu sein, ob und in welchem Maße es ihrer Kulturentwicklung gelingen wird, der Störung des Zusammenlebens durch den menschlichen Aggressions- und Selbstvernichtungstrieb Herr zu werden. In diesem Bezug verdient vielleicht gerade die gegenwärtige Zeit ein besonderes Interesse. […] Und nun ist zu erwarten, dass die andere der beiden ›himmlischen Mächte‹, der ewige Eros, eine Anstrengung machen wird, um sich im Kampf mit seinem ebenso unsterblichen Gegner zu behaupten. Aber wer kann den Erfolg und den Ausgang voraussehen?«[11] Dies war die grundlegend trennende Denkdistanz zwischen Freud und Adler. Ersterer fasste eine Suche nach dem Sinn des Lebens als Expression einer seelischen Verwirrung auf. Adler hingegen galt dies als existenzielles Grundanliegen des Menschen. Psychologen wie Erzieher sollten hierbei flankierend helfen.[12]

»Die Frage, die gemeinsam in den Aussagen der Mystiker und der psychoanalytischen Klienten enthalten ist, lautet: Was erfüllt mein Leben? Damit sind Erfahrungssituationen angesprochen, in denen wir fühlen und handeln, wie wir es nicht wollen, oder in denen uns das Glücksgefühl erfüllt: Ja, das ist es, was ich wirklich will.«[13] Adler meinte mit Sinn des Lebens: einen wahren, objektiven, überindividuellen Sinn des Lebens, der für die gesamte menschliche Gattung gilt. Das Minderwertigkeitsgefühl war ihm 1933 eine anthropologische Grundtatsache, »ein unablässig wirkender Stachel«.[14] Daher betonte er die Bedeutung des Gemeinschaftsgefühls vehementer denn je.[15] Er trieb es an einen Punkt, an dem es transpersonal wurde. Der Schwerpunkt lag nun auf der Versöhnung als schwerstem und folgenreichstem Erziehungsfehler. Fast sämtliche Krankengeschichten handeln von Ratsuchenden, die in ihrer Kindheit verhätschelt worden waren. Es überrascht, mit welcher Schärfe Adler hier gegen tatsächliche oder vermeintliche Verwöhnung von Kindern argumentiert.[16]

Anpassung meint die Hinarbeit auf einen paradiesischen Zustand der Zukunft. Ihm fällt es schwer, die »ideale Gemeinschaft« näher zu bestimmen. Er zählt *ex negativo* auf, was diese nicht ausmacht. Es erhebt sich die Frage, ob der individuelle Sinn des Lebens und der objektive Sinn des Lebens kompatibel sind, ob sich das eigenwillige Individuum in einen größeren metaphysischen Zusammenhang einordnen lässt. Adler war sich sicher: Nur wer sich selbst vervollkommnet, der wird der Gemeinschaft nützlich sein.[17] Stärker als bisher wurde die evolutionär-kosmische Perspektive betont. Psychische Schieflagen seien Fehler des Lebensstils. Durch ein entpersonalisierendes Aufgehen in der Gemeinschaft lässt sich dies ausbalancieren.

Regeneration ist jedem allezeit möglich. Der Einzelne ist fähig, aktiv zu werden, aktiv aus seelischen Dilemmata zu lernen, aktiv Einsicht zu gewinnen, vom lebensschiefen Saulus zum individualpsychologischen Paulus zu werden. Das galt auch für größere Gruppen, die ein falsches Leben führen, sofern sie den Auftrag der menschlichen Evolution ignorieren und so verabsäumen, sich auf eine ideale Gemeinschaftsform zuzubewegen.[18] »Wie die Stoiker betont Adler den Entschlusscharakter eines logischen Schlusses, sei er richtig oder falsch. Das logische Urteil ist eine Entscheidung. Eine Entscheidung ist darum auch die für den Lebensstil grundlegende Meinung über den Sinn des Lebens, die Meinung über sich und die Welt.«[19]

Der Mensch erarbeitet, als körperlich-seelische Ganzheit agierend und reagierend, seine Pathologien. Die Einheit der Persönlichkeit ist kein stabiles Konstrukt. Ganzheit ist sekundär und reaktiv. Sie ist Folge, nicht Ausgangsbasis. Neurose ist eine individuelle kreative Leistung, mittels derer sich einer subjektiv problembehafteten oder das Ich überfordernden Emotionskonstellation zumindest kurz zu entziehen ist.[20] Das legt eine das Individuum überschreitende Kosmodizee nahe, einen Sinn des Lebens. Dieser Sinn ist eine Geformtheit, etwas Expansives und die Ich-Welt Transzendierendes. Vor allem aber ist Sinn eine Gerichtetheit, eine Gleichgerichtetheit der emotionalen, pragmatischen und kognitiven Handlungen.[21] Psychologie wurde zur »Super-Theorie«, in der alle Richtungen, Strömungen, Methoden zusammenströmten.[22]

Mit den Ausführungen im *Sinn des Lebens* entfernte sich Adler vom Wissenschaftsparadigma der Empirie.[23] Seine Konzeption entsprang einem spekulativen Denken, das Fakten des naturgeschichtlichen Evolutionsprozesses auf die Humangeschichte übertrug. Das Streben nach Höherentwicklung und Vollkommenheit wurde zum »kosmischen Gesetz«.[24] Auf dieser Stufe war keine bestehende Gesellschaft mehr gemeint, auch kein konkretes Individuum. Alles vollzieht sich *sub specie aeternitatis*, unter einem Ewigkeitshorizont. Der Kosmos figuriert als Ausgleichsordnung. Die Individualpsychologie transformiert Adler zu einer »Wertepsychologie«.[25] Am Ende eines Vervollkommnungsprozesses würde eine Höherentwicklung und Selbstoptimierung der Menschheit stehen. Werde von diesem Pfad einer evolutionären Besser-Werdung abgewichen, dann würden Neurosen entstehen.[26]

Zu Recht wurde gefragt, woher *Adler* weiß, woher *ich* weiß, dass das Endziel der menschlichen Entwicklung in einer idealen utopischen Gesellschaft liege, in der den Menschen das Gemeinschaftsgefühl dann so selbstverständlich werde »wie Atmen«. Adler postulierte den Sinn des Lebens in einem stark entwickelten Gemeinschaftsgefühl, das den Menschen stärkere existenzielle Sicherheit gebe und der Menschheit ein Überleben garantiere. Letztlich entscheide das Überleben von Individuen, Gruppen und Völkern, ob der von ihnen gewählte Sinn des Lebens richtig oder falsch sei.[27]

Das Konzept der Evolution war ein Charakteristikum des Adlerschen Denkens seit etwa 1930. Holismus, Ganzheit, rangierte als zentraler Begriff, als zentrales Ziel und Leitmotiv. Diese Ganzheitstheorie war eine Auffassung der Leib-Seele-Einheit. Diese sei in sämtlichen Lebensäußerungen des Einzelnen auszumachen. Das Funktionieren aller Organe sei teleologisch, sinnhaltig und zweckmäßig. Alle Teile wirkten für ein größeres Ganzes zusammen und würden das Bestreben widerspiegeln, dieses lebendige Ganze zu erhalten.[28]

1930 war Adler auf *Holism and Evolution* des Südafrikaners Jan Christiaan Smuts gestoßen und hatte den Band begeistert gelesen. Anfang 1931 schrieb er Smuts einen Brief: »Als ich Ihr Buch *Holism and Evolution* las, war ich von all Ihren Erläuterungen sehr bewegt. Ich konnte sehr klar erkennen, was der Schlüssel unserer Wissenschaft ist. Neben dem großen Wert Ihrer Beiträge in anderer Hinsicht schätze ich die Ansicht auf jene Zusammenhänge, die wir Einheit und Zusammenhang genannt haben. Ich werde Ihr Buch sehr gerne allen meinen Studenten und Anhängern als beste Vorbereitung für die Individualpsychologie empfehlen.«[29]

Rudolf Dreikurs: »Was wir sind, zeigen wir nur in dem, was wir tun. In unseren Tätigkeiten erfüllen wir uns oder fehlen darin. Man kann nicht Handelnder und Zuschauer zur gleichen Zeit sein. Nur wer sich vergisst, kann sich finden. Unsere Aufgabe ist, unseren Beitrag zum Leben zu leisten. Wer daran interessiert ist und nicht an seinem eigenen Wohlergehen, an seinen Erfolgen oder Niederlagen, der kann inneren Frieden finden, die eigene Stärke erkennen, die darauf gerichtet ist, was man machen kann und machen soll. Der Sinn des Lebens, wie wir ihn verstehen, heißt, nützlich zu sein, alle die Kräfte, die wir besitzen, zur Wohlfahrt der Menschheit zu benützen. Und wer das tun kann, wird überrascht sein über seine inneren Kräfte, die ihm zur Verfügung stehen, wenn er sachgerecht eingestellt ist.«[30]

26 Amerika II

»The world is growing to be a great mess.
Vienna, the centre of good humour, is right to say:
hopeless but not serious. So am I also.«

Alfred Adler, im Mai 1932[1]

Hoffnungslos. Aber keineswegs ernst. Das musste Ironie sein. Was sonst angesichts der Landtags- und Kommunalwahlen in Österreich kurz zuvor am 24. April und deren Ergebnissen. Zuwachs der NSDAP bei der Wiener Landtags- und Gemeinderatswahl: 17,4 Prozent (auf 17,4 Prozent). Landtagswahl Niederösterreich: Die NSDAP schoss von 0,5 Prozent auf 14,1 Prozent. Salzburg: Die NSDAP verdoppelte sich von 11,5 Prozent auf 20,8. Am selben Tag wählte in Deutschland der Freistaat Bayern einen neuen Landtag. Um gerade einmal 0,03 Prozent hatte die christlich-konservative Bayerische Volkspartei die Nase vor der NSDAP (32,55 Prozent zu 32,52 Prozent). Bei der Wahl 1928 waren die Nazis noch auf 6,1 Prozent gekommen.

In Österreich hatten in den vergangenen fünf Jahren die Heimwehren den Zusammenschluss der einzelnen Regionalverbände vollzogen. Mit Fäusten, Totschlägern und Schlagringen erkämpften sie sich die Herrschaft über die Straße. Als Provokation marschierten ihre Haufen durch Arbeiterstädte wie Bruck an der Mur und Linz und Wien. Jahr für Jahr holte die mit Mussolinis faschistischem Italien sympathisierende Bewegung zu neuen Schlägen aus. Am 19. Mai 1930 hatten sich die Heimwehren ein faschistisches Programm gegeben. Darin hieß es: »Wir verwerfen den westlichen Parlamentarismus und den Parteienstaat. […] Wir kämpfen gegen die Zersetzung unseres Volkes durch den marxistischen Klassenkampf.«[2] 13. September 1931: ein dilettantisch vorbereiteter und misslingender Putsch der Heimwehrbewegung, wobei eine Kollaboration zwischen Putschisten und Exekutive zutage trat. Durch die schwere Rezession nahm die Arbeitslosenquote schwindelerregende

Ausmaße an und pendelte zwischen 17 und 24 Prozent. Täglich gingen durchschnittlich zwölf Personen in den Freitod.[3] Im Mai 1932, als Adler die Lage der Welt kommentierte, wurde der seit März des Vorjahres als Landwirtschaftminister amtierende Engelbert Dollfuß mit der Bildung einer neuen Regierung beauftragt. Der Jurist, Ex-Direktor der Niederösterreichischen Landwirtschaftskammer und Ex-Präsident der Österreichischen Bundesbahnen, war Antimarxist, streng katholisch und 1,51 Meter klein. Sein Kabinett, eine Allianz von Christlichsozialen, Heimatblock und Landbund, hatte nur eine Stimme Mehrheit. Dollfuß köderte die Heimwehr. Der Wiener Heimbundführer trat als Staatssekretär ins Kabinett, seine Verantwortlichkeit: Polizei und Gendarmerie. Ab März 1933 schaltete Dollfuß den Nationalrat aus und begann autoritär zu regieren. Um den Widerstand der größten Oppositionspartei im Nationalrat zu brechen, wurde am 31. März der Republikanische Schutzbund verboten. Die traditionellen Aufmärsche der Linken am 1. Mai wurden untersagt, Ende April nicht wenige in Schutzhaft genommen. Das traf am 30. April auch Raissa Adler, die von einem Polizisten abgeführt wurde. Stundenlang war Alexandra Adler in Wien unterwegs, um herauszufinden, in welche Haftanstalt ihre Mutter verbracht worden war. Alfred Adler war gerade in Wien. Die Familie erreichte nach zwei Tagen die Freilassung Raissas. Diese konnte sich nicht verkneifen, in zwei zusammengefalteten Blättern Papier dem Zellenaufseher zwei zerdrückte Bettwanzen als Abschiedsgeschenk zu überreichen. Er soll gemurmelt haben, das Ungeziefer habe sie ja wohl selbst mitgebracht.[4]

Das Bürgertum zog mehrheitlich unter dem Eindruck von Hitlers »Machtübernahme« in Deutschland und des radikalen Abbaus demokratischer Rechte nach dem Berliner Reichstagsbrand Ende Februar die heimischen Heimwehren als kleineres Übel vor. In einem Brief an Sohn Ernst umriss Freud seine Position: »Die Zukunft ist ungewiss, entweder ein österreichischer Faschismus oder das Hakenkreuz. Im letzteren Falle müssen wir weg; vom heimlichen Faschismus wollen wir uns allerlei gefallen lassen, da er uns kaum so schlecht behandeln wird wie sein deutscher Vetter. Schön wird er auch nicht sein, aber in der Fremde ist es auch nicht schön, was ich Euch nicht zu sagen brauche, die Ihr es doch noch gut getroffen habt. Unser Verhältnis zu den beiden politischen Möglichkeiten der österreichischen Zukunft kann nur der Ausruf Mercutio's [sic] in *Romeo und Julia* zitieren: ›A plague on both your houses.‹«[5]

Am 11. September 1933 rief Dollfuß, der am 18. Mai aus der Christlichsozialen Partei und der Heimwehr die Einheitspartei »Vaterländische Front« geformt hatte, in einer Rede das Ende kapitalistisch-liberalistischer Wirtschaftsordnung und marxistischer Volksverführung aus. Er verkündete einen christlichen autoritären Staat. Die Kommunistische Partei war schon am 26. Mai zwangsaufgelöst worden.[6] Die blutige Unterdrückung des Februaraufstands 1934 tat ein Übriges. Dollfuß überlebte diesen nur um einige Monate. Am 25. Juli putschten illegale Nazis, drangen ins Kanzleramt am Ballhausplatz ein, andere ins Funkhaus. Schießereien und Kämpfe zogen sich fünf Tage. Am Ende waren auf Regierungsseite 107 Menschen tot, darunter auch Dollfuß, aufseiten der Putschisten 153 erschossen oder standrechtlich hingerichtet.[7] Direkte Folge war eine radikale Beschränkung von Rede- und Pressefreiheit. Modisch spiegelte sich der Ständestaat in ländlich angehauchter Lodenmode. Die katholische Kirche bekam wieder unmittelbaren Zugriff auf die Schule. Es wurde von einer Wiedereinsetzung der Habsburger gemunkelt. Es organisierte sich im Untergrund ein kommunistischer Widerstand. Deutschnationale fanden immer stärkeres Gefallen am Nationalsozialismus.[8]

Im Gegensatz zu Politikwissenschaftlern ordneten US-amerikanische Historiker diese Zeit weniger als die Franklin D. Roosevelts ein als vielmehr als »the age of Mickey Mouse«, der von Walt Disney geschaffenen Trickfilmfigur. Der Kosmos des Kaliforniers war zu Beginn ein absurder, erschreckender Ort. Unbelebtes erwachte zum Leben. Menschen wurden zu Automaten. Gesetze der Physik waren außer Kraft gesetzt. Familien wurden auseinandergerissen. Disneys Welt ist eine Welt, in der bewährte Muster außer Kraft gesetzt sind. Doch am Ende erscheint die Trickfilm-Hemisphäre nicht als Nachtmahr aus Schrecken und Mitleid. Komik gewinnt die Oberhand über Tragik. Spaß und Fantasie regieren. Final münden alle Wünsche in eine Stärkung traditioneller Werte. Disney gelang es, groteske Albträume in Märchen und angenehme Träume zu verwandeln. Aus Ängsten und Erniedrigungen entstand für jeden Amerikaner, sofern er weiß und männlich war und einen Job hatte, eine angenehme *erfüllte* Welt.[9] Gleiches galt für die Radio-Comedy-Shows und für die *Screwball Comedies*, die Hollywood in diesen Jahren produzierte. Die Filme eines Frank Capra sind allesamt Ermächtigungsgeschichten, in denen der anfangs stolpernde, entmutigte Held am Ende triumphiert. Es ging um Selbstermächtigung, Optimismus, Lebensglück. Am Ende stand wie in den *screen biographies* über Wissenschaftler oder Erfinder der Erfolg.[10] Was in Riesenschritten an öffentlichem Einfluss gewann, war Wissenschaft und Handreichungen mit wissenschaftlicher Expertise im Privat- und Gefühlsleben, bei der Kindererziehung und der partnerschaftlichen Beziehung. Fachleute unterfütterten den *American Way of Life* mit *Social Engineering*, um den Einzelnen, die Familie, den Arbeiter als Arbeiter, um die Gemeinschaft als Ganzes zu retten.[11] Dies nahm in den 1940er Jahren eine konkrete Form an, als der Sozialpsychologie Kurt Lewin von der US-Regierung beauftragt wurde, eine an neuesten wissenschaftlichen Erkenntnissen orientierte Diät für die Nation zu erarbeiten.[12]

»Wenn dem Kulturhistoriker eine Metapher erlaubt ist, so wäre es hilfreich, an diese Zeit als das Zeitalter Alfred Adlers zu denken«, meinte der Ideenhistoriker Warren Susman.[13] Adlers Temperament, seine Vitalität und die Richtung seines Denkens reflektierten diese Jahre in der soziokulturellen Entwicklung der USA. Sie passten sich in größere publizistisch-mediale Debatten ein. Dass der Kommunikationstrainer und Rhetoriklehrer Dale Carnegie 1936 mit seinem Selbsthilferatgeber *How to Win Friends and Influence People* (*Wie man Freunde gewinnt*, deutsch 1938) einen Millionenbestseller schrieb, passte in diese Jahre. Erfolg wurde von ihm nicht mehr danach ermessen, wie viel Reichtum ein Mensch erwirtschaftet habe oder welchen Status er bekleide. Die neue Kategorie war: Wie sehr fügt sich ein Mensch in die Gesellschaft ein, wie viel Sympathie und Freundschaft schlägt ihm entgegen, in welchem Maße ist der Mann ein *teamplayer*. Eigentlich ein antiindividualistisches Remedium für ein individualistisches Amerika.[14] »Wenn wir somit an diese Zeit als eine Ära Adlers denken, so können wir einen Kontext ausmachen, innerhalb dessen wir vieles der Suche nach Lebensgestaltung und der Wiederversicherung einer volkstümlichen Religion, von Familie, Schule und Gemeinschaft verstehen können. Selbst, obwohl damit die genauere wissenschaftliche Definition Adlers außerordentlich überdehnt sein dürfte, Franklin Roosevelt [seit seiner Erkrankung an Kinderlähmung bzw. am Guillan-Barré-Syndrom 1921 war er auf einen Rollstuhl und für kurze Strecken auf Gehhilfen angewiesen] wird so zu einem Adlerianischen Helden: zu einem Mann mit einer ›Organminderwertigkeit‹, der diese Minderwertigkeit ›kompensiert‹.«[15] Zeitungen, gierend nach griffigen Schlagworten, hatten schon zu Beginn der ersten Amtszeit Roosevelts, als dieser sein Wirtschaftsprogramm *New Deal* aufgelegt hatte, die Individualpsychologie, bezogen auf Pädagogisches, als »New Deal für Kinder« bezeichnet.[16]

Als die USA im Dezember 1941 in den Zweiten Weltkrieg eintraten, sollte »Moral« gang und gäbe werden. »So vereinten sich Sozialwissenschaft und Gesellschaftsplanung mit Adlers Vision, den Menschen und seine Kultur in Amerika zu rekonfigurieren, während die Amerikaner versuchten, sich eine originäre Kultur zu erarbeiten und darin die gewünschten Rollen zu spielen.«[17] 1942 gab Florence C. Bingham für den National Congress of Parents and Teachers den Aufsatzband *Community Life in a Democracy* heraus. Die letzten zehn Jahre, die Zeit der Wirtschaftskrise und des Krieges, schienen darin als vielversprechende Zeit auf, eine echte kollektive Demokratie in Amerika aufzubauen. »Vielleicht«, so der Soziologe Louis Worth, »zeitigt der Krieg, wie andere Krisen im kollektiven Leben, weitere Quellen gemeinschaftlicher Solidarität, gegenseitigen Beistands und Stärke, die nach dem Krieg für den Aufbau einer demokratischen Ordnung genutzt werden können, einer besseren als jener, die wir seit den Tagen der American Frontier [gemeint ist die Erschließung des amerikanischen Westens im 19. Jahrhundert] erlebt haben.«[18]

In der ersten Januarhälfte 1931 brach Alfred Adler für zehn Tage nach London auf.[19] Großbritannien hinkte auf dem Feld der Kinder- und der Heilpädagogik hinterher. 1929 hatte die London School of Economics als erste Einrichtung der britischen Inseln einen Psychologiekurs für Sozialarbeiter angeboten. Adler hielt vor der Royal Academy of Physicians einen Vortrag über Individualpsychologie. *The Lancet*, bis heute medizinisches Leitmedium, brachte im Januar 1931 drei Veröffentlichungen Adlers, darunter auch seine Academy-Rede.[20] Dem Gower Street Club of Individual Psychology entzog Adler endgültig seine Unterstützung, weil dieser »allzu politisch« geworden sei.[21] Nun vertraute Adler dem Arzt F. G. Crookshank, den er 1926 kennengelernt hatte. Seriosität sollte einziehen. Zudem besaß Crookshank rednerisches Talent. London, das längere Zeit ein blinder Fleck in Adlers individualpsychologischer Weltarchitektur gewesen war, war keine Baustelle mehr. So schien es zumindest. Von hier aus startete Adler anschließend eine Vortragsrundreise, die ihn nach Skandinavien, in die Niederlande und in die Schweiz führte. Adler: »Ich bin immer beschäftigt. Manchmal gehe ich in ein Kino.«[22] Manchmal konnte er den voll gepackten Arbeitsreisen auch ironische Seiten abgewinnen. So schrieb er aus Kopenhagen an Raissa: »Liebe R, / heute morgens [sic] 6h traf ich in Copenhagen ein. Jetzt 10h vorm habe ich bereits 2 mal gefrühstückt, bin 3 mal interviewt, einmal photographiert u einmal karikiert worden. / Jetzt schaue ich mir die Stadt an.«[23] Infolge seines Vortrags an der Universität der dänischen Hauptstadt lernte er auch den Physiker Niels Bohr kennen, wie er stolz verkündete, »der 4. Nobelpreisträger, den ich persönlich jetzt kenne«.[24]

Zum Wintersemester 1931/32 war Adler wieder in New York, stieg in einer Suite im Gramercy Park Hotel ab, hielt einen Vorlesungszyklus an der New School for Social Research und förderte eine Wiener Individualpsychologin, die mit ihm Kurse gab. 1932 konnte Charles Davis Erfolg vermelden. Zum 1. September 1932 wurde Adler vom Long Island College of Medicine, 350 Henry Street, Brooklyn, New York (heute State University of New York Downstate Medical Center, 450 Clarkson Avenue, Brooklyn, New York), ein von David finanzierter Lehrstuhl eingerichtet. Zur selben Zeit eröffnete Adler in New York eine psychotherapeutische Praxis und eine Erziehungsberatungsstelle.[25] Fünf Jahre lang sollte Adler Studenten in ihrem letzten Studienjahr in Individualpsychologie ausbilden.[26] Erst war ihm ein Assistent beigeordnet, ab 1936 ein zweiter. Als jährliches Gehalt wurden 8500 Dollar fixiert, was für das Jahr 2018 hoch- und unter Berücksichtigung der Inflation umgerechnet 160 000 Dollar entspricht, rund 141 000 Euro. Ende Oktober 1932 noch hatte er froh an Nelly geschrieben, die sich gern um ihn sorgte: »Das Leben ist unvergleichlich billiger als vorher. Meine 2 Zimmer, die frueher 300 $ gekostet haben, monatlich, kosten jetzt 110. Mein taeglicher Verbrauch, frueher ca 8 $, ist jetzt auf 1 $ fast gesunken. Und da ist schon das Kino mit eingerechnet. Ich habe genuegend Geld hier, um Euch alles Noetige zu schicken.«[27]

Es war eine Professur für Medizinische Psychologie, weltweit die erste dieses Faches. Das College, eine Medizin-Fakultät mit Lehrkrankenhäusern, hatte sich 1930 vom seit Kriegsende immer schlechter eingestuften Long Island College Hospital abgespalten. Zu ihm gehörten noch weitere Krankenhäuser in Brooklyn.[28] Das *Time Magazine* kommentierte die Berufung mit dem Satz »The appointment runs for five years, and puts a big I on Long Island.« Der Artikel, überschrieben »I on Long Island«, porträtierte Adler als »Wissenschaftler des Egos«: »Mit 62 Jahren ist Dr. Adler grau, aber dynamisch. Wenn er Vorlesungen hält, schreitet er die Bühne auf und ab und zieht seine Nase so sehr in Falten, dass seine Brille wackelt. Er spricht Englisch mit österreichischem Akzent. Seine Gesichtszüge haben etwas Kindliches, etwas, das flüchtig von seinen glänzenden Augen und seinem sardonischen Lächeln verborgen wird.«[29] Im Spätherbst 1932 hatte er unter der Schirmherrschaft der Medical Society of Kings County eine Reihe von Vorträgen vor Medizinern gehalten. Während der Wintermonate las Adler vor Medizinstudenten der vorklinischen Semester. Regelmäßiger Anlaufpunkt für ihn war das Stadthaus der Familie Davis. Fiel in einem Gespräch mit anderen der Name »Davis«, so soll, wird berichtet, Adlers Antlitz vor Dankbarkeit geleuchtet haben.[30]

Ein anderer Kontakt, der zu einer zweiten mäzenatischen Beziehung wurde, war der zu Edward Albert Filene. Der Pfeifenraucher, mittelgroße, schlanke Schnauzbartträger und Sohn eines deutsch-jüdischen Einwanderers war zehn Jahre älter als Adler, hinkte ob eines Unfalls in der Kindheit und hatte ein Vermögen als einfallsreicher, innovativer Kaufhausunternehmer in Boston gemacht. Politisch war Filene progressiv und ein Lobbyist für die Credit Union, ein kommunales Kredit- und Bankensystem, das Klein- und Mikrokredite ausgab. Einer der wenigen Multimillionäre, die Roosevelts *New Deal* unterstützten, war er ein geschätzter Gesprächspartner im Weißen Haus, nicht zuletzt weil seine Expertise in Sachen Credit Union 1935 in ein Gesetz gegossen wurde (zwei Jahre später starb Filene). Im Zuge der Freundschaft mit Adler begann er sich für dessen Pädagogik, Erziehung und Theoreme zu interessieren.

Anfang des Jahres 1933 erschien bei Hirzel in Leipzig Rudolf Dreikurs' *Grundbegriffe der Individualpsychologie*. Adler steuerte ein kurzes Vorwort bei. Wie auch dessen Bücher fiel es im Mai 1933 noch vor dem völligen Abverkauf der ersten Auflage Bücherverbrennungen nationalsozialistischer Studenten zum Opfer. Zwei Jahre später brachte Kegan Paul, Trench, Trubner & Co., Ltd., London, eine englische Übersetzung heraus, *An Introduction into Individual Psychology*, 1937 erschienen nahezu zeitgleich eine tschechische, eine niederländische, diese versehen mit einem Vorwort des Individualpsychologen Pieter Hermanus Ronge aus Utrecht, und eine griechische Übersetzung.[31] Zur Historie dieses Buchs gehört, dass eine deutsche, leicht revidierte Neuauflage erst 1969 in der Bundesrepublik erschien, nachdem Dreikurs durch Erziehungsratgeber bekannt geworden war.

1934, gerade einmal sechs Jahre nach Adlers *Understanding Human Nature*, hatte seine Terminologie Amerika durchdrungen. In einem US-Lesebuch über mentale Hygiene für Highschool-Schüler und Studenten las man von einer Studentin, die wegen ihrer Erziehung einen »Minderwertigkeitskomplex« hatte. Albert Edward Wiggam, ein Autor vielgelesener Selbsthilfe- und Ratgeberbücher, empfahl zur selben Zeit seiner Leserschaft wärmstens die Texte

Adlers. Dale Carnegie nahm in seinen enorm weit verbreiteten Lebensratgebern *Wie man Freunde gewinnt* und noch in *Sorge dich nicht – lebe!* von 1948 direkten Bezug auf Adler, wenn er ihn auch falsch und verkürzt zitierte.[32]

Seit dem 1. Juli 1934 amtierte Adler als Attending Psychologist im Department of Neurology des Long Island College. Laufzeit: ein Jahr. Diese wurde in den folgenden Jahren immer wieder um ein Jahr verlängert.[33] Charles Davis versuchte sich mittlerweile erfolglos als Adlers literarischer Agent. Große Verlage lehnten die ihnen zugesandten englischsprachigen Manuskripte und deutschen Bücher ab. Als besonders hartleibig erwies sich Adlers bisheriges Stammhaus Little, Brown.[34]

1935 erschien erstmals das *International Journal of Individual Psychology*, angelegt auf vier Ausgaben pro Jahr. Verlegt wurde es in Chicago. Adler amtierte neben zwei anderen als Chefredakteur ohne Honorar. Im Gegensatz zum deutsch-österreichischen Vorgängerpendant stand es auf tönernen Füßen. Der Mitarbeiterkreis war ziemlich klein, der Abnehmerkreis ebenfalls. Es wurden auch ältere Texte ins Englische übersetzt oder Aufsätze aus der Feder H. G. Wells' oder Benjamin Franklins abgedruckt. Bis die Zeitschrift eingestellt wurde, sollte es nur knapp zwei Jahre dauern. Es gab einen Konstruktionsfehler: Das Journal war an keine akademische Einrichtung angeschlossen.

Noch immer hatte Adler nicht durchgehend eine Sekretärin zur Verfügung. So oblagen ihm auch das Gros der administrativen Korrespondenz und die redaktionelle Organisation der neuen Zeitschrift. Das führte manchmal dazu, dass er auf Briefe überhastet reagierte oder Schreiben überlang ohne Antwort liegen blieben. Sein Griff auf die individualpsychologische Therapeutengemeinde war bei weitem nicht so stark, dass er in dieser für gleichbleibend hohe Qualität sorgen konnte.[35] Parallel lief Adlers Überzeugungsarbeit, die Familie nach New York nachzuholen. Als »Pater familias« der Ferne hatte er seit den späten 1920er Jahren versucht, zumindest brieflich im dauerhaften Kontakt mit seinen Angehörigen zu sein. Nicht immer mit Erfolg. So hatte er schon im Frühjahr 1928 klagend an Alexandra, seine briefliche Hauptansprechpartnerin, geschrieben: »Ich habe von Euch mehr Zeitungen als Briefe erhalten. Ich glaube[,] ich habe wenigstens 4 mal so viel geschrieben als Ihr alle zusammen.« Innerhalb der Familie brachen immer wieder Zwistigkeiten aus, die schnell in Auseinandersetzungen eskalierten: »Noch einmal: schaut, dass Mama nicht immer mehr in die Isolation kommt. Beteiligt sie an Euren Unternehmungen und behandelt sie wohl. Sie hat Euch nichts getan. Sprich einmal mit Vally. Sie soll mit ihrer beleidigenden Haltung auflösen [sic].«[36] Anfang 1930 in Detroit und restlos gefordert von einer Vortragstour, wurde er, der Psychologe, einmal familienbinnenpsychologisch grundsätzlich. Angesichts der geschilderten Ausgangssituation schien Therapie angeraten: »Nun moechte ich die Gelegenheit, die du mir durch deinen Brief gibst, zu einer ernsten Bemerkung benuetzen. Setzt euch einmal zusammen und erwaegt die Frage in Wien, was Ihr eigentlich in den 5 Monaten[,] seit ich weg bin, getan habt, um mir eine Freude zu machen. Mehr als das. Ob Ihr ueberhaupt ein [n]ennenswertes Interesse fuer mich an den Tag gelegt habt. Ich muss die mama [sic] davon ausnehmen. Sie sieht es als ihre Pflicht. [sic] mir einiges ueber die haeuslichen Dinge zu berichten. Das Telegramm zu Neujahr kann ich wohl kaum als Ersatz ansehen. Und wenn Ihr auch zu meinem Geburtstag eines schicken werdet, was Ihr ebenso wie etwa Geschenke unterlassen sollt, so wuerde dies mich auch nicht schadlos halten. Mehr und mehr wird es mir klar, dass Euer Interesse aneinander und an mir recht gering ist. Es ist schmerzlich fuer mich[,] davon zu reden, und ich habe lange zurueckgehalten, wartend, vielleicht habe ich nicht recht. Aber in der letzten Zeit erschien es mir noetig[,] davon zu sprechen. Nicht als ob ich fuer mich viel davon erwarten wuerde. Aber vielleicht seht ihr diesen Fehler ein, ohne mir zu zuernen. Und dann koenntet Ihr den Fehler andern gegenueber vermeiden, wo Ihr dann haerter davon betroffen wurdet [sic] als innerhalb der Familie. Andere verstehen ja meist nicht soviel davon wie ich, aber sie fuehlen es.« Und: »Ich kann nicht unterlassen in diesem Zusammenhang auch von mir zu sprechen. Ich habe alle Opfer fuer Euch gebracht, mehr als erforderlich waren. Ich werde es weiter tun. Nicht im Gefuehl einer Pflicht, sondern weil ich an Eurem Wohlergehen mehr interessiert bin als an meinem. Mich lassen die Riesenerfolge und Grossartigen [sic] Aussichten, die ich habe, kalt. Ich arbeite, weil ich darin mein Lebenswerk sehe. Aber ich war dabei immer im Gefuehle, dass ich es Euch schuldig bin[,] die Ehre der Familie zu heben und Euch ein gutes Andenken an mich zu hinterlassen. Es ist ganz laecherlich[,] mich fuer persoenlich ehrgeizig zu halten. […] Aber ueberlegt einmal: Kurt, Nelly zehren das Kapital auf, das ich fuer Euch geschaffen habe. Ihr wuerdet es sehen, wenn Ihr mehr Interesse fuer Euch und fuer mich haettet. Warum sehe ich es? Natuerlich ist Mama wieder davon ausgeschlossen. Sie verdient es redlich, was sie braucht. Ihre Arbeit kann gar nicht genug bezahlt werden. Und du bist am besten Wege[,] deinen Anteil zu schonen. Nelly wird vielleicht mit einem blauen Auge davon kommen, wenn sie mehr acht gebt [sic]. Kurt scheint den Weg verloren zu haben. Ich fuerchte, er wird zum grossen Teil zerstreuen, was ich aufgebaut habe[.] Aber mit harten Worten werdet Ihr nicht davon kommen. Nur wenn Ihr Euer Interesse fuer einander verstaerkt und diese lebenswichtigen Fragen freundschaftlich eroertert. Nur wenn ihr mich als Euren Verbuendeten, und nicht als Euren Stoerenfried betrachtet, mit dem man nich[t] leben kann. / Ich werde diese Frage nicht mehr beruehren, wenn ihr mich nicht darum ersucht. Aber ihr versteht wohl, dass mein unaufhoerliches Interesse fuer Euch mich immer nach Wegen suchen laesst, die mir die besten fue[r] Euch scheinen. Diese Wege werden immer begleitet sein von der Sorge fuer Euch. Das setzt voraus, dass ich mir mit allen Mitteln die Kraft erhalte[,] es zu vollfuehren. Fuer Euch scheint mir das Lebensnotwendigste, dass Ihr ohne Ausrede und voll Zuversicht, auch wenn es Euch schwer erscheint, Euch der Aufgabe hingebt[,] mehr aneinander zu denken und einander Freude zu machen. Das erfordert, dass alle Eure Schritte von diesem Bestreben getragen sind. Seid einig.«[37]

In einer anderen Epistel zog er die unverheiratete Tochter tiefer denn je ins Vertrauen: »Nun im Vertrauen. Mama scheint sich verlassen vorzukommen. Ich wusste immer, seit 30 Jahren, dass es so kommen wird. Aber sie war immer blind in dieser Beziehung. Jetzt scheint es ihr zu dämmern. Sprich mit Nelly darüber. Kurt, Renee u du benehmen sich ja gut. [...] / Morgen fahre ich nach Worcester, wo Freud [1909] zum ersten Male in Amerika gesprochen hat.«[38]

In diesem Jahr 1930 feierte Adler seinen 60. Geburtstag. Der Internationale Verein für Individualpsychologie würdigte ihn groß und mit einem Vortragsprogramm im Histologischen Hörsaal der Wiener Universität in der Schwarzspanierstraße von Mitte Januar bis Ende April. Außerdem wurde ihm die Ehrenbürgerschaft der Stadt verliehen. Aber es wurde Anfang 1932, bis man Adler die Auszeichnung im Stadtsenatsaal des Rathauses persönlich überreichen konnte. Erst dann hatten sich, nach Absenzen, Wahlen und einem Attentat auf das Wiener Stadtoberhaupt Karl Seitz, seine und des Bürgermeisters Termine miteinander in Einklang bringen lassen. Beim Festakt konnte Adler die Kränkung nur schlecht verhehlen, als ihn Seitz als »verdienten Schüler Freuds« apostrophierte.[39] Das zeigte, wie weit sich die Funktionärsschicht der Sozialdemokratie in Wien von der Psychologie des »Roten Wiens« entfernt hatte. Zum Zweiten zeigte dies: Selbst eine so arglose Bemerkung touchierte in Adler eine tiefsitzende Verletzung.

Im Sommer 1932 gab es die erste individualpsychologische Sommerschule im gewaltigen Südbahnhotel auf dem Semmering eine Bahnstunde südlich von Wien. Aus dreizehn Ländern hatten sich 53 Teilnehmerinnen und Teilnehmer angemeldet. Sieben Kurse wurden angeboten, einige in englischer Sprache[40], man wanderte zusammen, die Atmosphäre war eine legere. In diesem Sommer meldete sich Adler polizeilich in Wien ab – zugunsten New Yorks. Die Signale waren unwiderruflich auf Auswanderung gestellt. Ein Jahr später teilten ihm die österreichischen Finanzbehörden mit, alle fälligen Steuern seien von ihm vollständig entrichtet worden. Es gab kein administratives Hindernis, Wien nicht zu verlassen. Am 17. Oktober 1933 stellte er in New York einen Antrag auf Einbürgerung. Vier Monate später, Ende Februar 1934, schrieb er einen Brief an Nelly und ihren Mann Heinz. Zwei Wochen zuvor waren die bürgerkriegsähnlichen Schießereien in Wien zu Ende gegangen. Er machte Tochter und Schwiegersohn ein Angebot: »It would be very nice if you both could come to US and live with me. In addition to your own income I should take care for your subsistence and procure everything necessary for your needs. / I hope you both could receive an immigration visa under this pretext with my guarantee to support you if necessary.«[41] Die Antwort war zurückhaltend bis reserviert. Ein wirklich akuter Anlass, auszuwandern, schien sich ihnen nicht aufdrängen zu wollen. Im Gegenteil, es gab vieles, was den Ausschlag gab, zu bleiben. Heinz Sternberg stieg in die Kanzlei seines Vaters ein. Kurt arbeitete immer noch an seiner Promotion. Alexandra hatte eine gute Stelle. Raissa Adler sah ob ihrer politischen Grundüberzeugung erst recht keine Gründe, die für die kapitalistischen USA sprachen. Doch Adler gab nicht auf. Mitte Oktober teilte er Nelly mit: »Ich erwarte Mama u Kurt, vielleicht auch Ali im Winter hier. Seit Mama ihr friedlich harmloses Interesse für Politik, ein Nebenprodukt ihrer Launenhaftigkeit, aufgegeben hat, fühlen wir uns auch viel glücklicher.«[42] Im Folgemonat bat er Heinz Sternberg, den Verkauf der Villa in Salmannsdorf einzufädeln.[43] Anfang Februar 1935 teilte er Alexandra mit, er arbeite »ständig daran, für Dich eine ausgezeichnete Stelle zu finden«[44]. Gleich am nächsten Tag übermittelte er ihr eine Einladung zu einem Vorstellungsgespräch in der neurologischen Abteilung des Boston City Hospital.[45]

27 Religion und Individualpsychologie

»Die Geschichtsphilosophen haben die Welt
nur verschieden verändert;
es kömmt darauf an, sie zu verschonen.«
Odo Marquard[1]

Diesen Turm kann man nicht übersehen. Mit seiner Höhe von 56 Metern überragt der runde, von einem spitzen Kegeldach bekrönte Glockenturm der evangelischen Lukaskirche in Berlin-Steglitz die Nachbarschaft. Der Himmelszeiger reckt sich aus dem Friedrichsruher Platz himmelwärts. Daneben, trutzig hingelagert, das Pfarrhaus. Bei beiden käme wohl nur ein versierter Architekturhistoriker auf das korrekte Errichtungsdatum. Zwischen 1914 und 1919 wurde das Ensemble im neohistoristischen Stil gebaut. Als die Kirche im September 1919 eingeweiht wurde, gab es hier nur an der Ost- und der Westseite Bebauung. Die Schauseiten nach Norden und nach Süden bildeten Gärten, zum Gemüseziehen praktisch. Und zudem gemeinschaftsbildend. Der Blick des 1893 geborenen, ab 1926 hier wirkenden Pfarrers Ernst Paul Jahn dürfte nach Süden gegangen sein. Er, der auch Mitarbeiter am jungen Religionspädagogischen Institut in Berlin war, interessierte sich für Psychologie, hatte Freud gelesen und hatte, abgeschreckt von dessen Atheismus in *Zukunft einer Illusion,* 1927 eine Replik veröffentlicht, *Wesen und Grenzen der Psychoanalyse.* Zu skandalös war Freuds Behauptung, Religion sei lediglich eine Neurose, bestenfalls ein ozeanisches Gefühl. Genauso hatte Jahn aber auch Adler gelesen und 1931 die »kritische Analyse« *Machtwille und Minderwertigkeitsgefühl* herausgebracht. Die Studie war Band 9 einer Edition, die sich »Arzt und Seelsorger« nannte. Sie und die gleichnamige Zeitschrift hatte Fritz Künkel 1924 zusammen mit Carl Schweitzer, dem Gründer und Leiter der »Apologetischen Zentrale für Weltanschauungsfragen«, ins Leben gerufen ebenso wie die Arbeitsgemeinschaft »Arzt und Seelsorger«.[2]

Am 17. Oktober 1904 war Alfred Adler vom Judentum zum protestantischen Christentum übergetreten und hatte sich mit seinen zwei kleinen Töchtern Valentine und Alexandra taufen lassen. Die Zeremonie war in der evangelischen Kirche in der Dorotheergasse vonstattengegangen. Raissa hatte diesen Schritt nicht mitgemacht. Adlers Vater konvertierte ebenfalls, er vollzog den Schritt nach dem Tod seiner Ehefrau. Wieso Adler, ein areligiöser Monist, die Konfession wechselte, ist nie ganz klar geworden. Schließlich trat er 23 Jahre später, im April 1927, auch aus der lutherischen Kirche aus. Verdankte sich Adlers Übertritt im Jahr 1904 sozialer Vorbehalte? Argumente für ein berufliches Fortkommen dürften es zuallerletzt gewesen sein. Immerhin war er auf diese Weise bis 1910, solange er in der Leopoldstadt lebte, ein offiziell christlicher Arzt mit einem großen jüdischen Patientenstamm. Oder war die Taufe als eine Chancenverbesserung für seine Kinder (auch Kurt und Cornelia wurden später getauft) angedacht? Dem stand allerdings der unverkennbar »jüdische« Familienname entgegen.

Manès Sperber stellte Jahrzehnte später Überlegungen an, konnte für sich den ihm rätselhaft erscheinenden Übertritt jedoch nicht befriedigend erklären: »Unsere Gespräche zu zweit, die zu den wertvollsten Erinnerungen meiner Jugend gehören, dehnten sich oft bis in die späte Nacht aus; es gibt kaum ein Thema von Belang, das wir nicht zumindest gestreift hätten. Ich dachte in jenen Jahren, dass Adler mir das vollste Vertrauen entgegenbrachte. Es ist mehr als wahrscheinlich, dass der überwache junge Mann nicht unrecht hatte, das zu glauben. Trotzdem blieb ein einziges Thema in unseren Gesprächen unberührt: das jüdische. Ich hatte durch Zufall von seiner Taufe gehört, die damals übrigens schon Jahrzehnte zurücklag. Es war eine tief enttäuschende Nachricht; ich mochte nicht an sie denken und habe sie nie zur Sprache gebracht. Nicht zuletzt, weil ich ja wusste, daß er diesen symbolträchtigen Schritt nicht etwa eines neuen Glaubens wegen getan hat. Und wie jeder Jude meiner Art, hatte ich zwar keinerlei Einwände gegen eine echte, das heißt von Glauben erforderte Konversion, aber ich neigte dazu, jene zu verachten, die aus Opportunismus Christen geworden waren. / Aber war Adler ein Opportunist? Ich glaube es heute sowenig wie damals. Wie also seine Taufe erklären? Erstens natürlich damit, daß er, wie gesagt, mit seinem Judentum nicht fertig geworden war, dass er es als eine Last empfand, die er dennoch seelisch nicht überwinden konnte. Vielleicht empfand er es so, weil er in Wien, der Hauptstadt der Judenfeindschaft, lebte. Zweitens hatte er einen logisch durchaus zureichenden Grund: Es war sinnlos, dass er und seine Nachkommenschaft um einer Religion willen leiden sollten, an die ihn selbst nichts band und deren Gebote er nie befolgte. Warum zwecklos Opfer bringen und sich nicht endgültig den Nachwirkungen eines Zufalls der Geburt entziehen? Und drittens schließlich, hatte er auch einen positiven Grund. Auf die Frage, was er in erster Reihe wäre, hätte Adler seit seiner Kindheit aufrichtig antworten können. Ein Wiener. Ein Wiener, nicht unbedingt ein Österreicher und ganz gewiß nicht ein Jude.«[3]

Paul Rom: »Im Frühjahr 1932 hörten wir Adler in einer Heilanstalt in der Nähe von Dresden sprechen und einen ›Fall‹ interpretieren. Ich erinnere mich, dass in der folgenden Aussprache jemand fragte, ob die Individualpsychologie die Religion ersetzen wolle, worauf Adler überzeugend sagte: ›Die Individualpsychologie will nichts ersetzen; sie will nur auf ihre Art den Menschen helfen.‹ Eine Zuhörerin, die Adler durchaus feindlich gesinnt war, erinnerte sich an diese einfachen Worte noch nach vielen Jahren, so sehr war sie davon beeindruckt worden.«[4]

Ein halbes Jahr später, im Spätherbst 1932, bot sich Adler die Gelegenheit, eine »prinzipielle Auseinandersetzung über Menschenführung« anzustoßen. So zumindest der Untertitel des sich aus zwei Essays und einer Schlussbemerkung zusammensetzenden Bandes *Religion und Individualpsychologie*. Adlers Text machte 35 der 98 Druckseiten aus. Der Band erschien wie *Der Sinn des Lebens* im Passer Verlag zu Wien, ebenfalls Ende 1933.[5] Die Form der Riposte, der Antwort auf Jahns fast fünfzigseitigen Essay, mit dem der Band einsetzte, lag Adler, augenscheinlich mehr als anderes. Jahn hatte eine Unterscheidung von Psychoanalyse und Individualpsychologie eingeführt, über das Wechselverhältnis von Mut und Vertrauen nachgedacht und Psychotherapie als moderne säkulare Seelsorge umrissen. Deren Einfluss in Sachen Erziehung und Erziehungswesen habe einen Wandel zum Positiven bewirkt, Autorität sei Einfühlung gewichen, Distanz fördernder Liebe. Der Therapeut habe in vielen Bereichen den Seelsorger ersetzt, das Sakrament der Beichte sei vom Gespräch auf der Couch verdrängt worden. Doch einen Unterschied gebe es weiterhin. Der Triebhaftigkeit des Menschen halte die Kirche göttliche Moral und Gebote entgegen, die Psychotherapie hingegen Vernunft. Würde aber diese »Selbsterlösung«, so Jahns eigenwillige Eindeutschung der Ratio, zu Gutem, Besserem und Erlösung, zur Gemeinschaft mit Gott führen? Schicksal sei Gnade, ja Wunder. Der tiefste Grund dieser konfliktgeladenen Konstellation und Sinnsuche liege, so der Pastor, bei der Instanz Gott. Ermutigung, eines der Basisprinzipien der Individualpsychologie, benötige unabdingbar eine Voraussetzung, die religiöse Haltung zum Leben. Heilung innerseelischer Nöte und Dilemmata resultiere aus intellektueller Einsicht in die Heilung, aber, fragte Jahn, sei dies nicht eine intellektualistische Überschätzung der Triebhemmung? Für den Kleriker überwölbte am Ende die Agape, die nichtkörperliche ekstatische Liebe zu Gott und die Verheißung des Himmelreichs, zu dem der Einzelne erlöst werde, alles – und dies könne Psychotherapie eben nicht leisten.

Adler schlug einen versöhnlichen Ton an. An keiner Stelle attackierte er Religion offen. Schon zu Beginn meinte er, die Gottesidee, ihre Bedeutung für die Menschheit im Laufe der Zivilisation, könne anerkannt werden »als Konkretisierung und Interpretation der menschlichen Anerkennung von Größe und Vollkommenheit und als Bindung des Einzelnen wie der Gesamtheit an ein in der Zukunft des Menschen liegendes Ziel, das in der Gegenwart durch Steigerung der Gefühle und Emotionen den Antrieb erhöht«.[6] Eine Formulierung, die Sigmund Freud niemals in den Sinn gekommen wäre. Die Einmaligkeit des Individuums schlage sich in einander ergänzenden Kategorien nieder, in Denken, Fühlen, Sprechen und Handeln, in deren Varianten und Nuancierungen wie in deren Unvollkommenheiten oder Abbrüchen. Dann wird Adler deutlich: »Ob einer das höchste wirkende Ziel als Gottheit benennt oder als Sozialismus oder wie wir als reine Idee des Gemeinschaftsgefühls, oder andere – in deutlicher Anlehnung an das Gemeinschaftsgefühl – als Ideal-Ich, immer spiegelt sich darin das machthabende, Vollendung verheißende, gnadenspendende Ziel der Überwindung.«[7] Adler entwickelte eine Schritt-für-Schritt-Erklärung der Fundamente der Individualpsychologie. Dabei betonte er die überparteiliche und überkonfessionelle Haltung, die Wissenschaftlichkeit und die Resistenz wider starre Normen, Einschränkungen und Denkverbote. Reine Wissenschaft sein, reine Wissenschaft bleiben, sei durchgehend und unwiderruflich Gebot.

Im zweiten Teil, »Stellungnahme«, geht er konkret auf Jahns Argumentation ein, widerlegt ihn hier, korrigiert ihn dort, macht darauf aufmerksam, dass Jahn nicht an jeder Stelle aus der Originalquelle geschöpft habe. Soll heißen: Manches musste er bei Künkel gelesen haben. Adler nutzte diesen Beitrag, um noch einmal deutlich die Ansichten des Berliners, der Patienten in letzter Heil-Konsequenz in den Zustand der Zerknirschung manövriere, was abzulehnen sei!, als abweichend von der Individualpsychologie zu beschreiben.

Um Künkels enge Beziehungen zur protestantischen Kirche muss er gewusst haben. Doch er wollte deutlich den von ihm erzwungenen Arbeitsabbruch aufs Tapet bringen. Auch von Freuds Trieblehre und Menschenbild setzte er sich entschieden ab. Der Ältere, in sprachliche und begriffliche Formulierungen wortverliebt, müsse »mancherlei Interpretationen« vornehmen, um Zusammenhänge zu illuminieren, die die Individualpsychologie viel leichter und einsichtiger und ohne linguistische Manöver erhelle. Adler bleibt, bezogen auf Jahn, diskret. An einer Stelle schreibt er vom nötigen Takt. Von Takt ist dieser Text durchzogen, der Adler die Chance bot, nach mehr als einem halben Jahrzehnt Vortragstätigkeit in den USA in deutscher Sprache ein Resümee zu ziehen. Er prägte hier Formulierungen, die sich seither durch die Literatur ziehen. So sei Individualpsychologie eine »Gebrauchspsychologie«, andere Richtungen seien

»im Wesentlichen Besitzpsychologien«.[8] Alles bündele sich im Lebensstil. Alles gehe auf diesen zurück. Alles sei aus diesem ablesbar. Alles ändere sich, wenn Änderungen im Lebensstil, im Fühlen oder im Handeln, einträten. Vor allem im Handeln. Sein Zugang schien als demokratisch und antihierarchisch auf. Man benötigte keine akademische, hochspezialisierte Bildung, und man entschlug sich einer Bottom-down-Methode, in der von einem Überlegenen eine Katharsis in Gang gebracht wurde, die der ausgelieferte Patient durchzumachen hatte. Zerknirschung würde nicht das Verstehen befördern, argumentierte Adler, es entspräche vielmehr einer soldatisch-preußischen Tradition.[9] Die Individualpsychologie hingegen »stellt das Streben nach Vollendung, nach Lösung der Lebensfragen im Sinne der Evolution des Einzelnen wie der Menschheit, gefördert durch die Schwäche des Kindes, seines stets vorhandenen Minderwertigkeitsgefühls, als die ›psychische Urform‹ der menschlichen Bewegungslinie fest«.

Das war der Theorie-Kern, klar, knapp und *in nuce* dargestellt.[10] Indem er Jahns Hypothese, Mut sei nur dort, wo Vertrauen sei, umdreht – Vertrauen ist nur dort, wo Mut ist –, leitet er über zu einem universalen, kosmischen Konzept der Individualpsychologie. Diese sei ausgerichtet auf eine wirkliche Gemeinschaft, eine ideale Gemeinschaft, die, schränkt er das Utopische ein, nie erreichbar sei. Die Individualpsychologie blende Religion nicht aus. Ihre Zuständigkeit betreffe die »Bezogenheit von Mensch–Erde«. Zu guter Letzt stimmt er Jahn zu, hatte dieser doch gemeint, die Individualpsychologie habe manche verschüttete Position der christlichen Menschenführung wiederentdeckt. Darüber würden seine Theorien hinausgehen. Denn sie ist die »Erbin aller großen Menschenbewegungen, die auf das Wohl der Menschheit hinzielten«.[11]

In diesem Aufsatz Adlers ist Religion kein ozeanisches Gefühl – vielmehr wird die Individualpsychologie selbst zum Ozean, in den alles andere mündet, die anderen psychologischen Strömungen und Richtungen und Schulen, aber auch der Glaube an sich. Alles überwölbt *sub specie aeternitatis* vom progressiven System der Individualpsychologie auf dem Serpentinenweg der steten Entwicklung nach oben, zum – und das sind die drei Schlussworte – Wohle der Gesamtheit.

Dass Jahn noch einen Epilog beifügte, den Adler vor Drucklegung nicht mehr sah, lag auf der Hand. Darin bekrittelt der Pastor die anthropozentrische Positionierung Adlers und wiederholt, dass Vergebung von Menschenschuld nur durch Gottes Gnade und Gottesgnade zu erfahren sei. Die »Freiheit der Kinder Gottes« (Jahn) sei die Gemeinschaft, in die sie sich einfügen müssten, da sei Adler zuzustimmen, jedoch: Es sei die *christliche* Gemeinschaft. Jahn weist auch auf etwas hin, was bei Adler defizitär sei. Es gebe eine Leerstelle zwischen der Gemeinschaft von Mutter und Kind und jener der Allmenschlichkeit, in der alles umfassend integriert sei, eine Zwischenstufe, die Volksgemeinschaft. Womit er nicht den politischen Kampfbegriff meint, sondern die Idee eines viel gelesenen Publizisten namens Erich Schairer, Herausgeber der *Sonntagszeitung* in Stuttgart. Schairer fasste in seinem Buch *Gottlosigkeit* von 1932, Entwurf einer christlichen Soziologie, die volkhafte Gemeinschaft als Erlösungskommunität auf, als »schaffende Ganzheit«, mit Sünde als sozialem Phänomen und Vergebung als Akt der Wiederaufnahme in die Gemeinschaft, mit Gnade als Umschließung und Liebe als Tauglichkeit. So schaffte Jahn die Überführung der Individualpsychologie in ein christlich grundiertes Glaubenssystem.[12]

Ein Vierteljahrhundert zuvor hatte einer der ungewöhnlichsten deutschen Lyriker nach 1900, Theodor Däubler, in der ersten Fassung seines gewaltigen Versepos *Das Nordlicht* geschrieben: »Wo sich die Eigenkraft als Stern entzündet, / Wird Leben auch sofort entflammt. / Und wenn die Welt sich im Geschöpf ergründet, / So weiß das Leid, dass es dem Glück entstammt.«[13] Der optimistische Grundimpetus entspricht Adlers positiver, diesseitiger Lehre, die nicht transzendent war, nicht auf Außerweltliches gerichtet. Sondern dies umdrehte in Ciszendenz, in Innerweltliches, Zwischenmenschliches, diesseitige Verbesserungen und Steigerungen, ohne Metaphysisches grundsätzlich zu leugnen. Der Lebenssinn ergibt sich vom Anderen her, in einer Bildung oder Stabilisierung des Ichs und des Selbst. Die Bewegung, die vollzogen wird, ist die einer Umkehr. Diese Umgestaltung des Lebens wird sich später in Revisionen der freudianischen Psychoanalyse bei Melanie Klein und anderen finden.[14] Während Transzendenz der »Flugschein ins Jenseits«[15] ist, handelt es sich beim Gegenteil – lateinisch: trans = jenseits, cis = diesseits – um das Aufgehobensein im Hier und Jetzt. »In einer sehr realen Manier umriss Adler die Vorstellung von Gott, das Zentrum jeder Religionsphilosophie, als In-sich-Vereinigung von seelischem Wohlbefinden und Zielgerichtetheit des Einzelnen mit der metaphysischen oder transzendentalen Basis der idealen Gemeinschaft. Trotz Ähnlichkeiten mit Philosophien des theistischen religiösen Humanismus, besonders mit [William] James' *religion of health-mindedness*. Adler hat uns eine distinkte, wenn nicht einzigartige Deutung Gottes in der Religionsphilosophie hinterlassen.«[16] In Adlers Werk hatte die Überwindungsenergie nun ihre letzte Stufe erreicht, eine ethische, die auf den Schultern der Metaphysik stand, diese aber ganz irdisch auffasste. Einen ganz irdischen Entschluss traf Adler wenig später.

28 Das Ende

»Ich sehe im Leben nur eine Gefahr, und das ist tatsächlich eine wirkliche Gefahr, dass man zu viele Vorsichtsmaßnahmen treffen könnte.«

Alfred Adler[1]

Es hat für mich wirklich keinen Zweck, in Wien noch eine Wohnung beizubehalten‹, erklärt Professor Adler, ›da ja nicht nur ich, sondern auch meine ganze Familie bereits in Amerika leben.‹« So zitierte ihn am 8. Juli 1935 eine Wiener Tageszeitung, der die Wohnungsaufgabe eine längere Meldung wert war.[2]

Doch so ganz stimmte Adlers Aussage nicht. Raissa und Kurt packten gerade in Wien zusammen für den Umzug vier Wochen später. Valentine lebte seit anderthalb Jahre mit ihrem Mann in Moskau. Und Nelly und Heinz Sternberg blieben noch weit über den Herbst hinaus in Wien; sie sollten erst 1938 folgen, getrennt und getrennte Wege einschlagend. Adler wollte durch den Verkauf seines Salmannsdorfer Hauses endlich seine finanzielle Doppelbelastung reduzieren. Leicht war das Leben nicht, gestand er im November 1936: »Ich bin nun seit 10 Jahren hier und weiß noch immer nicht, was ich nächstes Jahr tun werde. [Wohl nur eine Tröstung des finanziell schlecht gestellten Adressaten Albert Ehrenstein, eine längere Vortragsreise im nächsten Frühjahr zeichnete sich ab.] Der weitaus größte Teil meines Vermögens steckt in meinem Haus in Wien, in das ich Sie eingeladen habe. Es kostet mich jährlich ca. 3000 S und ist bisher unverkäuflich geblieben.«[3] Erst Anfang 1937 war der Verkauf unter Dach und Fach, für 8000 Schilling. Davon überließ Adler 20 Prozent seinem Bruder Max. Außerdem sollte Sternberg die juristisch heikle Weiterleitung zu erwartender Einkünfte, Honorare und Tantiemen supervisieren.[4]

Das Jahr 1935 hatte nicht gut angefangen. Zu Beginn war Adler mit einer Studentengruppe durch Europa gereist. Dann erkrankte er, mit 65 gänzlich ergraut, schwer. Er hatte einen Karbunkel im Nacken, der operativ entfernt werden musste. Fast vier Wochen lag er in der Columbia University Clinic. Zeitweise hatte nicht zuletzt wegen der Narkose und deren Folgen Gefahr um Leib und Leben bestanden. Erst im April hatte sich seine Gesundheit wieder so stabilisiert, dass er reisefähig war. In den Tagen im Krankenhaus zu physischer Untätigkeit verurteilt, konnte er ausführlicher mit der Familie korrespondieren, zunehmend gereizt, schließlich hartnäckig auf die Übersiedelung drängend, ja diese fast kommandierend. Er traf auf passiv-aggressive Renitenz, auf lakonische Vertröstungen Raissas, die keinen Wert darauf legte, Millionäre wie Davis oder Filene kennenzulernen. Sie erklärte sich bereit, für einige Wochen gemeinsam mit Alexandra nach Übersee zu kommen, spätestens mit ihm zu Beginn des Sommers aber wieder nach Wien zurückzukehren. Doch am Ende setzte er sich durch. Im August verließen Raissa und Alfred und Kurt Adler endgültig Österreich und Wien. Die Stadt hatte sich da schon verändert. »1935 schien diese zauberhafte, strahlende Stadt nur noch eine leere Hülle zu sein.«[5] Phyllis Bottome und Ernan Forbes-Dennis waren gerade auch in Wien und lernten nun die gesamte Familie Adler kennen, Alfred kannten sie seit zehn Jahren. Im sommerlichen Wien suchte Adler selbstredend das Café Siller auf, gab zwei Kurse, hielt einige Vorträge auf Englisch vor amerikanischen und englischen Studenten. Er nahm Abschied von seinem Haus in Salmannsdorf und von seinem Hund, der in die Obhut einer befreundeten Familie kam.[6] Wenn Adler in den drei Jahren zuvor in Wien weilte, hatte er sich anfangs polizeilich als Untermieter in der Wohnung in der Dominikanerbastei gemeldet. Später stieg er im Hotel Regina an der Votivkirche ab.[7]

In New York war entgegen Adlers positiven Episteln an Tochter Nelly der interne Familienfriede keineswegs anhaltend. Vor allem Raissa musste sich neu eingewöhnen. Sie sprach nur wenig Englisch und war auf sich allein gestellt. Der Ehegatte war unablässig beschäftigt und durch viele Reisen wie üblich absent, Tochter Alexandra hatte einen fordernden Job in Boston, der Sohn, inzwischen promovierter Physiker, war hektisch auf Arbeitssuche und wälzte Pläne.

In der zweiten Oktoberhälfte 1935 schrieb Raissa an ihre jüngste Tochter: »Hoffentlich bekommen wir wieder bald einen Brief von Euch [Nelly und Heinz Sternberg]. Ich schreibe Euch ohne einen solchen abzuwarten. / Es geht uns im allgemeinen gut, nur muss ich leider alles widerrufen, was Papa von mir geschrieben hat. Weder bin ich begeistert von N.Y., noch habe ich Gesellschaft. Dass die dritte Behauptung nicht richtig ist, werdet Ihr wohl selbst wissen. [Dies dürfte sich auf ihren fehlenden Politikzirkel bezogen haben wie auf ihre Ehe.] Allerdings geht es vorwärts mit der Sprache, und das freut mich. Auch beim Telefon geht es besser. / Kurt spricht sehr gut und hat vor allem eine sehr gute Aussprache. Ich glaube, dem wird es nicht schwer fallen, ein echter Amerikaner zu werden. Papa ist es nicht geworden, wozu wahrscheinlich seine Reisen nach Europa beigetragen haben. Diesen Samstag will ich Ali besuchen, und morgen fahre ich mit Papa nach Connecticut. Abends sind wir zurück, dann fährt er für eine Woche nach Canada. / Also, was gibt es bei Euch? Hier glaubt man nicht, dass ein europ. Krieg nah ist, auch ich glaub es nicht für die nächste Zukunft.«[8]

Mit Tochter Alexandra hatte er schon seit längerem Pläne über ihre Zukunft in Nordamerika geschmiedet. In einem postalischen Hin und Her ging es um strategisch kluges Vorgehen, um richtige und falsche Zeitpunkte. Alexandra Adler hatte in Wien zwar eine Stelle an der Psychiatrisch-Neurologischen Abteilung. Trotz eines ihr genehmen Vorgesetzten war aber beiden klar, dass sie kaum adäquate Karrierechancen zu gewärtigen hatte. Mit Hilfe von Adlers Beziehungsnetzwerken kam sie zu einer Anstellung bei der Medical School der Harvard University.[9]

Raissa, Kurt und Alfred Adler bewohnten zu dritt die Suite im Gramercy Park Hotel. Freitagabends hielt Adler dort ein Seminar ab. Ausgebucht und überlastet war er mit Arbeit am Long Island College, mit Vorträgen und Reisen, mit Patienten, mit der Zeitschrift und mit dem Aufrechterhalten der Korrespondenzfäden zu den Exil-Individualpsychologen zwischen New York, Chicago und New Orleans. Er schrieb populär gehaltene Artikel für Zeitschriften, in deren Fokus Psychologie als Lebenshilfe, Lebensberatung und Auskunftei in Erziehungsfragen geriet. Kurt, der sich noch in Wien hatte scheiden lassen, musste realisieren, dass ein Doktor in Physik wenig Chancen auf dem amerikanischen Arbeitsmarkt bot. So entschied er sich für ein zweites Studium, Medizin.

Am 24. April 1936 reiste Adler nach Großbritannien, um der individualpsychologischen Gesellschaft nach dem Suizid Crookshanks frischen Geist einzuhauchen. Dieses Mal begleitete ihn Raissa. An den Aufenthalt an der Themse schloss sich eine aufwendige *lecture tour* durch den Inselstaat an, die Ernan Forbes-Dennis arrangiert hatte.

Dieser, 1884 geboren, war Spross einer schottischen Adelsfamilie. Im Alter von neunzehn Jahren war er von der University of Oxford abgegangen, um die väterlichen Latifundien zu übernehmen. Von der Aufgabe nervlich überfordert, hatte er einen Arzt konsultiert, der ihn zur Erholung nach St. Moritz schickte. Dort war er 1904 Phyllis Bottome begegnet. Die beiden hatten sich im folgenden Jahr verlobt. Phyllis Bottome war zwei Jahre älter als Forbes-Dennis. Sie war in Rochester in Kent zur Welt gekommen, als drittes von vier Kindern einer amerikanisch-britischen Pastorenfamilie. Schon mit siebzehn Jahren hatte sie ihren ersten Roman veröffentlicht. Es sollten 32 Romane folgen, zwölf Bände mit Kurzgeschichten, drei Autobiographien und einige Biographien. Ihre Bücher verkauften sich gut, besonders in den 1930er Jahren wurde sie von der Kritik gelobt. 1917 hatten sie geheiratet. Gegen Ende des Ersten Weltkriegs hatte sich Forbes-Dennis noch freiwillig gemeldet und war nach wenigen Tagen schwer verwundet worden. 1919 hatte er in Marseille eine Position im britischen Militär-Geheimdienst übernommen, offiziell war er Mitarbeiter der Passbehörde. Ein Jahr später war die Versetzung nach Wien erfolgt, Forbes-Dennis sprach fließend Deutsch.[10] 1925 hatte er, inzwischen Botschaftsattaché, den Dienst quittiert, da Phyllis an Tuberkulose erkrankt war. Das Paar hatte sich Heilung in Tirol versprochen und war nach Mösern nahe Innsbruck, dann nach Kitzbühel gezogen. Ihr Plan: eine Privatschule für englische und amerikanische Jungen zu betreiben. In ihrer Wiener Zeit hatten sie viel von Adler und den individualpsychologischen Erziehungsberatungsstellen mitbekommen, und so nahmen sie Kontakt zu ihm auf. Persönlich hatten sie ihn 1927 kennengelernt, als er auf einer Fahrt von Wien nach Locarno in Kitzbühel einen Zwischenhalt eingelegt hatte. Auf seine Empfehlung hatten sie sich im Winter 1930/31 der Gruppe von Leonhard Seif in München angeschlossen. Bis Mai 1933 waren sie an der Isar geblieben. Dann zogen sie nach London. Bottome starb 1963, Forbes-Dennis, der nach 1945 seine musikalischen Bestrebungen endgültig zugunsten einer Tätigkeit als Psychotherapeut aufgab, 1972.[11] Phyllis Bottome hatte Anfang 1934 sehr erfolgreich den Roman *Private Worlds* veröffentlicht, der eine Hommage an Leonhard Seif und die Münchner IP-Gruppe war: Ein leitender Arzt (mit dem sprechenden Namen Dr. Charles Monet) eines psychiatrischen Hospitals hat eine Affäre mit einer medizinischen Mitarbeiterin (mit dem sprechenden Name Dr. Jane Everest). Das Buch wurde umgehend in Hollywood verfilmt.

Adler und Forbes-Dennis verstanden sich prächtig. So kam bald der Vorschlag auf, dass Forbes-Dennis, in der *High Society* gut vernetzt, künftig als *representative* der Individualpsychologie im Vereinigten Königreich fungieren sollte.[12] Adler wünschte sich für das Jahr 1937 eine Reprise in Großbritannien, eine zusammenhängende Serie von vierzehn Vorträgen, die Raum für privaten Austausch bot.[13] Sie fingen an, intensiv eine solche Vorlesungsreise zu planen. Letzte britische Station 1936 war Liverpool. Dann ging es nach Amsterdam. Und wie stets von Rotterdam über den Atlantik zurück. Daran schloss sich eine Vortragstour quer durch die Vereinigten Staaten an, bis nach Berkeley, der Universitätsstadt bei San Francisco. Hier etablierte er, wie einst am Semmering, eine Sommerschule, am Williams College in der Spring Mansion, einem stattlichen schneeweißen, quadratischen, neoklassizistischen Bau auf einem riesigen Grundstück mit Blick auf die Golden Gate Bridge. In Kalifornien kam er mit Bekannten aus Wien und Berlin zusammen, so mit Salka und Berthold Viertel, die in Santa Monica lebten. Nach seiner Rückkehr mietete Adler eine eigene Wohnung an. Im Oktober lautete seine Adresse 100 West 58th Street, New York.[14] Im Winter standen weitere Touren an.

Alfred Adlers »Appointments Book« des Jahres 1937 hat sich erhalten.[15] Diesem sind seine extrauniversitären Termine zu entnehmen. Sorgfältig listete er darin auch seine Honorare auf. Beide Posten geben einen detaillierten instruktiven Einblick. So hatte Adler gleich am 2. Januar fünf Patienten (11.15 Uhr, 15 Uhr, 15.30 Uhr, 17.15 Uhr, 18 Uhr). Einigen finanziell schlechter Gestellten, Emigranten etwa, räumte er Spezialpreise ein, fünf oder zehn Dollar. Dafür entschädigten andere Patienten, die auf einmal für mehrere Sitzungen zweihundert Dollar und mehr zahlten. (Um das Jahr 1930 hatte Sigmund Freud pro Sitzung einem Patienten 25 Dollar berechnet, was heute rund 360 Dollar, 320 Euro entspricht.[16])

Am 14. Januar 1937 brach Adler in den Süden und in den Mittleren Westen auf. 15. Januar Dallas, Texas. 18. Januar Fort Worth, Texas. 19. Januar San Antonio, Texas. 23. Januar Tulsa, Oklahoma, Vortrag für Lehrpersonal. 24. Januar Oklahoma City. 25. Januar Oak Park, Illinois, Ansprache im 19th Century Women's Club. 27. Januar Grand Rapids, Michigan. Rückfahrt. Am Sonntag, den 31., sprach Adler vormittags in der New Yorker Riverside Church. Seine verzeichneten Einnahmen dieses Monats addierten sich zu 1992,44 US-Dollar. Diese Summe entspricht im Jahr 2018 35 077 US-Dollar, 30 600 Euro. Mehr als 1100 Dollar entfielen dabei auf die Vorträge, sein Regelsatzhonorar betrug 200 Dollar, auf das Jahr 2018 umgerechnet 3075 Euro (die Reisekosten und die im Regelfall luxuriöse Unterkunft musste er aus eigener Tasche bezahlen). Das zeigt die finanzielle Bedeutung seiner Vortragsaktivitäten. Auch angesichts des Umstands, dass er vom Long Island College pro anno 7500 Dollar bezog, pro Monat also 625 Dollar. 625 Dollar gleich drei Vorträge, die Adler inzwischen nur noch mit Stichworten vorzubereiten pflegte.

Für den Februar sind nahezu täglich Einnahmen aufgelistet, zwischen zehn und achtzig, einmal auch 310 Dollar, einmal 453 Dollar, einmal nur drei. Am Sonntag, den 7., um 14 Uhr: Manhattan Opera House, ohne weitere Angabe. Es dürfte sich um eine Aufführung des Oratoriums *The Eternal Road* von Kurt Weill gehandelt haben mit dem ins Englische übersetzten Libretto Franz Werfels, Regie führte

Max Reinhardt. Mitte Februar war Adler wieder unterwegs, in St. Paul, Minnesota (Vortrag 19.45 Uhr abends), in Milwaukee, Wisconsin (Vortrag am folgenden Tag um 9.30 Uhr) und in Jamesville, wo er im Women's History Club sprach. Die Februareinnahmen beliefen sich auf 1443,63 Dollar.

Das Appointments Book endet mit dem Februar 1937. Im März brachen Alfred und Raissa Adler nach Europa auf. Es stand eine sehr lange Arbeitstour bevor, die durch mehrere Länder führen sollte. Gleich nach der Rückkehr nach Amerika war neuerlich ein Sommerschul-Kursus in Berkeley verabredet. Mitte Februar waren für die Vortragsserie in Großbritannien, das Herzstück der Tour, die letzten Konditionen von Forbes-Dennis übermittelt worden. Das Ehepaar Bottome–Forbes-Dennis hatte aufwendig daran gearbeitet, eine fast nahtlos zusammenhängende Tournee durch Schottland und England zu organisieren. Sie garantierten ein Honorar von 450 Britischen Pfund (2018: 27726 Pfund = 31765 Euro). Zu einigen der Seminare sollte Alexandra Adler dazustoßen, ihre Vergütung und Reisekosten waren in der Gesamtsumme enthalten.[17]

Adlers dicht gestaffeltes Frühjahrs- und Sommerprogramm hätte auch einen Jüngeren an physische Belastungsgrenzen geführt. Im April in Europa eingetroffen, hielt er bis zum Monatsletzten 56 Vorträge in Frankreich, dann in Belgien an der Université de Bruxelles, anschließend ging es weiter in die Niederlande, wo sein Vortrag an der Universität von Leiden so gut besucht war, dass einige nur noch Platz auf den Stufen des Hörsaals fanden. Manchmal sprach er am selben Tag in zwei verschiedenen Städten, musste also eine Zugfahrt absolvieren. In den Niederlanden suchte er einen Kardiologen wegen eines Schwächeanfalls und Herzrhythmusstörungen auf. Dieser riet zu Erholung. Das nahm sich Adler für Ende August vor, wenn die Summer School am Williams College vorbei wäre.[18] An Pfingsten, in jenem Jahr am 16. und 17. Mai, war er wieder in Paris.[19]

Von dort fuhr er am 21. Mai nach London. Raissa blieb in der französischen Hauptstadt. Er hatte ihr von der Reise abgeraten. Zu lang seien die Bahnfahrten, zu gering die arbeits-, empfangs- und terminfreie Zeiten. Und er wollte sich wohl auch möglichst wenig ablenken lassen. Kaum in der Themsestadt eingetroffen, gab er in Anwesenheit einer neuen Anhängerin und Förderin, der Duchess Hamilton, die er später im Sommer auf ihrem Besitz Dungavel Castle in South Lanarkshire in Schottland zu besuchen plante, eine Pressekonferenz. Einen Tag später hatte er die lange Eisenbahnfahrt nach Aberdeen in Schottland zu machen.

Die nächsten Tage, Wochen, Monate waren dicht getaktet: 24., 25., 26., 27. und 28. Mai: Aberdeen. An jedem Tag um 17 Uhr eine Vorlesung über Psychopathologie an der University of Aberdeen. Tagsüber Visiten und Konsultationen in örtlichen Krankenhäusern.

29. Mai: Mittags Fahrt nach Edinburgh. Ankunft 16.10 Uhr. 20.15 Uhr Empfang zu Ehren Adlers in der St Trinnean's School in der Dalkeith Road, Edinburgh.[20]

1. Juni: Öffentlicher Vortrag in York. Krankenhäuser, Erziehungseinrichtungen.

2. Juni: Vortrag in York vor Klerikern der Church of England und in Anwesenheit des Erzbischofs von York. Krankenhäuser, Erziehungseinrichtungen.

3. Juni: Kingston upon Hull, Vorlesung am Municipal Training College.

4., 5., 6., 7., 8. und 9. Juni: Manchester. Diverse Vorlesungen und Seminare vor unterschiedlichen Auditorien, unter anderem Veranstaltungen mit Pädagogen, in der Houldsworth Hall, im Auditorium Maximum des College of Technology und im Manchester Royal Infirmary, dem großen städtischen Krankenhaus.

10., 11., 12., 13., 14., 15. und 16. Juni: London. Vorlesungen für diverse Gesellschaften, Vereine und Vereinigungen. Dazu Konsultationen, Empfänge, Interviews.

17. Juni: London. Öffentlicher Vortrag um 20.15 Uhr über »Social Interest: A Challenge to Mankind« in der Queen's Hall, einem Konzertsaal am Langham Place, der Platz für 2500 Menschen bot und Stammsitz des BBC Symphony Orchestra und des London Philharmonic Orchestra war.

19. Juni bis 3. Juli: Edinburgh. Zwölf Vorträge, zu denen Ale-

xandra Adler dazustoßen sollte. Empfänge, Gespräche und Treffen, unter anderem mit Duchess Hamilton auf Dungavel Castle.

6. bis 17. Juli: Liverpool. Ferienkursus in der University Hall. Beide Adlers waren jeweils für vierzehn *lectures* eingeplant, das hieß: pro Tag mindestens ein Vortrag, dazu Seminarklassen.[21]

17. Juli bis 31. Juli: Exeter, Summer School am University College of the South-West. Tägliche Seminare.[22]

2. August: London, öffentlicher Vortrag.

4. August: Abreise mit der *Queen Mary* nach New York. Sofortige Weiterreise nach Kalifornien.

15. August: Beginn der zweiwöchigen Sommerschule am Williams College in Berkeley.[23]

Adler hielt seine ersten drei Vorlesungen in Aberdeen. Abgestiegen war er im Caledonian Hotel wenige Gehminuten nördlich des Hauptbahnhofes an den Union Terrace Gardens, einem Park. Der Andrang war groß, das Interesse noch größer, die Fragen im Anschluss waren zahlreich. Forbes-Dennis, Ansprechpartner aller Organisatoren und Organisationen vor Ort, begleitete ihn. Am 27. Mai, einem Donnerstag, diktierte Adler – Ungewissheit und Angst um die Tochter Vali in Moskau hatten bedrängend zugenommen, seit ziemlich genau vier Monaten war die Korrespondenz mit ihr jäh abgebrochen, sie augenscheinlich wie vom Erdboden verschluckt und alle Erkundigungen, was mit ihr sei, waren bisher ergebnislos geblieben, was die Familie in Angst versetzte – noch rasch zwei Briefe:

Liebe R., anbei Briefe von Davis. Ich schrieb ihm, dass ich für alle Kosten aufkomme, auch für eine Reise nach Russland. Gesandtschaft in Wash [Washington, D.C.] weiß wahrscheinlich auch nichts.

Edinburgh ist 9 Stunden von London. Dies ist der Grund, warum ich abriet.

Hat Nelly in Wien nachgefragt?? Wann kommt sie? [? Unlesbar] rechtzeitig im Hotel Cumberland [Hotel in Lon-

don unweit Marble Arch und dem Speaker's Corner im Hyde Park]. Nett für mich. Und für Ali nur, wenn sie es verlangt.

Grüße Evelyn von mir. Ich hoffe, dass Euch die Ausstellung gefällt.

Vielleicht können wir Haremann [W. Averell Harriman, 1891–1986, Investmentbanker, äußerst vermögender Unternehmer und Diplomat mit exzellenten Verbindungen in die Sowjetunion?] später für Vali brauchen. Lade ihn wieder ein.

Und etwas später am selben Tag:

Liebe R.,
inliegend der Check.
Ich hoffe Euch wohl.
Falls du dringend Geld brauchst, telegraphiere ein night letter rechtzeitig zu Kurt mit Angabe, wohin er dir telegraphisch das Geld schicken soll.
Viele Grüße an dich, Evelyn u alle Freunde
Alfred[24]

Am Abend des 27. Mai besuchte er, wohl im unweit vom Hotel gelegenen Belmont Cinema, mit Ernan Forbes-Dennis eine Aufführung von *The Great Barrier,* einem Historienfilm. Adler gefiel der Film mit Lili Palmer über den Bau der pazifischen Eisenbahn in Kanada und des Tunnels durch die Rocky Mountains. Danach half er Forbes-Dennis auf dessen Hotelzimmer noch ein paar Stunden lang Briefe zu schreiben, während des Tages hatte er einige rasche Kurzmitteilungen an Raissa wegen Hotelfehl- und Hotelumbuchungen in London geschickt.

Am 28. Mai, wie stets zeitig aufgestanden, gefrühstückt und einige Notizen für seine jüngste Vorlesung über Sexualität aufschrieben – außerdem eine kurze Briefdepesche an Raissa: »Liebe R. / soeben erfahren, dass für mich im Hotel Cumberland kein Zimmer frei ist. Ob für Euch, weiß ich nicht. / Ich habe deshalb ein Zimmer in Hans Crescent Hotel, Knightsbridge, London SW 1[,] genommen. Schreib auch dorthin u sage Cumberland ab, wenn letzteres dir zusagt. / Morgen weiß ich mehr. Habe große Triumpfe [sic].«[25] –, unternahm er seinen habituellen Spaziergang, als Bewegungsausgleich für den mit Arbeit ausgefüllten Tag. Er muss wohl kurz nach 9 Uhr 15 aufgebrochen und in die lange, breite, von West nach Ost verlaufende Union Street eingebogen sein. Eine junge Frau berichtete, sich angesichts seines Alters – die weißgrauen Haare waren unübersehbar – über die großen athletischen Schritte, die Adler machte, gewundert zu haben. Dann sah sie, wie er auf dem Trottoir auszurutschen schien, wie er stürzte und zusammenbrach. Ein Theologiestudent, der an den Tagen zuvor Adlers Vorlesungen gehört hatte und zufällig auf der gegenüberliegenden Straßenseite unterwegs war und ihn erkannt hatte, eilte über die Straße. Er versuchte, Erste Hilfe zu leisten. Ein Rettungswagen wurde gerufen, Adler in die Ambulanz verfrachtet. Doch jede Hilfe kam zu spät. Kurz nachdem der Rettungswagen losgefahren war, starb Alfred Adler. Im Totenschein wurde als Todeszeitpunkt 9.40 Uhr eingetragen und als Todesort Aberdeen, Union Street. Todesursache war dem städtischen Leichenbeschauer zufolge »fatty degeneration of the heart«, Herzverfettung im damaligen medizinischen Jargon, die zu einem massiven Herzinfarkt geführt hatte.[26]

Forbes-Dennis telegraphierte zutiefst erschüttert auf der Stelle nach Paris. Raissa und Nelly Adler flogen noch am selben Tag nach London und nahmen dort den Nachtzug nach Aberdeen. Im Lauf des nächsten Vormittags, etwas mehr als zwölf Stunden nach Adlers Tod, waren sie in Aberdeen. Heinz Sternberg landete einen Tag später, aus Wien kommend. Alexandra und Kurt waren ebenfalls umgehend informiert worden. Sie buchten beide die erste mögliche Schiffspassage nach Europa und kamen am 6. Juni in Southampton an. Sie verpassten die Trauerfeier am 1. Juni um 14 Uhr, die in der King's College Chapel, die zur University of Aberdeen gehörte, abgehalten wurde. Der Sarg war vor dem Altar offen aufgebahrt. Auf den erhaltenen Aufnahmen sieht man einen Mann, den man nicht auf 67 Jahre schätzen würde, vielmehr zehn Jahre älter.

Der Gedenkgottesdienst wurde von Bishop Deane und Dekan Findlay geleitet. Die gesamte Fakultät nahm teil. Anwesend waren der Bürgermeister der Stadt und ein Vertreter jenes Kinderhospitals, das Adler am 28. Mai vormittags zu besuchen vorgehabt hatte. Außerdem waren Individualpsychologen aus Belgien, den Niederlanden und aus London, Verwandte der Familie Forbes-Dennis und Adlers englischer Übersetzer angereist. Man spielte auf der Orgel den von Adler geschätzten Bach-Choral *Jesu, meine Freude, meines Herzens Weide*, ein Chor stimmte *Bleib bei mir, Herr!* an.

Die Hinterbliebenen wünschten eine Kremierung. Daraufhin wurde am 2. Juni der Leichnam nach Edinburgh, zum Krematorium in der Warriston Road, überführt. In der schlichten Kapelle gab es eine Andacht, Pieter Ronge, der der individualpsychologischen Gruppe in Utrecht in Holland vorstand und 1934 eine Einführung in die Individualpsychologie veröffentlicht hatte,[27] sprach auf Deutsch über Adler. Ein Organist spielte Franz Schuberts Lied *Der Tod und das Mädchen*, Opus 7 Nr. 3 (D 531), eine Komposition, die Alfred Adler ganz besonders geschätzt und die er im privaten Rahmen ausdrucksstark selbst interpretiert hatte.[28] Schubert, sein Lieblingskomponist, hatte es nach einem dialogischen Gedicht Matthias Claudius' vertont:

Das Mädchen
Vorüber! Ach, vorüber!
Geh wilder Knochenmann!
Ich bin noch jung, geh Lieber!
Und rühre mich nicht an.

Der Tod
Gib Deine Hand, du schön und zart Gebild!
Bin Freund, und komme nicht, zu strafen.
Sei guten Muts! ich bin nicht wild,
Sollst sanft in meinen Armen schlafen!

Die Nachrufe in sehr vielen Zeitungen zwischen den USA und Europa waren groß und lang und ehrend. Nur einer mit einem Elefantengedächtnis für persönliche Kränkungen reagierte anders. Sigmund Freud reagierte auf die gefühlige Nachricht seines Korrespondenzpartners, des Romanciers Arnold Zweig, der seit 1934 in Haifa in Palästina lebte, Adlers unerwarteter Tod habe ihn schmerzlich überwältigt, mit nachgetragenem Hass: »Aber Ihr Mitleid für Adler begreife ich nicht! Für einen Judenbuben aus einem Wiener Vorort ist der Tod in Aberdeen, Schottland, eine unerhörte Karriere und ein Beweis, wie weit er es gebracht hat. Wirklich hat ihn die Mitwelt für das Verdienst, der Analyse widersprochen zu haben, reichlich belohnt.«[29]

Die Urne, die Adlers Asche enthielt, verblieb in Edinburgh. Für die nächsten 74 Jahre. Erst im Jahr 2011 wurde sie nach Wien verbracht, nachdem der österreichische Generalkonsul für Schottland das Behältnis nach einer Recherche vier Jahre zuvor ausfindig gemacht hatte, bass erstaunt, dass die kremierten Überreste die ganze Zeit über nur wenige hundert Meter von seinen Büroräumen in Edinburgh entfernt gewesen waren. Die Urne, die einst Alexandra Adler ausgesucht hatte, stand noch immer in der ruhigen, holzverschalten Galerie des Krematoriums in der Warriston Road. (Dass sie dort noch immer aufbewahrt wurde, war aber seit 1992 ein offenes Geheimnis, in diesem Jahr erschien eine Bildbiographie über Adler, die eine Aufnahme der Urne enthielt.)[30] Wieso hatte die Familie das Behältnis in Schottland gelassen? Wieso in den Jahren bis Kriegsausbruch es nicht nach Amerika nachgeholt? Und wie kam es dazu, dass nach 1945 innerhalb der Familie die Überzeugung kursierte, die Urne sei unwiederbringlich verloren gegangen?[31] Vielleicht, weil ihre Gefühle, Hoffnungen und Gedanken auf anderes fokussiert waren, auf das Schicksal von Tochter und Schwester Valentine.

29 Valentine Adler und die Sowjetunion

»Gestern abend wurde die neue Stalinsche Verfassung angenommen. Seit dem Morgen gibt es Demonstrationen, die Menschen sind fröhlich. Zelte mit verschiedenen leckeren Dingen wurden aufgestellt, sogar Tische mit weißen Tischdecken und allen möglichen Erfrischungen zu niedrigen Preisen.«

Galina Stange, 1936[1]

Ein Weihnachtsgruß aus einem atheistischen Land. Dies ließ sich Valentine Adler nicht nehmen. »Uns geht es gut«, schrieb sie ihrem Vater an Heiligabend 1936 aus Moskau, »und es sieht so aus, als das Wohnungsproblem doch in nächster Zeit gelöst werden würde. Wir können zwar in dieser Wohnung auf längere Zeit bleiben, unser Mitbewohner ist Zahnarzt, ein sehr netter Mensch mit einer ruhigen Frau, aber besser wäre doch schon eine eigene Wohnung. Sonst geht es sehr gut. Gestern wurde von unserem Betrieb aus ein Ball veranstaltet; zuerst sind zahlreiche unserer Mitarbeiter mit ›künstlerischen‹ Darbietungen aufgetreten, Gesang, Tanz, Geige usw. Ich habe eine Sängerin und einen Saxophonisten am Klavier begleitet. [...] Nach England kann ich nicht kommen. Aber könntest du mich nicht besuchen? Das Schiff fährt direkt bis Leningrad und von dort ist es eine Nacht bis Moskau. [...] Gyula ist gesund, arbeitet ziemlich viel und wird in nächster Zeit irgendwohin in die Nähe von Moskau auf Urlaub fahren. Er ist doch im Sommer gerade erkrankt, als er fahren wollte, und musste die Fahrkarten wieder zurückgeben. Im Sommer will er dann weiter wegfahren.«[2]

Als sie dies schrieb, lebte sie seit knapp drei Jahren in der Hauptstadt der Sowjetunion.

Formular zwecks Besorgung des Parteiausweises der KPD
Frage 6 Wo zuletzt beschäftigt?
Berlin, Handelsvertretung der UdSSR
Frage 7 Seit wann politisch organisiert?
in SPOe 1918 in KPO 1919, KPD 1921
Frage 11 Wann erfolgte die Abreise von – Wien – nach Russland?
Januar 34
Aus welchem Grund?
Dem Mann nachgereist
Frage 13 In welchem Orte und Zelle zuletzt längere Zeit als Mitglied gemeldet?
Berlin, Kleinbankenzelle
Frage 14 Seit wann dort Parteibeiträge gezahlt?
bis Mai 1933 (Mai–Dezember in Wien krank gewesen, dort Parteibeiträge bis Dezember bezahlt)
Frage 17 Ob mit Zustimmung der Parteizentrale die Abreise nach Russland erfolgte
Mein Mann (Gen. Aquila) wurde aus Deutschland (Mai 33) ausgewiesen
Datum: April 1934

Als Valentine Adler dieses Formular ausfüllte, war sie gerade seit einigen Wochen in Moskau. Sie figurierte dort unter ihrem »Parteinamen«, den sie hin und wieder auch für Publikationen verwendet hatte, Dina Schreiber.[3] Vier Jahre zuvor war sie, die Einzige der Familie, die Wien hinter sich gelassen hatte, einem selbst geschriebenen Lebenslauf zufolge »Oekonomistin« in der Handelsvertretung der UdSSR in Berlin gewesen. »1930 wurde mein Mann (Gen. Aquila) zur Komintern kommandiert und ich fuhr gleichfalls nach Moskau und arbeitete als wissenschaftlicher Mitarbeiter zweiten Grades im Institut zur Erforschung des Außenhandels. Auf meinen Antrag wurde ich damals in die WKP überführt. / Im Jahr 1931 wurde mein Mann nach Deutschland abkommandiert und so übersiedelte ich nach Berlin. Dort arbeitete ich als Oekonomistin in der

Derop und trat dann, nach Auflösung der Abteilung, in der ich gearbeitet hatte, in die Handelsvertretung der UdSSR über und übernahm dort die Leitung der Firmenkartothek.« Hinter dem Kürzel »Derop« verbarg sich die 1929 gegründete Deutsche Vertriebs-Gesellschaft für Russische Oel-Produkte. Sie belieferte damals eine 2000 Tankstellen umfassende Kette mit Mineralölprodukten aus der Sowjetunion. »Nach meiner Rückkehr nach Deutschland wurde ich wieder Mitglied der deutschen Partei und arbeitete im Berliner Bezirk. Ich war erst Mitglied einer Strassenzelle in Charlottenburg und wurde dann auf meinen Wunsch in eine Betriebszelle (Banken) überführt und wurde dort Leiterin des Agitprop. Meine Hauptaufgabe bestand in der Redaktion der Zellenzeitung. / Nach der Regierungsübernahme durch Hitler wurde mein Mann bei der Polizeiaktion gegen die Derop verhaftet und ich gesucht. Nach der Ausweisung meines Mannes verließ auch ich Deutschland (Mai 1933) und fuhr vorübergehend nach Wien. Dort erkrankte ich und blieb dort sechs Monate in ärztlicher Behandlung. Während dieser Zeit zahlte ich an die österreichische Partei meine Mitgliedbeiträge. / Januar 1934 übersiedelte ich nach Moskau und arbeite jetzt als Redakteur im ›Verlag Ausländischer Arbeiter‹. / Während dieser Jahre habe ich verschiedne [sic] Artikel veröffentlicht[,] so u.a. in der ›Internationale‹ einen Artikel über ›Deutsche Kolonialbestrebungen‹[,] in der ›Roten Fahne‹ über Erdölpolitik, in der Zeitschrift ›Sowjetskaja Torgowlja‹ ›Ueber den Zerfall des Kupferkartells« usw.‹[4] Ab Herbst 1935 war sie Propagandistin in der Verwaltung der nach dem Februaraufstand 1934 exilierten österreichischen Schutzbündlerinnen. Wenige Wochen zuvor, im Sommer 1935, hatte sie sich vier Wochen im schwedischen Stockholm aufgehalten. Dort traf sie, wie aus einer sowjetischen Überwachungsnotiz hervorgeht, ihre Eltern. Keiner von ihnen ahnte damals, dass es das letzte Mal sein sollte.[5]

Die Wohnung, von der sie achtzehn Monate später in ihrer Weihnachtsepistel schrieb, war eine kleine Moskauer Kommunalka, Wistawotschny per. 16a, Zimmer 24.[6] Zum 31. Dezember 1936 war laut Meldezettel für Unterparteien in Wien, Dominikanerbastei 10, Stiege II

Stock 1 – noch immer – gemeldet (mit längst antiquierter Tätigkeits- und Ortsangabe): »Julius Sas (Schasch)«, »geb. 18.12.1893, geb. in Jászberiny, Ungarn / Mitarbeiter der Botschaft der USSR in Berlin«.[7]

Vier Wochen zuvor, am 29. November, war die deutsche Ausgabe *Die Trotzki-Sinowjew-Bande. Eine direkte Agentur des Faschismus* in Moskau in Druck gegangen.[8] Diese Broschüre Boris Ponomarjows, Politikreferent bei der Komintern, erschien in der Verlagsgenossenschaft ausländischer Arbeiter in der UdSSR.[9] Es war eine der offensichtlichsten Hetzpublikationen in den Moskauer Prozessen, einer brutalen Welle von »Reinigungen«, durch die Stalin seine Herrschaft qua Terror zementierte. Erst recht fielen ihnen Ausländer zum Opfer, Kommunisten aus Mittel- und Westeuropa. Es haben sich über 100 000 Strafakten von Bürgern erhalten, die wegen vermeintlicher politischer Verbrechen durch die Moskauer Gebietsverwaltung der Tscheka, nachmals OGPU, nachmals NKWD, nachmals KGB, so die Namen des Geheimdienstes, verurteilt wurden.[10] Ab Mitte 1936 waren in der Presse immer mehr Artikel lanciert worden, Mitteilungen der Staatsanwaltschaften und Resolutionen von Versammlungen der Werktätigen. In diesen Publikationen wurde eine angeblich seit 1932 bestehende Verschwörung einer Gruppe um Trotzki, Sinowjew und Kamenew attackiert. Diese Revolutionäre der ersten Stunde, für die Ermordung Sergej Kirows 1934 verantwortlich gemacht, sollten Agenten der Gestapo sein. Das Urteil über diese »Volksfeinde« wurde orchestriert vorweggenommen. Allein schon im Ruche zu stehen, Trotzkist zu sein, war ein Ausschlussverdikt. Beweise wurden nicht benötigt.[11]

Valentine Adler wurde in der zweiten Januarhälfte 1937 verhaftet. In einer zwei Wochen später ausgestellten Aktennotiz hieß es (auf Deutsch):

> Dina Adler
> Diesselbe wurde Ende Januar 1937 durch die Sowjetorgane verhaftet.
> Ihr Mann ist Acquila (Italiener)[,] der zuletzt im ZK der WKP/b arbeitete und jetzt ebenfalls verhaftet wurde.

> Ihr Mann arbeitete zusammen mit Karl Radek.
> Ueber die Mutter, die als Trotzkistin in Oesterreich ausgeschlossen wurde, sind naehere Angaben nicht vorhanden.
> Dina Adler war im Sommer 1935 einen Monat in Stockholm, anscheinend, um ihren Urlaub mit ihren Eltern, die nach Amerika gingen, zu verleben. Auch aus dieser Zeit sind keine weiteren Meldungen vorhanden.
> Es konnte auch nicht festgestellt werden, wer bei ihr verkehrte. Keiner der Mitarbeiter des Verlages hat Verbindung zu ihr gehabt, jedenfalls konnten solche Verbindungen nicht festgestellt werden.[12]

Wenige Tage vor der überraschenden Verhaftung hatte sie noch, vorzeitig, einen Geburtstagsgruß an ihren Vater nach New York geschickt. Adler antwortete am 2. Februar und sicherte ihr zu: »Ich sende dir heute von der russischen Handlung hier eine Selection von Dingen, die du hoffentlich liebst. Beiliegend auch ein Verzeichnis der Dinge, die man von hier aus schicken kann. / In der Hoffnung, dass es Euch gut geht, viele Küsse Euer Papa / Alle Kinder sind wohl. Verlange alles, was dein Herz begehrt.«[13]

Angst und Terror dienten der Massenrepression. Die Schauprozesse waren das öffentliche Mittel der Abrechnung, Bloßstellung und Aburteilung vermeintlicher Verräter, Spione und Kollaborateure. Anschuldigungen durften nicht im Abstrakten verharren oder in für die Masse unverständlichem Formaljuristischem. Sie hatten konkret zu sein. Entsprechende Vorgaben formulierte das Regime und lancierte Artikel, in denen die Sowjetbürger zu Wachsamkeit und zur Entlarvung ausländischer Agenten angestachelt wurden. Paranoia in Permanenz wurde kreiert. »Wenn eine kapitalistische Umkreisung existiert«, verkündete der Generalstaatsanwalt der Sowjetunion Andrej Wyschinski, »muss es zwangsläufig auch Spione, Diversanten, Schädlinge und Terroristen geben, die auf jede erdenkliche Weise in unser Hinterland vordringen und hier von unseren Feinden in Stellung gebracht werden.«[14] Für Ausländer, und hatten sie auch ihr ganzes Leben der Revolution gewidmet, gab es in der UdSSR zahlreiche bürokratische Einschränkungen. Diese Restriktionen waren Kontrollmechanismen. Die Bewegungsfreiheit war stark limitiert (»Nach England kann ich nicht kommen«). Selbstbestimmtes Agieren war unerwünscht. Im Grunde waren die deutschsprachigen Kommunistinnen und Kommunisten in Stalins Sowjetunion nach 1933 nahezu recht- und machtlos.[15] Nicht selten wurde die Anklage um den Punkt »Bildung einer konterrevolutionären Organisation« ergänzt. In Summe war eine solche Anklage in nahezu allen Fällen tödlich.[16] Erweitert und verstärkt wurden die Repressalien vom Direktivbrief der Hauptverwaltung Staatssicherheit des NKWD vom 14. Februar 1937 »Über die terroristische, Diversions- und Spionagetätigkeit der deutschen Trotzkisten im Auftrag der Gestapo auf dem Territorium der Union der SR«.[17] Konterrevolutionär, das hieß: Trotzkist. Trotzkismus, das hieß: Terrorismus.[18] In Valentines Falle wurde das Trotzkismus-Verdikt aus der Sippenhaftung abgeleitet.[19]

Stalin war an der Ausarbeitung eines Artikels, der am 4. Mai 1937 in der *Prawda* erschien und dazu aufrief, Agenten ausländischer Geheimdienste zu entlarven, persönlich beteiligt. Dieser Text war ein wichtiges Puzzleteilchen auf dem direkten Weg in die Massaker des Großen Terrors und hatte Auswirkungen auf das Schicksal der Deutschen in der UdSSR. Elf Wochen später setzten im Zuge der »Deutschen Operation« Massenverhaftungen ein. Sie endeten erst im März 1938. Die Exil-KPD war im Frühjahr 1938 durch Stalin und seine Schergen ausgeweidet und neutralisiert.[20]

»Verlange alles, was dein Herz begehrt.« So die Schlusswendung in Alfred Adlers Brief, auf den keine Antwort kam. Die Familie war erst besorgt, dann nervös, dann bange, immer banger. Die Sorge wuchs ins Schmerzhafte. Sie wurde zu Angst. Die Phasen von Autosuggestion wurden immer kürzer. Raissa Adler an Nelly und Heinz im März: »Heute will ich Euch nur schreiben, dass es mir eingefallen ist, dass V. und G., vielleicht, nach S. oder in irgend einem anderen Auftrage weggefahren sind und sich verpflichtet mussten[,] keine Korrespondenz zu führen. […] Nachdem ich diesen Gedanken gefasst habe, ist mir leichter um's Herz.«[21] Raissa bestürmte ihre Verwandtschaft. Und erfuhr nur Bruchstückhaftes: »Ich habe eine Nachricht von meiner Schwester. V. ist nicht in M. Und das ist unter diesen Umständen gut. Jetzt handelt es sich darum zu erfahren[,] wo, ob unwirtliche Gegend (ich glaube kaum). Ich will in Paris mein Glück versuchen. Vielleicht gelingt es mir hinzufahren.«[22] Zeitgleich sandte Adler, inzwischen in Kombination mit seiner unablässigen Vortrags- und Reisetätigkeit gesundheitlich angegriffen, unverdrossen Briefe nach Moskau. So am 11. Mai eine Epistel an Valentine, die mehr Wunschsehnsucht war, denn die Realität widerspiegelte: »Es ist eine große Anstrengung, und ich fühle immer mehr, dass ich Alis und deine Hilfe brauche. / Ich würde mich unendlich freuen[,] mit dir u Ali zu arbeiten und den Sommer zu verbringen.«[23] Er aktivierte alle ihm zur Verfügung stehenden halbdiplomatischen Kanäle und sozialen Kontakte, um Vali zu finden. Ernan Forbes-Dennis bekannte er: »She had been since birth my most intimate child.«[24] Dieser schrieb Briefe an die britische Botschaft und an das Polnische Rote Kreuz. 24. April, Alfred Adler: »no news regarding Vali: If it is good news?«[25] Am 6. Mai 1937 bat er Ernan Forbes-Dennis, ein »wire« zu senden: »Father alone needs you Can you come?«[26] Alfred Adler trieb die Sorge um seine Tochter den gesamten Frühling 1937 um, ebenso Raissa. Am 27. Mai schrieb er dieser: »Liebe R., anbei Briefe von Davis. Ich schrieb ihm, dass ich für alle Kosten aufkomme, auch für eine Reise nach Russland. Gesandtschaft in Wash weiß wahrscheinlich auch nichts.«[27]

Im Februar 1938 wurde die Familie von der Sowjetunion informiert, Valentine Adler sei verurteilt und ausgewiesen worden, 200 Schilling sollten nach Moskau überwiesen werden.[28] Es handelte sich um eine Falschinformation. Valentine tauchte nicht auf.

Bekannte versuchten, namhafte Intellektuelle auf ihr Schicksal aufmerksam zu machen. So wandte sich Albert Ehrenstein im April 1938 an Hermann Hesse. Ehrenstein zufolge soll kurz vor seinem Tod im September 1937 auch Tomas G. Mašaryk, bis 1935 Präsident der Tschechoslowakei, einen Petitionsbrief nach Moskau geschickt haben.[29] Valis Schicksal trieb die Familie in New York weiter um. Auch andere nahmen am Schicksal der Verschollenen Anteil.

So meldete sich im Frühjahr 1938 Albert Einstein, der auch nach Moskau geschrieben hatte, an Ali Adler: »Sehr geehrtes Frl. Adler: Soeben lese ich in dem Briefe eines Kollegen die Behauptung, dass Ihre Schwester auf meine Intervention hin begnadigt worden sein soll. Haben Sie irgendetwas hehoert [sic]?« Einen Tag später schrieb ihm Ali nach Princeton:

> *Vielen und herzlichen Dank fuer Ihren Brief vom 12. April und Ihre Anteilnahme an dem Geschick meiner Schwester.*
>
> *Bisher konnten wir nur hoffen, dass die Nachricht von einer Begnadigung meiner Schwester den Tatsachen entspricht. Ich weiss nicht, ob Ihre Benachrichtigung derselben Quelle entspringt: Meine juengere Schwester in Wien wurde vor ca. 2 Monaten, also einige Wochen[,] nachdem Ihr Brief in der Angelegenheit meiner Schwester nach Russland abgegangen war, vom oesterreichischen Aussenamt verstaendigt, dass sie von russischen Behoerden folgende Verstaendigung hatten »Valentine Adler-Sas wird von Russland ausgewiesen werden«. Nicht ein Wort mehr. Auch nicht ob dies in vielen Jahren oder bald geschehen soll. Immerhin war das die erste Nachricht, die wenigstens besagt, dass meine Schwester am Leben ist. Seither warteten und warteten wir auf irgend eine Bestaetigung, die bisher nicht eingetroffen ist. Zweifelsohne haette uns meine Schwester irgendwie verstaendigen koennen, wenn sie wirklich in Freiheit waere, obwohl brieflicher Verkehr mit dem Ausland in Russland ungern gesehen ist. Auch die oesterreichischen Behoerden hoerten seither nichts mehr. Auf unsere Frage, was fuer ein Verhalten uns das oest. Aussenamt nun raten wuerde, war die Antwort: »Fortsetzung der privaten Bemuehungen«.*[30]

Vier Wochen später leitete Einstein einen Bericht an die Adlers weiter, den er von Eva Stricker erhalten hatte. Sie war die Nichte des aus Wien nach Großbritannien geflohenen Wirtschaftshistorikers und Sozialanthropologen Karl Polanyi. Darin hieß es: »Unsere Information ueber Vally Adler stammt von Herrn Pacher und Herrn

Dr. Sternberg. / Herr Pacher ist der (gewesene) oesterreichische Gesandte in Moskau. Er sagte uns am Freitag, den 12. Maerz (1938) in Wien, dass Vally Adler auf 10 Jahre verurteilt worden war, dass ihr aber gleichzeitig mit dem Urteil die Abaenderung in Ausweisung verkuendet worden war. Wir haben verstanden, dass dies der Gesandtschaft offiziell mitgeteilt worden ist. / Herr Pacher sagte uns, dass Vally Adler auf die Intervention von Professor Einstein und Romain Rolland ausgewiesen wird.

Dasselbe, naemlich die Ausweisung der Vally Adler, erzaehlte uns ein Verwandter der Vally A., Herr Dr. Sternberg, ein Wiener Rechtsanwalt.«[31] Sofort antwortete Alexandra Adler, gestand, die Familie hätte bis dato nicht gewusst, dass Vali verurteilt worden sei, auch nicht, dass sie ausgewiesen worden wäre und dass der Literaturnobelpreisträger und bekannte Pazifist Romain Rolland involviert gewesen sei, davon würden sie zum ersten Mal hören.[32]

Vermutlich im September 1937 war Valentine Adler in der Tat vom Militärtribunal des Obersten Gerichts verurteilt worden. Die ihr auferlegte Strafe: zehn Jahre Haft. Sie wurde ins Butyrka-Gefängnis in Moskau verbracht, wo sie sich noch 1939 befunden haben soll.[33] Die Familie gab trotz Kriegsausbruchs nicht auf, Valentine ausfindig zu machen. So kündigte Ali Adler im September 1941 an, ein *affidavit of support* beim US-Botschafter in Moskau hinterlegen zu wollen, und ein zweites für Gyula Sas dazu.[34] Keine Reaktion, kein Echo. Die Familie resignierte trotz Weltkriegs nicht. Im Oktober 1945 schrieb Raissa Adler an Eleanor Roosevelt, die Witwe des US-Präsidenten Franklin D. Roosevelt. Sie hatte gelesen, dass Eleanor Roosevelt nach dem Winter in die Sowjetunion reisen würde, und bat um Hilfe. Das Antwortschreiben von Eleanor Roosevelt vom 2. November war freundlich, aber unverbindlich.[35] Im März 1947 schließlich erreichte Raissa eine Nachricht aus Schweden, von der deutschen Kommunistin Margarete Buber(-Neumann), die 1935 aus Nazi-Deutschland in die Sowjetunion abgeschoben worden und dort in die Maschinerie des stalinistischen Terrors geraten war. »Sehr geehrte Frau Raisa [sic] Adler«, schrieb die 48-Jährige. »Gestern erhielt ich die Abschrift Ihres Briefes vom 8. Februar. Leider kann ich Ihnen nur sehr wenig über Vali berichten und unsere Begegnung liegt ja schon sieben Jahre zurück. Vali kam damals aus Salowki, ich aus Sibirien. [...] Wenn ich mich recht erinnere – mein Gedächtnis ist durch die fünf folgenden Jahre KZ nicht mehr so wach [Margarete Buber-Neumann wurde 1940 vom NKWD an die SS ausgeliefert, von der SS an die Gestapo weitergereicht, vier Monate lang im Gestapo-Hauptquartier in Berlin verhört und dann ins KZ Ravensbrück gebracht, aus dem sie Ende April 1945 befreit worden war] – war Vali damals, im Januar 1940, noch nicht verurteilt. Sie erzählte mir von vielen schweren Verhören. Die NKWD beschuldigte sie der Beziehung zu Trotzkisten. Eine Begegnung ihrer Eltern mit Trotzki war ein Hauptbelastungsmoment.«[36]

Irgendwann im Lauf des Jahres 1942 war Valentine Adler gestorben, angesichts der katastrophalen Versorgungslage in den Gulags kann man auf Tod durch Verhungern schließen. Die definitive Nachricht erreichte die Familie Adler erst zehn Jahre später. Als Todestag wurde der 6. Juni genannt, ein Sterbeort wurde nicht erwähnt. Vermutet wird ein Lager in Kasachstan. Am 11. August 1956 erfolgte durch das Militärkollegium beim Obersten Gericht der UdSSR eine offizielle Rehabilitation.[37] Gyula Sas mit dem Parteinamen »Giulio Aquila«, da er um 1920 in Italien für die KP tätig gewesen war und sich später auf Italien und den italienischen Faschismus spezialisiert hatte, starb 1943 in einem Lager nahe der Stadt Swobodny, Oblast Amur, an der Baikal-Amur-Magistrale.

30 Die Familie Adler nach 1937

»[…] Ich hoffe[,] dass auch ihr irgend wie fuehlt,
dass es schlimmer als das Jahr 1937
ueberhaupt nicht mehr werden kann[,]
sondern wenn so nur besser. […]«
Brief von Ali Adler an Nelly und Heinz Sternberg, 1. Januar 1938[1]

Bis zum 4. August 1937 war Alexandra Adler in London. Zwangsläufig musste sie sich mit der Zukunft beschäftigen, nicht nur der eigenen, nicht nur mit der materiellen Lage ihrer Angehörigen, auch und zuvörderst mit dem immateriellen Erbe. Die Wochen zuvor hatten ihr dafür keine Zeit gelassen.

Der Blick aus dem eher bescheiden anmutenden zweistöckigen Häuschen mit dem vorspringenden Windfang, der im ersten Geschoss baulich aufgestockt wurde, so dass das Gebäude sich merkwürdig nach vorn zu schieben scheint, fiel wohl auch im Sommer 1937 auf Bäume. Am 28. Juni jenes Jahres hatte sich Phyllis Bottome an ihren Schreibtisch im Lonach Cottage, 46 Lexham Gardens, Kensington, London, gesetzt und einen Brief an Charles Davis, Trustee und Präsident der National Highway Association, Bass River, Cape Cod, Massachusetts, USA, begonnen. Darin hielt die Adler-Freundin in Trauer den Adler-Freund in Trauer auf dem Laufenden: »Wir [sie schrieb auch im Namen ihres Ehemanns] möchten Ihnen von unserer lieben Ali schreiben und der wahrlich großartigen Weise, in der sie ihre Arbeit aus den Tiefen ihres trauernden Herzens vorantreibt!

Die Vorlesungen, die sie gegeben hat, waren wirklich wunderbar; ihr Englisch ist absolut klar und ihre Einfachheit und ihr Humor öffnen ihr auf der Stelle die Herzen des Publikums. […] / Ihre Vorlesungen haben großen Eindruck bei ihren hartschädeligen Hörern in Edinburgh gemacht, das vielleicht das gebildetste Publikum der Welt ist. Trotz der wunderschönen Sommerabende ist das Auditorium jede Nacht mit drei- bis vierhundert Menschen restlos ausverkauft.

Ich denke, dass diese drei Vorlesungszyklen in Edinburgh, Liverpool und Chichester zweifellos viel dazu beitragen werden, ›IP‹ in Großbritannien zu verbreiten. Wir konnten nun doch nicht die Rede in der großen Queen's Hall in London wagen – dafür wird sie am 2. August die City of London Vacation Course Lecture geben – die ihrem Vater angeboten worden war – noch konnten wir das große Treffen mit dem Erzbischof von York mit seinen 1000 Pastoren halten – aber alles, was wir machen können – sicher für Ali – unternehmen wir, und wir empfinden ganz wie Sie: dass sie eine äußerst würdige Nachfolgerin in den Fußstapfen ihres großen Vaters ist und dass wir auf sie unsere Hoffnung richten, seine Lehre zu verbreiten und die Menschheit von ihren falschen Tendenzen zu befreien!«[2]

Nach den Tagen in London hielt Ali Adler mit Herta Orgler, einer nach England geflohenen Berliner Individualpsychologin, den Sommerschulkursus in Südwestengland ab (für jenen im kalifornischen Berkeley wurde Rudolf Dreikurs angefragt, der akzeptierte; Jahre später sollte er jener Individualpsychologe sein, der weltweit Sommerschulen initiierte und leitete). Dann kehrte sie nach Amerika zurück. »Als ich einige Monate nach dem Tode meines Vaters nach Boston zurückkehrte, wurde mir klar, dass ich mich in zunehmendem Maße mit Fragen der Entwicklung und Organisation innerhalb der verschiedenen Gruppen der Individualpsychologie würde beschäftigen müssen, mit Problemen, mit denen sich mein Vater bisher befasst hatte. Nach außen hin änderten sich meine Aktivitäten nicht viel, ich erkannte jedoch, dass ich aus praktischen Gründen nicht in der Lage sein würde, dauernd in Boston und bei der Harvard Medical School zu bleiben, sondern dass ich schließlich einen Teil der Arbeit, die mein Vater unbeendet in New York zurückgelassen hatte, übernehmen sollte.«[3]

Sie, die ihr Vater schon 1920 als Nachfolgerin verkündet hatte – eine Parallele zu Sigmund Freud, dessen Tochter Anna sein Nachleben lebendig hielt –, hatte nun die Aufgabe, das Lebenswerk ihres Vaters zu erhalten, soweit möglich, und zu reanimieren, sofern nötig, und in seinem Sinne zu wirken. Im Spätsommer 1937 nach Boston und an die Harvard University zurückgekehrt, befasste sie sich Ende 1942 längere Zeit mit den Opfern der Brandkatastrophe im Coconut Grove Nightclub in Boston. Dabei galt ihr besonderes Augenmerk den für posttraumatische Neurosen charakteristischen Albträumen.[4] Doch sie musste realisieren, dass ihre wissenschaftliche Karriere nicht vorwärtsging. Daher wechselte sie 1944 als Associate Professor an die Duke University in Durham in North Carolina. Zwei Jahre später war ihr klar: Es gab dort ebenfalls eine gläserne Decke. Als Frau und, etwas nachgeordnet, doch noch immer gültig, als (getaufte) Jüdin war es unmöglich, diese zu durchbrechen. So kehrte sie 1946 nach New York zurück. In diesem Jahr wurde ihr die Position als Psychiaterin im Women's House of Detention, einem Frauengefängnis, in New York angeboten, die sie annahm. Zusätzlich war sie an mehreren Hospitälern tätig, gab Seminare an Hochschulen und betrieb eine eigene Privatpraxis.

Währenddessen hatten sich Phyllis Bottome und Hertha Orgler einen Wettlauf um die erste große biographische Darstellung geliefert. 1939 erschienen Bottomes *Alfred Adler. Apostle of Freedom* bei Faber & Faber, einem der wichtigsten literarischen Verlagshäuser des englischsprachigen Raums, und parallel in New York bei G. P. Putnam's Sons als auch Hertha Orglers *Alfred Adler. The Man and His Work. Triumph over the Inferiority Complex* im sozialistisch-pazifistischen vegetarisch-tolstoianisch ausgerichteten Verlag von C. W. Daniel.

Auch Albert Ehrenstein hatte sich, wie ein Brief von ihm an Stefan Zweig vom 2. November 1937 zeigt, mit der Idee einer Alfred-Adler-Biographie getragen, ohne zu wissen, dass ihm Bottome da schon mehr als eine Nasenlänge voraus war – sie war im Winter 1937 extra nach Wien gereist, um Bekannte und Mitarbeiter Adlers zu interviewen und Unterlagen zu sichten, wenige Tage vor dem Einmarsch der Nazis am 12. März 1938 sollte sie nach London zurückkehren. Aus der »Brotarbeit«, so Ehrenstein, wurde nie etwas. Zu groß war seine Distanz zu den, so sein verächtlicher Ausdruck, »Urogenitalphilosophen«, zu gering die Nähe zur übrigen Familie.

Adler hatte ihm noch im Herbst 1936 den Weg zu Berthold Viertel in Santa Monica gebahnt, der über Verlagskontakte in den USA verfügte, und ihm auch vorläufig Herberge im Haus in Salmannsdorf angeboten, auch wenn dort bereits Heizung und Wasser abgestellt waren. Er hatte ihm außerdem Ratschläge erteilt, wie in den USA zu reüssieren sei.[5] Vergebens. Ehrenstein entkam 1941 aus Frankreich in die USA und schlug sich mit schütter dotierten Zeitungsbeiträgen und nicht sehr regelmäßigen Donationen und Alimentationen anderer Emigranten wie dem Maler George Grosz durch. Im April 1950 starb er, keine 64 Jahre alt, in einem Armenhospiz auf Welfare Island, heute Roosevelt Island, New York.

Als Verlust war damals in New York auch anderes zu vermelden, Liebe und eine Truhe. Nellys Ehe mit Heinz Sternberg war schon vor der Emigration im Scheitern begriffen. Die Scheidung erfolgte wenig später. Später heiratete Nelly Adler einen gut verdienenden Redakteur der New Yorker Radio City Hall und war, so ihre Schwester Alexandra mit sanfter Herablassung, bis zu ihrem Tod 1983 »nur« Hausfrau. Nelly, die Letzte der Adlers in Wien, war 1938 erst nach London gegangen, um von dort in die USA zu gelangen, und bei den Forbes-Dennis untergekommen. Sie hatte eine Truhe im Gepäck, darin Dokumente, von denen ihr Vater einst gemeint hatte, sie nicht unbedingt in Amerika zu benötigen. Sie erkrankte. Erst nach einer Weile begab sie sich, wieder einigermaßen bei Kräften, aber ohne die Truhe, an Bord eines Überseedampfers. Nur kurze Zeit später schifften sich auch Bottome und Forbes-Dennis für eine Reise nach New York ein und brachten die Dokumentenkiste mit. Sie stiegen im Hotel Vanderbilt an der Park Avenue ab. Da ein jeder der Adlers beengt wohnte, beließ Forbes-Dennis die große Truhe im *Baggage Room* des Hotels und händigte Kurt Adler den Abholschein aus. 1946 dann reisten die Forbes-Dennis erstmals nach dem Krieg wieder nach New York und mussten erfahren, dass die Kiste nie abgeholt worden war. Kurt Adler konnte sich keines Auslöse-Tickets entsinnen. Laut Hotelpolitik blieben alle deponierten Stücke zwei Jahre lang im *Baggage Room*. Die Truhe musste also mit ihrem gesamten Inhalt 1941 vernichtet worden sein, wie Ernan Forbes-Dennis dreißig

Jahre später Alexandra Adler schrieb, Schauer der Enttäuschung nicht verhehlend.[6]

Innerhalb der Familie kam es immer wieder, das war nichts Neues, zu Spannungen. Vor allem Raissa und Alexandra, die inzwischen Anstrengungen unternommen hatte, die organisatorischen Stränge der verstreuten Individualpsychologie zu koordinieren, nahmen sich im Temperament wenig. So hielt sie Ende 1940 ihrer Mutter in einem Brief vor: »Du bist nicht the head of the family[,] sondern the head of the family ist Kurt. Es ist angezeigt, dass du das berichtigst. Auch als head of the family hat man nur ein Recht[,] so zu schreiben, wenn man die andern gefragt hat. [...] Ich kann dich leider in deiner Eigenmächtigkeit in keiner Weise decken. [...] Ich bin mit der Art deiner Erklaerung in keiner Weise einverstanden. Weder du noch ich wissen, was nach dem Tod von Papa in Wien vorging. [...] Es ist uns allen leider nichts neues, dass du eigenmaechtig handelst. Das einzige, was wir anscheinlich [sic] tun koenne [sic], ist, dich in regelmaessigen Abstaenden zu ersuchen, uns zu befragen, bevor du, in der dir beliebten Weise, Unterschriften und Erklaerungen abgibst und andere davon abzuhlaten [sic], dich um solche zu ersuchen. Leider wissen wir aus Erfahrung, dass wir nur in beschraenktem Mass Unfug verhindrn [sic] koennen.«[7] Die Wogen hatte wieder einmal Kurt, der Diplomat in der Familie und auf den Schlussmetern seiner medizinischen Ausbildung am Long Island College of Medicine befindlich, zu glätten. Ali schrieb an Dreikurs nach Chicago: »Ich kann Ihre Anschauung diesbezüglich voll unterschreiben. Nachfolger gibt es wohl nur in einer Dynastie. Bei uns ist jeder ein Nachfolger.«[8]

Raissa Adler, die im Januar 1951 vom plötzlichen Herztod Carl Furtmüllers erfahren musste, fungierte einige Zeit als Vorsitzende des Executive Commitee der Individual Psychology Association of New York, 1954 wurde sie zur Ehrenpräsidentin des Board of Directors gewählt.[9]

Im Sommer ebendieses Jahres sah Phyllis Bottome nach längerer Pause wieder Alexandra Adler: »Ali hat uns für eine Woche besucht, wir hatten sie seit 48 nicht mehr gesehen. Sie sieht recht gut aus, wenn auch etwas zu schwer. Es ist sehr schwer, sie zu beschreiben: Trotz gelekentlich [sic] aufblitzender Momenten großer Menschengüte erscheint sie selbstzentriert und hart. Doch ich kann nicht glauben, dass sie wirklich hart ist, sondern dass eine gewisse Reserviertheit gegenüber anderen, dazu große Ungeduld, sie menschlichen Kontakt ohne Wohlwollen abbürsten lässt. […] Sie hat einen eindrucksvollen Kopf mit Augenbrauen eines Philosophen und macht sich ausgesprochen gut in ihrem Beruf, sie wird offenbar zu den führenden Psychiatern Amerikas gezählt. Ihre Ansprache als Vorsitzende der Zürich-Konferenz [der 1. Internationale Individualpsychologische Kongress in Zürich 1954] war ziemlich meisterhaft, trocken, aber mit ein, zwei humorvollen Bemerkungen und ohne jede Referenz zum Gemeinschaftsgefühl! […] Die Nachrichten der ganzen Familie – mit Ausnahme des eingestandenen Todes oder Mordes an Vali in Russland – sind gut. Rhaissa [sic] ist ziemlich glücklich über ihr einziges Enkelkind. Kurt hat eine gut laufende Praxis auf Martha's Vineyard, einem luxuriösen Resort in Connecticut, U.S.A., und scheint ein recht stabiles Privatleben zu führen, er sieht genauso aus wie Adler, nur dass er ansonsten nichts von seines Vaters Kräften geerbt hat. […] Nelly lebt sehr komfortabel in einer New Yorker Wohnung, ihr Mann, der erfolgreich in der Filmindustrie tätig ist, verdient sehr gut.«[10]

Ihre politischen Überzeugungen gab Raissa Adler lebenslang nicht auf. Das ist Briefen zu entnehmen, die sie 1957 nach Wien schrieb. Sie bedankte sich darin bei Hugo Thaller, einem früheren Redakteur der *Arbeiter-Zeitung*, der zum 20. Todestag Alfred Adlers einen Artikel veröffentlicht hatte, für das Detail, dass er Adler als »Sozialisten« gefeiert habe – und Sozialist wurde von ihr durch Unterstreichen betont –, »was sonst niemand tat: Im Gegenteil. Ich habe manche Berichte gelesen, wo man Adler's [sic] besonderen Vorteil erwähnte, dass er, wie der Bericht sagte, zu keiner Partei gehört hatte.« Sie schloss »Mit sozialistischem Gruss«.[11]

Ihr Testament war auf den 27. März 1959 datiert, sie unterschrieb es am 1. April 1959. Darin heißt es unter Punkt 16: »Einige wenige Briefe von Papa zum Lesen für alle drei, zum Aufheben für Ali.

Meine lieben Kinder, bleibt einig. Ich liebe Euch. Haltet zusammen.«[12] Wie hatte noch mal Alfred Adler 1930 in seinem langen Familienbrief, der an Ali adressiert war, sich aber an alle Familienmitglieder richtete, geschrieben? »Fuer Euch scheint mir das Lebensnotwendigste, dass Ihr ohne Ausrede und voll Zuversicht, auch wenn es Euch schwer erscheint, Euch der Aufgabe hingebt[,] mehr aneinander zu denken und einander Freude zu machen. Das erfordert, dass alle Eure Schritte von diesem Bestreben getragen sind. Seid einig.«[13]

Raissa Adler starb am 21. April 1962 um 13.45 Uhr in einem Krankenhaus an New Yorks Upper East Side. Der Totenschein vermerkte eine Größe von 142 Zentimetern und ein Gewicht von 49 Kilogramm. Todesursache war ein Lungenemphysem infolge einer Lungenentzündung und einer Thrombose der Lungenschlagader. Sie wurde, wie sie es wünschte, kremiert.

Einen Tag später, es war Ostersonntag, informierte Alexandra Adler Phyllis Bottome und Ernan Forbes-Dennis, die in den letzten zwanzig Jahren rührig und anteilnehmend Kontakt zur Familie und zu vielen anderen exilierten Individualpsychologen gehalten hatten: »Liebe Phyllis und Ernan«, begann sie, »gestern starb Mutter. Sie starb recht schnell, während sie im Lenox Hill Hospital zu Mittag aß – um Viertel vor zwei war ich da. Sie begann zu schlucken, sagte dann ganz klar ›Ich fühle mich nicht gut‹ – schnappte einmal nach Luft und starb. Bevor die Ärzte im Zimmer waren, beatmete ich sie mit Sauerstoff, ohne Ergebnis. Sie hatte eine sehr schelchte [sic] Zeit, seitdem sie sich am 6. März die Hüfte gebrochen hatte. Die Operation verlief perfekt – aber der Patient ist tot. Der Bruch heilte vollständig nach dem Eingriff am 8. März. Aber von Anfang an lag sie sich wund, hatte Harnverhalt, zog sich eine Vaginalinfektion zu und schließlich eine Lungenentzündung, die nicht abklingen wollte. Zwei Wochen atmete sie sehr angestrengt und ihr musste Sauerstoff verabreicht werden, um sie zurück ins Leben zu holen. Das Schlechte war, dass sie danach wieder halb verwirrt, halb überaus agil war. Sie verabschiedete sich wiederholt von uns, weil sie bald sterben würde und dann sprach sie mit ihren toten Verwandten in Russland, sie halluzinierte wohl, dass sie da wären. Zur selben Zeit sagte sie mir, sie seien tot und dann sprach sie kleich [sic] wieder mit und zu ihnen. Manchmal dachte sie, sie sei ›gestern‹ begraben worden. All das war ein toxxisches [sic] Delirium, offensichtlich auf die Lungenentzündung zurückgehend. Heute ist die Autopsie. Ich werde schreiben, wenn sie etwas Unerwartetes bringt. / Der Tod hat eine Leere hinterlassen. [...] Mutter hat ein kleines Päckchen mit Briefen meines Vaters an sie hinterlassen, aus dem Jahr 1879 [richtig ist das Jahr 1897] – in denen er um sie buhlte. Sie sind voller Liebe an sie, und, weil alle innert vier Monaten geschrieben, einander alle ziemlich ähnlich.

Es tut mir leid, dass Mutter offenbar alle späteren Briefe vernichtet hat – sie war immer so diskret, wie Ihr wisst.«[14]

Tochter Nelly war zum Zeitpunkt des Todes in ihrem Wochenendhaus auf dem Land. Kurt traf fünf Minuten nach dem Tod ein. Zum Zeitpunkt von Raissas Tod wohnten alle in Manhattan, Ali Adler 30 Park Avenue, Kurt Adler 262 Central Park West und Nelly, verheiratete Michel, 17 West 67th Street.

Nach dem Kriegseintritt der Vereinigten Staaten im Dezember 1941 infolge der Bombardierung des Marinestützpunkts Pearl Harbor auf Hawaii war Kurt Adler als Arzt zum Militärdienst eingezogen worden. Er hatte in Krankenhäusern in abgelegenen Regionen der USA gedient. So war er Ende November 1942 im Camp Berkeley, fünfzehn Meilen südlich von Abilene in Texas, stationiert, im Mai 1943 in Fort Sill, Oklahoma, und im Januar 1944 im Glennan General Hospital, Okmulgee, ebenfalls in Oklahoma.[15] Im letzten Kriegsjahr war er in Little Rock, Arkansas, tätig, wo er seine zweite Frau Freyda, geborene Pasternak, traf. Sie heirateten. Am 16. April 1946 kam Tochter Margot Susanna zur Welt. Sie wurde Raissas Liebling. Mit ihr wie mit den übrigen Familienmitgliedern unterhielt sich Raissa auf Deutsch, ihre Englischkenntnisse sollten lebenslang mager bleiben.[16]

Auch Kurt Adler, der bis ins hohe Alter eine eigene Praxis betrieb, engagierte sich stark für das Erbe seines Vaters, hielt Vorträge und diente als stets freundlicher Gesprächs-, Ansprech- und Auskunftspartner. Er starb mit 92 Jahren am 30. Mai 1997 in New York, sechzig Jahre und zwei Tage nach seinem Vater.

Alexandra Adler wuchsen organisatorische und koordinierende Aufgaben innerhalb der internationalen Individualpsychologie zu. Ab 1954 amtierte sie als Medical Director der Alfred Adler Mental Hygienic Clinic, die aus dem 1948 gegründeten Adler Consultation Center Schritt für Schritt erwachsen war.[17] 1973 konnte sie stolz erklären: »Sie ist die größte Adlersche Klinik, arbeitet sechs Tage in der Woche für niedriges Honorar und hat Patienten jeden Alters. Sie wurde schon vor meiner Ankunft in New York von Frau D. Deutsch, einer Schülerin meines Vaters, begonnen, die noch heute die Verwaltung leitet. [...] Diese Art Klinik, die psychiatrische Hilfe für wenig Geld leistet, ist sehr gefragt und trägt zur allgemeinen Wohlfahrt bei.«[18] Heute befindet sich das Alfred Adler Institute of New York an der Adresse 594 Broadway. 1959 heiratete sie den norwegischstämmigen Halfdan Gregersen, einen 1896 geborenen Professor für romanische Sprachen und vormaligen Dean des Williams College in Williamstown, Massachusetts. Er starb im März 1980. Die 1978 mit dem Goldenen Ehrenkreuz der Stadt Wien geehrte Alexandra Adler, die mit zunehmendem Alter physiognomisch immer stärker ihrer Mutter glich, überlebte ihn um fast einundzwanzig Jahre. Sie starb am 4. Januar 2001 im Alter von 99 Jahren.

Am 25. September 1997, dem zum Austrian-American Day gekürten Tag, wurde Alexandra Adler von US-Präsident Bill Clinton in der Proclamation 7027 namentlich und besonders erwähnt. Mit und neben Felix Frankfurter, einem der wichtigsten Bundesrichter am Supreme Court, dem höchsten Bundesgericht der USA, Frederick Loewe, dem in Berlin als Sohn von Österreichern geborenen Komponisten von Musicals wie *My Fair Lady*, Joel Elias Spingarn, einem der Gründer der National Assocation for the Advancement of Colored People, einer der ältesten Bürgerrechtsorganisationen Nordamerikas, und dem Architekten Richard Neutra. Im Unterschied zu all diesen war sie die einzige noch Lebende – und die einzige Frau.[19]

Alfred Adlers einzige Enkelin Margot studierte an der University of California, Berkeley, und wurde Radiojournalistin in New York. Sie starb am 28. Juli 2014. In ihren letzten zwanzig Lebensjahren schrieb sie mehrere Bücher über transkonfessionellen Spiritualismus, Vampire und Neuheidentum. Sich selbst bezeichnete sie als Wiccan High Priestess, als Priesterin der Wicca-Religion, einer Art Hexen-Religion mit am Mondzyklus ausgerichteten magischen Ritualen.

31 Die Individualpsychologie nach 1933

»Wie können wir ein glückliches, produktives, erfülltes Leben leben – innerlich und äußerlich frei, aus uns selbst heraus und mit uns identisch, unsere wichtigsten Bedürfnisse befriedigend, unsere Fähigkeiten und Potentiale entfaltend in Arbeit, Liebe und Vernunft?«

Erich Fromm[1]

Arbeit, Liebe und Vernunft. Und ein Charakterdefekt. Den vierten Begriff benutzte der New Yorker Psychoanalytiker Kurt R. Eissler 1982, als er Ereignisse kommentierte, die knapp fünfzig Jahre zurücklagen. Er, der strenge Hüter des New Yorker Sigmund Freud Archive, wusste, worüber er schrieb. Mit dreißig Jahren war er 1938 aus Österreich den Nazis entkommen, seine Frau war 1933 aus Deutschland nach Wien emigriert, sein Bruder wurde in Auschwitz ermordet. »Was ich mit Jungs Charakterdefekt meine«, brachte Eissler zu Papier, »kommt am klarsten (und wie mir scheint, in erschreckender Weise) in einem Brief an Wolfgang M. Kranefeldt zum Vorschein. Kranefeldt war ein Schüler Jungs und damals (1934) ein Mitbegründer des Berliner Instituts für Psychotherapie, das nach der nationalsozialistischen Machtergreifung ins Leben gerufen wurde. Jung schrieb ihm: ›Gegen die Dummheit kann man bekanntlich nichts tun, aber in diesem Falle können die arischen Leute darauf hinweisen, dass mit Freud und Adler spezifisch jüdische Gesichtspunkte öffentlich gepredigt werden, und zwar, wie man ebenfalls nachweisen kann, Gesichtspunkte, welche einen wesentlich zersetzenden Charakter haben. Wenn die Verkündigung dieser jüdischen Evangelien der Regierung angenehm ist, so ist es halt eben so. Andernfalls ist ja auch die Möglichkeit vorhanden, daß dies der Regierung nicht angenehm wäre, […]‹.«[2]

Carl Müller-Braunschweig hatte 1933 den Artikel *Psychoanalyse und Weltanschauung* publiziert. Mit dem Thema knüpfte er an Debatten der späten 1920er Jahre an, mit nun neoheroischer Stoßrichtung.[3] Ein Jahr später schwadronierte C. G. Jung über die Lage der Psychotherapie: »Das arische Unbewusste hat ein höheres Potential als das jüdische; das ist der Vorteil und der Nachteil einer dem Barbarischen noch nicht völlig entfremdeten Jugendlichkeit. Meines Erachtens ist es ein schwerer Fehler der bisherigen medizinischen Psychologie gewesen, dass sie jüdische Kategorien, die nicht einmal für alle Juden verbindlich sind, unbesehen auf den christlichen Germanen oder Slawen verwandte. Damit hat sie nämlich das kostbarste Geheimnis des germanischen Menschen, seinen schöpferischen ahnungsvollen Seelengrund als kindisch-banalen Sumpf erklärt, während meine warnende Stimme durch Jahrzehnte des Antisemitismus verdächtigt wurde.« Und weiter: »Er [Freud] kannte die germanische Seele nicht, so wenig wie alle seine germanischen Nachbeter sie kannten. Hat sie die gewaltige Erscheinung des Nationalsozialismus, auf die eine ganze Welt mit erstaunten Augen blickt, eines Besseren gelehrt? Wo war die unerhörte Spannung und Wucht, als es noch keinen Nationalsozialismus gab? Sie lag verborgen in der germanischen Seele, in jenem tiefen Grunde, der alles andere ist als der Kehrichtkübel unerfüllbarer Kinderwünsche und unerledigter Familienressentiments.«[4]

In Deutschland unternahm die nationalsozialistische »Psychotherapie« den Versuch, einige individualpsychologische Grundgedanken zu integrieren – sofern sie kompatibel waren mit der Leitideologie. Die Deutsche Psychoanalytische Gesellschaft wurde nach der »Machtergreifung« unter Druck gesetzt, sich einem psychotherapeutischen Institut aller Richtungen anzuschließen. Führende Mitglieder der »Allgemeinen Ärztlichen Gesellschaft für Psychotherapie«, der C. G. Jung vorstand, hatten 1933 die Gründung einer »Deutschen« Gesellschaft erwogen, dem neuen Regime servil ergeben. An Vorverhandlungen beteiligt waren Göring, Self und Künkel. Zum Vorsitzenden wurde Göring gekürt. Wer diesen Posten bekleidete, musste Mitglied der NSDAP sein, und das war Göring. Außerdem war er politisch gut vernetzt. Sein Vetter war Hermann Göring, 1933 Ministerpräsident von Preußen und wenig später Reichsminister der Luftfahrt. Bei der Gründung dieser Deutschen Sozietät sollten alle psychotherapeutischen Richtungen vertreten sein. Seif, 1933 67 Jahre alt, stand für die Individualpsychologie.[5] Künkel galt als eigene Richtung. Er war immer konservativer geworden und fügte sich ab 1933 geschmeidig den nationalsozialistischen Milieus ein. Seine Thesen standen mittlerweile Jung näher. Im Herbst 1939 war er auf Vortragsreise in den USA und entschied sich bei Kriegsausbruch für einen Verbleib in der Neuen Welt. In der Vergangenheit mit evangelischen Klerikern kollaborierend, eröffnete er in Los Angeles ein »Institut für Pastoralpsychologie«.

Matthias Göring war Vorsitzender der »Allgemeinen deutschen ärztlichen Gesellschaft für Psychotherapie« (AAGP), die 1926 gegründet worden war.[6] Sie war ein Auffangbecken für Therapeuten, die die Orthodoxie aufweichten, antiliberale Seiten hatten und teils rassenbiologische Ansichten vertraten. Der Verein betrieb aktiv Angleichung und Unterwerfung. Im April 1933 wurde C. G. Jung Präsident der AAGP. Seine Vorgänger hatten demissioniert, weil sie die Nationalsozialisten ablehnten. Ab 1934 amtierte er auch als internationaler Vorsitzender.[7] Sitz war Wuppertal-Elberfeld, der Wohnsitz Górings, der eine »Neue Deutsche Seelenheilkunde« erschaffen wollte. Göring, niedergelassener Neurologe, hatte eine Lehranalyse bei Seif in München gemacht – später betonte er, zu Seif gegangen zu sein und nicht zum Juden Adler, dessen rechte Hand Sperber zudem Bolschewist gewesen sei – und 1929 eine Erziehungsberatungsstelle in Wuppertal gegründet.[8] Sanft im Auftreten, war der 1879 geborene Göring mit dem großen weißen Vollbart frommer Pietist und bis zu seinem Tod im Juli 1945 in Posen Nationalsozialist (der aber auch einige Mitarbeiter schützte). Das wurde vor der Konstituierung der AAGP deutlich in Görings Bemerkung, dass nur Kollegen aufgenommen werden sollten, die in der Lage wären, »auf einem Kongress einen Vortrag zu halten, der eine Verbindung darstellt zwischen den Ideen Hitlers und seiner Richtung«.[9] Am 15. September 1933 wurde die »Deutsche allgemeine ärztliche Gesellschaft für Psychotherapie« in Berlin ins Leben gerufen, im Hause Fritz Künkels.[10] Im *Zentralblatt für Psychotherapie* erschien die Leitlinie der neuen Vereinigung. Nicht nur alle deutschen Ärzte sollten sich in ihr versammeln, die ihre Patienten holistisch behandelten, vielmehr sollten sie im Sinne der nationalsozialistischen Weltanschauung eine seelenärztliche Heilkunst ausbilden und außerdem Hitlers *Mein Kampf* mit wissenschaftlichem Ernst durchgearbeitet haben und als Grundlage anerkennen. Und: Diese neualt-teutonische Seelenheilkunde solle »mitarbeiten an dem Werke des Volkskanzlers, das deutsche Volk zu einer heroischen, opferwilligen Gesinnung zu erziehen«.[11] 1935 wurde die Deutsche Psychoanalytische Gesellschaft »gleichgeschaltet«. Die letzten, verbliebenen Mitglieder jüdischen Glaubens, achtzehn an der Zahl, knapp die Hälfte des Vereins, mussten austreten. Anfang 1936 wurde die Weisung gegeben, mit anderen therapeutischen Richtungen unter einem Dach zusammenzugehen, und zwar unter Leitung Görings. Im März 1936 wurde der Internationale Psychoanalytische Verlag in Leipzig geschlossen und liquidiert.[12] Im Mai des Jahres wurde das »Deutsche Institut für psychologische Forschung und Psychotherapie e. V.« durch Vertreter der »Deutschen allgemeinen ärztlichen Gesellschaft für Psychotherapie«, der »Deutschen psychoanalytischen Gesellschaft«, der »C. G. Jung-Gesellschaft« und Fritz Künkels »Arbeitskreis für angewandte Charakterkunde« in Berlin gegründet. Dieses Institut war der Abteilung »Amt für Berufserziehung und Betriebsführung« der »Deutschen Arbeitsfront« beigeordnet.[13] Göring schwebte die Chance ideologischer Einflussnahme vor mit dem Ziel »der Grundlegung einer deutschen Seelenheilkunde auf dem sicheren Boden der NS-Weltanschauung«. Mitglieder mussten nicht unbedingt Mitglied der NSDAP sein.[14] Bis 1942 wurde das »Deutsche Institut für Psychologische Forschung und Psychotherapie« von der »Deutschen Arbeitsfront« finanziert, danach vom »Reichsforschungsrat«.[15] Aus Görings »Deutschem Institut für Psychologische Forschung und Psychotherapie« wurde am 1. Januar 1944 das »Reichsinstitut im Reichsforschungsrat«.[16]

Die *Internationale Zeitschrift für Individualpsychologie*, die in Wien erschien, nahm ab dem Jahr 1934 an Umfang ab. Ab diesem Jahr fehlten unter den »ständigen Mitarbeitern« die Münchner. Kaum ein deutscher Verfasser tauchte mehr mit Beiträgen auf. Von Gruppen aus NS-Deutschland gab es bald keine Nachrichten mehr, auch nicht von Erziehungsberatungsstellen oder verwandten Einrichtungen. In der Liste der Ortsgruppen wurden sie noch bis 1936 gelistet.[17] Im April 1934 war vom Verbot der Sozialistischen Partei auch die Arbeitsgruppe Marxistischer Psychologen in der Kleeblattgasse betroffen. Sie musste sich auflösen. In der Wiener Schulbehörde wurde Carl Furtmüller seines Postens enthoben.[18] Da Adler nicht mehr in Wien residierte, musste für den Verein im Dezember 1935 ein neuer Vorstand gewählt werden. Obmann war Dr. med. Franz Plewa, Beisitzer Dr. jur. Heinz Sternberg, Adlers Schwiegersohn. Zum Ehrenobmann berief man Adler. Der ins Leben gerufene »Klub der Freunde der Individualpsychologie« versuchte, jeglichen Anhauch des Sozialismus auch rückwirkend abzustreifen. Mit wechselhaftem Ergebnis. Immer wieder lancierten Wiener Zeitungen scharfe antisemitische Berichte über Aktivitäten oder (halb-)öffentliche Auftritte der letzten aktiven Individualpsychologinnen und -psychologen wie Sofie Lazarsfeld, Lydia Sicher, Alexander Neuer oder Danica Deutsch,[19] so etwa das *Montagsblatt*: »Dieses Gardebataillon jüdischer Individualpsychologen und Bewältiger der dekadenten Lebensaufgaben will also nun auf die Wiener Bevölkerung losmarschieren.«[20]

Nach dem »Anschluss« Österreichs 1938 verschärfte sich die Lage für die jüdischen Mitglieder des Vereins für Individualpsychologie. Ungefähr vierzig konnten sich drohender Verhaftung durch Flucht entziehen, sechs fielen dem Holocaust zum Opfer, nur drei blieben in Österreich: Oskar Spiel, Ferdinand Birnbaum, Karl Nowotny.[21] Infolge des »Gesetzes vom 17. Mai 1938 über die Überleitung und Eingliederung von Vereinen, Organisationen und Verbänden« wurde auch Franz Plewa, Wien II, Böcklinstraße 70, angeschrieben und in Kenntnis gesetzt, dass der Verein mit sofortiger Wirkung aufgelöst sei. Plewa war bereits nach London emigriert und antwortete von dort, alle Nachrichten in seiner Abwesenheit sollten bitte an seinen Stellvertreter Ferdinand Birnbaum gehen (»Er ist Vollarier und äusserst gewissenhaft und fähig«).[22] Im Februar 1939 wurde zwar der Verein aus dem Vereinsregister gestrichen. Der Umstand, dass das amtliche Schreiben nicht an einen offiziellen Vorsitzenden oder an dessen Stellvertreter ging, sollte nach 1945 zu juristischen Querelen führen.[23] Mitte August 1938 hatte Sofie Lazarsfeld, deren große Wohnung in der Seilergasse vom Staat requiriert worden war, Wien verlassen.[24] Aline und Carl Furtmüller waren bis zu ihrer Emigration nach Frankreich im Sommer 1939 für die verbotene Opposition konspirativ tätig – als Kurier soll sich Adlers früherer Gärtner zur Verfügung gestellt haben.[25] 1940 waren die Furtmüllers und Sofie Lazarsfeld in Montauban im unbesetzten Teil Frankreichs. Die Furtmüllers gingen 1940 über die »grüne« Grenze nach Spanien. Sie wurden verhaftet, in verschiedenen Gefängnissen untergebracht, konnten nicht miteinander kommunizieren, dabei war Aline an Krebs erkrankt.[26] Mehrere religiöse Organisationen und Raissa Adler versuchten, beide freizubekommen, was im Dezember 1940 gelang. Sie bestiegen in Lissabon ein Schiff mit Ziel USA. Carl Furtmüller arbeitete erst in Philadelphia als einfacher Arbeiter in einer Kleiderfabrik, dann als Lehrer für Latein an einer Schule der Quäker in Baltimore, später als Übersetzer für die deutschsprachigen Sendungen des Radiosenders »Voice of America« in New York. Aline Furtmüller erlag ihrer Krebserkrankung im Dezember 1941.[27]

Während der Jahre des Nationalsozialismus bildete sich in Wien um den Psychoanalytiker August Aichhorn eine Arbeitsgruppe der im Lande verbliebenen Psychoanalytiker und Individualpsychologen. Heinrich von Kogerer, Psychiater und Neurologe am Kaiserin-Elisabeth-Spital in Wien-Rudolfsheim, hatte von Matthias Göring die Weisung erhalten, einem Zirkel vorzustehen. Kogerer, der die Psychoanalyse Freuds als spezifisch jüdisch einstufte, lehnte eine Kollaboration mit Laien ab. 1940 wurde er als Militärpsychiater zum Kriegsdienst eingezogen. Die offiziell dem »Deutschen Reichsinstitut« unterstellte Gruppe – Berlin war weit – konnte sich einigermaßen unbehelligt zu Diskussionsrunden in privatem Kreis treffen, wobei die Vertreter der verschiedenen Richtungen zusammenarbeiteten. Der Psychoanalytiker und langjährige Vorsitzende des

Wiener Psychoanalytischen Vereins Harald Leupold-Löwenthal meinte 1982 nicht ohne Weichzeichner: »Individualpsychologen und Psychoanalytiker haben in der Zeit des Nationalsozialismus in Wien in demokratischer Form und über alle historischen Ereignisse und Bitterkeiten hinweg gemeinsam einen Angriff auf die Tiefenpsychologie und Psychoanalyse abzuwehren versucht!«[28] Als niedergelassener Psychiater konnte Karl Nowotny, der Alfred Adler seit etwa 1920 kannte und Mitglied des Individualpsychologischen Vereins und Schriftführer einer medizinischen Fachgruppe gewesen war, Aichhorn sowie individualpsychologischen Kollegen, die, um als »behandelnde Psychologen« praktizieren zu dürfen, die Zusammenarbeit mit einem Arzt vorweisen mussten, eigene Patienten überweisen. Nach Kriegsende konnte der Verein für Individualpsychologie neu aufgebaut werden.[29] Nowotny, 1938 im Wiener AKH entlassen, wurde Ende Mai 1945 zum Primarius der Wiener Städtischen Nervenheilanstalt Maria Theresia Schlössel in Wien-Döbling ernannt. Dort betrieb er mit Oskar Spiel eine individualpsychologische Erziehungsberatungsstelle.

Arbeit, Liebe und Vernunft. Und Verluste ohne Ende.

Schon 1930 hatten Alice Rühle-Gerstel und Otto Rühle aus Geldnot ihr Haus in Buchholz bei Dresden verkauft. Kurz vor der »Machtergreifung« Hitlers verließen sie im Oktober 1932 Deutschland und gingen nach Prag. Ihre in ihrer Dresdner Wohnung zurückgelassene Bibliothek wurde konfisziert – der Kriminalkommissar, der die Beschlagnahmung beaufsichtigte, hatte Rühle seit 1918 überwacht – und in alle Winde zerstreut.[30] Im November 1935 emigrierte Otto Rühle nach Mexiko, dort lebte seine Tochter aus erster Ehe. Alice folgte sechs Monate später.[31] 1936 wurde ihm ein Posten im staatlichen mexikanischen Erziehungsministerium in Aussicht gestellt. Sein Enthusiasmus war groß. Doch er stieß auf Widerstände. Vorschläge für Buchprojekte stießen in Amerika auf taube Ohren. Eine gewaltige Enzyklopädie, die er konzipiert hatte, lehnte ein anfangs interessierter Großverlag mit der Begründung seiner Trotzki-Nähe ab. Rühle verkehrte mit Trotzki: In Mexiko besuchten sie sich und disputierten konträr. Ende Januar 1938 wurde seine Stelle im Ministerium gestrichen. Er schrieb noch ein Buch über Marxismus.[32] Alltagssorgen türmten sich. Etwas Geld verdiente er mit Postkartenzeichnungen.[33] Das Geld zum Leben erarbeitete Alice Rühle-Gerstel durch publizistische Tätigkeiten für diverse Magazine.[34] Am 24. Juni 1943 blieb das Herz des Theoretikers stehen. Am späten Nachmittag desselben Tages stürzte sich Alice Rühle-Gerstel aus dem Fenster ihrer Wohnung und starb Stunden später.[35]

Manès Sperber wurde am 15. März 1933 in Berlin verhaftet.[36] Nach 36 Tagen wurde er dank einer Initiative seines Vaters und eines Wiener Anwalts aus dem Dunstkreis der Individualpsychologie entlassen. Er verließ Deutschland. Am 11. Mai hörte er in Wien im Rundfunk von den Autodafés.[37] 1937 brach er wegen der Moskauer Prozesse mit Stalin und dem Kommunismus. Als Medium der Selbsttherapie verfasste er binnen kurzem einen seiner wohl bedeutendsten Essais. *Zur Analyse der Tyrannis* erschien 1938 in Paris, wo Sperber inzwischen lebte. Klarsichtig legte er die sozialpsychologischen Mechanismen von Entstehung und Funktionieren der Totalitarismen des 20. Jahrhunderts auseinander. Mit diesem Text etablierte er sich nach 1945 als antikommunistischer Vordenker. Er mutet heute noch aktuell an: »Vor der Machtergreifung verspricht jeder Tyrann jedem, der ihm anhängt, alles zu bieten. Er verspricht überdies, einen großen Machtapparat zu schaffen und ihn denen anzuvertrauen, die ihm treu folgen. Er verspricht also Macht. Wann sonst wird denn dem kleinen Mann von der Straße Macht versprochen? *Ihm als Person* – und das ist sehr wichtig. Ihm wird nicht versprochen, dass die Schicht, der er angehört, Macht haben wird. Ihm wird versprochen, dass er herausgehoben werden wird und sich so von seiner Schicht wird befreien können. Der Tyrann appelliert an die Millionen kleiner verhinderter Tyrannen, die ähnliche Sehnsüchte und Wünsche haben wie er selbst, für die allerdings diese Süchte nicht zum Zwang geworden sind. Er hält dieses Versprechen dann, zur Macht gekommen, einigen Tausend. Die anderen muss er fürchten. […] Der Tyrann verspricht, diese Krise zu überwinden, den Wohlstand für ewig zu sichern. Das versprechen andere auch. Er aber bietet noch mehr und sehr Wesentliches: den Mythos vom Feinde. Der Feind nämlich, das ist der Nachbar. Und wer hätte nicht Nachbarn, die er hasste? Der Feind, das ist ein Auswurf an Minderwertigkeit und tückischer List. Doch wer dem Tyrannen anhängt, ist ein Vorbild der Nationen, ein Edler von Geburt, der es beweist, indem er sich zum Tyrannen bekennt. Bevor also der Tyrann dem Krämer wirklich geholfen hat, hat er ihm bereits wundervolle Geschenke gemacht. Er hat ihm – erstens – die komplizierte Welt auf einige simple, greifbare Urgründe des Bösen und des Guten zurückgeführt. Nun versteht unser Krämer restlos, warum es ihm schlecht geht und einem andern besser. Der Tyrann hat – zweitens – diesem Mann den Hass gegeben, diesen Hass legitimiert, ihn zu einem Beweis adeliger Gesinnung erhoben. Was schamhaft versteckt werden musste, diese ganze Skala von Gefühlen, die aus dem Vergleichszwang herrühren und dazu dienen sollen, das Gefühl vom eigenen Werte auf Kosten anderer zu heben – all das ist ehrenwert geworden.«[38]

Rudolf Dreikurs, der individualpsychologisch orientierte Psychiater und ab Mitte der 1920er Jahre Pionier sozialpsychiatrischer Arbeit, der Tageskliniken und Beratungsstellen für Psychiatriepatienten und Alkoholiker auf den Weg gebracht und Prophylaxeinstrumente erarbeitet hatte, hatte seit längerem eine Emigration erwogen. Zu prekär war ab 1934 seine Einkommenssituation geworden. Im Frühjahr 1937 gelang es ihm, eine Einladung für eine Vortragstour durch Brasilien zu ergattern. Alternativ hatte ihm Adler den Vorschlag unterbreitet, in die USA zu emigrieren. Er hatte als Zielort Chicago empfohlen, dort läge die Zukunft der Individualpsychologie in Amerika.[39] Dreikurs reiste nach Südamerika und kam im November 1937 in die Vereinigten Staaten. In New York suchte er Raissa Adler auf. »Gestern unterhielt ich mich mit Frau Adler«, berichtete er. »Sie schaut furchtbar aus, ist aber frisch und beginnt jetzt mit Stundengeben sich zu erhalten.«[40]

Dreikurs reiste weiter nach Chicago. Er erhielt eine Stelle am Michael Reese Hospital and Medical Center, einer der ältesten und größten Kliniken der Stadt.[41] Die Exilsituation zu bewältigen war nicht einfach.[42] Seine zwei Kinder konnte er nachholen, seine Eltern nicht. Sie wie auch seine geschiedene Frau kamen in Konzentrationslagern um.[43] 1942 wurde er Professor für Psychiatrie an der Medizinischen Fakultät der University of Chicago und betrieb eine eigene Praxis. 1939 hatte er ein Child Guidance Center, eine Erziehungsberatungsstelle, in einem ärmeren Wohndistrikt gegründet.[44] Dreikurs, der ab 1940 das viermal im Jahr erscheinende *The Individual Psychology Bulletin* herausgab, schuf eine eigene kinder- und jugendpsychotherapeutische Schule, die auf der individualpsychologischen Theorie aufbaute, aber pragmatisch Elemente anderer psychotherapeutischer Richtungen miteinander verschmolz. Tiefenpsychologische Aspekte wie Introspektion, Analyse und Persönlichkeitsentwicklung blendete er weitgehend aus.[45] 1942 hatte Dreikurs Adlers Idee des Gemeinschaftsgefühls mit den Anstrengungen Amerikas zusammengeführt, der Demokratie zum Sieg zu verhelfen. Er trat für eine grundlegende psychologische Revolution für soziale Gleichwertigkeit ein. Dies sah er als Konsequenz der sozial-anthropologischen »Vier Freiheiten«, die Roosevelt und Churchill 1941 in der Atlantic Charta fixiert hatten: Freiheit der Rede, Freiheit der Religion, Freiheit von Mangel und Not sowie Freiheit von Furcht. Notwendig sei laut Dreikurs die Verwirklichung des demokratischen Prinzips der Gleichwertigkeit aller Menschen im Verhältnis der Rassen, im Verhältnis der Geschlechter sowie innerhalb der Kindererziehung in Familie und Schule.[46] Die Schwierigkeiten, die sich aus der durch den Krieg veränderten Rolle der Frau für viele Paare ergaben, standen auch im Mittelpunkt seines Buchs *The Challenge of Marriage* von 1946. Dreikurs, der 1954 in den Vorstand der International Association of Individual Psychology gewählt wurde, leitete jahrelang das 1952 gegründete Institute of Adlerian Psychology, das spätere Alfred Adler Institute of Chicago, lange Zeit die größte individualpsychologische Institution in den USA. In den 1950-er und 1960er Jahren schrieb er Bestseller über Erziehung, *Kinder fordern uns heraus* und *Psychologie im Klassenzimmer*. 1968 wurde in Israel, wo Dreikurs ab 1960 mehrfach tätig war, die »Association for the Betterment of Human Relations« gegründet. Sie kollaborierte mit dem Alfred-Adler-Institut und konnte Einfluss nehmen auf Parteien, Ministerien und Manager, auf Elternorganisationen, das Erziehungswesen und die israelische Armee.[47]

Erwin Wexberg emigrierte 1934 in die USA. Er ging zuerst nach Chicago. Dann zog er nach New Orleans, wo er eine individualpsychologische Beratungsstelle betrieb. Anschließend legte der in Wien ausgebildete Dr. med. US-medizinische Examina ab, war in Krankenhäusern in New Orleans und im Bundesstaat Connecticut tätig. Während des Zweiten Weltkriegs Militärarzt, wechselte er nach 1945 nach Washington, D.C., wo er Direktor des Bureau of Mental Hygiene des U.S. Health Department wurde. Ihm oblag der Aufbau sozialmedizinischer Wohlfahrtseinrichtungen, Erziehungs- und psychiatrischer Beratungsstellen und Alkoholikerambulanzen.[48] Er starb 1957.

Andere hatten weniger Fortüne. So emigrierte Alexander Neuer 1939 nach Paris. Zu Beginn des Zweiten Weltkriegs wurde er als feindlicher Ausländer interniert und starb 1941 in einem KZ.[49] In den seit Mai 1940 von den Nazis besetzten Niederlanden entschloss sich Paula Allmayer im August 1942 zur Flucht. Sie wollte mit ihrer Familie nach Portugal gelangen. Sie heuerten einen Schleuser an, der sie außer Landes bringen sollte. Er holte sie nachts mit seinem Wagen ab und setzte sie direkt vor dem Gestapohauptquartier in der Euterpestraat ab. Sie wurden verhaftet, interniert und ins KZ Auschwitz deportiert, wo sie am 3. September 1942 umgebracht wurden.[50]

Lydia Sicher, die als junge Ärztin so wie Ali Adler unter Wagner-Jauregg und Pötzl gearbeitet hatte, verließ 1938 Wien zusammen mit ihrem Mann. Dieser, bis dahin Ordinarius für Anatomie an der Universität, ging in die USA, sie blieb ein Jahr in Großbritannien. Sie ließen sich im Bundesstaat Utah nieder und zogen 1941 nach Los Angeles, ihr Mann hatte einen Ruf an die Medizinfakultät der University of California erhalten. Sie gründete 1948 ein Child Guidance Center und war als Assistenzärztin für Psychiatrie des Los Angeles Psychiatric Service und Mitarbeiterin des Psychiatric Outpatient Department of the Cedars of Lebanon Hospital tätig. Lydia Sicher starb 1962.[51] Die deutsche Individualpsychologin Lucy Ackerknecht initiierte 1966 in Berkeley bei San Francisco, wo sie an der John F. Kennedy University Psychologieprofessorin war, das Western Institute for Research and Training in Humanics und erfand das Modell des Individualpsychologischen Marathons.[52] Sie war in der zweiten Hälfte der 1960er Jahre federführend an der Ausbildung einer neuen, jungen Generation von Individualpsychologinnen und Individualpsychologen in Deutschland beteiligt.

32 Die Individualpsychologie nach 1945

»Wenn die Triebe Störungen machen, ist es ein Beweis,
dass die Hunde nicht schlafen,
– und wenn sie wirklich zu schlafen scheinen,
liegt es nicht in unserer Macht, sie aufzuwecken.«
Sigmund Freud, 1937[1]

Ein Konzert für die Clarinette, »für Herrn Stadler den Älteren«. Adagio, Allegro, Rondo. Auch wenn es von Wolfgang Amadeus Mozart als Werk für Klarinette klassifiziert wurde, erst in Takt 57 hört man sie. Bis dahin werden in der Orchesterexposition die drei Hauptthemen vorgestellt. Diese Komposition KV Köchelverzeichnis 622 in A-Dur ist also im Grunde ein Werk der Gemeinschaft. Und eines der spätesten Werke des Salzburgers, am 16. Oktober 1791 in Prag uraufgeführt, zwei Wochen nach der Premiere der *Zauberflöte* und knapp sechs Wochen vor seinem Tod im Kleinen Kayserhaus in der Rauhensteingasse im Zentrum Wiens. Das Schlussrondo ist fröhlich und tänzerisch und bewegt.

Dann ein Werk Richard Stokers, das Quartett Nr. 3, op. 36, das an diesem 10. Februar des Jahres 1970 seine amerikanische Erstaufführung erlebte. Passend hatte der britische Komponist das ein Jahr zuvor entstandene Werk *Adlerian* genannt.

Und zum Abschluss Johannes Brahms' Klarinettentrio h-moll, op. 115, eine Komposition, zu der sich Brahms 1891 noch einmal begeistert aufraffte, dabei hatte er verkündet, nichts mehr komponieren zu wollen. Ein akustisch verwirrender Auftakt mit einer Dur-Terz, auf die das Cello ein h folgen lässt, melancholisch, existenzialistisch, todesbewusst. Worauf ein Adagio-Part folgt, schwungvoll und liebeerfüllt. Über ein ungarisch angehauchtes Scherzo mündet alles in ein erschütterndes Finale, einen Memento-mori-Schlussakkord. Chromatisch bewegt sich die Klarinette abwärts, durch Dur, durch

Moll, in ein letztes, allerletztes Verhauchen hinein, in ein Aushauchen, ein Verstummen.

Ein musikalisch feinsinniges Programm für Alfred Adler und für die Centennial Celebration, die ihm zu Ehren anlässlich seines 100. Geburtstags abgehalten wurde in der Caspary Hall, heute Caspary Auditorium, der Rockefeller University York Avenue Ecke 66th Street in der Upper West Side von New York. Der bekannte und seinerzeit viel gelesene Psychologe und Anthropologe Ashley Montagu aus Princeton – 1968 war sein Buch *Man and Aggression* erschienen – hielt den Festvortrag *Alfred Adler: The Challenge of Social Interest.*[2]

Zehn Monate später enthielt Heft 127 der alle zwei Monate erscheinenden Zeitschrift *The American Journal of Psychiatry* vier Beiträge über Adler, jeweils einen von Alexandra und von Kurt Adler, *Recollections of My Father* war der der Tochter überschrieben, während Kurt die Relevanz der Adlerianischen Psychologie für aktuelle Theoriegebäude erläuterte. Die zwei anderen Essays flankierten die Texte. Heinz L. Ansbacher rückte Adler in eine historische Perspektive, und Helen Papanek dachte über Individualpsychologie und Gruppenpsychotherapie nach.[3]

Weitere vier Monate später war in der jüdischen Exilzeitung *Aufbau,* die auf Deutsch in New York verlegt wurde, ein längerer Artikel zu lesen. Hilde Marx zog ein Resümee der vergangenen Zeit. Anhand einer Einrichtung, der Alfred Adler Mental Hygiene Clinic, rief sie eine Renaissance aus und schilderte zugleich die unmittelbaren Nachkriegsstartbedingungen: »Und da ist Danica Deutsch, Exekutiv-Direktor der Klinik, deren 80. Geburtstag beim Internationalen Congress der Individual-Psychologie gefeiert wurde. Frau Deutsch ist seit 52 Jahren mit Adlers Familie und Lehre eng verbunden. Bereits im Jahr 1932 veröffentlichte sie in Wien das *Mitteilungsblatt für Individualpsychologische Veranstaltungen,* das erste seiner Art. Sie war es auch, die im Jahr 1948 das begann, was zur Alfred-Adler-Klinik wurde: ein Konsultationszentrum für die Bewohner der Gegend mit niedrigem Einkommen. Damals bestand das ganze ›Zentrum‹ aus einem Eckchen in einem Kindergarten und darin ein

Pult, eine Schreibmaschine, ein Aktenschrank und Danica Deutsch. Nach zwei Jahren schon musste das viel beanspruchte Zentrum in die jetzigen Räume ziehen, die auch nur das Notwendige und keinerlei Luxus aufweisen [333 Central Park West], und die bereits nicht mehr ausreichend sind. In kurzer Zeit werden Klinik und Institut in das eigene Haus ziehen, das in der 88. Strasse erworben wurde.«[4]

Im Zweiten Weltkrieg war Psychologie noch gefragter gewesen als im Ersten. Um das Jahr 1943 bat Colonel William J., »Wild Bill«, Donovan, der seit 1942 einer neuen Organisation, dem Office of Strategic Services, vorstand, dem Vorläufer der Central Intelligence Agency, den Psychoanalytiker Walter C. Langer von der Harvard University um eine psychoanalytische Charakterstudie über Hitler. Diese blieb drei Jahrzehnte lang unter Verschluss, bis sie schließlich unter dem Titel *The Mind of Adolf Hitler* in Buchform erschien. Der 1899 geborene Langer war beileibe nicht der einzige Psychoanalytiker, der davon durchdrungen war, dass Freuds Theoreme für eine psychologische Kriegsführung nützlich sein könnten, da sie den Magnetismus und das Verhalten autoritärer Politikpersönlichkeiten auszuleuchten hülfen. Mit Hilfe dieser fernpsychischen Charakterdiagnosen würden sich Vorhersagen über zukünftiges Tun ableiten lassen.[5] Auch in Großbritannien sollen Psychoanalytiker dem Militär eifrig ihre Kräfte angeboten haben; 1944 war die psychiatrische Abteilung der Streitkräfte angeblich komplett freudianisch eingestellt.[6]

Psychologen wurden in einer Vielzahl von Feldern eingesetzt, bei der Personalverwaltung und Personaleinteilung wie zur Stärkung der Kampfmoral, zu Propaganda- wie zu Pflegezwecken. Dem klinischen Ableger der Psychologie widerfuhr eine geradezu überschießende Nachfrage. Entscheidend hierfür war eine Abhandlung des 40-jährigen Psychologieprofessors Carl Rogers, die enorm einflussreich wurde. In *Counseling and Psychotherapy: Newer Concepts in Practice* konfrontierte Rogers, der zwölf Jahre lang an einer Erziehungsberatungsstelle gearbeitet hatte, 1942 die klassische Psychoanalyse mit einer Beratungsmethodik, in welcher er das »Spiegeln«, das nicht beurteilende Erkennen, befürwortete, eine Deutung ablehnte und dafür plädierte, von »Klienten« und nicht von »Patienten« zu reden, um das negative Stigma zu entkräften. Vor allem dem Einfluss des auch vom Freud-Dissidenten Otto Rank beeinflussten Humanistischen Psychologen war der Umstand zuzuschreiben, dass Psychologen Soldaten psychotherapeutisch behandeln durften.[7] Nach Kriegsende erfuhren Freuds Lehren in den USA einen starken Schub. »Dass die Psychoanalyse ihren Einfluss in der Nachkriegszeit derart ausweiten konnte, beruhte fast ausschließlich auf dem Ausbau der psychiatrischen Versorgung.« Die Anzahl klinisch-psychologischer Berufe stieg in den Nachkriegsjahren exponentiell. So hatte die American Psychological Association 1940 2739 Mitglieder – dreißig Jahre später waren es 50 839. Eine Zunahme um das Achtzehnfache![8]

Hatten 1940 2295 Psychiater in den Vereinigten Staaten praktiziert, davon 60 Prozent in Krankenhäusern, so hatte sich die Zahl bis 1948 mehr als verdoppelt, auf rund 4700. In den vierzehn Jahren ab 1946 wurden dreizehn psychoanalytische Gesellschaften offiziell gegründet, acht Institute und vier Ausbildungszentren. Ende der 1960er Jahre verzeichnete die American Psychological Association 20 lokale Sektionen und 22 anerkannte Ausbildungsinstitute. 1976 gab es schließlich in den Vereinigten Staaten 27 000 Psychiater.[9] Zwischen 1970 und 1995 stieg die Zahl der im psychiatrischen Gesundheitswesen Beschäftigten um 400 Prozent.[10]

1945 waren zwei Drittel der Patienten in Spitälern und Pflegeeinrichtungen der Veterans' Administration psychiatrische Fälle gewesen. 50 Prozent aller Invaliditätsrenten hatten Kriegsopfer mit psychischen Störungen erhalten. Zehn Jahre nach dem Ende des Zweiten Weltkriegs war jedes zweite Krankenhausbett zwischen Kalifornien und Rhode Island von psychisch kranken Patienten belegt. Die von der US-Regierung eingesetzte »Second Commission on Organization of the Executive Branch of the Government«, nach ihrem Vorsitzenden, dem früheren Präsidenten Herbert Hoover, kurz Second Hoover Commission genannt, bezeichnete dies im Jahr

1955 als »das größte Problem im Gesundheitsbild der Nation«. Das National Institute of Mental Health, die am schnellsten wachsende Abteilung des National Institute of Health, vergab Geld für die psychiatrische Erforschung von Jugendkriminalität, Selbstmord, Alkoholismus und Gewalt im Fernsehen.[11]

Auch in anderer politischer Hinsicht, hochgradig politisiert, fand die Individualpsychologie Anklang, Echo und Widerhall. Adler hatte soziale Grundlagen der Destruktivität in den Blick genommen und Rasse als Kategorie berücksichtigt. Daher verwundert es nicht, dass der 1914 geborene Kenneth Clark, der erste afro-amerikanische Promotionsstudent im Fach Psychologie an der New Yorker Columbia University und der erste schwarze Psychologieprofessor am City College of New York, sich im Jahr 1967 in einem wichtigen Aufsatz auf Alfred Adler bezog und Erkenntnisse der Individualpsychologie für den Kampf der Bürgerrechtsbewegung der 1960er Jahre herausstrich.[12] Der Psychiater Frantz Fanon aus Martinique, einer der einflussreichsten antikolonialistischen Intellektuellen, hatte bereits im Jahrzehnt zuvor in einem Kapitel von *Schwarze Haut, weiße Masken* (1952) Alfred Adlers Theorien behandelt (zu Fanons zweitem Hauptwerk *Die Verdammten dieser Erde* schrieb Jean-Paul Sartre das Vorwort).

Philip Rieff, Soziologieprofessor an der University of Chicago, veröffentlichte 1966 das Buch *The Triumph of the Therapeutic*, das den Siegeszug des Therapeutischen schon im Titel annoncierte, sich aber kritisch mit der neuen »Religion Psychotherapie« auseinandersetzte. Die Kultur Amerikas sei zu etwas geworden, was ungemein neu in diesem Land sei, und zwar zu einer »anderen Bezeichnung für einen Motiventwurf, der das Selbst nach außen lenkt, hin zu jenen gemeinschaftlichen Zwecken, durch die allein es realisiert und befriedigt werden« könne. Die therapeutisch grundierte Kultur gebe Individuen Zweck und Sinn, verbinde sie mit anderen, weise ihnen einen Platz im Menschenuniversum zu. Mit anderen Worten: Therapeutik ist Religionsersatz. Mit einem Unterschied, den Rieff scharf formulierte, denn es sei ja nicht so, dass ein spirituelles Vakuum gefüllt werde. Im Gegenteil. Denn was bescherte die Psychotherapie?

Wolkige »Identität«, eine reklamierte »Authentizität«, ein behauptetes »Engagement«, ein »manipulierbares Gefühl des Wohlbefindens«.[13]

Der therapeutische Diskurs seit den 1960er Jahren war nicht nur auf Fachartikel und Spezialmagazine limitiert. Sondern er wurde populär und popularisiert, etwa in dem für eine breite Leserschaft geschriebenen Magazin *Psychology Today* – gegründet 1967 (der deutsche Ableger *Psychologie Heute* erscheint seit 1974) –, in Filmen wie jenen des New Yorkers Woody Allen (*Annie Hall* gab der deutsche Verleih den Titel *Der Stadtneurotiker*), in Talkshows, Selbsthilferatgebern, Kinofilmen und in TV-Serien wie *The Sopranos*. Ein Journalist von *Newsweek*, dessen Nachname ausgerechnet »Adler« lautete, formulierte im Jahr 2006, über Freuds Erbe und Folgen sinnierend, bissig: Ohne Freud wäre Woody Allen nur ein Trottel und Tony Soprano nur ein dicklicher Gangster.[14]

Tatsächlich war es so, dass Freuds wissenschaftliche Theorie die populäre Sprache, die Populärkultur, den Alltagswortschatz durchdrang.[15] Zur Förderung der Produktivität und darüber hinausgehend in der Ausdifferenzierung des Konzernfelds Human Resources wurde auf Sprache und Techniken zurückgegriffen, die Harmonie und Produktionskoeffizienten heben sollen. »Die kulturelle Neuartigkeit dieses emotionalen Stils war dort am auffälligsten, wo man ihn vielleicht am wenigsten erwartet hatte, nämlich in der amerikanischen Unternehmenswelt.«[16]

Die Debatten um Erich Fromms und Karen Horneys »Abfall« von der Psychoanalyse in den 1940er Jahren lösten ähnlich mäandernde Debatten aus wie vierzig, fünfzig Jahre zuvor die Dissidenz von Adler und Jung. 1937 hatte Horney, die seit 1932 in den USA lebte, mit *The Neurotic Personality of Our Time* (*Der neurotische Mensch in unserer Zeit*, 1951) für Furore gesorgt und Freudianer enragiert. Sie distanzierte sich darin von Freuds Libido-Auffassung und entwickelte eine eigene Theorie der Neurosen. Entwicklung zu Gesundung und Gesundheit werde ihr zufolge durch Zuwendung und Einfühlung getragen, eine Hemmung führe zu Entfremdung und psychischer Zersplitterung.[17] Melanie Klein, die in den 1940er und

1950er Jahren mit der Freud-Tochter Anna eine Fehde in Sachen Kinderpsychologie führte, ergänzte die Psychoanalyse als Triebpsychologie in einer Revision um eine Objekttheorie, in der sich mehr als nur Spurenelemente des Konterparts von Adlers Dualismus Wille zur Macht versus Gemeinschaftsgefühl fanden. »Für Klein besteht der Zentralkonflikt in der menschlichen Erfahrung zwischen Liebe und Hass, zwischen Sorge für oder Rücksicht auf die anderen und deren böswilliger Vernichtung.«[18]

Auch Franz Alexander, 1930 an der University of Chicago der erste Professor für Psychoanalyse, legte 1946 mit *Psychoanalytic Therapy* ein Behandlungskonzept vor, das von den Ideen Freuds, der sieben Jahre zuvor in London verstorben war, entscheidend abwich, schlug es doch Kurztherapien vor, die auf einer korrigierenden emotionalen Erfahrung innerhalb der therapeutischen Beziehung beruhten. Damit hebelte er zum Entsetzen der Vertreter der klassischen Nomenklatura das Konzept der Übertragung aus.[19]

Diese Reformkonzepte und dynamischen Revisionen ließen die Psychoanalyse noch stärker ins Blickfeld rücken und erfolgreich einige ihrer Schlüsselbegriffe in Gesellschaft und Alltagsleben etablieren. Andererseits büßte die Psychoanalyse durch ein rigides Pochen der Neo-Orthodoxie an Dynamik ein.[20] »Zu ihrer besten Zeit hatte sie [die Psychoanalyse] mindestens drei unterschiedliche Projekte zusammengehalten: eine quasitherapeutische ärztliche Praxis, eine Theorie der kulturellen Hermeneutik und eine Ethik der Selbsterfahrung, die von der Hingabe an eine Berufung durchdrungen war. Diese Projekte brachen auseinander. Das Zeitalter Freuds ging zu Ende, aber wie alle großen Aufbrüche wirkt die Psychoanalyse weiterhin auf das alltägliche Leben, auf die Landschaft von Intuitionen, Träumen und schattenhaften Erinnerungen, die wir alle bewohnen.«[21] Eine Generation später konnte der Münchner Individualpsychologe Karl Heinz Witte an prominenter Stelle, gleich auf der ersten Seite seines Vorworts zu Band 1 der von ihm edierten kritischen Studienausgabe der Schriften Alfred Adlers schreiben: »Das Interesse der individualpsychologisch orientierten Psychotherapeuten hat sich inzwischen verlagert. Sie verstehen sich heute als

Psychoanalytiker mit einem spezifischen, humanistisch geprägten Theoriekonzept und Menschenbild. Ermöglicht wurde das unter anderem dadurch, dass die neue Psychoanalyse durch die Objektbeziehungstheorie, die Selbstpsychologie, den intersubjektiven und relationalen Ansatz sowie durch die Ergebnisse der psychoanalytisch inspirierten Entwicklungspsychologie eine Wende genommen hat, die vielen Intentionen Alfred Adlers und der Adlerianer entgegenkommt. Die Forschungsergebnisse und methodischen Differenzierungen der neueren analytisch orientierten Psychotherapie sind vielmehr unverzichtbarer Bestandteil auch der – in Adlers Verständnis – individualpsychologisch motivierten Psychoanalyse.«[22] So zielt etwa die Intersubjektivität, eine vor allem von US-amerikanischen Analytikern entwickelte Perspektive, auf einen *common ground*. Dabei liegt der Fokus auf der Behandlungssituation und weniger auf dem Fundus psychoanalytischer Theorien.[23] »›Intersubjektivität‹ meint, dass der Mensch von Beginn in Bezogenheit auf andere existiert, die ihren Niederschlag in den Strukturen des Selbst findet. Die Beziehung ist primär, während das Individuelle sich erst in der Beziehung ausformt. Nicht aus der Begegnung von Individuen entsteht Beziehung, sondern Individualität ist eine Folge von Beziehung. […] Das bedeutet für die Therapie, dass nunmehr höchste Aufmerksamkeit auf das ›intersubjektive Feld‹ zwischen Therapeut und Klient gelegt wird und auf das interaktive Geschehen, die verbale und non-verbale Kommunikation – Mikrowelten des Handlungsdialoges, der enactments […].«[24]

Vor allem in den Vereinigten Staaten fanden Adlers Terminologie und sein Denken Widerhall. Es bildete sich eine Version der Individualpsychologie heraus, die die Zeit der Trennung von Freud und das Abgehen von zentralen Theoremen der Tiefenpsychologie weiterführte.[25] Die Individualpsychologie erlebte Varianten, erfuhr Variationen. Rudolf Dreikurs propagierte eine pragmatisch an die Zeitläufte und Lebensverhältnisse der 1950er und 1960er Jahre angepasste, sich auf Erziehungsprobleme konzentrierende Sub-Spielart der Individualpsychologie. Seine Bücher waren weit verbreitet. 1956 brachte der an der University of Vermont lehrende Individualpsychologe Heinz L. Ansbacher mit seiner Frau Rowena *The Individual Psychology of Alfred Adler* heraus. 1924 war Ansbacher aus Frankfurt am Main in die USA ausgewandert, hatte wie zuvor in Deutschland als Makler gearbeitet und ab 1930 ihn inspirierende Abendvorträge Adlers in New York besucht. Dieser soll ihn zu einem Studium angeregt haben. Durch Adler lernte er die New Yorkerin Rowena Ripin kennen, die 1928 bei einer Europareise die Individualpsychologie entdeckt und in Wien bei Charlotte und Karl Bühler studiert hatte. Sie heirateten. Nach dem Zweiten Weltkrieg wurde Ansbacher Professor für Psychologie an der University of Vermont in Burlington. Die Ansbachers übersetzten und edierten vieles von Adler erstmals auf Englisch. 1957 übernahm Ansbacher auch den Posten als Herausgeber des seit 1953 erscheinenden *American Journal of Individual Psychology*. Seine erste Handlung als Chefredakteur war, den Titel zu ändern in *Journal of Individual Psychology*. Mit dem *Individual Psychologist* erschien von 1963 bis 1972 eine zweite individualpsychologische Zeitschrift, redigiert von Nahum E. Shoobs. Shoobs war 1939 zum Präsidenten der New York Society of Individual Psychology gewählt worden.[26]

Die Aspekte der Tiefenpsychologie wurden zugunsten praktischer Beratungen abgeschliffen. Mehr und mehr waren sie verhaltenstherapeutisch orientiert. Der Lebensstil rückte in den Fokus. Nicht zufällig erschien 1987, auf dem Höhepunkt der hedonistischen »Postmoderne«, die Monographie *Understanding Life-Style* von Robert L. Powers und Jane Griffith. Untertitel: *The Psycho-Clarity Process*. Auch wenn Kurt Adler ein Vorwort beisteuerte, so war der Ansatz des Autorengespanns trotz ihrer Tätigkeit an der Adler School of Psychology in Chicago kaum mehr deckungsgleich mit den originalen Lehren, auch nicht mit zeitgleichen Entwicklungen in Deutschland und Österreich. Ein Fragenkatalog wurde als analytische Handreichung offeriert, was acht Jahre später Bernard Shulman und Harold Mosak in ihrem *Manual for Life Style Assessment* noch steigerten. Empirie und Datenerhebung wurden komplementiert durch Adaptionen und Übernahmen aus anderen psychotherapeutischen Strömungen. Diese Interdisziplinarität zeugte von geringer ideologischer Starrheit. Als Ergebnis ist die nordamerikanische Individualpsychologie nichttiefenpsychologisch und eher verhaltensbezogen.[27]

So nimmt es nicht wunder, dass die israelische Psychologin Zivit Abramson 2005 ein weitgespanntes Lesebuch über Paarbeziehung vorlegte, zehn Jahre später auf Deutsch unter dem Titel *Partnerschaft lernen* publiziert, das nicht nur ihren Ratgeberkolumnen in einer Tageszeitung entsprang (amerikanischer Strang), sondern auch ihrer Teilnahme an den von Dreikurs in Israel begründeten individualpsychologischen Sommerkursen (Dreikurs-Strang). Das Fazit ist Adler pur. Die drei primären Lebensaufgaben? Liebe. Arbeit. Und Gemeinschaft.[28] Kein Wunder, dass die englische Übersetzung von der Adlerian Society UK & Institute for Individual Psychology verlegt wurde.

In Wien gründete Ferdinand Birnbaum mit Karl Nowotny schon 1945 einen neuen Verein für Individualpsychologie. Bereits Ende Mai wurde zu einem ersten öffentlichen Vortrag geladen. Im selben Jahr nahm die 1934 vom Ständestaat ausgehebelte Wiener Versuchsschule im XX. Bezirk in der Staudingergasse 6 wieder ihre Arbeit auf. Im Sommer 1957 wurde sie geschlossen.[29] Schon kurz nach dem Krieg wurden erste Schritte unternommen, die zerstreute Gemeinde der Individualpsychologen wieder zusammenzuführen. So setzte sich Joshua Bierer, der 1927/28 eine Lehranalyse bei Alexander Neuer in Wien absolviert hatte und später nach Großbritannien geflohen war, wo er in London nicht nur das erste Tagesambulatorium auf englischem Boden gegründet, sondern auch im Alleingang die Sozialpsychiatrie erfunden haben wollte, 1948 mit Oskar Spiel ins Benehmen.[30] Doch die internationale Verknüpfung ging nicht ohne Probleme vonstatten. Der Kontakt zwischen den geflohenen, emigrierten Individualpsychologen und jenen, die geblieben waren, war anfangs keineswegs friktionslos. So unterstellte Lydia Sicher Oskar Spiel im Herbst 1946 eine Kollaboration mit den Nazis, wogegen dieser sich wütend verwahrte.[31] Das Verhältnis verbesserte sich aber rasch wieder. Sicher schickte an Spiels Familie Care-Pakete, für die er sich freudig bedankte. So schrieb er im Juli 1948: »[…] eß ich zu Mittag – Suppe, Corned, Reis, Pudding von Sicher; zur Jause Kuchen – von Sicher; zündet meine Frau das Gas an – der Anzünder von Sicher; wäscht sie Geschirr ab – die Kupferwaschln von Sicher; geht sie ins Theater – das Kleid von Sicher; schreib ich auf der Maschine – Papier, Farbband von Sicher; putz ich mir die Schuh – die Bürste von Sicher; und so weiter und so weiter und ich kann in meiner Wohnung schon bald in die Hand nehmen, was ich will, es stammt von Sicher.«[32]

Im Herbst 1946 lancierte Birnbaum mit Alexandra Adler, Karl Nowotny und Oskar Spiel die *Internationale Zeitschrift für Individualpsychologie*. Schon in Nummer 1 war die Rede von individualpsychologischen Zell-Aktivitäten in Wien, Paris und Amsterdam. Karl Nowotny merkte in seinem Beitrag an, man könne nicht das fortsetzen, »wo wir 1938 aufhören mussten. Zu viel hat sich geändert in der Welt und in den Menschen, zu groß und tiefgreifend sind die Veränderungen, die die vergangene Zeit mit sich gebracht hat und diese Zeit muss irgendwie Konsequenzen haben.«[33] Die Konsequenzen der Zeit waren andere. 1951 wurde die Zeitschrift eingestellt. Emigration, Krieg und die Schoah hatten die Gravitationsachse der Individualpsychologie zu stark von Europa nach Amerika verschoben.[34] Spiel gestand Sicher seine Enttäuschung.[35]

Birnbaum, der 1947 mit 55 Jahren verstorben war, und Spiel, der 1961 starb, peilten eine Institutionalisierung an, eine Renaissance der Verankerung. Dies ergänzte die dritte Generation, zu der der Psychiater Erwin Ringel zählte. Ringel gründete die erste psychosomatische Station in Österreich und etablierte mit seiner Ernennung 1981 zum Professor für Medizinische Psychologie an der Universität Wien dieses junge Fach. Sein Grab befindet sich keine zehn Meter entfernt von dem Adlers auf dem Wiener Zentralfriedhof. Zugleich erfolgte eine stärkere Akzentuierung des Medizinisch-Klinischen zuungunsten anderer, semiprofessioneller Berufsgruppierungen.

Die vierte Generation setzte ab den 1990er Jahren auf editorische und publizistische Projekte. Das Auftaktjahr dieser Dekade war in

Österreich wichtig. 1990 wurde ein Psychotherapiegesetz verabschiedet mit Konsequenzen für wissenschaftlich-theoretische Fundierung, Professionalisierung, Wirkung diagnostischer therapeutischer Instrumentarien und flankierende empirische Forschungen der Individualpsychologie.[36]

»Die Nachkriegsgeschichte der Individualpsychologie begann in der Bundesrepublik Deutschland zögerlich.«[37] Nicht nur zögerlich, sondern stockend und als unzusammenhängender regionaler Fleckenteppich.[38] In München hatte sich um Seif noch eine kleine Zelle der Individualpsychologen erhalten. Unter der Tarnbezeichnung »Gemeinschaftspsychologie« hatte sie sich in der Münchner Zweigstelle des »Berliner Reichsinstituts für psychologische Forschung und Psychotherapie« behaupten können. Sie blieb noch ein paar Jahre erhalten, war bis in die 1950er Jahre hinein aktiv – Seif starb 1949 – und verlor dann an Gewicht. In dieser Zeit wurden in Deutschland mehrere Bücher über Individualpsychologie verlegt, so von Oliver Brachfeld *(Minderwertigkeitsgefühle beim Einzelnen und in der Gemeinschaft)* und Johannes Neumann *(Der nervöse Charakter und seine Heilung)*. Sie stießen auf wenig Widerhall. Die Zeit schien noch nicht reif zu sein. Sechs Jahrzehnte später konnte, ohne auf Widerspruch zu treffen, die These aufgestellt werden, dass ebendiese Zeit die Individualpsychologie dringend benötigt hätte: »Adler beschrieb mit seiner Individualpsychologie vor Jahrzehnten die Vision eines demokratischen Modells, das er als Grundlage harmonischen Zusammenlebens verstanden wissen wollte. Seine Vorstellungen hätten eine Handlungsanleitung zur Umsetzung des Grundgesetzes der Bundesrepublik Deutschland sein können!«[39]

Erst mit der Gründung der Alfred Adler Gesellschaft 1962 wurde eine Renaissance der Adlerschen Theorien in Deutschland eingeleitet. Initiator war der Gestaltpsychologe Wolfgang Metzger, Professor an der Universität Münster. 1964 wurde der Verein ins Vereinsregister eingetragen. Während des 10. Internationalen Kongresses für Individualpsychologie 1966 präsentierte sich die Gesellschaft erstmals der Öffentlichkeit. 1970 nannte sie sich um in »Deutsche

Gesellschaft für Individualpsychologie«, Vereinssitz war München.[40] 1965 legte die Wissenschaftliche Buchgesellschaft auf Initiative Wolfgang Metzgers einen Nachdruck von Adlers *Studie über Minderwertigkeit von Organen* vor. Ein Jahr später edierte Brachfeld eine preiswerte Ausgabe von *Menschenkenntnis*, die sich in den nächsten sieben Jahren mehr als 150 000 Mal verkaufte.[41] Ab 1967 wurden Weiterbildungskurse angeboten, in Aachen. Zwischen 1971 und 1976 entstanden in vier Städten Ausbildungsinstitute. Neben jenem in Aachen respektive Aachen/Köln waren diese in Düsseldorf, Delmenhorst und München. Später entstanden weitere, wie die anderen mit dem Gesamtverband assoziiert, aber unabhängig agierend, in Berlin und in Mainz. Die Kassenärztliche Vereinigung erkannte sie als analytische und tiefenpsychologische Einrichtungen an. In den 1980er Jahren vollzog die Individualpsychologie analog zur Vielgestaltigkeit der sich wandelnden nordamerikanischen Individualpsychologie einen *psychoanalytic turn*, der je nach Standort und persönlicher Orientierung unterschiedliche Ausformungen fand.[42]

1976 tagte in München der Internationale Kongress für Individualpsychologie erstmals seit Kriegsende wieder in Deutschland, elf Jahre später in Münster, 2002 wieder in München. 1976 wurde die *Zeitschrift für Individualpsychologie* ins Leben gerufen, die bis heute besteht und ein wichtiges und zentrales Podium für den wissenschaftlichen Austausch ist, auch über Ländergrenzen hinweg, da sie von der österreichischen und der schweizerischen Gesellschaft für Individualpsychologie mitgetragen wird. Die Weiterentwicklung individualpsychologischer Modelle zu spezifischen Krankheitsbildern und Krankheitssymptomen steht dabei ebenso im Mittelpunkt wie eine theoretische Fortentwicklung und Revision durch jüngere und jüngste psychologische, biologische und neurologische Erkenntnisse und Innovationen.[43]

Nach dem Fall der Mauer in Berlin im November 1989 gründete sich im Ostteil der Stadt 1990 ein Kreis Ostberliner Psychotherapeuten, der überwiegend im »Haus der Gesundheit« in der Karl-Marx-Allee arbeitete. Es war einer der wenigen Orte in der DDR, an denen Psychotherapie meistens in Gruppen durchgeführt wurde. Ab dem Frühjahr wurde vonseiten des nun größer gewordenen Berliner Landesverbands die Gründung eines eigenen Alfred Adler Instituts diskutiert. Ende Oktober 1990 fand das Gründungstreffen statt. Ins Berliner Vereinsregister wurde zwei Jahre später, nach administrativen Einwänden, die »Alfred Adler Gesellschaft« eingetragen, akkordiert vom Kürzel AAI. Zwei Wochen später, am 23. Juli 1992, erteilte die Berliner Ärztekammer die Zulassung als Weiterbildungsinstitut. Es kam zu Disputen zwischen West-Berliner und Therapeuten aus der untergegangenen DDR hinsichtlich Nachqualifizierung in Theorie, Selbsterfahrung und Supervision.[44]

Im Jahr 2007 erschien eine siebenbändige *Alfred Adler Studienausgabe*, kommentiert und von Vorworten begleitet.

33 Individualpsychologie 4.0

»Gedanken sollten lästig
wie Kletten sein, sie sollen hängen bleiben.«
Alfred Adler[1]

Wie einen Mensch erinnern? Mittels Dingen? Denken ist doch abstrakt. Sind museale Gedächtnisstätten nicht in Szene gesetzter Anekdotenzauber bar der Behandlungskunst eines Seelenvermessers? Nun erinnern an Alfred Adler in Wien Memorialplaketten an Häusern, auch die Grabstele am Zentralfriedhof und seit 2009 eine Straße am Hauptbahnhof, aber kein Museum. Dafür gibt es für Sigmund Freud zwei. Diese *personality museums* sind spiegel-paradox. Im Freud-Museum in London ist die *key presence* die originale Couch. In der Wiener Berggasse ist dieses Möbelstück die *key absence*. In London sind die materiellen Denk- und Behandlungsobjekte versammelt, die Liege, der Schreibtisch, seine Antiquitäten. Wien hingegen hegt und pflegt die Geschichten und Erinnerungen der Theorieentwicklung, die für Hermeneutik und Praxis zentral waren. Das Freud-Museum London ist ein Raum der Hagiographie. Das Freud-Museum Wien ist ein Nicht-Raum, ein »konzeptuelles Museum«.[2] Ahnte dies der englische Poet W. H. Auden, als er im November 1939 in seinem Gedicht *In Memoriam Sigmund Freud* schrieb: »to us he is no more a person / now but a whole climate of opinion.«[3]

Der Mensch ist ein Vergessenskünstler, der, so ein moderner Dichter, in einem schimmelgrünen Haus residiert. Der mächtigste Agent des Vergessens ist der Tod. Die Zeit neigt sich stärker dem Vergessen zu als dem Erinnern,[4] wird selbst zum Teilchen des Mosaiks des Oblivionismus, eines Systems, das sich durch Überfülle stumpf macht. Der Gedenkimpetus erstarrt in sich.[5] Dante Alighieri durchschritt in seiner *Divina Commedia* eine kosmische Landschaft. Im Akt des poetischen Vorwärtsschreitens erstanden drei Jenseitsreiche, die Älteres wiedererstehen ließ. Es war antike Gedächtniskunst, *ars memoriae.* Mnemo-, Erinnerungstechnik zeichnet aus, die Inhalte des Gedächtnisses als »Bilder« aufzufassen, die der Sprechende entlang einer bestimmten Route mental platziert. Das Erinnern ist ein Aufsuchen der »Bilder« in ihrer Abfolge. Gedächtnisbilder sind variabel. Nicht variabel ist ihre Anordnung. Der italienische Dichter schuf ein »Gedächtniskunstwerk«. Er schrieb auf, was er in älteren Gedächtnisschichten visioniert hatte, zielgerichtet und kunstvoll bewahrend. In seinen Memoriallandschaften ist er ein eigener Charakter, der Berichterstatter des Erinnerns in der Topographie der Todesüberwindung. Lethe, wo ist Lethe, der Fluss des Vergessens, fragt Dante seinen Cicerone Vergil, der ihm die Flüsse der Unterwelt aufzählt. »Letè vedrai«, »Lethe wirst du noch sehen«, vertröstet ihn der römische Dichter. Erst am Ende des *Purgatorio,* im irdischen Paradies, steht Dante am Ufer jenes Stromes, der das Vergessen bringt. Da realisiert man, noch vor der Figur des Epos, dass Erinnerung alles ist. Lethe, dessen Wasser den Einzelnen zum reinen Gegenwartsmenschen macht, entspringt einer Quelle, der auch ein schmales Ringelwasser entspringt, Eunoë, »guter Sinn« oder »gutes Gedächtnis«. Durch Eunoës aquatisches Heil vermag man vom irdischen Paradies ins himmlische sich zu befördern, das Vergessen zu ertränken und die Erinnerung an alle guten Taten auf Erden zu befördern. In diesem Sinne ist Dante Alighieris Dante ein »Gedächtnismann«, der sich vollendet und formvollendet erinnert.[6]

Der Mensch ist ein Verstehenskünstler. Verstehen meint das subjektive Deuten der Erfahrungen von Menschen in der Welt und zur Welt, das Entschlüsseln alltäglichen Handelns und dessen Rationalität mittels Kommunikation und Interaktion.[7] So entstehen Verstehenskonstellationen, in denen Menschen sich annähern oder sich verweigern, das Verhalten des oder der anderen interpretieren oder nicht, sich auf die Mitmenschen einlassen oder nicht. Verstehen ist ein Prozess der Verständigung durch die Erfahrung der Differenzen.[8] Kommunikation in der Alltagswelt ist Bewältigungsarbeit. Die Räumlichkeit der Menschenwelt ist »durch Offenes, Freies, Gelichtetes von solcher Art ausgezeichnet, dass durch dessen Durchlässigkeit hindurch die anwesenden Gegebenheiten den Menschen mit ihren Bedeutsamkeiten und Verweisungszusammenhängen anzusprechen vermögen.«[9] In einem Vortrag über »Die zwischenmenschliche Beziehung im therapeutischen Prozeß« 1979 nannte Manès Sperber die Individualpsychologie eine Interaktionspsychologie.[10]

Die Verstehenskunst ist Arbeitsfeld des Therapeuten. Und mehr. Verstehenskunst ist Lebensaufgabe. Für das Verstehen eines Lebensstils ist eine konzentrierte, permanent revidierte Zirkelbewegung vonnöten.[11]

Für die Individualpsychologie Adlers ist der Aspekt des Verstehens eine zentrale Grundlage für die Vermittlung neuer Erkenntnisse und deren Begründung und Sicherung aus der Fülle des eigenen Erlebens und Handelns des Patienten.[12] Erwin Wexberg zufolge kollidieren innere Unruhe und egozentrierte Orientierung mit der umgebenden Wirklichkeit. Ergebnis: Entmutigung. Folge: Neurosen.[13] Dem neurotischen Menschen eignet etwas Spezifisches an, eine Apperzeptionsweise, die in sich schematisiert ist. Er überführt alles in ein Ordnungssystem, das zwanghaft ist und gekennzeichnet von sich bekriegenden Binnenelementen.[14] Der Neurotiker flieht in die Neurose. Das Seelische und das Soziale reagieren miteinander, aufeinander und gegeneinander. Der besondere Fokus der individualpsychologischen Analyse liegt auf diesen »kompensatorische[n] Reaktionen auf seelische Vorgänge«.[15]

Direkter Anknüpfungspunkt von Individualpsychologie, deren Kinder-, Eltern- und Gemeinschaftserziehungskonzepten und aktueller Sozialer Arbeit ist die Trias Gesellschaft, Individuum und Psyche, vornehmlich im Bereich der Lebensbewältigungstheorie.[16] Tiefenpsychologisches Augenmerk gilt dem Nexus von Gewalt und Bedürftigkeit. Leitworte sind fehlgehende soziale Integration infolge diskrepanter Anerkennung und Streben nach Überlegenheit. Was aussteht, ist eine individualpsychologische Erhellung von Devianz, abweichendem Verhalten, und gewalttätigem Handeln. Würde sich die Soziale Arbeit hier des diagnostischen Instrumentenkoffers Adlers bedienen, könnte man sich erfolgreich über Selbstbehauptung, deren Chancen und Risiken, und über eine von Macht imprägnierte Umwelt beugen und Auswege aufzeigen.[17] Im Bildungssystem und in zivilgesellschaftlichen Debatten, die um Anerkennung, Würde, Zusammenhalt und Respekt, um Verrohung und gewalttätige Segmentierung kreisen, um vorsorgendes Wirtschaften und ein gutes, solidarisches Miteinander und auch um eine Ökonomie nachhaltiger Vorsorge als Alternative zur »imperialen Lebensweise«[18] wäre der individualpsychologische Weg ein ratsamer.

Der Mensch ist ein soziales Lebewesen. Er ist auf Gemeinschaft angewiesen. Diese ist, zeigt eine Studie von Forschern der University of Queensland im australischen Brisbane aus dem Jahr 2018, wichtiger als bisher angenommen. Die Wissenschaftler befragten Erwachsene, was ein langes Leben am geeignetsten befördern würde. Zudem sollten elf Gesundheitseinflüsse aufsteigend gereiht werden. Die subjektiven Einschätzungen auf Platz 1 bis 3 wichen wesentlich von einer Metastudie ab, die als Vergleich herangezogen wurde. Hier diätetische und abstinente Maßnahmen. Dort in der 148 Einzeluntersuchungen zusammenführenden Studie die tatsächlichen, der körperlichen wie der psychischen Gesundheit und einer höheren Lebenserwartung besonders zuträglichen Faktoren. Platz 1: Unterstützung durch andere, Platz 2: Eingebundensein in die Gemeinschaft – bei der Queensland-Studie Nummer 11 beziehungsweise 9.

Soziale Medizin steht in engem Zusammenhang mit dem gesundheitlichen Status. Vereinzelung ist ein negativer Stressor. Er versetzt den Einzelnen in einen zu allem bereiten Modus. Dabei wird im Körper mehr Zucker bereitgestellt. Der Blutzuckerspiegel steigt, was zu Bluthochdruck führen kann. Die Immunabwehr ist abgesenkt. Infektionskrankheiten haben leichteres Spiel. Des Weiteren können Magengeschwüre oder Osteoporose auf diesen Dauerspannungszustand zurückgehen. Die beste Prophylaxe: aktive Teilnahme an der Gemeinschaft und Umgang mit anderen Menschen, so der Ulmer Psychiatrieprofessor Manfred Spitzer. Schon das Gefühl, allein zu sein oder sozial eingebunden zu sein, schlägt sich im Schmerzempfinden nieder, so neue Studien. Bereits der Gedanke an Menschen und Gruppen, denen man sich zugehörig fühlt, macht weniger schmerzempfindlich, im konkreten Testfall weniger kälteschmerzempfindlich. Psychisch können Gemeinschaften bei Depressionen prophylaktisch positiv zu Buche schlagen und eine solche Erkrankung messbar reduzieren. Dabei sind drei Punkte wichtig. Die Gruppe muss einem Menschen wichtig sein und ein Wir-Gefühl auslösen. Das Verhalten innerhalb der Gruppe muss physisch guttun. Zum dritten muss die Zugehörigkeit zu mehreren Gruppen gemeinsame und übereinstimmende Richtungstendenzen aufweisen. Eine solche soziale Identität bildet eine psychische Identität aus, wie das australische *social cure*-Forschungsteam um Jolanda Jetten und Catherine und Alexander Haslam demonstrierte.[19] Das Zusammensein mit ähnlich bis gleich Denkenden und Agierenden, mit Seelenverwandten und auf der identischen Grundlage von Überzeugungen und Aktivitäten ist sinnstiftend. Auf diese Weise nimmt die Selbstwirksamkeit des Einzelnen zu.

Die Psychologieprofessorin Eva Jaeggi schrieb 2014 in *Wer bin ich? Frag doch die anderen!* über diesen Aktions-Reaktions-Komplex: »Immer wieder fiel mir auf, wie die Zugehörigkeit zu einer bestimmten Gruppe jeweils auch das Gefühl für die eigene Person tangiert.« Individualität entsteht nicht durch Abschottung oder Reklusion, sondern durch Interaktion. Jolanda Jetten in *The New Psychology of Health*: »Das Gruppenleben stärkt unsere Identität und verbindet uns mit anderen und mit der Welt insgesamt.«[20] Sozialmedizin wird zu Gemeinschaftsmedizin. Mit anderen Worten handelt es sich um – Gemeinschaftsgefühl, Alfred Adlers Wert- und Lebensphilosophie.

Dass Nähe und Zuneigung Kinder psychisch robuster und resistenter gegen Stress machen, ist mittlerweile wissenschaftlich nachgewiesen. 2013 gelang es einer Forschungsgruppe, einen der zellulären Mechanismen zu entschlüsseln, der nach frühkindlichen Traumatisierungen dazu beiträgt, im Erbstrang weniger Gene zur Bildung stressregulierender Glukokortikoid-Rezeptoren auszubilden und zu aktivieren. So zeigte sich auf molekularer Ebene, wie sich negative Erziehungsmaßnahmen auf das Niveau der Gene und kleinster Signalstoffe niederschlägt. Fachartikel belegen *en détail*, wie durch die Intensität einer zwischenmenschlichen Beziehung Botenstoffe hochreguliert und Aktivitäten anderer Faktoren gedämpft werden, so dass im positiven Fall der Einzelne besser mit Stresssituationen umgehen kann.[21]

Der Mensch ist ein biologisches Wesen, das in den Schnittbildern der Magnetresonanztomographie durchsichtig wird. Über die menschlichen Hirnstrukturen beugen sich Neurowissenschaftler. Was hat das mit Psychotherapie zu tun? Seit rund zehn Jahren viel. Das Vektorenfeld seelischer Gesundheit hat sich bei der Vermessung der Psyche verschoben in Richtung biologischer und neurologischer *frameworks*.[22] Hightech-gestützte Neurowissenschaften vermögen, Einsichten der Psychologie empirisch zu verifizieren.[23] Adlers Konzept von Inferiorität und eingebetteter Balance zeigt Übereinstimmungen mit vielen neueren neurobiologischen Bestimmungen optimalen Wohlbefindens. Forschungsergebnisse führten den Nachweis, dass Mitfühlen und kooperative Zugeneigtheit Beziehungen und seelische wie körperliche Gesundheit stärken. Zeitgenössische Modelle bezüglich der Entwicklung kognitiver Fähigkeiten bestätigen individualpsychologische Thesen über die Bedeutung der ersten fünf Lebensjahre hinsichtlich Ich- und Weltbezug. Auf Grund der sozialen Lernorientierung des menschlichen Gehirns internalisieren sie die nächsten äußeren Einflüsse neuronal. Psychopathologische Verhaltensmuster konnten via Gehirnscans nachgewiesen werden. Es ergaben sich visuelle Belege für individuell unterschiedlich gelagerte Aggressionspotenziale. Genetisch fundierte Sozialität und Anti-Sozialität, Grundmuster der Individualpsychologie, wurden so physiologisch gestützt. Gleiches gilt für die Bindungstheorie, die auf Adlers Apperzeptionsschemata und Emotionen, auf körperliche Reaktionen und instinktive Reaktionsmuster abzielt. Deren Effekte sind neurowissenschaftlich demonstriert worden. Gemeinschaftsgefühl mit seiner aktiven und reaktiven Dynamik scheint als Neuroplastizität auf. Darunter werden neuronale Neu- und Re-Konfigurationen verstanden. Eine Affektregulation kann mittels der Aktivierung präfrontaler Hirnaktivitäten erreicht werden. Eine stärkere soziale Verknüpfung, das Gefühl, aufgehoben zu sein, bewirkt einen höheren Ausstoß chemischer Wirkstoffe wie des sogenannten Bindungshormons Oxytocin. Solche Wirkstoffe zeitigen metabolisch positive Wirkungen, indem sie negative Stimuli regulieren. Im aktuellen wissenschaftlichen Diskurs figuriert das, was Adler »Lebensstil« nannte, als »Mentalisierung«. Innere oder äußere zu verarbeitende Momente, Lob oder Hilflosigkeit, körperlicher Schmerz oder Mobbing, können tiefsitzende Erinnerungsketten triggern, die das bilden, was Adler theoretisch beschrieb.

Auch sein Konzept der Ganzheit konnte die interpersonale Neurobiologie mit Studien stützen. So schrieb der Entwicklungsbiologe Edward M. DeRobertis 2015, dass aus der Perspektive dynamischer Systemneurowissenschaft »Interaktionen innerhalb unterschiedlicher Umgebungen eine formative Rolle in den neuronalen Fluktuationen des Individuums« spielen.[24] Diese Umgebungen sind jene Konstellationen, die Adler aufrief: das psycho-physische Umfeld, die Familie, die sozialen Rahmenbedingungen und der Einfluss der Gesellschaft. Eine immer größer werdende Zahl bio-forensischer Untersuchungen belegt einen direkten Bezug zwischen negativen frühen Umwelterfahrungen und kognitiven Ausbildungsmängeln.[25]

2006 meinte der österreichisch-amerikanische Neurowissenschaftler Eric Kandel, dass biologische Evolution im Grunde eine kulturelle Evolution sei. Die Regulation der Genexpression, so der Nobelpreisträger, durch soziale Faktoren würde sämtliche Körperfunktionen einschließlich jener des Gehirns für soziale Einflüsse empfänglich machen.[26] Überschneidungen gibt es zwischen Adlers auf Empathie aufbauendem Gemeinschaftsgefühl und dessen neurobiologischem Pendant im System der Spiegelneurone. Dieses mittels Gehirnscans vom italienischen Physiologen Giacomo Rizzolatti lokalisierte System zeigte, dass Handlungsneurone bei Affen »feuerten«, wenn sie nach Futter griffen oder Artgenossen bei der Nahrungsaufnahme beobachteten. Beim Menschen passiert Gleiches. Dieselben Hirnareale werden aktiviert, wenn Menschen Handlungen ausführen und wenn sie sehen, wie andere dasselbe tun, oder wenn sie Geräusche hören, die mit einer solchen Handlung verbunden sind.[27] Was Adler als wechselseitige Identifizierung apostrophierte, ist neurobiologisch eine eigenständige motorische Kodifikation sensorischer Informationen im eigenen Resonanzsystem.[28] 2019 überführten Alica Ryba und Gerhard Roth die 2005 vom Psychotherapieforscher Klaus Grawe aufgestellten Wirkfaktoren guter Psychotherapie – therapeutische Allianz, Ressourcenaktivierung, Problemaktualisierung, motivationale Klärung und Problembewältigung –, die mit individualpsychologischen Einsichten übereinstimmen, in ein neurowissenschaftlich fundiertes Integrationsmodell von Coaching und Beratung in der Praxis, von Lebensanleitung, Ich- und Menschenkenntnis in einer sinnvoll aufgeladenen Welt des Ich und des Du.[29]

Der New Yorker Psychologe Abraham Maslow, der Ende der 1930er Jahre als Endzwanziger mit Alfred Adler bekannt war und später weltberühmt wurde für die nach ihm benannte Bedürfnispyramide, ein Stufenmodell der Motivation, wurde 1969 im Vorfeld des »Alfred Adler Centennial« angefragt, eine kurze Würdigung abzugeben. Er schrieb: »For me Alfred Adler becomes more and more correct year by year. As the facts come in they give stronger and stronger support to his image of man.«[30] Von Jahr zu Jahr erscheinen mir Alfred Adlers Einsichten immer zutreffender. Die wachsende Faktenlage stützt mehr und mehr sein Menschenbild.

Zeittafel

1835, 25. Januar: Geburt des Vaters Leopold (Nathan Leib) in Kittsee, einer der sieben jüdischen Gemeinden, »Schewa Kehilloth«, im Burgenland, damals zu Ungarn gehörend. Leopolds Vater Simon war Kürschnermeister und Pelzhändler in Kittsee.

1845, 9. Januar: Geburt der Mutter Pauline, geb. Beer, in Trebitsch, Mähren, Tochter von Hermann Beer aus Penzing, der einen erfolgreichen Getreide- und Früchtehandel en gros und en détail betrieb.

1868, 11. August: Geburt von Sigmund, des ersten Kindes von Pauline und Leopold Adler.

1870, 7. Februar: Alfred Adler wird in Rudolfsheim, Hauptstraße 32 (heute: Sechshauserstraße 68/70), geboren. In den folgenden Jahren erfolgen mehrere Umzüge der Familie, u.a. in die Schönbrunnerstraße (heute: Mariahilferstraße 208).

1871, 24. Oktober: Geburt der Schwester Hermine (sie stirbt in den 1940er Jahren in einem KZ im »Generalgouvernement für die besetzten polnischen Gebiete«).

1872, 9. November: Geburt von Raissa Timofejewna Epstein in Moskau.

1873, 12. Mai: Geburt des Bruders Rudolf (er stirbt am 31. Januar 1874 an Diphterie).

1874, November: Geburt der Schwester Irma (Todesdatum unbekannt).

1876–1879: Externe Ableistung der drei Grundschulklassen.

1877, März: Geburt des Bruders Max.

1879: Besuch des Communalen Real- und Obergymnasiums in der Sperlgasse (Sperlgymnasium, Sperläum), Wien-Leopoldstadt.

1879/80: Besuch des Leopoldstädter Realgymnasiums in Wien-Leopoldstadt.

1880–1888: Besuch des Hernalser Humanistischen Gymnasiums in Wien-Hernals.

1881, 5. Februar: Tod des Großvaters mütterlicherseits Hermann Beer mit 67 Jahren in Wien.

1882, 5. Januar: Tod der Großmutter mütterlicherseits Elizabeth »Libussa« Beer mit 61 Jahren in Wien. Umzug der Familie und der väterlichen Lagerräume in die Hernalser Hauptstraße 28 und 32. Bald Umzug in die Währinger Hauptstraße 57–59.

1883: Bar Mitzvah.

1884, 22. Oktober: Geburt des Bruders Richard.

1888, Juni: Adler besteht die Abiturprüfungen.

1888–1895: Studium an der Medizinischen Fakultät der Universität Wien. Wiederholte Umzüge der Familie Adler infolge wirtschaftlichen Abstiegs.

1889/90: Mitglied des Österreichischen Studentenverbands und nach dessen Auflösung des Studentenverbands »Veritas«.

1891: Umzug der Eltern in die Leopoldstadt, von der Währinger Hauptstraße 57 erst in die Obere Donaustraße 42, Wien II, dann in den Rembrandthof, Zwerggasse 5, Wien II, dort bis 1896. Ab 6. April und »in Stand genommen« ab Dezember: Adler wird als »Einjährig-Freiwilliger auf eigene Kosten« dem »Tiroler Kaiser-Jäger-Regiment« zugeteilt. Sitz des Regiments ist Preßburg (heute: Bratislava).

1892: Erstes Rigorosum am 24. März. Ab 1. April: Ableistung des Militärdiensts im ungarischen Heer (erste Hälfte).

1893: Gründungsmitglied des Studentenvereins »Freie Vereinigung«.

1894, 22. März: Zweites Rigorosum. 17. Mai: Absolutorium. Adler absolviert an der Wiener Poliklinik ein einjähriges Praktikum mit der Spezialisierung auf Augenheilkunde.

1895: Adler fällt am 19. Januar in der »Prakt. Prüfung aus der Augenheilkunde«, der ersten Hürde des dritten Rigorosums, durch; am 18. Mai besteht er dieses Examen mit »genügend« (Prüfungskategorien: ausgezeichnet, genügend, ungenügend). 17. Mai: Immatrikulation Raissa Epsteins in Zürich für Biologie. Im Sommersemester schreibt sich Adler für »Gerichtl. Medizin« und »Gerichtsmedzinische Übungen« ein, fällt jedoch bei den Prüfungen durch. Die Wiederholung der Examina am 12. November besteht er mit »genügend«. 22. November: Adler wird an der Universität Wien zum Dr. med. promoviert.

1896: Ab 1. April: Ableistung des zweiten Teils des Militärdiensts als »Adler Aladár« beim k. u. k. Garnisonsspital Nr. 19 in Preßburg als Assistenzarzt-Stellvertreter.

1897: Die familiäre Lage stabilisiert sich durch die Übernahme der Geschäfte durch Bruder Sigmund. Umzug in die Währingerstraße 61/Eisengasse (heute: Wilhelm-Exner-Gasse) 22, Wien IX. Erste Veröffentlichung Adlers in der *Arbeiter-Zeitung* (Wien): Das Feuilleton »Das empfohlene Treiberlein« erscheint unter dem Pseudonym »Alladin«. August/September: Teilnehmer am Internationalen Ärztekongress in Moskau. 23. Dezember: Heirat mit Raissa Timofejewna Epstein in Smolensk.

1898: Vorsitzender des Studentenvereins »Freie Vereinigung«. 5. August: Geburt der Tochter Valentine Dina. Adler eröffnet eine Arztpraxis in der Eisengasse, die er rasch wieder schließen muss. *Gesundheitsbuch für das Schneidergewerbe* erscheint.

1899: Umzug nach Wien-Leopoldstadt. Aufnahme einer Arztpraxis für Allgemeinmedizin in der Czerningasse 7, Wien II, die auch von der vornehmeren Praterstraße 42 aus erreichbar ist.

1901: Einberufung zum k. u. k. ungar. Honvedregiment in Sopron. 24. September: Geburt der Tochter Alexandra.

1902: Am 16. Februar erscheint in der *Arbeiter-Zeitung* (Wien) der Artikel »Leben und Schicksal der Säuglinge« über die sozialpolitische Rolle der Kinderbetreuung unter dem Pseudonym »Alladin«. Er leistet ab 12. August eine fünf Wochen lange Waffenübung in Ungarn ab und wird am 15. September in den nichtaktiven Stand rückversetzt. Sigmund Freud lädt Adler in die »Mittwochrunde« ein; ab Herbst nimmt er regelmäßig an den Treffen in Freuds Wohnung, Berggasse 19, Wien IV, teil. 15. Juli: In der *Ärztlichen Standeszeitung. Organ für die Gesamtinteressen der Ärzte Österreichs* (Wien), 1. Jg., Heft 1 erscheint als Leitartikel Adlers Aufsatz, »Das Eindringen sozialer Triebkräfte in die Medizin«. Weitere drei Leitartikel in der *Standeszeitung* folgen in den Jahren 1902 bis 1904.

1903, 27. März: Aufnahme in die »Gesellschaft der Ärzte« als ordentliches Mitglied. Mit dem Vorbehalt der Landsturmpflicht (Landwehrverpflichtung) wird Adler aus der Armee entlassen.

1904: Der Aufsatz »Der Arzt als Erzieher« erscheint. 3. August: Austritt aus der Israelitischen Kultusgemeinde und Konversion zur protestantischen Kirche. Adler lässt sich in der evangelischen (AB) Kirche in der Dorotheergasse, Wien I, taufen.

1905, 25. Februar: Geburt des Sohnes Kurt.

1906, 22. März: Tod der Mutter. Adler tritt der Freimaurerloge »Pionier« in Preßburg bei.

1907: Adler steuert zum *Österreichischen Arbeiterkalender* für das Jahr 1907 den Aufsatz »Entwicklungsfehler des Kindes« bei. Die *Studie über Minderwertigkeit von Organen* erscheint.

1908, 26.–27. April: 1. Kongress der Psychoanalyse in Salzburg.

1909, 18. Oktober: Geburt der Tochter Cornelia (Nelly).

1910, 30.–31. März: 2. Kongress der Psychoanalyse in Nürnberg. Zusammen mit Wilhelm Stekel wird Adler »Schriftleiter« (Chefredakteur) des *Zentralblattes für Psychoanalyse. Medizinische Monatsschrift für Seelen-*

kunde, Herausgeber ist Sigmund Freud. Adler erwirbt das österreichische Bürgerrecht. Adler tritt aus der Freimaurerloge »Pionier« in Preßburg aus.

1911, 20. Januar: Adler erhält in Wien die Heimatberechtigung und somit die österreichische Staatsbürgerschaft. Im März Absetzung Adlers als Präsident der Wiener Psychoanalytischen Vereinigung, Bruch mit Freud. Austritt aus der Psychoanalytischen Vereinigung. April: Einreichung der Statuten des »Vereins für Freie Psychoanalytische Forschung«, die Vereinsgründung wurde im August behördlich gestattet. Außerdem Umzug in die Innere Stadt, Wien I, Dominikanerbastei 10 / Tür 15. Dort eröffnet er eine »Ordination für Innere und Nervenkrankheiten«. Obmann des Wiener Vereins für Psychoanalyse.

1912: Teilnahme an der Tagung für Psychopathologie in Zürich. *Über den nervösen Charakter. Grundzüge einer vergleichenden Individualpsychologie und Psychotherapie*. Die Reihe »Schriften des Vereins für Freie Psychoanalyse« wird lanciert. 17. Juli: Adlers Ansuchen um die Venia Legendi, eine Vorlesungstätigkeit im Fach Neurologie, trifft an der Universität Wien ein. Von August bis Ende März 1913 hält sich Lou Andreas-Salomé in Wien auf und trifft Adler und Freud. Ab September finden jede Woche donnerstags Vereinssitzungen statt. 17. Oktober: Mit vierzehnmonatiger Verspätung wird der erste Vorstand des »Vereins für Freie Psychoanalytische Forschung« gewählt.

1913: Umbenennung des »Vereins für Freie Psychoanalyse« in »Verein für Individualpsychologie«. Tagung für Psychopathologie in Wien.

1914, April: Die erste Ausgabe der *Zeitschrift für Individualpsychologie* erscheint, Redakteur ist Carl Furtmüller. *Heilen und Bilden. Ärztlich-pädagogische Arbeiten des Vereins für Individualpsychologie*, herausgegeben von Alfred Adler und Carl Furtmüller. Am 28. Juni Attentat auf den österreichischen Thronfolger Erzherzog Franz Ferdinand und seine Frau Sophie Chotek in Sarajevo. Am 23. Juli Ultimatum Österreich-Ungarns an Serbien. Am 28. Juli Kriegserklärung Österreich-Ungarns an Serbien. 30. Juli–1. August: Generalmobilmachungen in Russland, Österreich-Ungarn, Belgien, Frankreich und Deutschland. 5. August: Kriegserklärung Montenegros an Österreich-Ungarn. 6. August: Kriegserklärung Österreich-Ungarns an Russland. 11. August: Kriegserklärung Frankreichs an Österreich-Ungarn. Raissa und die Kinder befinden sich zu dieser Zeit in Smolensk, Russland. Sie gelangen erst nach vielen Wochen über Skandinavien nach Wien zurück. Die Kriegsjahre verbringt die

Familie Adler überwiegend in einem kleinen Landhäuschen der Familie Beer in Eichgraben an der Westbahn bei Rekawinkel.

1915, 17. Februar: Einstimmige Ablehnung des Antrags durch das Professoren-Kollegium der Medizinischen Fakultät der Universität Wien auf der Grundlage des negativen Urteils von Professor Julius Wagner-Jauregg über die von Adler für die Venia Legendi eingereichten Unterlagen.

1915/16: Adler hält eine Vortragsreihe am »Volksheim«, Ottakring, der größten volksbildnerischen Einrichtung Wiens, über »Praktische Erziehung«.

1916: Charlot Strasser übernimmt im neutralen Zürich die Herausgeberschaft der *Zeitschrift für Individualpsychologie* (bis 1918).

1917: Adler wird im Frühjahr ans Garnisonsspital Nr. 9 in Krakau versetzt, ab November ist er im Kriegsspital Grinzing im 19. Wiener Gemeindebezirk tätig.

1918: Ab Januar Unruhen und Arbeiterstreiks in Wien, Niederösterreich und der Steiermark. März: Adler hält im Lesezirkel Hottingen in Zürich einen Vortrag über »Dostojewski und Tschaikowsky«. Er beginnt im »Volksheim« Ottakring Kurse über »Menschenkenntnis« zu geben. Ende Oktober, Anfang November: Revolution in Wien. Kaiser Karl unterzeichnet am 4. November die Waffenstillstandsurkunde. 12. November: Die Revolution wird in Wien ausgerufen. Adler veröffentlicht den Text »Bolschewismus und Seelenkunde« in *Die neue Rundschau* und, leicht abgeändert, in *Der Frieden*.

1918/19: Die erste Wiener Erziehungsberatungsstelle wird von Adler im »Volksheim« Ottakring, Wien XV, eingerichtet. Rasch folgen weitere individualpsychologische Beratungsstellen; 1926 gibt es mehr als zwei Dutzend solcher Einrichtungen in Wien.

1919, 16. Februar: Parlamentswahlen in Österreich. *Die andere Seite. Eine massenpsychologische Studie über die Schuld des Volkes.*

1919/20: Adler wird als gewählter Vertreter des Ersten Wiener Gemeindebezirks vom Bezirksrat in den Arbeiterrat mit Funktionen in zwei Räteorganisationen kooptiert. Er arbeitet in den Sektionen Gesundheitskommission und Kriegsgefangenenkommission des Kreisarbeiterrates Wien mit.

1920: *Praxis und Theorie der Individualpsychologie.*

1920–1923: Adler lehrt an der Erzieherschule des Vereins »Kinderfreunde – Freie Schule« in Schloss Schönbrunn.

1921: Manès Sperber (1905–1984) lernt Adler kennen. Wenige Wochen später hält Sperber bereits einen ersten individualpsychologischen Vortrag

»Zur Psychologie des Revolutionärs«. 29. Dezember: Wien wird eigenes Bundesland.

1922: Raissa Adler tritt am 17. Februar aus der Israelitischen Kultusgemeinde Wien aus. Adler wirkt an der Sozialistischen Jugenderziehungs-Internationale mit, später an anderen Weltjugendtreffen. Sommer: Er ist an der Gründung des nationalen Ablegers des pazifistischen Internationalen Friedens-Vereins »Clarté« in Wien beteiligt und wird in deren Arbeitskommission gewählt. Dezember: 1. Internationaler Kongress der Individualpsychologen in München.

1923, Oktober: Adler nimmt am 7th Congress of Psychology in Oxford, Großbritannien, teil. Das erste Heft der *Internationalen Zeitschrift für Individualpsychologie* erscheint.

1924: Adler wird als Dozent ans Pädagogische Institut der Stadt Wien, an dem Lehrerinnen und Lehrer ausgebildet werden, berufen. 29. Juni: In Salzburg treffen sich zahlreiche Mitglieder des Internationalen Vereins für Individualpsychologie aus Wien, München, Dresden und Nürnberg, ein zweites Mal im Oktober in Nürnberg, dann im Herbst 1925 in Berlin, um eine Expansion des Vereins zu besprechen.

1925, Januar: Gründung einer Sektion des Vereins für Individualpsychologie in den Niederlanden. Vorträge in Genf, Paris, Amsterdam, Rotterdam und Den Haag. 5.–7. September: 2. Internationaler Kongress für Individualpsychologie in Berlin. Bruch mit Rudolf Allers, David Oppenheim und Oswald Schwarz zugunsten Sperbers. 14.–15. September: Zweite marxistisch-individualpsychologische Tagung in Wien.

1926, Januar: Die erste Nummer von *Gemeinschaft. Mitteilungsblatt der Sektionen des Internationalen Vereines für Individualpsychologie* erscheint, Redaktionssitz ist Berlin-Neukölln, Stuttgarter Straße 52. Adler wird Mitglied der America-Austria Society (Amerikanisch-Österreichische Gesellschaft; bis 1935). April: Ein individualpsychologisches Ambulatorium für schwer erziehbare und sprachgestörte Kinder entsteht auf der Kinderabteilung des Franz-Josef-Spitals in der Kundratstraße, Wien X. Manès Sperber publiziert die Monographie *Alfred Adler. Der Mensch und seine Lehre. Ein Essay*. Vorträge in Dresden, Chemnitz und München, wenig später in Frankfurt am Main und London. Teilnahme am Kongress für Sexualpsychologie in Berlin. 26.–29. September: 3. Internationaler Kongress für Individualpsychologie in Düsseldorf. November: Erste Amerikareise.

1927, 1. Januar: Die erste Nummer von *Der Mensch im Alltag. Zeitschrift zur Verbreitung und Anwendung der Individualpsychologie* erscheint, Redaktionssitz ist Wien II, Czerningasse. 6. Januar–April: Amerikareise. 27. April: Adler tritt aus der evangelischen Kirche aus. Adler schließt seine Praxis in Wien. 15. Juli: Brand des Wiener Justizpalasts. 17.–19. September: 4. Internationaler Kongress für Individualpsychologie in Wien. Heirat von Kurt Adler mit Renée Lili Eltbogen (die Ehe wird im September 1934 geschieden). Die »Arbeitsgemeinschaft individualpsychologischer Ärzte« konstituiert sich. *Menschenkenntnis.* November: Manès Sperber zieht im Auftrag Adlers nach Berlin, um die Leitung der dortigen individualpsychologischen Sektion zu übernehmen. Alice Rühle-Gerstel publiziert *Der Weg zum Wir.*

1927–1929: Vorlesungen für die American Medical Association of Vienna. Vorlesungen an der Columbia University, New York.

1928: Adler verbringt regelmäßig sechs Monate eines Jahres in den USA. Frühjahr: Er lehrt an der New School for Social Research in New York. Vorträge in München, Freudenstadt und Berlin. *Die Technik der Individualpsychologie 1: Die Kunst, eine Lebens- und Krankengeschichte zu lesen.* Adler steuert den Aufsatz »Psychologie und Macht« zum Band *Gewalt und Gewaltlosigkeit. Handbuch des aktiven Pazifismus,* herausgegeben von Franz Kobler, bei, andere Beiträger sind u.a. Mahatma Gandhi, Stefan Zweig, Albert Einstein und Bertrand Russell.

1929: Vorträge an der »Lessing-Hochschule« in Berlin. Adler erwirbt in Wien-Salmannsdorf, Dreimarkstein 12, ein Haus mit großem Garten. Frühjahr: Spaltung der individualpsychologischen Gruppe in Berlin in die »Berliner Gesellschaft für Individualpsychologie« um Manès Sperber und in den »Neuen Verein Berliner Individualpsychologen« um Fritz Künkel. *Individualpsychologie in der Schule.* Oktober–April 1930: Dritte Amerikareise mit vierzig Vorträgen und vierzig Klinikdemonstrationen. Herbst: Er übernimmt am College of Physicians and Surgeons, der medizinischen Fakultät, der Columbia University in New York eine Gastprofessur. Adler leitet täglich außer sonntags seine Klinik an der Columbia University, spricht jeden Nachmittag zwei Stunden lang über seine klinische Arbeit in einem Hörsaal vor Ärzten und hält dreißig Psychologie-Vorlesungen für *graduate students.* In London erscheint *The Problems of Neurosis: A Book of Case Histories.* In New York erscheint *The Science of Living.*

1930: Adler wird anlässlich seines 60. Geburtstags zum Ehrenbürger der Stadt Wien ernannt. Es erscheint die Festschrift *Selbsterziehung des Charakters. Alfred Adler. Zum 60. Geburtstag.* Januar: Rundreise durch den US-Bundesstaat Michigan mit täglich vier bis fünf Vorlesungen, Demonstrationen in Kliniken und Sitzungen mit Privatpatienten. Zwischen Januar und April gibt er jeden Montag im großen Histologischen Hörsaal der Universität Wien, Schwarzspanierstraße 17, Wien IX, eine Vortragsreihe. Vorträge in Prag, Bratislava, Brünn. 5. Internationaler Kongress für Individualpsychologie in Wien. Adler wird »Visiting Lecturer« an der Columbia University, New York, USA. *Die Technik der Individualpsychologie 2: Die Seele des schwer erziehbaren Kindes.* In New York erscheint *The Pattern of Life.*

1931: Vorträge in London, Berlin, Magdeburg, Kopenhagen und Nürnberg. Rückkehr nach New York. 26. Juni: Adler wird der Führerschein ausgestellt. In Berlin gibt er von Oktober bis Dezember im Pestalozzi-Fröbel-Haus Kurse für Ärzte, Lehrer, Erzieher und Kindergärtnerinnen und demonstriert Erziehungsberatungstechniken. *What Life Should Mean to You* erscheint in London.

1932: Der Wiener Bürgermeister Karl Seitz händigt Adler am 14. Januar die ihm zum 60. Geburtstag verliehene Auszeichnung »Bürger von Wien« aus. Vorträge in Breslau, Zagreb, Maribor, Berlin, Brünn, Bielitz, Kattowitz und München. Ab 20. Juni: Erste individualpsychologische Sommerschule am Semmering und in Wien. Tochter Cornelia heiratet den Juristen Heinz Sternberg (Scheidung der Ehe 1938). Anfang Juli: Polizeiliche Abmeldung in Wien und formale Übersiedlung Adlers nach New York. Teilnahme an der Sommerschule der Internationalen Frauenliga für Frieden und Freiheit am Grundlseee, Österreich. Durch Vermittlung des befreundeten Unternehmers Charles Henry Davis erhält er einen Lehrstuhl für medizinische Psychologie am Long Island College of Medicine in New York City. In Berlin erscheint namens der »Fachgruppe für dialektisch-materialistische Psychologie« der Band *Psychologie der Krise – Krise der Psychologie. Beiträge der Fachgruppe für Dialektisch-Materialistische Psychologie* mit Beiträgen von u. a. Alice Rühle-Gerstel und Manès Sperber.

1933: In Deutschland wird Adolf Hitler am 30. Januar zum Reichskanzler gewählt, »Machtübernahme« der Nationalsozialisten. Der Individualpsychologe Prof. Dr. Matthias H. Göring (Wuppertal) reorganisiert als Reichsbeauftragter die Psychotherapie gemäß den Vorgaben des »Dritten Reiches«. Adlers Bücher werden in Deutschland auf die »Liste der verbotenen Bücher« gesetzt. März: Der österreichische Bundeskanzler Engelbert Dollfuß schaltet das Parlament aus und regiert autoritär.

30. März: Adler wird vom Long Island College of Medicine, 350 Henry Street, Brooklyn, New York, zum Professor of Medical Psychology ab dem 1.9.1933 für vier Jahre ernannt. Ab April ist Adler wieder in Wien. 30. April: Für eine Nacht wird in Wien Raissa Adler in »Schutzhaft« genommen. Vorträge in den Niederlanden, in Finnland und Estland. *Der Sinn des Lebens.* 17. Oktober: Adler stellt in den USA einen offiziellen Einwanderungsantrag. *Religion und Individualpsychologie* (zusammen mit Ernst Jahn).

1934, 21. Januar: Der Verkauf der sozialistischen Wiener *Arbeiter-Zeitung* wird verboten. 12.–15. Februar: Bürgerkrieg in Wien, Linz und anderen österreichischen Städten mit mehreren Hundert Toten, Verbot der KPÖ und des sozialdemokratischen Republikanischen Schutzbundes. Ab Mai Vorträge in Großbritannien (London und Cambridge), den Niederlanden (Amsterdam, Amersfort, Den Haag, Bussum und Dordrecht), in Schweden (Stockholm, Uppsala und auch Teilnahme an der individualpsychologischen Sommerschule in Tälberg), in Budapest, Prag, Brünn, Zürich und Paris. 1. Juli: Das Long Island College of Medicine ernennt Adler zum Attending Psychologist im Department of Neurology in the Hospital. Erste Emigrationswelle österreichischer Individualpsychologinnen und Individualpsychologen aus Wien. 25. Juli: Putschversuch durch Nationalsozialisten in Wien, Dollfuß erliegt einem Attentat.

1935: Gründung des *International Journal on Individual Psychology.* Bei Adler wird ein Karbunkel im Nacken operativ entfernt, der Zustand ist zwischenzeitlich ernst, er verbringt vier Wochen in der Columbia University Clinic. Raissa, Alexandra und Kurt Adler ziehen nach New York. Ab April Vorträge in London, Kopenhagen, in den Niederlanden, in Stockholm und in Tälberg sowie in Wien. Adler unterrichtet im Sommer eine Studentengruppe in Wien und löst die Wohnung in der Dominikanerbastei 10 auf. 18. Dezember: Auf der Generalversammlung der individualpsychologischen Sektion in Wien werden als neue Vereinsvorstände Franz Plewa zum Obmann sowie Dr. Heinz Sternberg und Fritz Fischl als Beisitzer gewählt, Adler wird Ehrenobmann.

1936: Adler ist Vice President des Institute for the Scientific Treatment of Delinquency in London, unter den insgesamt 39 Vice Presidents sind u. a. Sigmund Freud, H. G. Wells und der Erzbischof von York. Vorträge in den USA. Ab Mai Vorträge in Großbritannien (London, Plymouth, Cardiff, Exeter, Cambridge, Oxford und Liverpool) und in Amsterdam. 1. Juli: Das Long Island College of Medicine ernennt Adler wieder für ein

Jahr zum Attending Psychologist im Department of Neurology. Summer School in Los Angeles.

1937, Anfang–Mitte Januar: Das Landhaus in Wien-Salmannsdorf wird durch Vermittlung des Schwiegersohns Dr. Heinz Sternberg für 8000 Schilling verkauft. Ende Januar: Valentine Adler wird in Moskau verhaftet. In New York wird die Individual Psychology Society of New York gegründet; später wird daraus die Individual Psychology Association of New York. Im Frühjahr Vortragsreise durch den Mittleren Westen der USA, Belgien, die Niederlande, Frankreich und Großbritannien. Tochter Cornelia folgt der Familie im Frühjahr nach New York (wenig später lässt sie sich von Heinz Sternberg scheiden). 28. Mai: Adler erliegt in Aberdeen, Schottland, gegen 9.30 Uhr während eines Spaziergangs nach dem Frühstück einem Herzinfarkt. Am 1. Juni wird in Aberdeen ein Gedenkgottesdienst zelebriert, Adler wird im Warriston Crematorium in Edinburgh kremiert, die Urne im dortigen Kolumbarium aufbewahrt. 10. Juni: Trauerfeier des Klubs der Freunde der Individualpsychologie in Wien I, Zedlitzgasse 8. Das *International Journal of Individual Psychology* wird eingestellt.

1938: »Anschluss« Österreichs an das nationalsozialistische Deutschland. Die individualpsychologischen Erziehungsberatungsstellen werden »gleichgeschaltet« oder aufgelöst, individualpsychologische Lehrer entlassen, Individualpsychologinnen und Individualpsychologen Wiens emigrieren.

1939, 26. Januar: Der Verein für Individualpsychologie, Böcklinstraße 70, Wien XX, wird durch den Polizeipräsidenten in Wien aufgelöst. Da das amtliche Dokument weder an einen Obmann noch an andere Verantwortliche zugestellt wurde, wird nach 1945 die Gültigkeit dieser Amtshandlung angezweifelt.

1940: Rudolf Dreikurs (Chicago) initiiert die Zeitschrift *Individual Psychology News*, die 1942 in *Individual Psychology Bulletin* umbenannt wird.

1941, 3. Juli: Raissa Adler erhält die Staatsbürgerschaft der USA.

1942: Valentine Adler stirbt nach fünf Jahren Haft in der Sowjetunion.

1950: Gründung des Alfred Adler Institute for Individual Psychology in New York. Ziel ist die Ausbildung von Individualpsychologinnen und Individualpsychologen.

1952: In Chicago wird das Institute of Adlerian Psychology gegründet, später umbenannt in Alfred Adler Institute of Chicago. Die American

Society of Adlerian Psychology wird gegründet (heute: North American Society of Adlerian Psychology).

1953: Das *Individual Psychology Bulletin* wird in *American Journal of Individual Psychology* umbenannt. 1957 übernimmt Prof. Heinz Ansbacher (University of Vermont) die Herausgeberschaft, der Titel wird in *Journal of Individual Psychology* geändert.

1954, Januar: Tod von Alfred Adlers Bruder Richard. Das Alfred Adler Consultation Center in New York wird zu einer Mental Hygiene Clinic mit Alexandra Adler als ärztlicher Leiterin umfunktioniert. Acht Psychiater sind hier zeitweise tätig, u. a. Kurt Adler. Alexandra Adler wird zur Präsidentin der Internationalen Vereinigung für Individualpsychologie gewählt.

1957, 25. Februar: Tod von Alfred Adlers Bruder Sigmund.

1962, 29. April: Tod Raissa Adlers in New York. 28. Juli: Gründung der Alfred-Adler-Gesellschaft in Deutschland.

1968, 5. November: Tod von Alfred Adlers Bruder Max.

1970, 7. Februar: 100-Jahr-Feier des Geburtstags von Alfred Adler in der Caspary Hall der Rockefeller University, New York. Umbenennung der Alfred-Adler-Gesellschaft in Deutsche Gesellschaft für Individualpsychologie.

1971–1976: Individualpsychologische Ausbildungsinstitute entstehen in München, Düsseldorf, Aachen/Köln und Delmenhorst.

1976: Erstmals tagt der Internationale Kongress für Individualpsychologie in Deutschland, in München. Gründung der *Zeitschrift für Individualpsychologie*.

1983: Tod von Cornelia (Nelly) Adler in New York.

1992: Gründung der Alfred Adler Gesellschaft Berlin (AAI).

1997, 30. Mai: Tod Kurt Adlers in New York. 25. September: In seiner »Proclamation 7027 – Austrian-American Day« erwähnt US-Präsident Bill Clinton namentlich neben u. a. dem Supreme Court Justice Felix Frankfurter und dem Architekten Richard Neutra auch Alexandra Adler.

2001, 4. Januar: Tod Alexandra Adlers in New York.

2009, 2. Juni: Der Gemeinderatsausschuss für Kultur und Wissenschaft der Stadt Wien beschließt, eine Straße nahe des neuen Wiener Hauptbahnhofs nach Alfred Adler zu benennen.

2011: Überführung der sterblichen Überreste Alfred Adlers von Aberdeen nach Wien am 20. April, am 12. Juli Beisetzung in einem Ehrengrab auf dem Wiener Zentralfriedhof.

Anmerkungen

Abkürzungen

AAS = Alfred Adler Studienausgabe, hg. v. Karl Heinz Witte. 7 Bände, Göttingen 2007–2009

AUW = Archiv der Universität Wien

BL = British Library, London, Phyllis Bottome Papers and Correspondence

Briefe = Alfred Adler: Briefe 1896–1937, hg. v. Almut Bruder-Bezzel und Gerd Lehmkuhl, Göttingen 2004

DÖW = Dokumentationsarchiv des Österreichischen Widerstandes, Wien

LoC = Library of Congress, Washington, D.C., The Alfred Adler Papers

VGA = Verein für Geschichte der Arbeiterbewegung, Wien

Entrée

1 Stekel, zit. nach: Heinrich Zankl: Kampfhähne der Wissenschaft. Kontroversen und Feindschaften, Weinheim 2010, S. 143

2 Martin Freud: Mein Vater Sigmund Freud, Heidelberg 1999, S. 34

3 Mark Edmundson: Sigmund Freud. Das Vermächtnis der letzten Jahre, München 2009, S. 23

4 Wolf Jobst Siedler: Auf der Pfaueninsel. Spaziergänge in Preußens Arkadien, Berlin 1986, S. 7

5 Peter-André Alt: Sigmund Freud. Der Arzt der Moderne. Eine Biographie, München 2016, S. 467

6 Vincent Brome: Sigmund Freud und sein Kreis. Wege und Irrwege der Psychoanalyse, München 1969, S. 29 f.; Alt, S. 467; Peter Gay: Freud. Eine Biographie für unsere Zeit, Frankfurt/M. [3]1997, S. 200

7 Max Graf, zit. nach: Hanns Sachs, Freud. Master and Friend, London 1945, S. 126

8 Wilhelm Stekel, zit. nach: Louis Breger: Freud. Darkness in the Midst of Vision, New York 2000, S. 177

9 Eva Illouz: Die Errettung der modernen Seele. Therapien, Gefühle und die Kultur der Selbsthilfe, Berlin 2009, S. 50

10 Wolf von Niebelschütz: Der Blaue Kammerherr. Galanter Roman in vier Bänden, Frankfurt/M. 1949, S. 9

11 Illouz, S. 30

12 Fritz Wittels: Sigmund Freud. Der Mann, die Lehre, die Schule, Leipzig 1924, S. 118

13 Max Graf: Reminiscences of Professor Sigmund Freud, in: Psychoanalytic Quarterly, Jg. 2, 1942, H. 4, S. 474 f.

14 Paul Roazen: Sigmund Freud und sein Kreis, Bergisch Gladbach 1976, S. 188

1 Einleitung

1 Hans Magnus Enzensberger im Gespräch mit Stefan Schlak: Das einzig wahre Ausland ist die Vergangenheit, in: Magazin der Kulturstiftung des Bundes, Jg. 11, Heft Frühjahr 2008, S. 8 f.

2 Ely Waters: Adler – Student of Invisible World, in: The Toronto Star Weekly, 9.3.1935: »Dr. Alfred Adler, world-famous psychologist, ranks with Einstein in the brain world. Einstein measures the universe. But Adler measures the human soul. […]«, in: LoC Box 6

3 Doris Kaufmann: »Widerstandsfähige Gehirne« und »kampfunlustige Seelen«. Zur Mentalitäts- und Wissenschaftsgeschichte des I. Weltkriegs, in: Michael Hagner (Hg.): Ecce Cortex. Beiträge zur Geschichte des modernen Gehirns, Göttingen 1999, S. 206–223, hier S. 206

4 Gerd Jüttemann: Die falsche Reihenfolge, in: Psychologische Rundschau, Jg. 66, 2015, S. 177–178, hier S. 177

5 Harald Walach: Kommentar zum Memorandum von Allesch et. al., in: Psychologische Rundschau, Jg. 66, 2015, S. 180–181, hier S. 180

6 Henry F. Ellenberger: Die Entdeckung des Unbewussten, Bern 1973, Bd. 2, S. 765–801; Helmut Albrecht: Burn-out – Ein klarer Fall für die Individualpsychologie? Alfred Adler als Patient und Pionier der Psychosomatik, in: Bernd Rieken (Hg.): Alfred Adler heute, Münster 2011, S. 137–157, hier S. 137

7 Zit. nach Albrecht, S. 138

8 Jüttemann, S. 177

9 Oskar Frischenschlager: Vorwort, in: ders. (Hg.): Wien, wo sonst? Die Entstehung der Psychoanalyse und ihrer Schulen, Wien u. a. 1994, S. 7–8, hier S. 8

10 Roazen, S. 211 f.

11 Albrecht, S. 141

12 Kornbichler, S. 11

13 Briefe, S. 173

14 Siehe Gerald Mackenthun (Hg.): Alfred Adler – wie wir ihn kannten, Göttingen 2015, bes. S. 125–270

15 Wolfgang Hildesheimer: Mozart, Frankfurt/M. 1993, S. 351

16 Henry Jacoby: Alfred Adlers Individualpsychologie und dialektische Charakterkunde, Frankfurt/M. 1974, S. 9

17 Ein idealistisches Bild zeichnet Wilhelm Dilthey: Einleitung in die Geisteswissenschaften, in: ders.: Gesammelte Schriften. Bd. I, Stuttgart und Göttingen 1957 ff., S. 33: »Die Darstellung der einzelnen psycho-physischen Lebenseinheit ist die Biographie.« Und ebda., S. 34: »Man kann das wahre Verfahren des Biographen als Anwendung der Wissenschaft der Anthropologie und Psychologie auf das Problem, eine Lebenseinheit, ihre Entwicklung und ihr Schicksal lebendig und verständlich zu machen, bezeichnen.« Dagegen Henry A. Murray, zit. nach Alan C. Elms: Uncovering Life. The Uneasy Alliance of Biography and Psychology, New York und Oxford 1994, S. 7: »[T]he life cycle of a single individual should be taken as a unit, the *long unit* for psychology. […] The history of the organism is the organism. […] (W)ith the perishing of each moment the organism is left a different creature, never to repeat itself exactly. No moment nor epoch is typical of the whole. Life is an irreversible sequence of non-identical events. Some of these

changes, however, occur in a predictable lawful manner. […] These phenomena make [psychological] biography imperative.«)

18 Robert Musil: Der Mann ohne Eigenschaften, in: ders.: Gesammelte Werke. Bd. I, Reinbek 1978, S. 361

2 Wien 1850 1870 1900

1 Musil, S. 528

2 LoC Box 6; Eilenberger, S. 769 f.; Edward Hoffman: Alfred Adler. Ein Leben für die Individualpsychologie, München und Basel 1997, S. 20

3 Mark Zborowski und Elisabeth Herzog: Das Schtetl. Die untergegangene Welt der osteuropäischen Juden, München 1991, S. 111

4 Eilenberger, S. 772, Anm. 10

5 Marianne Bernhard: Zeitenwende im Kaiserreich. Die Wiener Ringstraße. Architektur und Gesellschaft 1858–1906, Regensburg 1992, S. 8

6 Ebda., S. 33, 18–25

7 Helmut Andics: Ringstraßenwelt, Wien 1983, S. 286 f.

8 Ebda, S. 272

9 Ebda., S. 322; Karlheinz Rossbacher: Literatur und Liberalismus. Zur Kultur der Ringstraßenzeit in Wien, Wien 1992, S. 399

10 Andics, S. 322

11 Ebda., S. 272; Carl Schorske: Fin-de-Siècle Vienna. Politics and Culture, New York 1981, S. 31

12 Bernhard, S. 91

13 Pieter M. Judson: Habsburg. Geschichte eines Imperiums 1740–1918, München 2017, S. 281–284

14 Andics, S. 315

15 Judson, S. 304–344

16 Andics, S. 332

17 Ebda., S. 333

18 Bernhard, S. 161, 84

19 Zit. nach ebda., S. 161

20 Sigmund Freud: Selbstdarstellung, in: ders.: Gesammelte Werke, Bd. XIV, Frankfurt/M. [3]1963, S. 41

21 Judson, S. 407, 411

22 Ebda., S. 349

23 Andics, S. 320

24 Ebda., S. 311

25 Ebda, S. 311 f.

26 Judson, S. 425

27 Andics, S. 348; Rossbacher, S. 432

28 János Szulovszky: Die Dienstleistungsgesellschaft in Ungarn, in: Helmut Rumpler und Martin Seger (Hg.): Soziale Strukturen. Die Gesellschaft der Habsburgermonarchie im Kartenbild. Verwaltungs-, Sozial- und Infrastrukturen. Nach dem Zensus von 1910. Die Habsburgermonarchie 1848–1918, Wien 2010, S. 467–491, hier S. 473

29 Judson, S. 427

30 Ebda, S. 470 f.

31 Bernhard, S. 239
32 Judson, S. 400 ff.
33 Alfred Georg Frei: Rotes Wien. Austromarxismus und Arbeiterkultur. Sozialdemokratische Wohnungs- und Kommunalpolitik 1919–1934, Berlin 1984, S. 77
34 Bernhard, S. 40 f.
35 Zit. nach ebda., S. 79 f.
36 Rudolf von Eitelberger und Heinrich Ferstel: Das bürgerliche Wohnhaus und das Wiener Zinshaus, Wien 1860, S. 25
37 Bernhard, S. 82 f.
38 Ebda., S. 31
39 Zit. nach ebda., S. 32
40 Ebda., S. 32, 41
41 Ebda., S. 262
42 Zit. nach ebda., S. 254 ff.
43 Ebda., S. 308
44 Andics, S. 337
45 Zit. nach Robert Donia: Islam Under the Double Eagle, Boulder und New York 1981, S. 14
46 Zit. nach Bernhard, S. 231
47 Steven Beller: Wien und die Juden 1867–1938, Wien u. a. 1993, S. 213 f.
48 Andics, S. 352
49 Klaus Lohrmann: Zwischen Finanz und Toleranz. Das Haus Habsburg und die Juden. Ein historischer Essay, Graz 2000, S. 42
50 Andics, S. 353
51 Beller, S. 213
52 Ebda., S. 206

3 Kindheit, Jugend, Studium

1 William M. Johnston: Österreichische Kultur- und Geistesgeschichte. Gesellschaft und Ideen im Donauraum 1848 bis 1938, Wien u. a. 1974, S. 263
2 Adler 1928 in einer autobiographischen Skizze, Brief an Twersky/J.N. & U.L.: »Ich wurde im letzten Haus von Wien geboren«, zit. nach Frischenschlager, S. 49
3 Zit. nach Hoffman, S. 22
4 Frischenschlager, S. 50; Phyllis Bottome: Alfred Adler aus der Nähe porträtiert, hg. und mit einem Nachw. v. Klaus Hölzer, Berlin 2013, S. 21
5 Hans-Wilhelm Hannen: Alfred Adler. Im Banne seines Unbewussten, Weinheim 1994, S. 48
6 Frischenschlager, S. 51; Hannen, S. 59
7 Hoffman, S. 24 f.
8 Albrecht, S. 147
9 Zit. nach Bernhard Handlbauer: Die Entstehungsgeschichte der Individualpsychologie Alfred Adlers, Wien und Salzburg 1984, S. 29
10 LoC Box 1
11 Hoffman, S. 27
12 Ebda., S. 23
13 Bottome, S. 27

14 Josef Rattner: Die Individualpsychologie Alfred Adlers. Einführung in die tiefenpsychologische Lehre von Alfred Adler, München 1981, S. 13
15 Erna Lesky: Die Wiener medizinische Schule im 19. Jahrhundert, Graz 1965, S. 293; Rudolf Riess: Alfred Adler und die Auswirkungen der Individualpsychologie auf das »Rote Wien«, Diplomarbeit Universität Wien 1977, S. 6
16 Beller, S. 81
17 Andics, S. 247
18 Lohrmann, S. 118
19 Frischenschlager, S. 51
20 Ebenda. Brief von Dr. H. A. Beckh-Widmannstetter an Heinz L. Ansbacher, Wien, 5.3.1966, in: LoC Box 14
21 Lesky, S. 432
22 LoC, Alfred Adler Papers 1896–1999
23 Riess, S. 7
24 Brief von Dr. H. A. Beckh-Widmannstetter an Heinz L. Ansbacher, Wien, 5.3.1966, in: LoC Box 14

4 Raissa Epstein und Adlers berufliche Anfänge

1 Bottome, S. 42
2 H. Ruediger Schiferer: Raissa Adler (1872–1962). Von der bürgerlichen Frauenbewegung zum österreichischen Trotzkismus, in: Doris Ingrisch, Ilse Korotin und Charlotte Zwiauer (Hg.): Die Revolutionierung des Alltags. Zur intellektuellen Kultur von Frauen im Wien der Zwischenkriegszeit, Frankfurt/M. u.a. 2004, S. 193–204 , hier S. 193; Hoffman, S. 45
3 Ulrich Im Hof und Pietro Scandola: Hochschulgeschichte Berns. 1528–1984. Zur 150-Jahr-Feier der Universität Bern 1984, Bern 1984, S. 501 ff.
4 Richard Feller: Die Universität Bern. 1834–1934, Bern 1935, S. 440; Daniel Heinrich: Dr. med. Charlot Strasser (1884–1950). Ein Schweizer Psychiater als Schriftsteller, Sozial- und Kulturpolitiker, Zürich 1986, S. 21 FN 89
5 Wera Figner: Nacht über Russland. Lebenserinnerungen einer russischen Revolutionärin, Reinbek 1988, S. 6
6 Hoffman, S. 46; Schiferer, S. 194
7 Zit. nach Schiferer, S. 194
8 Brief von Alfred Adler, 28.7.[1897], in: LoC Box 4
9 Brief von Alfred Adler an Raissa Epstein, 13.8.1897, in: LoC Box 4
10 Brief von Alfred Adler an Raissa Epstein, Moskau, 17.8.1897, in: LoC Box 4
11 Brief von Alfred Adler an Raissa Epstein, 10.9.1897, in: LoC Box 4
12 Brief von Alfred Adler an Raissa Epstein, 2.10.1897, in: LoC Box 4
13 Brief von Alfred Adler an Raissa Epstein, 14.9.1897, in: LoC Box 4
14 Brief von Alfred Adler an Raissa Epstein, Wien, 18.9.1897, in: LoC Box 4
15 Brief von Alfred Adler an Raissa Epstein, 22.9.1897, in: LoC Box 4
16 Frischenschlager, S. 51 f.
17 Ebda., S. 52
18 Josef Rattner und Gerhard Danzer: Individualpsychologie heute. 100 Jahre Lehre Alfred Adlers (1907–2007), Würzburg 2007, S. 30
19 Gerhard Wehr: Pioniere des Unbewussten. Gründergestalten der Tiefenpsychologie, Stuttgart 2013, S. 66; Ernst Glaser: Im Umfeld des Austromarxismus. Ein Bei-

trag zur Geistesgeschichte des österreichischen Sozialismus, Wien u. a. 1981, S. 261

20 Zit. nach Glaser, S. 261

21 Rudolf Virchow: Zur Erinnerung. Blätter für meine Freunde, zit. nach Wolfgang Jacob: Aus dem sozialmedizinischen Erbe Rudolf Virchows. Medizin als Wissenschaft vom Menschen, in: Erna Lesky (Hg.): Sozialmedizin. Entwicklung und Selbstverständnis, Darmstadt 1977, S. 161–185, hier S. 165

22 Ebda., S. 169

23 Ebda., S. 176; siehe auch Rudolf Virchow: Die öffentliche Gesundheitspflege, in: Medicinische Reform, Nr. 5, 4.8.1848, S. 21 f.: »Der demokratische Staat will das Wohlsein aller Staatsbürger, denn er erkennt die gleiche Berechtigung.«

24 Hans-Joachim Hannich: Individualpsychologie nach Alfred Adler, Stuttgart 2018, S. 16

25 Elke Pilz: Raissa Adler – Trotzkistin im Roten Wien, in: dies. (Hg.): Das Ideal der Mitmenschlichkeit. Frauen und die sozialistische Idee, Würzburg 2005, S. 111–123, hier S. 115

5 Russen in Wien

1 Paul Kutos: Russische Revolutionäre in Wien 1900–1917. Eine Fallstudie zur Geschichte der politischen Emigration, Wien 1993, S. 15

2 Ebda., S. 15

3 Ebda., S. 69

4 Ebda., S. 70 f.; Clara Kenner: Der zerrissene Himmel. Emigration und Exil der Wiener Individualpsychologie, Göttingen 2007, S. 26 f.

5 Leidinger und Moritz, S. 127 ff.

6 Beller, S. 192

7 Der Tag, Nr. 808, 1.3.1925, S. 8, zit. nach Hannes Leidinger und Verena Moritz: Russisches Wien. Begegnungen aus vier Jahrhunderten, Wien 2004, S. 127

8 Sozialwissenschaftliche Dokumentation der Arbeiterkammer für Wien, Mappe »Trotzki«, Bericht der Polizeidirektion an den Wiener Bürgermeister Pr. Z. 1. IV-1406 (26.3.1924)

9 Leo Trotzki: Mein Leben. Versuch einer Autobiografie, Berlin 1990, S. 210

10 Ebda., S. 184 f.

11 Natalja Sedowa, zit. nach: Victor Serge: Leo Trotzki. Leben und Werk, Wien u. a. 1978, S. 33; Schiferer, Raissa Adler, S. 195

12 Trotzki, S. 195

13 Persönliche Mitteilung Paul Klemperers, des Sekretärs der Adler-Gesellschaft an Ernest Jones, zit. nach Ernest Jones: Das Leben und Werk von Sigmund Freud. Bd. 2, Bern und Stuttgart 1962, S. 165

14 Leidinger und Moritz, S. 127; Pilz, S. 116

15 Schiferer, Bildbiografie, S. 70; Schiferer, Raissa Adler, S. 195 f.

16 Schiferer, Raissa Adler, S. 196

17 Kutos, S. 43; Leidinger und Moritz, S. 128 ff.

18 Leidinger und Moritz, S. 128–130, 126

19 Ebda., S. 129

20 Kutos, S. 61

21 Gertraud Marinelli-König: Das Wien-Bild in der Literatur russischer Emigranten 1905–1945, in: dies. und Nina Pavlova: Wien als Magnet? Schriftsteller aus

Ost-, Ostmittel- und Südosteuropa über die Stadt, Wien 1996, S. 111–142, hier S. 139

6 Fin-de-Siècle-Wien und die Leopoldstadt

1 Manès Sperber: Alfred Adler oder Das Elend der Psychologie, Wien u.a. 1970, S. 160

2 Siehe die Fotos in Abigail Gilman: Viennese Jewish Modernism. Freud, Hofmannsthal, Beer-Hofmann, and Schnitzler, University Park, PA, 2009, S. 3 und 4

3 Bernhard, S. 209

4 Max Burckard: Modern, in: Gotthart Wunberg (Hg.): Die literarische Moderne. Dokumente zum Selbstverständnis der Literatur um die Jahrhundertwende, Frankfurt/M. 1971, S. 131–132, hier S. 132

5 Zit. nach Andics, S. 358

6 Hugo von Hofmannsthal: Gabriele d'Annunzio, in: ders.: Gesammelte Werke, hg. v. Bernd Schoeller. Reden und Aufsätze I 1891–1913, Frankfurt/M. 1979, S. 174–184, hier S. 174f.

7 Fritz Schalk: Fin de Siècle, in: Roger Bauer u.a. (Hg.): Fin de Siècle. Zu Literatur und Kunst der Jahrhundertwende, Frankfurt/M. 1977, S. 3–15, hier S. 9; Wolfdietrich Rasch: Fin de Siècle als Ende und Neubeginn, in: Bauer, Fin de Siècle, S. 30–49, hier S. 31

8 Hermann Bahr: Die Moderne, zit. nach Wunberg, Die literarische Moderne, S. 100

9 Zit. nach: Peter Payer: Der Klang der Großstadt. Eine Geschichte des Hörens. Wien 1850–1914, Wien 2018, S. 107

10 Statistisches Jahrbuch für die Stadt Wien für 1907, Wien 1909; Statistisches Jahrbuch für die Stadt Wien für 1908, Wien 1910, S. 206; Brigitte Hamann: Hitlers Wien. Lehrjahre eines Diktators, München 1996, S. 42; Gilman, S. 21

11 Adolf Hitler: Mein Kampf. Einbändige Volksausgabe, München 1930, S. 18

12 Frischenschlager, S. 9

13 Jens Malte Fischer: Augenblicke um 1900. Literatur, Philosophie, Psychoanalyse und Lebenswelt zur Zeit der Jahrhundertwende, Frankfurt/M. 1986, S. 4

14 Scott Spector: Marginalizations: Politics and Culture beyond Fin-de-Siècle-Vienna, in: Steven Beller (Hg.): Rethinking Vienna 1900, New York und Oxford 2001, S. 132–153, hier S. 137

15 Leslie Topp: Architecture and Truth in Fin-de-Siècle Vienna, Cambridge/England 2004, S. 26; Max Fabiani 1896: »Realismus, Wahrheit, war das Feldgeschrei; schärfere Naturbeobachtung, tiefere Erkenntnis ihrer Gesetze schuf die Grundlage – einer heute im Erwachen begriffenen völlig neuen Kunst. Dichter und Bildner, Maler und Musiker erkannten längst schon ihre neuen Ideale …«, zit. nach Top, S. 177

16 Anonym: Rez. zu Arndt: Die Neurasthenie, in: Wiener Medizinische Wochenschrift, Jg. 26, 1885, Sp. 1096; Hans-Georg Hofer: Nervenschwäche und Krieg. Modernitätskritik und Krisenbewältigung in der österreichischen Psychiatrie (1880–1920), Wien u.a. 2004, S. 115

17 Georg Simmel: Vom Wesen der Kultur, in: Österreichische Rundschau, Jg. 15, 1908, S. 42

18 Odo Marquard: Über einige Beziehungen zwischen Ästhetik und Therapeutik in

der Philosophie des neunzehnten Jahrhunderts, in: Hans Joachim Schrimpf (Hg.): Literatur und Gesellschaft vom neunzehnten ins zwanzigste Jahrhundert. Festschrift für Benno von Wiese, Bonn 1963, S. 22–55, hier S. 48

19 Fischer, S. 59

20 Manès Sperber: Die Wasserträger Gotttes. All das Vergangene ..., Wien 1974, S. 224

21 Hamann, S. 107 f.

22 Ebda., S. 93 f.

23 Ebda., S. 50; Robert Waissenberger: Eine Metropole der Jahrhundertwende, in: Historisches Museum der Stadt Wien unter Leitung von Robert Waissenberger (Hg.): Wien 1870–1930. Traum und Wirklichkeit, Salzburg und Wien 1984, S. 7–20, hier S. 18

24 Malachi Haim Hacohen: The Making of the Open Society: Karl Popper, Philosophy and Politics in Interwar Vienna, Phil.Diss. Columbia University, New York, 1993, S. 83 f.

25 Hermann Bahr: Ein Document deutscher Kunst, in: ders.: Bildung. Essays, Leipzig 1901, S. 45 f.

26 Helmut Weihsmann: Das Rote Wien. Sozialdemokratische Architektur und Kommunalpolitik 1919–1934, 2. überarb. Ausg. Wien 2002, S. 84 ff.

27 Topp, S. 90; Eric Kandel: Das Zeitalter der Erkenntnis. Die Erforschung des Unbewussten in Kunst, Geist und Gehirn von der Wiener Moderne bis heute, München 2012, S. 35

28 Ruth Beckermann: Die Mazzesinsel. Juden in der Wiener Leopoldstadt 1918–1938, Wien und München 1984, S. 14

29 Andics, S. 23

30 Ebda., S. 278

31 Beckermann, S. 13, 25

32 Andics, S. 278

33 Zit. in Beckermann, S. 12

34 Zit. nach ebda., S. 14

35 Andics, S. 275

36 Ebda., S. 278

37 In Beckermann, S. 85 f.

38 H. Ruediger Schiferer unter Mitarbeit von Helmut Gröger und Manfred Skopec: Alfred Adler. Eine Bildbiografie, München und Basel 1992, S. 68; LoC Box 4

7 Der Arzt als Erzieher

1 Lloyd deMause: Was ist Psychohistorie? Eine Grundlegung, hg. v. Artur R. Boelderl und Ludwig Janus, Gießen 2000, S. 16

2 AAS I, S. 26

3 Mackenthun, S. 34

4 Wehr, S. 66

5 Odo Marquard: Über einige Beziehungen zwischen Ästhetik und Therapeutik in der Philosophie des neunzehnten Jahrhunderts, in: ders.: Schwierigkeiten mit der Geschichtsphilosophie, Frankfurt/M. 1973, S. 85–106, hier S. 97 f.

6 Hannes Böhringer: Kompensation und Common Sense. Zur Lebensphilosophie Alfred Adlers, Königstein/Taunus 1985, S. 56; Hannich, S. 16

7 Böhringer, S. 58
8 AAS I, S. 27 ff.
9 Ebda., S. 30 f.
10 Ebda., S. 30–33
11 Zit. nach: Katharina Rutschky (Hg.): Schwarze Pädagogik. Quellen zur Naturgeschichte der bürgerlichen Erziehung, Berlin und Wien 1977, S. 243–247
12 AAS I, S. 33
13 Wehr, S. 68
14 Böhringer, S. 22
15 Glaser, S. 273 f.
16 Zit. nach Bottome, S. 96 f.

8 Die Mittwochs-Gesellschaft

1 Carl Gustav Carus: Psyche. Zur Entwicklungsgeschichte der Seele, Pforzheim 1846, S. 1
2 Sigmund Freud: Über Träume, in: ders.: Über Träume und Traumdeutungen, Frankfurt/M. 1971, S. 12 f.
3 Herman Nunberg und Ernst Federn (Hg.): Protokolle der Wiener Psychoanalytischen Vereinigung. Band I. 1906–1908, Frankfurt/M. 1976, S. XXII
4 Wilhelm Stekel: The Autobiography of Wilhelm Stekel. The Life Story of a Pioneer Psychoanalyst, hg. v. Emil A. Gutheil, New York 1950, S. 113; Marina Leitner: Ein gut gehütetes Geheimnis. Die Geschichte der psychoanalytischen Behandlungs-Technik von den Anfängen in Wien bis zur Gründung der Berliner Poliklinik im Jahr 1920, Gießen 2001, S. 73
5 Schiferer, Bildbiografie, S. 56
6 Sigmund Freud: Über Psychotherapie, in: ders.: Studienausgabe, Ergänzungsband, Frankfurt/M. 1989, S. 107–119, hier S. 115
7 Edith Kurzweil: Freud und die Freudianer. Geschichte und Gegenwart der Psychoanalyse in Deutschland, Frankreich, England und Österreich, Stuttgart 1993, S. 58
8 Zit. nach Roazen, S. 182
9 Wittels, S. 113
10 Ebda., S. 114; Brome, S. 26
11 Ebda., S. 184
12 Protokolle, Bd. I, S. XXII; zit. nach Schiferer, Bildbiografie, S. 59
13 Protokolle, Bd. I, S. XXIV
14 Sperber, S. 58
15 Kurzweil, S. 61
16 Ebda.
17 Ebda.
18 Protokolle, Bd. I, S. 32
19 Kurzweil, S. 62 f.
20 Ebda., S. 66
21 Illouz, S. 54
22 Ebda., S. 54 f.; Breger, S. 179
23 Zit. nach Kurzweil, S. 28 f.
24 Ebda., S. 33
25 Ebda., S. 68

9 Philosophie und das Als-ob

1 Odo Marquard: Wie irrational kann Geschichtsphilosophie sein?, in: ders.: Schwierigkeiten mit der Geschichtsphilosophie, Frankfurt/M. 1973, S. 66–81, hier S. 81
2 o. N.: Was man nicht sieht, in: Bukowinaer Post, 21. Jg., 5.5.1914, S. 1
3 Neue Freie Presse, Nr. 17849, 5.5.1914, S. 8
4 Briefe, S. 41
5 Gottfried Fischer: Logik der Psychotherapie. Philosophische Grundlagen der Psychotherapiewissenschaft, Kröning 2008, S. 25–29
6 Paul Watzlawick, John H. Weakland und Richard Fisch: Lösungen. Zur Theorie und Praxis menschlichen Wandels, Bern 1974, S. 108
7 Michael Titze: Lebensziel und Lebensstil. Grundzüge der Teleoanalyse nach Alfred Adler, München 1979, S. 38f.
8 Frithjof Rodi: Diltheys Philosophie des Lebenszusammenhangs. Strukturtheorie – Hermeneutik – Anthropologie, Freiburg i. Br. und München 2016, S. 69
9 Ebda., S. 92
10 Dilthey, Gesammelte Schriften VI, S. 287; Rodi, S. 109
11 Dilthey, Gesammelte Schriften XVIII, S. xxviii
12 Rodi, S. 12f.
13 Rudolf A. Makkreel: Dilthey. Philosoph der Geisteswissenschaften, Frankfurt/M. 1991, S. 19
14 Rodi, S. 105, 13; Dilthey, Gesammelte Schriften VII, S. 119; Rodi, S. 17
15 Rodi, S. 14, 55, 106
16 Ebda., S. 13
17 Ebda., S. 17
18 A. A. Cooper, Third Earl of Shaftesbury: Characteristics of Men, Manners, Opinions, Times, London 1711, Bd. 2, S. 174; Rodi, S. 51
19 Dilthey, Gesammelte Schriften XXIV, S. 225
20 Dilthey, Gesammelte Schriften XXIV, S. 222
21 Dilthey, Gesammelte Schriften XIX, S. 35
22 Dilthey, Gesammelte Schriften VII, S. 140
23 Dilthey, Gesammelte Schriften I, S. 29
24 Dilthey, Gesammelte Schriften V, S. 139–237
25 Ebda., S. 176
26 Rodi, S. 62ff.
27 Dilthey, Gesammelte Schriften VI, S. 305; Rodi, S. 103
28 Makkreel, S. 63
29 Ebda., S. 111
30 Dilthey, Gesammelte Schriften I, S. 36f.
31 Rattner und Danzer, S. 42
32 Rolf Kühn: War Adler Philosoph? Der Umgang Adlers mit seinen Quellen im »Nervösen Charakter«, in: Zeitschrift für Individualpsychologie, 21. Jg., 1996, S. 235–255, hier S. 236
33 Böhringer, S. 40
34 Almut Bruder-Bezzel: Wille zur Macht, schöpferische Kraft und Lebenskunst bei Alfred Adler und Friedrich Nietzsche, in: dies.: Alfred Adlers Wiener Kreise in

Politik, Literatur und Psychoanalyse. Beiträge zur Geschichte der Individualpsychologie, Göttingen 2019, S. 231–258, hier S. 242
35 Brunhilde Schaardt und Klaus Schmalzried: Studien zum Begriff Gemeinschaftsgefühl in der Individualpsychologie Alfred Adlers, Phil.Diss. Freie Universität Berlin 2001, S. 42
36 Rattner und Danzer, S. 84
37 Böhringer, S. 105
38 Wilhelm Roux: Der Kampf der Theile im Organismus. Ein Beitrag zur Vervollständigung der mechanischen Zweckmäßigkeitslehre, Leipzig 1881, S. 217
39 Böhringer, S. 65
40 Ebda., S. 61–65
41 Ebda., S. 64
42 Jürgen Habermas: Zur Logik der Sozialwissenschaften, Frankfurt/M. 1970, S. 71 ff.
43 Köppe, S. 46
44 Hans Vaihinger: Die Philosophie des Als Ob. System der theoretischen, praktischen und religiösen Fiktionen auf Grund eines idealistischen Positivismus, Berlin 1911, S. 60
45 Ebda., S. 113
46 Georg R. Gfäller: Kritische Überlegungen zu Fiktion und Wahrheit, in: Zeitschrift für Individualpsychologie, 21. Jg., 1996, S. 292–300, hier S. 293
47 Horster, S. 6
48 Vaihinger, S. 179 f.
49 Ebda., S. 2
50 Rattner und Danzer, S. 42; Horster, S. 13 f.
51 Bernd Rieken: »Fiktion« bei Vaihinger und Adler – Plädoyer für ein wenig beachtetes Konzept, in: Zeitschrift für Individualpsychologie, 21. Jg., 1996, S. 280–291, hier S. 285
52 Rudolf Dreikurs: Grundbegriffe der Individualpsychologie, Stuttgart 1969, S. 71 f.
53 Roland Dollinger: Sehnsucht nach Sinn, Würzburg 2017, S. 57
54 Alfred Adler: Kurze Bemerkungen über Vernunft, Intelligenz und Schwachsinn, in: Internationale Zeitschrift für Individualpsychologie, 6. Jg., 1928, S. 267–272, hier S. 269
55 Ansbacher, S. 17
56 Ebda., S. 17 f.
57 Vaihinger, S. 5
58 Ebda., S. 35
59 AAS 2, S. 70 f.
60 Böhringer, S. 37
61 AAS 2, S. 135
62 Bernd Rieken: Psychotherapiewissenschaft, Hermeneutik und das Unbewusste, in: ders. (Hg.): Alfred Adler heute. Zur Aktualität der Individualpsychologie, Münster u.a. 2011, S. 41–59, hier S. 55
63 James Hillman: Die Heilung erfinden. Eine psychotherapeutische Poetik, Zürich 1986, S. 153

10 »Organminderwertigkeit«

1 Onur Güntürkün: Einführung, in: ders. (Hg.): Biopsychologie, Heidelberg 1998, S. 7–9, hier S. 7
2 Arthur Korn: Elektrische Fernphotographie und Ähnliches, Leipzig 1904, S. 5
3 Protokolle, Bd. I, S. 14, Fußnote 11, 12, 17
4 Mackenthun, S. 38 f.; Handlbauer, S. 214
5 Wilhelm Wundt: Grundzüge der Physiologischen Psychologie, 7. umgearb. Aufl. Leipzig 1923, S. 1
6 Güntürkün, S. 7
7 Mackenthun, S. 39
8 Handlbauer, S. 54
9 AAS 1, S. 71
10 Almuth Bruder-Bezzel: Geschichte der Individualpsychologie, Frankfurt/M. 1991, S. 17
11 AAS 1, S. 10
12 Ebda., S. 79
13 Ebda., S. 81
14 Mackenthun, S. 43
15 Karl Heinz Witte, Eine ciszendentale Interpretation der Individualpsychologie Alfred Adlers, in: Reinhard Brunner (Hg.): Die Suche nach dem Sinn des Lebens. Transpersonale Aspekte der Individualpsychologie, München und Basel 2002, S. 95–126, hier S. 115
16 Sigmund Freud: Abriss der Psychoanalyse, Frankfurt/M. 1972, S. 9
17 Jürg Rüedi: Die Bedeutung Alfred Adlers für die Pädagogik, Stuttgart und Bern 1987, S. 32
18 AAS 3, S. 98
19 Protokolle I, S. 385
20 Protokolle II, S. 425
21 Ansbacher, S. 16
22 Alfred Adler: Der psychische Hermaphroditismus im Leben und in der Neurose, in: Alfred Adler und Carl Furtmüller (Hg.): Heilen und Bilden, hg. v. Wolfgang Metzger, Frankfurt/M. 1973, S. 85–93, hier S. 90
23 Protokolle II, S. 333 f.; AAS 1, S. 60
24 Mackenthun, S. 48
25 AAS 3, S. 54
26 Mackenthun, S. 50
27 AAS 1, S. 142
28 AAS 6, S. 67
29 Witte, ciszendental, S. 99
30 Karl Heinz Witte: Superman oder Kümmerling und dazwischen nichts? Meditationen über das Machtproblem in Adlers Neurosenlehre, in: Franzjosef Mohr (Hg.): Macht und Ohnmacht, München und Basel 1988, S. 41–51; ders.: Aus dem Irrgarten des alltäglichen Machtstrebens: die Neurose, in: Franzjosef Mohr (Hg.): Macht und Ohnmacht, München und Basel 1988, S. 150–160
31 Witte, ciszendental, S. 99
32 Alfred Adler: The Science of Living, hg. von H. L. Ansbacher, New York 1969, S. 27 f., zit. nach: Heinz L. Ansbacher: Die Rolle der Dialektik in der Adlerschen Psychologie, in: Rudolf Kausen und Franzjosef Mohr (Hg.): Beiträge zur Indivi-

dualpsychologie. Bericht über den 13. Kongress der Internationalen Vereinigung für Individualpsychologie vom 29.7. bis 3.8.1976 in München, München und Basel 1978, S. 16–24, hier S. 17

11 Sigmund Freud und C. G. Jung

1 Zit. nach Ernest Jones: Das Leben und Werk von Sigmund Freud, Bd. 2, Bern und Stuttgart 1962, S. 530
2 Brief von Freud an Wilhelm Fließ, 1.2.1900, in: Sigmund Freud: Briefe an Wilhelm Fließ, hg. v. Jeffrey M. Masson, Frankfurt/M. 1986, S. 437
3 Juliet Mitchell: Psychoanalyse und Feminismus. Freud, Reich, Laing und die Frauenbewegung, Frankfurt/M. 1976, S. 48
4 Böhringer, S. 35
5 Beller, S. 249
6 Binswanger 1911 an Freud: »Ich weiß sehr gut, daß ich mir auf keinen Erfolg etwas einbilde, es sei denn auf einen auf analytischem Wege erzielten und daß mich jede Kur unbefriedigt läßt, es sei denn eine analytische.« Ludwig Binswanger: Erinnerungen an Sigmund Freud, Bern 1956, S. 46
7 Jones, Bd. 2, S. 49; Protokolle I, S. 136; John Kerr: Eine höchste gefährliche Methode. Freud, Jung und Sabina Spielrein, München 1994, S. 164 f.
8 Zentralblatt 1, S. 128
9 Ellenberger Bd. 2, S. 898; Roazen, S. 232; Martin Freud: Glory Reflected. Sigmund Freud, Man and Father, London 1957, S. 108 f.
10 Freud und Jung, S. 524
11 Kurt R. Eissler: Psychologische Aspekte des Briefwechsels zwischen Freud und Jung, Stuttgart 1982, S. 79, 110
12 Sigmund Freud und Karl Abraham: Briefwechsel 1907–1925, Bd. 1, hg. v. Karl Falzeder, Wien 2009, S. 47, 71
13 Jones II, S. 50, und Briefe Freud–Abraham, S. 214
14 Zit. nach Eissler, S. 22
15 Binswanger, S. 63 f.
16 Sigmund Freud: Vorwort zu M. Steiner, Die psychischen Störungen der männlichen Potenz, in: ders.: Gesammelte Werke Bd. X, Frankfurt/M. [3]1963, S. 451 f.
17 Freud, Zur Geschichte, S. 195
18 Siehe C. G. Jung: Gesammelte Werke. Bd. 6, Olten 1959, S. 484 f.; Jung, Gesammelte Werke. Bd. 7, S. 42; Jung, Gesammelte Werke. Bd. 16, S. 72; Werner Kaiser: Alfred Adler und Carl Gustav Jung. Die Geschichte ihrer Begegnung. Diplomarbeit, Zürich 1991, S. 56
19 C. G. Jung in der Einführung zu Wolfgang M. Kranefeldt: Therapeutische Psychologie. Ihr Weg durch die Psychoanalyse, Berlin [3]1956, S. 11, auch in Jung, Gesammelte Werke. Bd. 4, S. 371 ff.
20 Kaiser, S. 73
21 Ebda., S. 74

12 Bruch und Neubeginn

1 Odo Marquard: Weltanschauungstypologie. Bemerkungen zu einer anthropologischen Denkform des neunzehnten und zwanzigsten Jahrhunderts, in: ders.:

Schwierigkeiten mit der Geschichtsphilosophie, Frankfurt/M. 1973, S. 107–121, hier S. 107
2 Sebastian Haffner: Geschichte eines Deutschen. Die Erinnerungen 1914–1933, Stuttgart 2000, S. 9
3 Protokolle I, S. 383 f.
4 Lothar Böhnisch, Joachim Schille und Gerd Stecklina: Rühle und sein sozialpädagogisches Werk, in: Gerd Stecklina und Joachim Schille (Hg.): Otto Rühle. Leben und Werk (1874–1943), Weinheim und München 2003, S. 45–108, hier S. 73
5 Kurzweil, S. 475
6 Protokolle, Bd. I, S. 329–333
7 Protokolle, Bd. 2, S. 156
8 Ebda., S. 137
9 Ebda., S. 137 f.
10 Ebda., S. 157 ff.
11 Bernhard Handlbauer: Die Adler-Freud-Kontroverse, Frankfurt/M. 1990, S. 83
12 Ebda., S. 93, 96
13 Freud Jung Briefe, S. 259 f.
14 Brome, S. 51
15 Roazen, S. 189 f.
16 Handlbauer, Kontroverse, S. 115 f.
17 Dollinger, S. 52
18 Binswanger, S. 37
19 Günther Bittner: Vater Freuds unordentliche Kinder. Die Chancen post-orthodoxer Psychoanalyse, Würzburg 1989, S. 21
20 Böhringer, S. 17
21 AAS 1, S. 105
22 Protokolle III, S. 25 f.
23 Protokolle III, S. 64 f.
24 Zit. nach Jones II, S. 160
25 Brome, S. 48
26 Freud, Neue Folge, Studienausgabe I, S. 570 u. 503 f.
27 Protokolle III, S. 104
28 Ebda., S. 167
29 Roazen, S. 191
30 Freud, Zur Geschichte, S. 189 f.
31 Graf, Reminiscences, S. 473
32 Freud Abraham, Briefe, S. 127
33 Sigmund Freud und Otto Pfister: Briefe 1905–1939, hg. v. Ernst L. Freud und Heinrich Meng, Frankfurt/M. [2]1980, S. 47
34 Sigmund Freud und Ernest Jones: The complete correspondence of Sigmund Freud and Ernest Jones, 1908–1939, hg. v. R. Andrew Paskauskas, Cambridge, MA, 1993, S. 93; Sigmund Freud und Ludwig Binswanger: Briefwechsel 1908–1938, hg. v. Gerhard Fichtner, Frankfurt/M. 1992, S. 71
35 Sigmund Freud und Sandor Ferenczi: Briefwechsel, Band I/1, 1908–1911, hg. v. Eva Brabant, Ernst Falzeder und Patrizia Giampieri-Deutsch unter der wissenschaftlichen Leitung von André Haynal, Wien u. a. 1993, S. 341
36 Brief, Wien, 20. 6. 1911, in: LoC Alfred Adler Papers 1896–1899
37 Ebda.

38 Ebda.
39 Roazen, S. 192
40 Schiferer, Bildbiografie, S. 81 ff.
41 Sigmund Freud: Gesammelte Werke, Bd. X, Frankfurt/M. 1971, S. 187; Roazen, S. 191
42 Illouz, S. 57
43 Roazen, S. 213
44 Sachs, S. 120 f.
45 Sigmund Freud: Bemerkungen über einen Fall von Zwangsneurose, in: ders.: Studienausgabe, Bd. VII, S. 39
46 Siehe Freud, Studienausgabe, Bd. II, S. 345 ff.
47 Rattner und Danzer, S. 42
48 David L. Hart: Der tiefenpsychologische Begriff der Kompensation. Diss. Universität Zürich 1956, S. 16 f.
49 Heinz Kohut: Narzißmus, Frankfurt/M. [3]1981, S. 26, 15, 130
50 Almuth Bruder-Bezzel: Einleitung, in: AAS 2, S. 9–16
51 Rainer Schmidt: Kausalität, Finalität und Freiheit. Perspektiven der Individualpsychologie, München und Basel 1995, S. 17
52 Böhringer, S. 39
53 Schmidt, S. 66
54 Erwin Ringel: Was kränkt, macht krank – Psychosomatik und Arbeitsklima, in: ders.: Die österreichische Seele. 10 Reden über Medizin, Politik, Kunst und Religion, Wien 1984, S. 199–227, hier S. 207 f.; Rattner und Danzer, S. 125; Peter Hahn: Konversion und Herzkreislauferkrankungen, in: Peter Hahn (Hg.): Psychologie des XX. Jahrhunderts. Bd. 9: Ergebnisse für die Medizin, Zürich 1979, S. 123
55 Zit. nach Gerhard Danzer: Eros und Gesundheit. Psychosomatik – die Medizin von morgen, Berlin 1994, S. 74
56 Ringel, S. 208
57 Hartmut Rosa: Resonanz. Eine Soziologie der Weltbeziehung, Berlin 2018, S. 145
58 Handlbauer, Entstehungsgeschichte, S. 367; Wolfgang Kretschmer: Über die Anfänge der Individualpsychologie als »freie Psychoanalyse«, in: Zeitschrift für Individualpsychologie, Jg. 7, 1982, S. 175–179, hier S. 175
59 Mirjana Stančić: Manès Sperber. Leben und Werk, Frankfurt/M. 2003, S. 100; Kenner, S. 91 f.
60 Schiferer, Bildbiografie, S. 167
61 Hertha Orgler: Alfred Adler. Triumph über den Minderwertigkeitskomplex. Mit einem Vorwort von Kurt Seelmann, München u. a. 2. erg. Aufl. 1972, S. 233 f.
62 Helmut Johach: Von Freud zur Humanistischen Psychologie. Therapeutisch-biografische Profile, Bielefeld 2009, S. 66
63 Mitchell, S. 492
64 Lou Andreas-Salomé: In der Schule bei Freud, hg. v. Ernst Pfeiffer, Zürich 1958, S. 14
65 Ebda., S. 15
66 Ebda., S. 22 f.
67 Ebda., S. 51
68 Ebda., S. 178
69 Ebda., S. 180
70 Sigmund Freud und Lou Andreas-Salomé: Briefwechsel, Frankfurt/M. 1966, S. 21

71 Schiferer, Bildbiografie, S. 88
72 Zit. nach Jean Laplanche und Jean Bertrand Pantalis (Hg.): Das Vokabular der Psychoanalyse. Bd. II, Frankfurt/M. 1972, S. 411
73 Ebda., S. 185
74 Freud, Zur Geschichte, S. 185 f.
75 Zit. nach Roazen, S. 210
76 Jones II, S. 161
77 Schiferer, Bildbiografie, S. 89
78 Heinrich, S. 19–24

13 Wien im Krieg, Adler im Krieg

1 Zit. nach: Österreichs Antwort. Hugo von Hofmannsthal im Ersten Weltkrieg, Ausst.Kat. Freies Deutsches Hochstift Frankfurt am Main 2014, n.p.
2 Stefan Zweig: Die Welt von gestern. Erinnerungen eines Europäers, Frankfurt/M. 1970, S. 249 f.
3 Frischenschlager, S. 12
4 Zit. nach Judson, S. 489
5 Trotzki, S. 223
6 Ebda., S. 224
7 Max Brod: Streitbares Leben 1884–1968, München u. a. 1969, S. 111
8 LoC Box 1, Folder 1
9 LoC Box 14
10 Brief von Ali Adler an Josef Rattner, n. d. (vermutlich 1971), in: LoC Box 13
11 Almut Bruder-Bezzel: Alfred Adler und der Erste Weltkrieg, in: Journal für Psychologie, Jg. 25, 2017, S. 67–81, hier S. 69
12 Binswanger, S. 21 f.
13 Henriette Kotlan-Werner: Otto Felix Kanitz und der Schönbrunner Kreis. Die Arbeitsgemeinschaft sozialistischer Erzieher 1923–1934, Wien 1982, S. 31 f.
14 Ebda., S. 32 f.
15 Günter Düriegl: Hauptstadt eines kleinen Landes. Erster Weltkrieg und zwanziger Jahre in Wien, in: Wien 1870–1930. Traum und Wirklichkeit, S. 266–275, hier S. 267
16 Roland Schiffter: Romberg und Oppenheim auf dem Weg von der romantischen Medizin zur modernen Neurologie, in: Bernd Holdorff und Rolf Winau (Hg.): Geschichte der Neurologie in Berlin, Berlin und New York 2001, S. 85–98, hier S. 91
17 Freud Abraham Briefwechsel, S. 99
18 Brome, S. 42 f.
19 Schiferer, Bildbiografie, S. 91
20 Eberhard Gabriel u. a.: On the History of Psychiatry in Vienna, Wien und München 1997, S. 54
21 AUW, Akt Alfred Adler Med. PA 725; Schiferer, Bildbiografie, S. 94
22 Andics, S. 395
23 Maureen Healy: Vienna and the Fall of the Habsburg Empire. Total War and Everyday Life in World War I, Cambridge 2004, S. 65
24 Walter Schübler: Anton Kuh. Biografie, Göttingen 2018, S. 40; Düriegl, S. 266 f.
25 AAS 4, S. 87; Schiferer, Bildbiografie, S. 98

26 AAS 2, S. 75
27 Sperber, Wasserträger, S. 190
28 Judson, S. 536
29 Jörn Leonhard: Der überforderte Frieden. Versailles und die Welt 1918–1923, München 2018, S. 180
30 Pick, S. 20
31 Babette Quinkert, Philipp Rauh und Ulrike Winkler: Einleitung, in: dies. (Hg.): Krieg und Psychiatrie 1914–1950, Göttingen 2010, S. 9–28, hier S. 12
32 Martin Lengwiler: Zwischen Klinik und Kaserne. Die Geschichte der Militärpsychiatrie in Deutschland und der Schweiz 1870–1914, Zürich 2000, S. 22 f.; Hans-Georg Hofer: Nervenschwäche und Krieg. Modernitätskritik und Krisenbewältigung in der österreichischen Psychiatrie (1880–1920), Wien u.a. 2004, S. 196, 197
33 Quinkert u.a., S. 13; Hofer, S. 195
34 Walter Benjamin: Erfahrung und Armut, in: ders.: Gesammelte Schriften Bd. II/1, hg. von Rolf Tiedemann, Frankfurt/M. 1977, S. 214
35 Robert Gaupp: Hysterie und Kriegsdienst, in: Münchener Medizinische Wochenschrift, Jg. 62, 1915, S. 361–363, hier S. 361
36 Kaufmann, S. 207 f.
37 Friedrich August Düms: Handbuch der Militärkrankheiten, Bd. 3, Leipzig 1896, S. 532
38 Hofer, S. 197; Kaufmann, 210; siehe Paul Lerner: Hysterical Men. War, Psychiatry, and the Politics of Trauma in Germany (1890–1930), Ithaca 2003
39 Kaufmann, S. 214
40 Peter Riedesser und Axel Verderber: Maschinengewehre hinter der Front. Zur Geschichte der deutschen Militärpsychiatrie, Frankfurt/M. 1996, S. 32
41 Eric Leed: No Man's Land. Combat and Identity in World War I, Cambridge 1979, S. 163–192; Esther Fischer-Homberger: Die traumatische Neurose. Vom somatischen zum sozialen Leiden, Bern 1975, S. 165
42 Alfred Adler: Die neuen Gesichtspunkte in der Frage der Kriegsneurose, in: Medizinische Klinik, Jg. 14, Januar 1918, S. 66–70, nachgedruckt in: Alfred Adler: Praxis und Theorie der Individualpsychologie, Frankfurt/M. 1974, S. 291–304, hier S. 294
43 Riedesser und Verderber, S. 43; Hofer, S. 284
44 Hofer, S. 361
45 Quinkert, S. 16; Heinz-Peter Schmiedebach: Medizinethik und Rationalisierung im Umfeld des Ersten Weltkrieges, in: Andreas Frewer und Josef N. Neumann (Hg.): Medizingeschichte und Medizinethik. Kontroversen und Begründungsansätze 1900–1950, Frankfurt/M. und New York 2000, S. 57–84
46 Bruder-Bezzel, Adler und der Erste Weltkrieg, S. 73
47 Fischer-Homberger, S. 153
48 Bruder-Bezzel, Adler und der Erste Weltkrieg, S. 70
49 Briefe, S. 201, 199
50 Schiferer, Bildbiografie, S. 99 ff.; Bruder-Bezzel, Adler und der Erste Weltkrieg, S. 69 f.
51 Briefe, S. 200
52 Schiferer, Bildbiografie, S. 101

53 Albert Ehrenstein: Werke, hg. v. Hanni Mittelmann, Bd. 1: Briefe, München 1989, S. 105, 510
54 Karl Kraus in: Die Fackel, Nr. 457–461, 10.5.1917, S. 92 f.; Iris Fink und Roland Knie: Überlandpartie! Kabarett und Sommerfrische, Wien u. a. 2018, S. 250 f.
55 Anton (d. i. Anton Kuh): Die schlechte Akustik, in: Der Morgen, 8. Jg., Nr. 52, 24.12.2018, S. 7
56 Pick, S. 29
57 Leonhard, S. 182
58 Düriegl, S. 267
59 Pick, S. 37
60 Judson, S. 512
61 Leonhard, S. 185–188
62 Maureen Healy: Am Ende und doch kein Ende, in: Alfred Pfoser und Andreas Weigl (Hg.): Im Epizentrum des Zusammenbruchs. Wien im Ersten Weltkrieg, Wien 2013, S. 572–577, hier S. 572 f.
63 Alfred Adler: Ein Psychiater über Kriegspsychose, in: Internationale Rundschau, H. 4, 1918, S. 362
64 Leonhard, S. 193, 188 f.; Otto Bauer: Die österreichische Revolution, Wien 1965, S. 88; Judson, S. 553
65 Judson, S. 553; Carsten, S. 19; Leonhard, S. 188 f.
66 Richard Georg Plaschka, Horst Haselsteiner und Arnold Suppan (Hg.): Innere Front. Militärassistenz und Umsturz in der Donaumonarchie, München 1974, Bd. 2, S. 122
67 Rauchsteiner, S. 16 f.

14 Revolution in Wien und Österreich 1918/1919

1 Johann Nestroy: Freiheit im Krähwinkel, in: ders.: Sämtliche Werke. Band 5: Die politischen Komödien, hg. von Fritz Brukner, Otto Rommel und Adolf Hoffmann, Wien 1925, S. 127–213, hier S. 144
2 Christian Ernst Siegel: Egon Erwin Kisch. Reportage und politischer Journalismus, Bremen 1973, S. 190; Francis L. Carsten: Revolution in Mitteleuropa 1918–1919, Köln 1973, S. 64, 68
3 Siegel, S. 191
4 Norbert Christian Wolf: Revolution in Wien. Die literarische Intelligenz im politischen Umbruch 1918/19, Wien u. a. 2018, S. 31 ff.
5 Manfried Rauchensteiner: Unter Beobachtung. Österreich seit 1918, Wien u. a. 2017, S. 20
6 Pick, S. 105 ff.
7 Rudolf Neck (Hg.): Österreich im Jahre 1918. Berichte und Dokumente, München 1968, S. 96 f.
8 Frei, S. 22
9 Hannes Leidinger und Verena Moritz: Umstritten verspielt gefeiert. Die Republik Österreich 1918/20, Innsbruck 2018, S. 15 f.
10 Neck, S. 135 f.; siehe Leidinger und Moritz, Umstritten, S. 25 f.
11 Arthur Schnitzler: Tagebuch 1917–1919, Wien 1985, S. 201
12 Zit. nach Siegel, S. 192
13 Wolf, S. 50 f.

14 Hugo von Hofmannsthal und Ottonie Gräfin Degenfeld: Briefwechsel, hg. von Marie Therese Miller-Degenfeld unter Mitwirkung von Eugene Weber. Eingeleitet von Theodora von der Mühll, Frankfurt/M. 1974, S. 374 f.
15 Briefe, S. 45
16 Bernhard Weyergraf: Einleitung, in: ders. (Hg.): Hanser Sozialgeschichte der deutschen Literatur vom 16. Jahrhundert bis zur Gegenwart. Bd. 8: Literatur der Weimarer Republik 1918–1933, München 1995, S. 7–37, hier S. 15; Wolfgang Schivelbusch: Die Kultur der Niederlage. Der amerikanische Süden 1865. Frankreich 1871. Deutschland 1918, Berlin 2001, S. 227–343; Wolf, S. 20
17 AAS 7, S. 111; Schiferer, Bildbiografie, S. 105
18 AAS 7, S. 112
19 Pick, S. 142; Carsten, S. 20
20 Carsten, S. 21
21 Leidinger und Moritz, Umstritten, S. 27 f.
22 Fritz Keller: Gegen den Strom. Fraktionskämpfe in der KPÖ – Trotzkisten und andere Gruppen 1919–1945, Wien 1978, S. 11; Hans Hautmann: Die verlorene Räterepublik. Am Beispiel der Kommunistischen Partei Deutschösterreichs, Wien u. a. 1971, S. 80
23 Leo Trotzki: Die neue Etappe – Die Weltlage und unsere Aufgaben, Verlag der KI 1921, hier zit. nach Reprint o.J., o.O., S. 59
24 Judson, S. 561
25 Norbert Leser: Zwischen Reformismus und Bolschewismus. Der Austromarxismus als Theorie und Praxis, Wien 1968, S. 303
26 Keller, S. 2 f.
27 Schübler, S. 70
28 Hartmut Siebenhüner: Rudolf Dreikurs – der individualpsychologische Pragmatiker, in: Alfred Lévy und Gerald Mackenthun (Hg.): Gestalten um Alfred Adler. Pioniere der Individualpsychologie, Würzburg 2002, S. 37–62, hier S. 40
29 Robert Gerwarth: Die größte aller Revolutionen. November 1918 und der Aufbruch in eine neue Zeit, München 2018, S. 227
30 Hermann Oncken: Die Wiedergeburt der großdeutschen Idee, in: Österreichische Rundschau, 63. Jg., 1920, S. 97–114
31 Rauchensteiner, S. 36 f.
32 Ebenda., S. 26–29
33 Gerald Stourzh: Um Einheit und Freiheit. Staatsvertrag, Neutralität und das Ende der Ost-West-Besetzung Österreichs 1945–1955, Wien u. a. 5., durchges. Aufl. 2005, S. 242 f.
34 AAS 7, S. 121
35 AAS 7, S. 120–130
36 Schiferer, Bildbiografie, S. 106
37 Weihsmann, S. 23
38 Rauchsteiner, S. 52–55; Schübler, S. 69
39 Wolf, S. 21
40 Elias Canetti: Die Fackel im Ohr. Lebensgeschichte 1921–1931, München 1985, S. 137
41 Karl R. Popper: Ausgangspunkte. Meine intellektuelle Entwicklung, Hamburg 1979, S. 46
42 Ehrenstein, Briefe, S. 191, 195

15 Das »Rote Wien«, Psychologie, Schulreform und Pädagogik in Wien nach 1920

1 Melech Rawitsch: Das Geschichtenbuch meines Lebens, Salzburg und Wien 1996, S. 171
2 Bruno Frei: Jüdisches Elend in Wien. Bilder und Daten, Wien und Berlin 1920, S. 11
3 Richard F. Sterba: Erinnerungen eines Wiener Psychoanalytikers, Frankfurt/M. 1985, S. 24
4 Popper, S. 49
5 Ebda.
6 Ebda., S. 49 f.
7 LoC Box 7
8 Schiferer, Bildbiografie, S. 123; Franz Kreuzer: Pan und Apoll. Alfred Adlers Individualpsychologie – erste Überwindung Sigmund Freuds. Franz Kreuzer im Gespräch mit Alexandra Adler, Manès Sperber und Walter Toman, Wien 1984, S. 14 f.
9 Düriegl, S. 270
10 Bauer, S. 131
11 Rauchsteiner, S. 34
12 Pick, S. 142
13 Carsten, S. 26
14 Rauchsteiner, S. 35 f.
15 Popper, S. 39
16 Julius Meier-Graefe: Im alten Österreich-Ungarn, in: Berliner Tageblatt, 49. Jg, Nr. 370, 8.8.1920, M, 2 Beibl. (S. 1)
17 Düriegl, S. 270; Pick, S. 199
18 Rauchsteiner, S. 34
19 Bottome, S. 154 ff.
20 Fink und Knie, S. 76
21 Bottome, S. 162; Düriegl, S. 270
22 Siegfried Rosenfeld: Die Wirkung des Krieges auf die Sterblichkeit in Wien, Wien 1920, S. 27
23 Weyergraf, S. 7
24 Carsten, S. 97 f.
25 Felix Czeike: Schwerpunkte der Kommunalpolitik von 1870 bis 1930, in: Wien 1870–1930. Traum und Wirklichkeit, S. 231–239, hier S. 237
26 Frei, Elend, S. 41; Julius Bunzel: Wohnungsmarkt und Wohnungspolitik, in: ders. (Hg.): Beiträge zur städtischen Wohn- und Siedelwirtschaft. Dritter Teil: Wohnungsfragen in Österreich, München und Leipzig 1930, S. 103–178, hier S. 119
27 Weihsmann, S. 25
28 Rauchsteiner, S. 60
29 Ebenda., S. 70
30 Düriegl, S. 271
31 Friedrich C. Wulz: Stadt in Veränderung. Eine architekturpolitische Studie von Wien in den Jahren 1848 bis 1934, Stockholm 1978, S. 430 ff.
32 Schübler, S. 221
33 Alfred Georg Frei, S. 44–49
34 Rauchsteiner, S. 79

35 Robert Waissenberger: Die historische Entwicklung der Wiener Gemeindebauten, in: Gottfried Pirhofer (Hg.): Zwischenkriegszeit. Wiener Kommunalpolitik 1918–1938, Wien 1980, S. 24–35, hier S. 34
36 Hans W. Bousska: Wiener Gemeindebauten. Licht in der Wohnung – Sonne im Herzen, Erfurt 2017, S. 8–11
37 Peter Schwarz: Julius Tandler. Zwischen Humanismus und Eugenik, Wien 2017, S. 19–21
38 Felix Czeike: Sozialgeschichte von Ottakring 1848 bis 1910, in: Felix Czeike und Walter Lugsch (Hg.): Studien zur Sozialgeschichte von Ottakring und Hernals, Wien 1955, S. 7–74, hier S. 40
39 Schwarz, S. 24 f.
40 Ebda., S. 22 ff.
41 George W. Bakeman: Vienna's Children, in: Survey, 12.2.1921, S. 690
42 Schwarz, S. 23 ff.
43 Düriegl, S. 272
44 Rauchsteiner, S. 72 ff.
45 Alfred Georg Frei, S. 52, 58 f.
46 Ebda., S. 59 f.
47 Irene Wondratsch: Schulreform und Volksbildung im Wien der Zwischenkriegszeit, in: Gottfried Pirhofer (Hg.): Zwischenkriegszeit. Wiener Kommunalpolitik 1918–1938, Wien 1980, S. 84 f.
48 Oskar Achs und Albert Krassnig: Drillschule – Lernschule – Arbeitsschule. Otto Glöckel und die österreichische Schulreform in der ersten Republik, Wien und München 1974, S. 117
49 Riess, S. 76 ff.
50 Irmgard Fuchs: Carl Furtmüller – ein Politiker im Dienste der Jugend, in: Lévy und Mackenthun, S. 81–98, hier S. 87
51 Schiferer, Bildbiografie, S. 174
52 Fuchs, S. 86 f.
53 Kenner, S. 13; Hannich, S. 27
54 Reiss, S. 82
55 Schiferer, Bildbiografie, S. 124
56 Erwin Ringel und Gerhard Brandl (Hg.): Ein Österreicher namens Alfred Adler. Seine Individualpsychologie – Rückschau und Ausblick, Frankfurt/M. [2]1997, S. 140 f.
57 Bottome, S. 310 Fußnote 205
58 Martina Siems: Sofie Lazarsfeld. Die Wiederentdeckung einer individualpsychologischen Pionierin, Göttingen 2015, S. 99

16 Die Erziehungsberatungsstellen

1 Ulrich Bleidick: Die Individualpsychologie in ihrer Bedeutung für die Pädagogik Mülheim/Ruhr 1959, S. 77
2 Leser, S. 11 f.
3 Reiss, S. 84; Orgler, S. 217
4 Gerd Stecklina: Persönlichkeiten der Wiener Individualpsychologie, Schulreform und Jugendhilfe, in: Lothar Böhnisch, Leonhard Plakolm und Natalia Waechter (Hg.): Jugend ermöglichen. Zur Geschichte der Jugendarbeit in Wien, Wien 2015, S. 101–127, hier S. 103

5 Orgler, S. 217; Lothar Böhnisch: Zum Verhältnis von Psychoanalyse und Individualpsychologie, in: Böhnisch, Plakolm und Waechter, S. 72–77, hier S. 75
6 Sheldon Gardner und Gwendolyn Stevens: Red Vienna and the Golden Age of Psychology, 1918–1938, New York u.a. 1992, S. 135 f.
7 Orgler, S. 217 f.
8 Dreikurs, S. 111
9 Sofie Freudenberg: Individualpsychologie und Jugendwohlfahrtspflege, in: Erwin Wexberg (Hg.): Handbuch der Individualpsychologie, München und Wien 1926, S. 367–381
10 Paul E. Stepansky: In Freud's Shadow. Adler in Context, Hillsdale, N.J., 1983, S. 240
11 Riess, S. 86
12 Robert Musil: Psychologie des Lehrlings. Das Buch von Hugo Lukács, in: ders.: Gesammelte Werke, hg. v. Adolf Frisé, Bd. 9: Kritik: Literatur – Theater – Kunst 1912–1930, Reinbek 1981, S. 1681–1683
13 Bottome, S. 140; Reiss, S. 86–91
14 Schiferer, Bildbiografie, S. 133 f.
15 Ebda., S. 136
16 Sofie Lazarsfeld: Das lügenhafte Kind, Dresden 1927, S. 12, 13, 30; Lothar Böhnisch: Jugendbilder und Jugenddiskurse des 20. Jahrhunderts bis heute, in: Böhnisch, Plakolm und Waechter, S. 11–35, hier S. 30

17 Manès Sperber

1 Zit. nach Rainer Schmidt: Neuere Entwicklungen der Individualpsychologie im deutschsprachigen Raum, in: Franzjosef Mohr (Hg.): Wege zur Einheit in der Tiefenpsychologie, München und Basel 1987, S. 83–93, hier S. 87
2 Sperber, Adler, S. 10 f.
3 Sperber, Wasserträger, S. 225
4 Ebda., S. 167 f.
5 Hans-Rudolf Schiesser: Manès Sperber: Ein treuer Ketzer – nicht nur der Individualpsychologie, in: Almut Bruder-Bezzel (Hg.): Individualpsychologie in Berlin. Eine historische Spurensuche, Gießen 2014, S. 93–114, hier S. 93
6 Stančić, S. 79
7 Sperber, Adler, S. 9
8 Ebda., S. 11
9 Manès Sperber: Die vergebliche Warnung, Frankfurt/M. 1993, S. 58 ff.
10 Stančić, S. 90
11 Schiesser, S. 98
12 Stančić, S. 89 ff.
13 Ebenda., S. 103 ff.
14 Schiesser, S. 98
15 Alexander Kluy: Raffinement, Verführung, Egoismus. Manès Sperbers Erstlingsroman ist nach achtzig Jahren veröffentlicht worden, in: Der Standard, Beilage »Album«, 10./11.12.2005, S. A 6
16 Handlbauer, Entwicklungsgeschichte, S. 428
17 Karl Marx: Der achtzehnte Brumaire des Louis Napoleon, Bremen 2013, S. 80
18 Sperber, Die vergebliche Warnung, S. 156 f.

19 Zit. nach Stančić, S. 122 f.
20 Sperber, Adler, S. 39
21 Sperber, Die vergebliche Warnung, S. 158
22 Ebda.
23 Stančić, S. 129; Schiesser, S. 98

18 »Gemeinschaft« und »Lebensstil«

1 Zit. nach Rattner und Danzer, S. 16 f.
2 AAS 7, S. 102
3 Ebda., S. 104
4 Ebda., S. 105
5 Ebda., S. 108 ff.
6 Mackenthun, S. 51
7 Immanuel Kant: Werke, hg. von Wilhelm Weischedel, Frankfurt/M. 1964, Bd. 6, S. 535
8 Böhringer, S. 28
9 Helga Pust: Common Sense bis zum Ende des 18. Jahrhunderts, in: Europäische Schlüsselwörter, Bd. 2, hg. vom Sprachwissenschaftlichen Colloquium (Bonn), München 1964, S. 106 f. und 113 ff.
10 Böhringer, S. 29
11 Schmidt, S. 29
12 Böhringer, S. 35, 70 f.
13 Ebda., S. 71
14 Ebda., S. 71 f.
15 Victor Louis: Einführung in die Individualpsychologie, Bern und Stuttgart 1969, S. 80
16 Brunhilde Schaardt und Klaus Schmalzried: Studien zum Begriff Gemeinschaftsgefühl in der Individualpsychologie Alfred Adlers, Phil. Diss. Freie Universität Berlin 2001, S. 153
17 Alfred Adler: Lebenslüge und Verantwortlichkeit im Leben und in der Neurose, in: Zeitschrift für Individualpsychologie, Jg. 1, 1914, S. 44–53
18 Handlbauer, Entstehungsgeschichte, S. 421
19 Carl Furtmüller: Denken und Handeln. Schriften zur Psychologie 1905–1950. Von den Anfängen der Psychoanalyse zur Anwendung der Individualpsychologie, hg. v. Lux Furtmüller, München und Basel 1983, S. 53–73
20 Böhringer, S. 97; Ralf Elm: Philia, in: Christoph Horn und Christoph Rapp (Hg.): Wörterbuch der antiken Philosophen, München 2002, S. 337–339; Otfried Höffe: philia / Freundschaft, Liebe, in: ders. (Hg.): Aristoteles-Lexikon, Stuttgart 2005, S. 445–448
21 Böhringer, S. 43
22 Witte, ciszendental, S. 102
23 AAS 3, S. 32
24 Mackenthun, S. 57 f.; Handlbauer, Entstehungsgeschichte, S. 245
25 AAS 5, S. 46
26 Mackenthun, S. 17
27 Witte, ciszendental, S. 103
28 Ebda., S. 107

29 Ebda., S. 115
30 Rattner und Danzer, S. 16 f.
31 Mackenthun, S. 16
32 Albrecht, S. 151
33 Böhnisch, S. 75
34 Zit. nach Bruder-Bezzel, Geschichte, S. 191
35 Alfred Adler: The Science of Living, New York 1929, S. 30
36 Hee-Tae Chae: Er-ziehen durch Be-ziehen. Entwurf eines ganzheitlichen Erziehungsmodells auf der Grundlage der Individualpsychologie und der ostasiatischen Philosophie, Phil.Diss. Univ. Marburg 2004, S. 30
37 Bruder-Bezzel, Geschichte, S. 189, 195
38 Mackenthun, S. 18
39 Helmuth Plessner: Grenzen der Gemeinschaft. Eine Kritik des sozialen Radikalismus, in: ders.: Gesammelte Schriften V: Macht und menschliche Natur, hg. v. Günter Dux, Odo Marquard und Elisabeth Ströker unter Mitwirkung von Richard W. Schmidt, Angelika Wetterer und Michael-Joachim Zemlin, Frankfurt/M. 1981, S. 7–133, hier S. 28
40 Ebda., S. 14
41 Ebda., S. 26
42 Ebda., S. 28; Karl-Siegbert Rehberg: Personalität und Figuration gegen jede Gemeinschafts-Verschmelzung. Soziologisch-anthropologische Theorieverschränkungen bei Helmuth Plessner und Norbert Elias, in: Wolfgang Eßbach, Joachim Fischer und Helmuth Lethen (Hg.): Plessners »Grenzen der Gemeinschaft«, Frankfurt/M. 2002, S. 213–247, hier S. 220
43 Plessner, S. 59
44 Ebda., S. 59, 67, 75 f.
45 Ebda., S. 83
46 Ferdinand Tönnies in seiner Rezension von »Grenzen der Gemeinschaft« in Heft 4, 1926, der Kölner »Vierteljahrshefte für Soziologie«, in: Eßbach, Fischer und Lethen, S. 353–356, hier S. 356
47 Kai Haucke: Plessners Kritik der radikalen Gemeinschaftsideologie und die Grenzen des deutschen Idealismus, in: Eßbach, Fischer und Lethen, S. 103–130, hier S. 103
48 Haucke, S. 106; Max Weber: »Politik als Beruf«, in: Gesammelte Schriften, München 1921, S. 396–450; vgl. Georg Simmel: Kant. Sechzehn Vorlesungen, gehalten an der Berliner Universität, München und Leipzig [5]1921
49 Dorothee Kimmich: Moralistik und Neue Sachlichkeit. Ein Kommentar zu Helmuth Plessners »Grenzen der Gemeinschaft«, in: Eßbach, Fischer und Lethen, S. 160–182, hier S. 163 f. und 177
50 Lolle Nauta: Plessners Anthropologie der bürgerlichen Gesellschaft, ihr rationeller Kern und ihre historische Grenze, in: Eßbach, Fischer und Lethen, S. 275–293, hier S. 278
51 Karl Otto Hondrich: »Grenzen der Gemeinschaft«, Grenzen der Gesellschaft – heute, in: Eßbach, Fischer und Lethen, S. 294–321, hier S. 296 f.
52 Ebda., S. 300, 319
53 Titze, S. 139 f.
54 Schmidt, S. 19; Böhringer, S. 66
55 Rattner, Individualpsychologie, S. 51; Thomas Reinert: Den Kranken verstehen.

Der Beitrag Alfred Adlers und der Individualpsychologie zur tiefenpsychologischen Betrachtung des Suchtproblems, Kassel 2000, S. 14

56 Herta Brinskele: »Die feinen Unterschiede«. Alfred Adlers Lebensstilkonzept und der Begriff des Habitus bei Pierre Bourdieu, in: Rieken, Adler heute, S. 221–235, hier S. 222

57 Dreikurs, S. 131

58 Dollinger, S. 55

59 Lucy K. Ackerknecht: Individualpsychologische Kinder- und Jugendpsychotherapie, München und Basel 1982, S. 43

60 Robert F. Antoch: Zur Phänomenologie und Dynamik seelischer Störungen, in: Franzjosef Mohr (Hg.): Individualpsychologie in der Bewältigung von Lebenskrisen. IV. Delmenhorster Fortbildungstage für Individualpsychologie, München und Basel 1985, S. 9–20, hier S. 18 f.

61 Kornbichler, S. 346 f.

62 Böhnisch, Schille, Stecklina, S. 76

63 Böhringer, S. 22

64 Erwin Ringel: Zur Identitätsfindung der Individualpsychologie, in: Mohr, Wege zur Einheit, S. 73–82, hier S. 78 f.; Böhringer, S. 53

65 Böhringer, S. 26, 69

66 John von Neumann und Oskar Morgenstern: Spieltheorie und wirtschaftliches Verhalten, Würzburg 1961, S. 79

67 Böhringer, S. 66

68 Rattner, Individualpsychologie, S. 107; Kreuzer, S. 8 f.; Rattner und Danzer, S. 17

69 Köppe, S. 66

70 Ebda.

71 H. Berbalk und H. D. Hahn: Lebensstil, psychisch-somatische Anpassung und klinisch-psychologische Intervention, in: Klinische Psychologie – Trends in Forschung und Praxis, Bern u. a. 1980, Bd. 3, S. 22–71

72 Ludwig J. Pongratz und Josa Pongratz-Vogt: Der Einfluß der Individualpsychologie auf andere tiefenpsychologische Schulen. Ein Beitrag zur Wirkungsgeschichte der Individualpsychologie, in: Mohr, Wege zur Einheit, S. 94–106, hier S. 99; Iwan P. Pawlow: Die bedingten Reflexe, München 1972, S. 132 f.; B. F. Skinner: Wissenschaft und menschliches Verhalten, München 1973, S. 289–303

73 Reinhold Treml (Hg.): Heimito von Doderer–Albert Paris Gütersloh. Briefwechsel 1928–1962, München 1986, S. 18 f.

74 Pierre Bourdieu: Die feinen Unterschiede. Kritik der gesellschaftlichen Urteilskraft, Frankfurt/M. 1987, S. 18

75 Brinskele, S. 226

76 Bourdieu, S. 284

77 Beate Krais und Gunter Gebauer: Habitus, Bielefeld 2002, S. 52

78 Cornelia Bohn: Habitus und Kontext. Ein kritischer Beitrag zur Sozialtheorie Bourdieus, Opladen 1991, S. 25

79 Emmanuel Lévinas: Die Zeit und der Andere, Hamburg [2]1989, S. 10

80 Brinskele, S. 233

81 AAS 7, S. 195

82 Witte, ciszendental, S. 105 f.

19 Individualpsychologie und die sozialistischen »Kinderfreunde«

1 Zit. nach: Karl Mang: Der Wiener Gemeindebau als Architektur einer sozialen Evolution, in: Die Presse, 14./15.10.1978, S. 38
2 Franz Hueber: Kinderschutz und Jugendfürsorge in Österreich. Rechtsnormen und Organisation. Im Auftrage der Zentralstelle für Kinderschutz und Jugendfürsorge in Wien, Wien 1911, zit. nach Kotlan-Werner, S. 1
3 Siehe Max Winter: Expeditionen ins dunkelste Wien. Meisterwerke der Sozialreportage, Wien 2006
4 Anton Afritsch: Zehn Jahre Arbeiterverein Kinderfreunde, in: Der Kinderfreund. Organ des Arbeitervereins Kinderfreunde, Februar–März 1918, S. 7; Kotlan-Werner, S. 21
5 Kotlan-Werner, S. 14ff.
6 Ebda., S. 18f.
7 Zit. nach ebda., S. 83, 85
8 Ebda., S. 93f.
9 Ebda., S. 44f.
10 Ebda., S. 50ff.
11 Zit. nach ebda., S. 53
12 Ebda., S. xv
13 Ebda., S. 128f.
14 Ebda., S. 129f.
15 Ebda., S. 130f.
16 Ebda., S. xviii
17 Siems, S. 97f.
18 Kotlan-Werner, S. 137
19 Schiferer, Bildbiografie, S. 109
20 Kotlan-Werner, S. xvii

20 Individualpsychologie in Deutschland und Europa

1 Zit. nach Elisabeth von Thadden: Die berührungslose Gesellschaft. München 2018, S. 138
2 Briefe, S. 51
3 Hoffman, S. 214
4 Briefe, S. 49
5 Bruder-Bezzel, Geschichte, S. 88
6 Almut Bruder-Bezzel: Geschichte der Individualpsychologie in Berlin, in: dies.: Individualpsychologie in Berlin, S. 11–53, hier S. 11; Schiferer, Bildbiografie, S. 140
7 Schiferer, Bildbiografie, S. 146
8 Schiferer, Bildbiografie, S. 147ff.; Marta Marková: Auf ins Wunderland! Das Leben der Alice Rühle-Gerstel, Innsbruck 2007, S. 106
9 Schiferer, Bildbiografie, S. 142
10 Siehe Mark R. Rosenzweig u.a. (Hg.): History of the International Union of Psychological Science (IUPSys), Hove 2000, Kap. 5: Problems and Progress in the Period between the two World Wars
11 Bruder-Bezzel, Geschichte, S. 85f., 87
12 Ebda., S. 12

13 Schiferer, Bildbiografie, S. 151
14 Böhnisch, Schille und Stecklina, S. 79
15 Otto Rühle und Alice Rühle-Gerstel: Marxismus und Individualpsychologie, in: dies. (Hg.): Am andern Ufer. Blätter für sozialistische Erziehung, Jg. 1, 1926, S. 19–24, hier S. 20
16 Bottome, S. 253
17 Ebda.
18 Ebda., S. 254
19 Ebda.
20 Balász Trencsényi u. a.: A History of Modern Political Thought in East Central Europe. Bd. II: Negotiating Modernity in the »Short Twentieth Century« and Beyond, Teil 1: 1918–1968, Oxford 2018, S. 87
21 Bottome, S. 255
22 Ebda., S. 256
23 Ebda., S. 257
24 Schiferer, Bildbiografie, S. 151 f.
25 Böhnisch, Schille und Stecklina, S. 81
26 Arthur Kronfeld und G. Voigt: Der 5. Internationale Kongress für Individualpsychologie, in: Internationale Zeitschrift für Individualpsychologie, 6. Jg., 1930, S. 539, 549

21 Amerika 1

1 Zit. in Warren I. Susman: Culture as History. The Transformation of American Society in the Twentieth Century, New York 1984, S. 199 f.
2 Eric Caplan: Mind Games. American Culture and the Birth of Psychotherapy, Berkeley 1998, S. 131
3 Illouz, S. 61
4 Ebda., S. 63
5 May Jo Buhle: Feminism and Its Discontents. A Century of Struggle with Psychoanalysis, Cambridge, Mass., 1998, S. 22
6 Illouz, S. 65
7 Leitner, S. 185 f.
8 Eli Zaretsky: Freuds Jahrhundert. Die Geschichte der Psychoanalyse, Wien 2004, S. 15
9 Hoffman, S. 203
10 Ebda., S. 207
11 Illouz, S. 63; Hoffman, S. 203 f.
12 Kenner, S. 52
13 LoC Box 14
14 Susman, S. 185
15 David M. Kennedy: Freedom from Fear. The American People in Depression and War, 1929–1945, New York und Oxford 2005, S. 11
16 Susman, S. 188 f.
17 Alfred H. Barr: Foreword, in: Machine Art, Ausst.Kat. Museum of Modern Art, New York 1934, n.p.
18 Susman, S. 188 f.
19 Zaretsky, S. 199 ff.

20 Ebda., S. 204 f.
21 Susman, S. 188 f.
22 Ebda., S. 190 f.
23 Ebda., S. 191
24 Robert S. und Helen M. Lynd: Middletown. A Study in Modern American Culture, New York 1929, S. 9
25 Susman, S. 191 ff.
26 Schiferer, Bildbiografie, S. 153
27 Bottome, S. 222
28 Hoffman, S. 216
29 New York World, 26.12.1926
30 Orgler, S. 229 f.
31 Brief von Alfred Adler an Alexandra Adler, New York, The Cambridge Hotel, 60 W. 68th, New York City, 19.1.1927, in: LoC Box 1
32 Brief von Alfred Adler an Ali Adler, The Cambridge Hotel, 60 W. 68th, New York City, 3.1.1927, in: LoC Box 1
33 Briefe, S. 61
34 Bottome, S. 223; Hoffman, S. 225
35 Alfred Adler: Das Geltungsstreben in Amerika, in: Internationale Zeitschrift für Individualpsychologie, 1927, H. 5, S. 225–228, hier S. 226
36 Briefe, S. 63
37 Alfred Adler: Character and Talent, in: Harper's Monthly, H. 155, Juni 1927, S. 64–71
38 Ronald Clark: Freud. The Man and the Cause, London 1980, S. 279
39 Hoffman, S. 212 f.; Gay, S. 653; Silas L. Warner: Freud's Antipathy to America, in: Journal of the American Academy of Psychoanalysis, Jg. 19, 1991, H. 1, S. 141–155, hier S. 151
40 Alfred Adler, in: Internationale Zeitschrift für Individualpsychologie, 1927, H. 5, S. 226; Hoffman, S. 227 f.
41 Andrew R. Heinze: Jews and the American Soul. Human Nature in the Twentieth Century, Princeton und Oxford 2004, S. 125 f.
42 Rattner und Danzer, S. 51
43 Hoffman, S. 213, 247
44 Ebda., S. 249
45 Ebda., S. 252
46 Rattner und Danzer, S. 52
47 Hoffman, S. 253 f.
48 Ebda., S. 265
49 Brief von Alfred Adler an Alexandra Adler aus Los Angeles, Biltmore Hotel, 16. 2. 1929, in: LoC Box 1
50 Rattner und Danzer, S. 52 f.
51 Hoffman, S. 248 f.
52 Rattner und Danzer, S. 52
53 M. Arthur Kline: American Medical Association of Vienna, in: Journal of the American Medical Association, Jg. 70, 27.9.1952, S. 428
54 Donald L. Miller: Supreme City. How Jazz Age Manhattan Gave Birth to Modern America, New York 2014, S. 171, 177
55 Rattner und Danzer, S. 54 f.

56 Bottome, S. 225
57 Ebda., S. 226
58 Ebda.
59 Hoffman, S. 299
60 Ebda., S. 300
61 Bottome, S. 232
62 Ebda., S. 233
63 Hoffman, S. 206, 207f.
64 Siehe etwa Philip Mairets Kommentare, die H. L. Ansbacher zitierte, in: Hans L. Ansbacher: Introduction to »Problems of Neurosis to Alfred Adler, New York 1964, S. xxiii
65 Hoffman, S. 292, 306
66 Bottome, S. 9
67 Kenner, S. 52
68 Hoffman, S. 293f.
69 Zaretsky, S. 205

22 Die Familie Adler im Wien der 1920er Jahre

1 Peter Panter, d. i. Kurt Tucholsky: Brief nach Wien, in: Joseph Roth: Nacht und Hoffnungslichter, hg. v. Alexander Kluy, Wien 2014, S. 178–181, hier S. 180f.
2 Zit. nach Fink und Knie, S. 87
3 Rauchensteiner, S. 82f.
4 Düriegl, S. 274
5 Rauchensteiner, S. 84
6 Friedrich Austerlitz: Die Arbeitermörder freigesprochen!, in: Arbeiter-Zeitung, 40. Jg., 15.7.1927, S. 1
7 Oliver Rathkolb: Erste Republik, Austrofaschismus, Nationalsozialismus (1938–1945), in: Thomas Winkelbauer (Hg.): Geschichte Österreichs, Stuttgart 2015, S. 477–524, hier S. 492
8 Leidinger und Moritz, Unbestritten, S. 36
9 Zit. nach Sebastian Pumberger: Justizpalastbrand: Protokoll einer Katastrophe, https://derstandard.at/2000061314173/Justizpalastbrand-Protokoll-einer-Katastrophe, abgerufen am 26.11.2018
10 Leidinger und Moritz, Unbestritten, S. 38
11 Elias Canetti: Die Fackel im Ohr. Lebensgeschichte 1921–1931, München 1985, S. 274
12 Zit. nach Pumberger
13 Leidinger und Moritz, Unbestritten, S. 31
14 Leidinger und Moritz, Unbestritten, S. 39; Rathkolb, S. 492
15 Canetti, Fackel, S. 275
16 Rauchensteiner, S. 88
17 Leidinger und Moritz, Unbestritten, S. 33f.
18 Rathkolb, S. 493
19 Rauchensteiner, S. 102
20 Düriegl, S. 274
21 Rauchensteiner, S. 96ff.

22 Fink und Knie, S. 275; Karl Kraus: For ever, in: Die Fackel, Oktober 1932, Nr. 876–884, S. 119 f.
23 Pilz, S. 118; Schiferer, Raissa Adler, S. 198
24 LoC Box 6
25 Schiferer, Raissa, S. 198
26 Anton Kuh: »Central« und »Herrenhof«, in: Winke für einen Kulturhistoriker, in: Neues Wiener Journal, 35. Jg., Nr. 12066, 26.6.1927, S. 12
27 Milan Dubrovic: Veruntreute Geschichte, Wien und Hamburg 1985, S. 34 f.
28 Schübler, S. 30 ff.
29 Schiferer, Bildbiografie, S. 199; Pilz, S. 119
30 Gabriella Hauch: »Welcher Weg ist einzuschlagen …?« Spurensuche nach Isa Strasser, geb. von Schwartzkoppen (1891–1970), in: Lucile Dreidemy u. a. (Hg.): Bananen, Cola, Zeitgeschichte: Oliver Rathkolb und das lange 20. Jahrhundert, Bd. 1, Wien u. a. 2015, S. 137–149, hier S. 147
31 DÖW, Sammlung Trotzki, R/536
32 Keller, S. 70 f.
33 Brief von Raissa Adler an das Politbüro der ZK der KPOe, Wien, 27.1.1930, in: LoC Box 6
34 Raissa Adler: Kindererziehung in der Sowjetunion, in: Internationale Zeitschrift für Individualpsychologie, 1931, S. 297–309; Schiferer, Raissa, S. 200 f.
35 Schiferer, Raissa, S. 199 f.
36 Zit. nach Rutschky, S. 377 und 381
37 Raissa Adler: H. von Bracken: Die Prügelstrafe, in: Internationale Zeitschrift für Individualpsychologie, 1926, S. 166 f.
38 Internationale Zeitschrift für Individualpsychologie,1930, S. 596 f.
39 Bottome, S. 97 f.
40 LoC Box 6
41 Bottome, S. 119 f.
42 LoC Box 14
43 Ludwig J. Pongratz (Hg.): Psychotherapie in Selbstdarstellungen, Bern u. a. 1973, S. 11
44 Pongratz, S. 19; Brief von Dr. H. A. Beckh-Widmannstetter an Heinz L. Ansbacher, Wien, 5.3.1966, LoC Box 14
45 Katharina Kaminski: Alexandra Adler – ihr Weg zwischen Neurologie und Individualpsychologie, in: Lévy und Mackenthun, S. 7–26, hier S. 12 f.; LoC Box 11
46 Brief von Elisabeth Bergner an Nelly Adler, Berlin, 1.10.1925, LoC Box 7
47 Schiferer, Bildbiografie, S. 165
48 Orgler, S. 237 f.
49 Bottome, S. 202 f.
50 Schiferer, Bildbiografie, S. 165
51 LoC Box 14

23 Menschenkenntnis

1 Jean Améry: Jenseits von Schuld und Sühne. Bewältigungsversuch eines Überwältigten, München 1988, S. 11 f.
2 Zit. nach Georg Brunold (Hg.): Handbuch der Menschenkenntnis. Mutmaßungen aus 2500 Jahren, Berlin 2018, S. 111

3 Georg Brunold: Vorwort, in: ders., Handbuch der Menschenkenntnis, S. 13–17, hier S. 16
4 Zit. nach Brunold, S. 139
5 Claudia Schmölders: Das Gesicht der Würde. Helmuth Plessners Physiognomik zweiten Grades, in: Eßbach, Fischer und Lethen, S. 195–213, hier S. 199
6 Erich Jaensch: Der Gegentypus. Psychologisch-anthropologische Grundlagen deutscher Kulturphilosophie, ausgehend von dem, was wir überwinden wollen, Jena 1938; Schmölders, S. 201
7 Schmölders, S. 206
8 Nigel Dennis: Alfred Adler and the Style of Life, in: Encounter, August 1970, zit. nach Jacoby, Individualpsychologie, S. 13
9 Sabine Knopf: Buchstadt Leipzig. Der historische Reiseführer, Berlin 2011, S. 58 f.
10 Bruder-Bezzel, Geschichte, S. 48
11 AAS 5, S. 30, 20
12 Ebda., S. 30
13 Ebda., S. 46
14 Ebda., S. 54
15 Ebda., S. 63
16 Ebda., S. 66
17 Ebda., S. 109, 127
18 Böhringer, S. 29
19 AAS 5, S. 224
20 Mackenthun, S. 66
21 Zit. nach ebda., S. 60
22 Rattner und Danzer, S. 51
23 Illouz, S. 41 f.

24 Sperber. Marxismus. Berlin. Sezessionen

1 Zit. nach Joachim Schille: Otto Rühle – der Mensch in Zeugnissen, in: Stecklina und Schille, S. 37–43, hier S. 41
2 Schiesser, S. 99 f.
3 Bruder-Bezzel: Geschichte, S. 16
4 Stančić, S. 130 f.
5 Schiferer, Bildbiografie, S. 175
6 Alice Rühle-Gerstel: Die Rolle der Psychologie in der sozialen Umwälzung, in: Fachgruppe für dialektisch-materialistische Psychologie (Hg.): Psychologie der Krise – Krise der Psychologie, Berlin 1932, S. 51–54, hier S. 54
7 Wolfgang Kutz: Der Erziehungsgedanke in der marxistischen Individualpsychologie. Pädagogik bei Manès Sperber, Otto Rühle und Alice Rühle-Gerstel als Beitrag zur Historiographie tiefenpsychologisch geprägter Erziehungswissenschaft, Bochum 1991, S. 191 f.
8 Alice Rühle-Gerstel und Otto Rühle: Erziehung und Gesellschaft. Neuausgabe der Zeitschrift »Am andern Ufer. Blätter für sozialistische Erziehung«, Berlin 1972, S. 3
9 Böhnisch, Schille und Stecklina, S. 46 f.
10 Zit. nach Henry Jacoby und Ingrid Herbst: Otto Rühle zur Einführung, Hamburg 1985, S. 12

11 Henry Jacoby: Von des Kaisers Schule zu Hitlers Zuchthaus. Eine Jugend linksaußen in der Weimarer Republik, Frankfurt/M. 1980, S. 89
12 Jacoby und Herbst, S. 25 ff.
13 Zit. nach Hermann Weber (Hg.): Der Gründungsparteitag der KPD. Protokolle und Materialien, Frankfurt/Main 1969, S. 98
14 Jacoby und Herbst, S. 40 ff.
15 Alice Rühle: Streit der Eltern, in: Das proletarische Kind. Monatsblätter für proletarische Erziehung, hg. von Alice und Otto Rühle, Jg. 4, Heft (1925), S. 79 f.
16 Marková, S. 77
17 Kutz, S. 258
18 Ingrid Herbst und Bernd Klemm: Einleitung, in: Alice Rühle-Gerstel: Der Umbruch oder Hanna und die Freiheit. Mit einer Einleitung von Ingrid Herbst und Bernd Klemm und einem Nachwort von Stephen S. Kalmar, Frankfurt/M. 1984, S. 5–21 , hier S. 6 ff.
19 Otto Rühle: Grundfragen der Erziehung, Stuttgart 1912, S. 12
20 Jacoby, Von des Kaisers Schule, S. 127
21 Ebda., S. 132; Herbst und Klemm, S. 9 f.
22 Herbst und Klemm, S. 10; Alice Rühle-Gerstel: Der Weg zum Wir, Dresden 1927, S. 17
23 Alice Rühle-Gerstel: Freud und Adler. Elementare Einführung in die Psychoanalyse und Individualpsychologie, Dresden 1924, n. p.
24 Ebda., S. 69
25 Marková, S. 78
26 Rühle-Gerstel, Der Weg zum Wir, S. 195 ff.; Hoffman, S. 239 ff.
27 Rühle-Gerstel, Der Weg zum Wir, S. 13 f.
28 Ebda., S. 221
29 Rainer Schmidt: Bemerkungen zu diesem Buch, in: Alice Rühle-Gerstel: Der Weg zum Wir, München und Basel 1980, S. 225–246, hier S. 234 ff.
30 Josef Rattner: Tiefenpsychologie und Politik, Freiburg i. Br. 1970, S. 113
31 Zit. nach Glaser, S. 277
32 Manès Sperber: Alice Rühle-Gerstel, in: Rühle-Gerstel, Der Weg zum Wir, S. 3–4, hier S. 3; Kutz, S. 260
33 Glaser, S. 280 f.
34 Zit. nach Schiferer, Bildbiografie, S. 176
35 Ebda., S. 177 ff.
36 Bottome, S. 186–190; Alfred Lévy: Rudolf Allers – ein katholischer Individualpsychologe, in: Lévy und Mackenthun, S. 26–36, hier S. 31
37 Lizette Jacinto: Utopie und Sozialismus im Werk von Otto Rühle und Alice Rühle-Gerstel, in: Gala Rebane, Katja Bendels und Nina Riedler (Hg.): Humanismus polyphon. Menschlichkeit im Zeitalter der Globalisierung, Bielefeld 2009, S. 269–284, hier S. 276
38 Böhnisch, S. 74; vgl. Alice Rühle-Gerstel, Freud und Adler, und dies.: Das Frauenproblem der Gegenwart. Eine psychologische Bilanz, Leipzig, 1931
39 Rühle-Gerstel, Der Weg zum Wir, S. 196 f.
40 Jacoby und Herbst, S. 52 ff.
41 Otto Rühle: Der autoritäre Mensch und die Revolution, in: Die Aktion, Jg. 15, 1925, Sp. 555 ff., wiederabgedruckt in: ders.: Zur Psychologie des proletarischen Kindes, Frankfurt/M. 1975, S. 161 ff.

42 Ebda., S. 166
43 Otto Rühle: Das verwahrloste Kind, Dresden (Buchholz-Friedewald) 1926, S. 13 f.
44 Jacoby und Herbst, S. 55–63
45 Marková, S. 92, 94
46 Ebda., S. 97 f.
47 Ebda., S. 98 f.
48 Sofie Lazarsfeld: Das lügenhafte Kind, Dresden 1927, S. 12
49 Ebda., S. 30; Stecklina, Persönlichkeiten, S. 106
50 Carl Steuermann, d. i. Otto Rühle: Der Mensch auf der Flucht, Berlin 1932, S. 154
51 Jacoby und Herbst, S. 73 ff.
52 Carl v. Ossietzky: Wahlkreis Europa, in: Weltbühne, 23. Jg., Nr. 45, 8.11.1927, S. 697–699, hier: S. 697
53 Zit. nach Stančić, S. 143
54 Stančić, S. 143 f.
55 Manès Sperber: All das Vergangene, Wien 1983, S. 423
56 Bruder-Bezzel, Berlin, S. 100
57 Ebda., S. 13 f.
58 Josef Rattner: Fritz Künkel, in: ders.: Klassiker der Psychoanalyse, Weinheim 1995, S. 467–488, hier S. 467
59 Jacoby, Des Kaisers Schule, S. 128; Bruder-Bezzel, Berlin, S. 21
60 Horst Gröner: 25 Jahre Deutsche Gesellschaft für Individualpsychologie, in: Zeitschrift für Individualpsychologie, Jg. 12, 1987, H. 1, S. 55–69; Zeitschrift für Individualpsychologische Pädagogik und Psychohygiene, Mai 1928, Heft 3, S. 71 f.
61 Francis Fukuyama: Identität. Wie der Verlust der Würde unsere Demokratie gefährdet, Hamburg 2019, S. 50
62 Schiferer, Bildbiografie, S. 152
63 Bruder-Bezzel, Berlin, S. 24, 22; Michael Kölch: Theorie und Praxis der Kinder- und Jugendpsychiatrie in Berlin 1920–1935. Die Diagnose »Psychopathie« im Spannungsfeld von Psychiatrie, Individualpsychologie und Politik, Diss. Med. Freie Universität Berlin 2002, S. 263
64 Briefe, S. 65
65 Bruder-Bezzel, Berlin, S. 25 f.
66 Briefe, S. 68 f.
67 Bruder-Bezzel, Berlin, S. 14 f.
68 Hans Mayer: Manès Sperber: Alfred Adler oder Das Elend der Psychologie, in: Neue Rundschau, 81. Jg., 1970, H. 5, S. 598–602, hier S. 602
69 Jacoby, Des Kaisers Schule, S. 128
70 Ebda., S. 129
71 Bruder-Bezzel, Berlin, S. 26
72 Sperber, Die vergebliche Warnung, S. 170
73 Stančić, S. 152
74 Bruder-Bezzel, Berlin, S. 16 f.
75 Ebda., S. 17
76 Briefe, S. 72 f.
77 Manès Sperber: Individuum und Gemeinschaft. Versuch einer sozialen Charakterologie, Stuttgart 1978, S. 7
78 Bruder-Bezzel, Berlin, S. 101

79 Hilde Ottenheimer: Soziale Arbeit, in: Siegmund Katznelson: Juden im deutschen Kulturbereich, Berlin 1959, S. 849 f.
80 Kronfeld und Voigt, S. 555
81 Ebda., S. 537 ff.
82 Paul Rom: Alfred Adler und die wissenschaftliche Menschenkenntnis, Frankfurt/M. 1966, S. 129
83 Zit. nach Horster, S. 76
84 Bruder-Bezzel, Berlin, S. 31
85 Alt, S. 778
86 Orgler, S. 225
87 Bruder-Bezzel, Berlin, S. 104; Stančić, S. 169 f.
88 Sperber, All das Vergangene, S. 520 f.
89 Manès Sperber, Brief an Phyllis Bottome, 16.8.1948, zit. nach Stančić, S. 152
90 Stančić, S. 159 ff.
91 Sperber, All das Vergangene, S. 524
92 Rommert Casimir, Leonhard von Renthe-Fink und Robert Schneider: Bei den Gründern der Individualpsychologie. Eine Studienreise im Jahr 1932, hg. v. Helmut E. Lück und Hermann Feuerhelm, Gotha 1997, S. 84; Bruder-Bezzel, Berlin, S. 20 f.; Orgler, S. 223
93 Bruder-Bezzel, Berlin, S. 16 f.
94 Manès Sperber: Der gegenwärtige Stand der Psychologie, in: Alice Rühle-Gerstel, Manès Sperber et. al.: Psychologie der Krise – Krise der Psychologie. Beiträge der Fachgruppe für Dialektisch-Materialistische Psychologie, Berlin 1932, S. 15
95 Sperber, Die vergebliche Warnung, S. 231

25 Der Sinn des Lebens

1 Theodor W. Adorno: Negative Dialektik, Frankfurt/M. 1966, S. 103
2 Ebda., S. 13
3 Hans-Jürgen Lang: Findet man das Glück in der Psychoanalyse?, in: Zeitschrift für Individualpsychologie, 39. Jg., 2014, S. 131–154, hier S. 131
4 Zit. nach Thaye Dorje Karmapa: Das buddhistische Buch von Weisheit und Liebe. Erzählt von Gilles von Grasdorff, Amsterdam 2004, S. 120
5 Alfred Adler: Wozu leben wir?, Frankfurt/M. 1979, S. 47
6 Künzig Shamar Rinpoche: Buddhistische Sichtweisen und die Praxis der Meditation, Oy-Mittelberg 2007, S. 45, 81, 82 f.
7 Alfred Adler: Lebensprobleme. Vorträge und Aufsätze, Frankfurt/M. 1994, S. 15
8 Adler 1932, nach Ansbacher und Ansbacher, S. 69; Matthias Wenke: Wir sind die Herren im eigenen Haus. Zur Verwandtschaft von Individualpsychologie, Phänomenologie und Buddhismus, in: Zeitschrift für Individualpsychologie, 39. Jg., 2014, S. 169–184, bes. S. 178 ff.
9 http://verlagsgeschichte.murrayhall.com/?page_id=262
10 Internationale Zeitschrift für Individualpsychologie, 3. Jg., 1925, S. 93–96; Internationale Zeitschrift für Individualpsychologie, 9. Jg., 1931, S. 71–84
11 Sigmund Freud: Das Unbehagen in der Kultur (1930), in: ders.: Studienausgabe, Bd. IX, Frankfurt/Main 1989, S. 135–189, hier S. 128 f.
12 Dollinger, S. 55
13 Witte, ciszendental, S. 109

14 Mackenthun, S. 78
15 Wolfgang Metzger: Einführung, in: Alfred Adler: Der Sinn des Lebens, Frankfurt/M. 1973, S. 13
16 Mackenthun, S. 79
17 Ebda.
18 Dollinger, S. 62
19 Böhringer, S. 25
20 Bleidick, S. 65; Reinert, S. 16
21 Dollinger, S. 56 f.
22 Andrea Abele-Brehm: Zur Lage der Psychologie, in: Psychologische Rundschau, Jg. 68, H. 1, 2017, S. 1–19, hier S. 15
23 Mackenthun, S. 81
24 Ebda., S. 82
25 Hannich, S. 30
26 Ebda.
27 Dollinger, S. 63
28 Rattner und Danzer, S. 126
29 Bottome, S. 86 f.
30 Dreikurs, S. 29

26 Amerika II

1 Brief von Alfred Adler an G. Margery Allen, 18.5.1932, in: LoC Box 4
2 Keller, S. 60
3 Ebda.
4 Alexandra Adler, autobiographische Aufzeichnungen, ca. August 1973, in: LoC Box 14; Brief von Alexandra Adler, 14.2.1979, in: LoC Box 13
5 Zit. nach Leser, S. 138
6 Rathkolb, S. 499; Rauchensteiner, S. 113
7 Rathkolb, S. 500
8 Ebda., S. 504 ff.
9 Susman, S. 196 f.
10 Ebda., S. 196, 198
11 Ebda., S. 201
12 Ebda., S. 198
13 Ebda., S. 199 f.
14 Ebda.
15 Ebda., S. 200 f.
16 Cleveland Plan-Dealer, 4.4.1934, zit. nach Hoffman, S. 327
17 Susman, S. 201
18 Zit. nach ebda.
19 Brief Alfred Adlers an Margery Allen, Berlin, 2.1.1931, in: LoC Box 4
20 Hoffman, S. 315 ff.
21 Bottome, S. 256
22 Hoffman, S. 322 ff.; Adler, Brief vom 16.10.1931, zit. nach Hoffman, S. 327
23 Brief von Alfred Adler an Raissa Adler, Kopenhagen, Palace Hotel, 23.1.1931, in: LoC Box 1
24 Brief von Alfred Adler an Nelly Adler, Berlin, 26.1.1931, in LoC Box 1

25 Riess, S. 14
26 Bottome, S. 234
27 Brief von Alfred Adler an Nelly Adler, Hotel Gramercy Park, New York, 22.10.1932, in LoC Box 1
28 Rattner und Danzer, S. 54 f.
29 Anonym: »I on Long Island«, in: Time (New York), 10.10.1932, S. 27
30 Ebda., S. 235
31 Dreikurs, S. 9
32 Heinze, S. 124
33 LoC Box 1
34 Hoffman, S. 350 f.
35 Bottome, S. 236 f.
36 Brief von Alfred Adler an Ali Adler, 21.4.1928, aus Cleveland, Hotel Cleveland, in: LoC Box 1
37 Brief von Alfred Adler an Ali Adler, Detroit, 19.1.1930, in: LoC Box 7
38 Brief-Ausriss Alfred Adler an Ali Adler, o. D., ca. 1930, in: LoC Box 1
39 Schiferer, Bildbiografie, S. 185 ff.; Hoffman, S. 308
40 Schiferer, Bildbiografie, S. 191
41 Brief von Alfred Adler an Nelly Adler-Sternberg und Heinz Sternberg, New York, 30.2.1934, in LoC Box 1
42 Brief von Alfred Adler an Nelly Adler, Hotel Gramercy Park, New York, 11.10.1934, in LoC Box 1
43 Brief von Alfred Adler an Heinz Sternberg, 8.11.1934, in LoC Box 1
44 Brief von Alfred Adler an Alexandra Adler, 8.2.1935, in LoC Box 1
45 LoC Box 1

27 Religion und Individualpsychologie

1 Marquard, Schwierigkeiten mit der Geschichtsphilosophie, S. 81
2 Henrik Simojoki: Evangelische Erziehungsverantwortung. Eine religionspädagogische Untersuchung zum Werk Friedrich Delekats 1892–1970, Tübingen 2008, S. 119
3 Sperber, Adler, S. 50
4 Rom, S. 130
5 http://verlagsgeschichte.murrayhall.com/?page_id=262
6 AAS 6, S. 198
7 Ebda., S. 199
8 Ebda., S. 209
9 Ebda., S. 217
10 Ebda.
11 Ebda., S. 224
12 Ebda., S. 191 f.
13 Theodor Däubler: Das Nordlicht. Florentiner Ausgabe, München und Leipzig 1910, S. 13
14 Witte, ciszendental, S. 95 f.
15 Ebda., S. 122
16 Robert Hall: Alfred Adler's Concept of God, in: Journal of Individual Psychology, 1971, Nr. 1, S. 10–17, hier S. 17

28 Das Ende

1 Zit. nach Hoffman, S. 354
2 Schiferer, Bildbiografie, S. 196
3 Briefe, S. 142
4 LoC Box 1
5 Phyllis Bottome: The Goal, London 1962, S. 249 f.
6 Hoffman, S. 363
7 Ebda.
8 Brief von Raissa Adler an Nelly und Heinz Sternberg, o. D., wohl Oktober 1935, in LoC Box 8
9 Brief von Alfred Adler an Ali Adler, 4.3.1935, Alfred Adler Institut Wien, zit. nach Kenner, S. 16
10 Bottome, S. 326 ff.
11 Ebda., S. 4, 6, 329; Pam Hirsch: The Constant Liberal. The Life and Work of Phyllis Bottome, London 2010, S. 428
12 Bottome, S. 330 f.
13 Ebda., S. 331
14 LoC Box 1
15 Appointments Book 1937, in LoC Box 1, Container 1
16 Roazen, S. 139
17 Brief von Forbes-Dennis an Alfred Adler, 12.2.1937, in LoC Box 9
18 Riess, S. 15
19 Orgler, S. 228
20 LoC Box 9
21 Ebda.
22 Ebda.
23 LoC Box 4
24 LoC Box 1
25 Ebda.
26 LoC Box 7
27 Pieter Hermanus Ronge: Individual-Psychologie. Een systematische Uiteenzetting, Bijleveld 1934
28 Bottome, S. 291–295
29 Zit. nach Jones III, S. 255
30 Schiferer, Bildbiografie, S. 216
31 https://www.theguardian.com/uk/2011/apr/10/alfred-adler-ashes-found-edinburgh

29 Valentine Adler und die Sowjetunion

1 Galina Stange: Mein Leben ist leer geworden, in: Véronique Garros, Natalija Kornewskaja und Thomas Lahusen (Hg.): Das wahre Leben. Tagebücher aus der Stalin-Zeit, Berlin 1998, S. 153–212, hier S. 173
2 Brief von Vali Adler an Alfred Adler, Moskau, 24.12.1936, in: LoC Box 7
3 Loc Box 6
4 Ebda.
5 Aktennotiz von Mertens, 13.2.1937, in: LoC Box 6; Briefe, S. 177

6 LoC Box 6
7 Ebda.
8 Wladislaw Hedeler: Chronik der Moskauer Schauprozesse 1936, 1937 und 1938. Planung, Inszenierung und Wirkung. Mit einem Essay von Steffen Dietzsch, Berlin 2003, S. 115
9 Alexander Vatlin: »Was für ein Teufelspack«. Die deutsche Operation des NKWD in Moskau und im Moskauer Gebiet 1936 bis 1941, Berlin 2013, S. 39
10 Ebda., S. 10
11 Wadim S. Rogowin: 1937. Jahr des Terrors, Essen 1998, S. 43
12 Aktennotiz von Mertens, 13.2.1937, LoC Box 6
13 Brief von Alfred Adler an Vali Adler, auf Briefpaper vom Hotel Windsor, New York, 2.2.1937, LoC Box 1
14 Andrej Januarjewitsch Wyschinski in der Komsomolskaja Prawda, 28.7.1937, in: Vatlin, S. 16 f
15 Gerd Koenen: Was war der Kommunismus, Göttingen 2010, S. 86; Vatlin, S. 99
16 Vatlin, S. 177 f.
17 Ebda., S. 182
18 Ebda., S. 79
19 Barry McLoughlin und Hans Schafranek: Die Kaderpolitik der KPÖ-Führung in Moskau 1914 bis 1940, in: Hermann Weber, Dietrich Staritz und Siegfried Bahne (Hg.): Kommunisten verfolgen Kommunisten. Stalinistischer Terror und »Säuberungen« in den kommunistischen Parteien Europas seit den dreißiger Jahren, Berlin 1993, S. 125–147, hier S. 143
20 Vatlin, S. 182 f., 188
21 Brief von Raissa an Nelly und Heinz Sternberg, März 1937, in: LoC Box 7
22 Brief von Raissa Adler, Hotel Windsor, New York, 13.4.1937, in: LoC Box 7
23 Brief von Alfred Adler an Vali Adler, 11.5.1937, in: LoC Box 1
24 Briefe, S. 177
25 Ebda., S. 183
26 Ebda., S. 185
27 Brief von Alfred Adler an Raissa, Caledonian Hotel, Aberdeen, 27.5.1937, in: LoC Box 1
28 Brief von Forbes Dennis, Lonach Cottage, 46 Lexham Gardens, London, ohne Datum, in: LoC Box 6
29 Ehrenstein, Briefe, S. 302 f.
30 Brief von Ali Adler an Einstein, 13.4.1938, in: LoC Box 4, Folder 4
31 LoC Box 4, Folder 4
32 Brief von Alexandra Adler an Einstein, 27.5.1938, in: LoC Box 4, Folder 4
33 LoC Box 6; Clara Kenner: Valentine Adler, in: Brigitte Keintzel und Ilse Korotin (Hg.): Wissenschafterinnen in und aus Österreich. Leben – Werk – Wirken, Wien u. a., S. 13–14, hier S. 14
34 Schreiben von Ali Adler, 10.9.1941, in: LoC Box 6
35 LoC Box 6
36 Schreiben von Margarete Buber, Stockholm, 12.3.1947, an Raissa Adler, in: LoC Box 6
37 Kenner, Valentine Adler, S. 14

30 Die Familie Adler nach 1937

1 LoC Box 7
2 BL, Bottome Papers
3 Pongratz, S. 23
4 Kaminsky, S. 15 f.
5 Ehrenstein, Briefe, S. 298 ff.; Briefe, S. 131, 137, 141 ff.
6 Ernan Forbes-Dennis an Ali Adler, 29.4.1971, in: LoC Box 13
7 Brief von Ali Adler an Raissa Adler, Boston, 29.11.1940, LoC Box 13
8 LoC Box 13
9 Kenner, S. 91
10 BL, Bottome Papers
11 Raissa Adler, Brief an Hugo Thaller (Wien), 30.6.1957, in: VGA, Kat. Nr. F 10, Lade 20, Mappe 51; Pilz, S. 111
12 LoC Box 6
13 Brief von Alfred Adler an Ali Adler, Detroit, 19.1.1930, in: LoC Box 7
14 Brief von Alexandra Adler an Phyllis Bottome, 22.4.1962, Ostersonntag, in: BL Bottome Papers
15 LoC Box 7
16 Hoffman, S. 357
17 Pongratz, S. 29
18 Ebda., S. 30
19 The Office of the Federal Register, National Archives and Records Administration (Hg.): Code of Federal Regulations. Bd. 3: 1997 Compilation and Parts 100–102. Revised as of January 1, 1998, Washington DC, 1998, S. 144 f.

31 Die Individualpsychologie nach 1933

1 Zit. nach Gerd Meyer: Freiheit wovon, Freiheit wozu? Politische Psychologie und Alternativen humanistischer Politik bei Erich Fromm, Opladen 2002, S. 12 f.
2 Eissler, Psychologische Aspekte, S. 160; C. G. Jung: Brief an Wolfgang Kranefeldt v. 9.2.1934, in: International Revue of Psychoanalysis, Jg. 4, 1977, S. 377
3 Zit. nach Helmut Dahmer: Libido und Gesellschaft. Studien über Freud und die Freudsche Linke, Frankfurt/M. 1973, S. 480. Das half ihm wenig, 1938 erhielt er Lehr- und Publikationsverbot, siehe: Hans-Martin Lohmann und Lutz Rosenkötter: Psychoanalyse in Hitlerdeutschland. Wie war es wirklich?, in: Hans-Martin Lohmann (Hg.): Psychoanalyse und Nationalsozialismus. Beiträge zur Bewältigung eines unbewältigten Traumas, Frankfurt/M. 1994, S. 54–77, hier S. 69
4 C. G. Jung: Zur gegenwärtigen Lage der Psychotherapie, in: Zentralblatt für Psychotherapie, 7. Jg., 1934, S. 1–16, hier S. 9
5 Brief von Göring an Seif vom 6.9.1933, zit. in Bruder-Bezzel, Berlin, S. 34 f.
6 Käthe Dräger: Bemerkungen zu den Zeitumständen und zum Schicksal der Psychoanalyse und der Psychotherapie in Deutschland zwischen 1933 und 1949, in: Hans-Martin Lohmann (Hg.): Psychoanalyse und Nationalsozialismus. Beiträge zur Bewältigung eines unbewältigten Traumas, Frankfurt/M. 1994, S. 41–53, hier S. 47; Lohmann und Rosenkötter, S. 65
7 Schiferer, Bildbiografie, S. 219
8 Bruder-Bezzel, Berlin, S. 33

9 Ebda., S. 34
10 Ebda., S. 35
11 Zit. nach Schiferer, Bildbiografie, S. 218 f.
12 Lohmann und Rosenkötter, S. 62
13 Ebda., S. 67, 76
14 Bruder-Bezzel, Berlin, S. 36; Dräger, S. 48
15 Dräger, S. 49 f.
16 Ebda., S. 41 f.
17 Bruder-Bezzel, Berlin, S. 33
18 Kenner, S. 26 f.
19 Schiferer, Bildbiografie, S. 201
20 Wiener Montagblatt vom 25.01.1937, zit. nach Handlbauer, S. 198 f.
21 Kenner, S. 9 f., 25
22 Schiferer, Bildbiografie, S. 203
23 Kenner, S. 15; Schiferer, Bildbiografie, S. 204
24 Siems, S. 71
25 Bottome, S. 211
26 Siehe Tagebuch der Aline Furtmüller, VGA Wien, Furtmüller Nachlass, Mappe 17
27 Kenner, S. 28, 34
28 Harald Leupold-Löwenthal: Die Beziehung zwischen Analytikern und Individualpsychologen in der Zeit der Verfolgung, in: Ausgewählte Beiträge aus dem 15. Kongreß der Internationalen Vereinigung für Individualpsychologie vom 2.–6. August 1982 in Wien, 1982, S. 43–50, hier S. 48
29 Kenner, S. 44
30 Joachim Schille: Otto Rühle – der Mensch in Zeugnissen, in: Stecklina und Schille, S. 37–43, hier S. 37
31 Jacinto, S. 276 f.
32 Jacoby und Herbst, S. 82 f.
33 Gerd Stecklina: Zur Person Otto Rühle, in: Stecklina und Schille, S. 17–36, hier S. 33
34 Jacoby, Des Kaisers Schule, S. 134
35 Ebda., S. 135
36 Stančić, S. 147
37 Ebda., S. 177 ff.
38 Manès Sperber: Zur Analyse der Tyrannis, Wien 1975, S. 55 ff.
39 Janet Terner und W. L. Pew: The courage to be imperfect. The Life and Work of Rudolf Dreikurs, New York 1978, S. 97
40 Ebda., S. 140
41 Kenner, S. 21 f.
42 Briefe von Dreikurs an seine Familie, 24.11. und 26.11.1937, Alfred Adler Institut Wien, zit. nach Kenner, S. 22
43 Kenner, S. 22 f.
44 Kenner, S. 28; Ackerknecht, S. 22
45 Siebenhüner, S. 47
46 Terner und Pew, S. 200 f.
47 Siebenhüner, S. 48, 50 f.
48 Kenner, S. 21; Ackerknecht, S. 23
49 Kenner, S. 158
50 Bottome, S. 253

51 Ebda., S. 301, Fußnote 197

52 Ackerknecht, S. 23

32 Die Individualpsychologie nach 1945

1 Zit. nach Roazen, S. 153

2 LoC Box 11

3 The American Journal of Psychiatry, vol. 127, No. 6, Dez. 1970, darin: Alexandra Adler: Recollections of My Father, S. 771–772; Kurt A. Adler: The Relevance of Adler's Psychology to Present-Day Theory, S. 773–776; Heinz L. Ansbacher: Alfred Adler: A Historical Perspective, S. 777–782; Helen Papanek: Adler's Psychology and Group Psychotherapy, S. 783–786, in LoC Box 11

4 Hilde Marx: Individualpsychologie erlebt starke Renaissance. Die »Alfred Adler Mental Hygiene Clinic«, in: Aufbau, 16.4.1971, S. 64, in: LoC Box 11

5 Peter Loewenberg: Decoding the Past. The Psychohistorical Approach, New York 1983, S. 31

6 Pearl King: Early Divergences between the Psycho-analytical Societies in London and Vienna, in: Edward Timms und Naomi Segal (Hg.): Freud in Exile, New Haven 1988, S. 124–133

7 Ellen Herman: The Romance of American Psychology. Political Culture in the Age of Experts, Berkeley 1995, S. 266; Zaretsky, S. 397

8 Herman, S. 2

9 Kurzweil, S. 347; Zaretsky, S. 397f.

10 Frank Furedi: Therapy Culture. Cultivating Vulnerability in an Uncertain Age, London 2004, S. 10

11 Zaretsky, S. 397f.

12 Kenneth Clark: Implications of Adlerian Theory for an Understanding of Civil Rights Problems and Action, in: Journal of Individual Psychology, 23. Jg., November 1967, S. 181–190

13 Philip Rieff: The Triumph of the Therapeutic. Uses of Faith after Freud, Chicago 1966, S. 4, 13; zu Rieff siehe: Kenneth S. Piver: Philip Rieff. The Critic of Psychoanalysis as Cultural Theorist, in: Mark S. Micale und Roy Porter (Hg.): Discovering the History of Psychiatry, New York und Oxford 1994, S. 191–215

14 Jerry Adler: Freud in Our Midst, in: Newsweek, 27. Jg., März 2006, www.newsweek.com/id/46977

15 Illouz, S. 47f.

16 Ebda., S. 33

17 Michael Ermann: Psychoanalyse in den Jahren nach Freud. Entwicklungen 1940–1975, Stuttgart 2012, S. 36

18 C. Fred Alford: Melanie Klein and the Nature of Good and Evil, in: Paul Marcus und Alan Rosenberg (Hg.): Psychoanalytic Versions of the Human Condition. Philosophies of Life and their Impact on Practice, New York 1998, S. 118–139, hier S. 120

19 Ermann, S. 49ff.

20 Illouz, S. 56; Ermann, S. 53f.

21 Zaretsky, S. 25f.; siehe Stephen A. Mitchell und Margaret J. Black: Freud and Beyond. A History of Modern Psychoanalytic Thought, New York 1995, bes. Kap. 6 »Psychologies of Identity and Self: Erik Erikson and Heinz Kohut, S. 139–169, und

Kap. 7. Contemporary Freudian Revisionists: Otto Kernberg, Roy Schafer, Hans Loewald und Jacques Lacan, S. 170–205

22 Karl Heinz Witte: Vorwort, in: AAS 1, S. 7–8, hier S. 7

23 Gasser-Steiner, S. 68

24 Ebda.

25 Thomas Stephenson: Bernd Rieken, Brigitte Sindelar und Thomas Stephenson: Psychoanalytische Individualpsychologie in Theorie und Praxis. Psychotherapie, Pädagogik, Gesellschaft. Mit einem Beitrag von Roland Wölfle, Wien und New York 2011, S. 31–53, hier S. 46

26 Kenner, S. 29, Fußnote 18

27 Stephenson, S. 48

28 Zivit Abramson: Partnerschaft lernen, Lindau 2015, S. 423

29 Stecklina, Persönlichkeiten, S. 115

30 Kenner, S. 49; https://doi.org/10.1177/0957154X9700803101

31 Kenner, S. 45

32 Ebda., S. 46 f.

33 Zit. in Schiferer, Bildbiografie, S. 221

34 Glaser, S. 310

35 Kenner, S. 47 f.

36 Stephenson, S. 48 f.

37 Schmidt, S. 120

38 Bruder-Bezzel, Berlin, S. 37 f.

39 Rudolf Meindl: Selbstverantwortung. Alfred Adlers Individualpsychologie in Beziehung, Beruf und Gesellschaft, München 2014, S. 18

40 Schmidt, S. 120; Bruder-Bezzel, Berlin, S. 7

41 Wolfgang Metzger: Alfred Adler im deutschen Sprachraum. Eröffnungsvortrag des Ehrenpräsidenten der Deutschen Gesellschaft für Individualpsychologie, in: Rudolf Kausen und Franzjosef Mohr (Hg.): Beiträge zur Individualpsychologie. Bericht über den 13. Kongress der Internationalen Vereinigung für Individualpsychologie vom 29.7. bis 3.8.1976 in München, München und Basel 1978, S. 9–15, hier S. 9

42 Bruder-Bezzel, Berlin, S. 37 f.

43 Ebda., S. 38

44 Ebda., S. 175 ff.

33 Individualpsychologie 4.0

1 Bottome, S. 227

2 Joanne Morra: Inside the Freud Museums. History, Memory and Site-Responsive Art, London und New York 2018, S. 7 f.

3 W. H. Auden: Collected Poems, hg. v. Edward Mendelson, London 1994, S. 275

4 Harald Weinrich: Lethe. Kunst und Kritik des Vergessens, München 1997, S. 40 f., 223; vgl. Paul Celan: Der Sand in den Urnen, in: ders.: Gedichte in zwei Bänden. Bd. I, Frankfurt/Main 1975, S. 22

5 Weinrich, S. 263–271

6 Ebda., S. 44 ff.

7 Matthias Nauerth: Verstehen in der Sozialen Arbeit. Handlungstheoretische Beiträge zur Logik sozialer Diagnostik, Wiesbaden 2016, S. 113 f.

8 Hans Thiersch: Verstehen – lebensorientiert, in: Sandra Wesenberg u. a. (Hg.): Verstehen: eine sozialpädagogische Herausforderung, Weinheim und Basel 2018, S. 16–32, hier S. 17
9 Medard Boss: Grundriss der Medizin und der Psychologie. Ansätze zu einer phänomenologischen Physiologie, Psychologie, Pathologie, Therapie und zu einer daseinsgemäßen Präventiv-Medizin in der modernen Industrie-Gesellschaft, Bern 1975, S. 244
10 Rainer Schmidt: Neuere Entwicklungen der Individualpsychologie im deutschsprachigen Raum, in: Wege zur Einheit, S. 83–93, hier S. 87
11 Kornbichler, S. 18 f.
12 Wolfgang Metzger: Einführung, in: Alfred Adler: Die Technik der Individualpsychologie 2. Die Seele des schwer erziehbaren Schulkinds, Frankfurt/Main 1974, S. 7–11, hier S. 9
13 Erwin Wexberg: Individualpsychologie. Unveränd., reprograf. Nachdruck der 2., verb. Aufl. Leipzig 1931, Stuttgart 1974, S. 211
14 Jacoby, Alfred Adlers Individualpsychologie, S. 63
15 Alexandra Adler: Individualpsychologie (Alfred Adler), in: Viktor E. Frankl u. a. (Hg.): Handbuch der Neurosenlehre und Psychotherapie, Bd. 3. Spezielle Psychotherapie I, München 1959, S. 221–268, hier S. 223; Erwin Ringel: Torbergs »Schüler Gerber« und seine Bedeutung für die moderne Selbstmordverhütung, in: ders.: Die österreichische Seele, S. 109–145, hier S. 128
16 Gerd Stecklina: Zum Verhältnis von Sozialpädagogik und Individualpsychologie, in: Wesenberg u. a., Verstehen, S. 134–147, hier S. 142
17 Siehe Lothar Böhnisch: Lebensbewältigung. Ein Konzept für die Soziale Arbeit, Weinheim und Basel 2016; Wilfried Datler: Die Bewertung der Freud-Adler-Kontroverse in der gegenwärtigen Individualpsychologie und die Wiederannäherung an psychoanalytische Positionen: Anmerkungen zur Entwicklung des Österreichischen Vereins für Individualpsychologie, in: Zeitschrift für Individualpsychologie, 34. Jg, 2009, H. 1, S. 55–65
18 Adelheid Biesecker und Sabine Hofmeister: Zur Produktivität des »Reproduktiven«. Fürsorgliche Praxis als Element einer Ökonomie der Vorsorge, in: Feministische Studien, 31. Jg., H. 2, S. 240–252; I.L.A. Kollektiv (Hg.): Das gute Leben für alle. Wege zur solidarischen Lebensweise, München 2019
19 Catherine Haslam u. a.: The New Psychology of Health. Unlocking the Social Cure, London und New York 2018
20 Zit. nach: Susie Reinhardt: Die Medizin der Gemeinschaft, in: Psychologie Heute, H. 2, 2019, S. 64–69
21 Torsten Klengel u. a.: Allele-specific FKBP5 DNA demethylation mediates gene-childhood trauma interactions, in: Nature Neuroscience, 16. Jg., 2013, S. 33–41; Werner Bartens: Emotionale Gewalt. Was uns wirklich wehtut: Kränkung, Demütigung, Liebesentzug und wie wir uns dagegen schützen, Berlin 2018, S. 49
22 Thomas A. Field, Eric T. Besson und Laura K. Jones: The new ABCs: A practitioner's guide to neuroscience-informed cognitive-behavior therapy, in: Journal of Mental Health Counseling, Jg. 37, 2015, S. 206–220
23 Edward M. DeRobertis: A neuroscientific Renaissance of Humanistic Psychology, in: Journal of Humanistic Psychology, Jg. 55, 2015, S. 323–345, hier S. 323
24 Ebda., S. 328

25 Raissa Miller und Dalena Dillman Taylor: Does Adlerian Theory Stand the Test of Time? Examining Individual Psychology From a Neuroscience Perspective, in: Journal of Humanistic Counseling, Jg. 55, 2016, S. 111–128

26 Eric R. Kandel: Psychiatrie, Psychoanalyse und die neue Biologie des Geistes, Frankfurt/M. 2006, S. 87

27 Susanne Rabenstein: Individualpsychologie und Neurowissenschaften. Zur neurobiologischen Fundierung der Theorien Alfred Adlers, Münster und New York 2017, S. 36 f.

28 Giacomo Rizzolatti und Corrado Sinigaglia: Empathie und Spiegelneurone. Die biologische Basis des Mitgefühls, Frankfurt/M. 2008, S. 113–136, bes. S. 136

29 Alica Ryba und Gerhard Roth: Coaching und Beratung in der Praxis. Ein neurowissenschaftlich fundiertes Integrationsmodell, Stuttgart 2019, S. 22 ff.

30 Abraham Maslow, 25.8.1969, an Anne Kaufman, Division of Public Information, Alfred Adler Centennial, 71 Park Avenue, New York, in: LoC Box 7

Personenregister

Die erste umfassende Biografie
über George Grosz

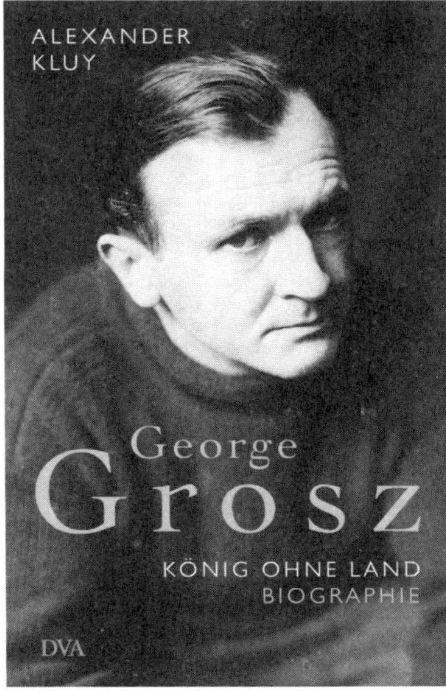

478 Seiten mit Abb.
ISBN
978-3-421-04728-1
Dieses Buch ist auch als E-Book erhältlich

George Grosz (1893–1959) ist einer der wichtigsten und bekanntesten deutschen Maler des 20. Jahrhunderts und der schärfste Satiriker der Moderne. Anschaulich und eindringlich schildert Alexander Kluy das Leben des Ausnahmekünstlers – eine Geschichte von Aufstieg, Ehrgeiz und Alkohol, Leidenschaft, Tragik und Fall, Depressionen, Ängsten und Vergessen.

»Ein Verdienst von Kluys Biografie ist, dass er Groszs Leben in die Fiebrigkeit und das Tempo der Jahre einbettet.«

Berliner Morgenpost

DVA